HISTOIRE
DE LA SOCIÉTÉ FRANÇAISE

PENDANT

LA RÉVOLUTION

G. CHARPENTIER ET E. FASQUELLE, Éditeurs
11, RUE DE GRENELLE. PARIS

ŒUVRES D'EDMOND ET JULES DE GONCOURT
PUBLIÉES DANS LA BIBLIOTHÈQUE-CHARPENTIER
à 3 fr. 50 le volume

EDMOND DE GONCOURT

La fille Élisa. 31e mille.................................	1 vol.
Les frères Zemganno. 8e mille...........................	1 vol.
La Faustin. 17e mille....................................	1 vol.
Chérie. 17e mille..	1 vol.
La Maison d'un artiste au XIXe siècle...................	2 vol.
Les actrices du XVIIIe siècle : MADAME SAINT-HUBERTY...	1 vol.
— MADEMOISELLE CLAIRON. 3e mille...	1 vol.
L'Art Japonais. — Outamaro..............................	1 vol.
La Guimard..	1 vol.

JULES DE GONCOURT

Lettres, précédées d'une préface de H. CÉARD. 3e mille...	1 vol.

EDMOND ET JULES DE GONCOURT

En 18**..	1 vol.
Germinie Lacerteux.....................................	1 vol.
Madame Gervaisais......................................	1 vol.
Renée Mauperin...	1 vol.
Manette Salomon..	1 vol.
Charles Demailly.......................................	1 vol.
Sœur Philomène...	1 vol.
Quelques créatures de ce temps........................	1 vol.
Idées et sensations....................................	1 vol.
La Femme au XVIIIe siècle...............................	1 vol.
Histoire de Marie-Antoinette...........................	1 vol.
Portraits intimes du XVIIIe siècle. Études nouvelles d'après les lettres autographes et les documents inédits........	1 vol.
La du Barry..	1 vol.
Madame de Pompadour....................................	1 vol.
La duchesse de Châteauroux et ses sœurs...............	1 vol.
Les actrices du XVIIIe siècle (SOPHIE ARNOULD).........	1 vol.
Théâtre. (HENRIETTE MARÉCHAL — LA PATRIE EN DANGER)....	1 vol.
Gavarni. L'Homme et l'Œuvre............................	1 vol.
Histoire de la Société française pendant la Révolution.	1 vol.
Histoire de la Société française pendant le Directoire.	1 vol.
L'Art du XVIIIe siècle, 1re série (Watteau. — Chardin. — Boucher. — Latour)...	1 vol.
2e série (Greuze. — Les Saint-Aubin. — Gravelot. — Cochin)......	1 vol.
3e série (Eisen. — Moreau-Debucourt. — Fragonard. — Prudhon)..	1 vol.
Pages retrouvées avec une Préface de G. GEFFROY. 3e mille..	1 vol.
Préfaces et manifestes littéraires. 3e mille............	1 vol.
Journal des Goncourt. 8e mille..........................	8 vol.
Les Goncourt, par ALIDOR DELZANT.......................	1 vol.

EDMOND ET JULES DE GONCOURT

HISTOIRE
DE LA SOCIÉTÉ FRANÇAISE
PENDANT
LA RÉVOLUTION

NOUVELLE ÉDITION

PARIS
BIBLIOTHÈQUE-CHARPENTIER
G. CHARPENTIER et E. FASQUELLE, éditeurs
11, RUE DE GRENELLE, 11
1895

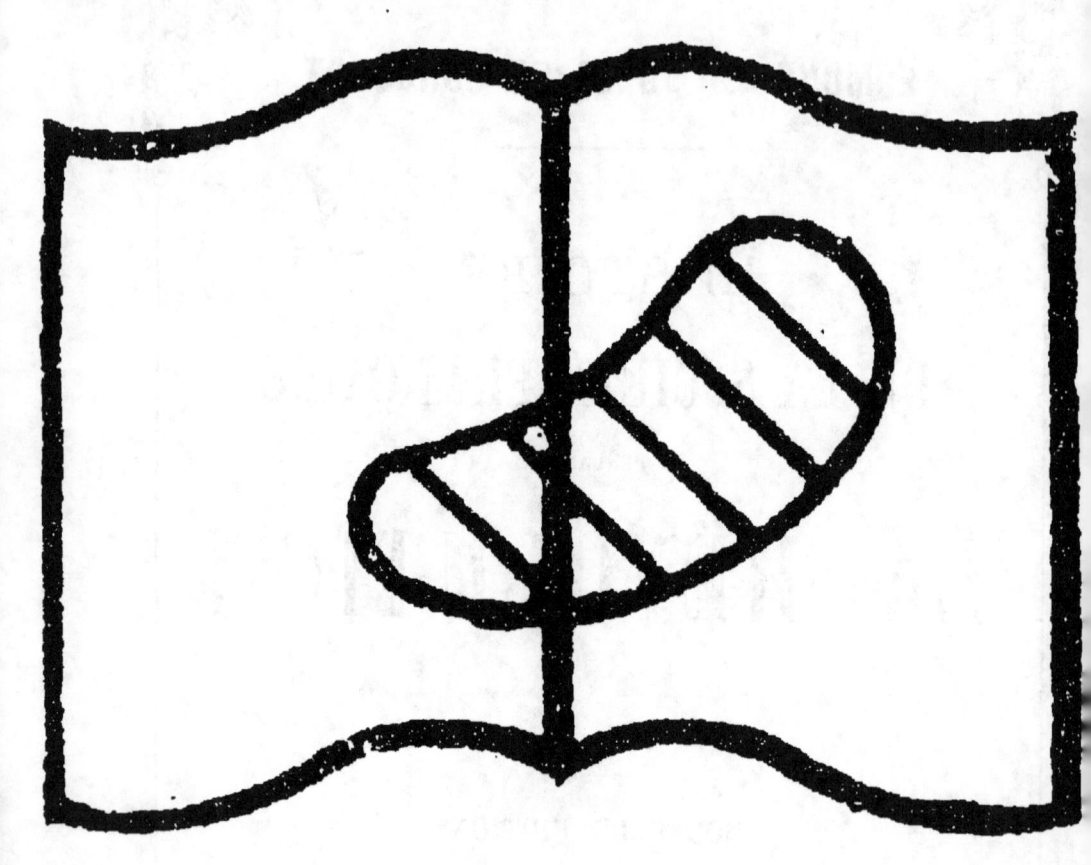

Illisibilité partielle

HISTOIRE
DE LA SOCIÉTÉ FRANÇAISE
PENDANT
LA RÉVOLUTION

PAR

EDMOND ET JULES DE GONCOURT

NOUVELLE ÉDITION

PARIS
BIBLIOTHÈQUE-CHARPENTIER
G. CHARPENTIER ET E. FASQUELLE, ÉDITEURS
11, RUE DE GRENELLE, 11

1895

AVERTISSEMENT

L'histoire politique de la Révolution est faite et se refait tous les jours.

L'histoire sociale de la Révolution a été tentée pour la première fois dans ces études, qui ont aujourd'hui l'honneur d'une nouvelle édition : l'*Histoire de la Société française pendant la Révolution*, que va suivre : l'*Histoire de la Société française pendant le Directoire*, en ce moment sous presse.

Peindre la France, les mœurs, les âmes, la physionomie nationale, la couleur des choses, la vie et l'humanité de 1789 à 1800, — telle a été notre ambition.

Pour cette nouvelle histoire, il nous a fallu découvrir les nouvelles sources du Vrai, demander nos documents aux journaux, aux brochures, à tout ce monde de papier mort et méprisé jusqu'ici, aux autographes, aux gravures, aux dessins, aux tableaux, à tous les monuments intimes qu'une époque laisse derrière elle pour être sa confession et sa résurrection.

Le public et la critique ont bien voulu nous tenir compte de notre travail : nous les en remercions.

Edmond et Jules DE GONCOURT.

Mai 1864.

HISTOIRE
DE LA
SOCIÉTÉ FRANÇAISE
PENDANT
LA RÉVOLUTION

I.

La conversation en 1789. Les salons. — La rue. — Le jeu.

La Révolution française commença dans l'opinion publique du xviiie siècle : elle commença dans les salons.

Lentement, depuis la mort de Louis XIV, les salons ont marché à l'influence. Ils ont eu l'Encyclopédie pour hôtesse ; et de leurs portes mi-fermées, une armée d'idées, la philosophie, s'est répandue dans la ville et dans la province, conquérant les intelligences à la nouveauté, les familiarisant d'avance avec l'avenir. Et pendant que le trône de France diminue, et apprend l'irrespect aux peuples, les salons tirent à eux le regard et l'occupation du public. Dans l'interrègne des grandeurs royales, ils s'exercent à régner. Aux temps de Louis XVI, cette domination latente, non officielle, mais réellement et quotidiennement agissante, a grandi dans la volontaire abdication d'une cour purifiée, mais sans éclat comme sans initiative. Ce n'est plus alors Versailles qui est l'instituteur et le tyran de Paris : c'est Paris qui fait penser Versailles, et les ministres prennent conseil des sociétés, avant d'ouvrir un avis à l'Œil-de-Bœuf [1].

Dès que la révolution commence à émouvoir le royaume, dès qu'elle jette aux inquiétudes et aux aspirations les tressaillements précurseurs, les salons dépouillent leur légèreté, leur agrément ; ils renoncent à leur charme d'école de politesse, de langage et de galanterie : ils deviennent salons d'État. Les bureaux d'esprit se mettent à distribuer la popularité ; et la politique, faisant désormais les lendemains de la société française, réglant désormais l'avenir des fortunes et jusqu'à la durée des existences, la politique entre en victorieuse dans les esprits, les envahit, les asservit, chassant brutalement la conversation comme une femme chasserait une fée.

Ce n'est plus alors ce jugement des hommes et des choses, voltigeant, vif, profond parfois, mais toujours sauvé par le sourire ; c'est une mêlée de voix pesantes, où chacun apporte non le sel d'un paradoxe, mais la guerre d'un parti. Les femmes, qui devaient des grâces si précieuses au train de société du vieux temps, ont déserté la conversation ; et elles ont usé vis-à-vis d'elle de toute l'ingratitude qu'elles mettent d'ordinaire à quitter une mode embellissante, mais vieille, pour une mode désavantageuse, mais nouvelle. Comme tout à l'heure, elles étaient

---

1. *Du gouvernement, des mœurs,* etc., par Senac de Meilhan. Hambourg, 1795.

affolées des montgolfières, de Mesmer, de Figaro, elles sont maintenant éprises de la Révolution. Elles se font sourdes à ces conseils de l'expérience qui leur disent de ne point se commettre en de si grands intérêts ; que ni la nature ni l'éducation ne les ont faites mûres pour ces disputes, apanages et soucis virils ; « qu'elles ne voient dans les choses que les personnes, et que c'est de leur affection qu'elles tirent leurs principes... que de leur société elles font une secte, de l'esprit public un esprit de parti, et qu'elles ne vont même au bien que par l'intrigue [1]. » On ne voit plus que femmes jouant sérieusement avec l'abstrait et la métaphysique des institutions d'empires [2]. « Aujourd'hui — persifle *l'Échappé du Palais* — tout le beau sexe est politique, ne traite que de la politique, et tourne tout en politique ; et il n'est pas jusqu'aux soubrettes, ces Agnès désintéressées, qui n'en raisonnent pertinemment d'après leurs maîtresses [3]. » Une maîtresse de maison n'est plus cette modératrice d'un cercle tranquille, et qui, en son hospitalière impartialité, accueillait chaque dire d'une oreille patiente. « C'est — dit une femme — une Penthésilée assise près d'une table à thé, tremblante de fureur, et, au milieu des violents débats, se brûlant les doigts, et répandant une tasse de thé sur sa robe [4]. » Les femmes ont bientôt fait les jeunes gens à leur image ; les jeunes gens ne rient plus, ne courtisent plus : ils récitent les gazettes : « La même loi qui oblige aujourd'hui à avoir le gilet court et la culotte courte, commande la démocratie. Il vaudrait autant avoir les bras roulés sur les genoux que

---

1. *Lettres de la comtesse de *** au chevalier de ***.*
2. *Lettres de ces dames à M. Necker.*
3. *L'Échappé du Palais ou le général Jacquot.*
4. *Aperçu de l'État des mœurs*, par H. Maria Williams, an ix, vol. II.

de ne pas appeler le roi : *le Pouvoir exécutif*[1]. » Toute l'ambition des jeunes gens est de jeter en entrant dans un salon bien garni : « Je sors du club de la Révolution ; » et s'ils peuvent conter qu'ils se sont élevés jusqu'à une petite motion, ils ont, pour toute une soirée, tous les yeux et tous les cœurs[2]. Car ce n'est plus pour l'écrivain, plus pour le peintre, plus pour le musicien que sont toutes les prévenances d'accueil : c'est pour le député, le confident de la Constitution, qui raconte le journal avant qu'il n'ait paru. C'est le Bathylle grave dont les femmes raffolent ; et de quelles voix elles lui commandent : « Dès ce soir, je veux que vous me récitiez votre motion, je veux vos mêmes gestes, vos mêmes accents ! » Et des jeunes femmes aux jeunes hommes, les étranges mots qui s'échangent en ces années : « Je n'ai pas oublié la brochure que vous m'avez recommandée : *Qu'est-ce que le Tiers ?* Ce matin, pendant ma toilette, une de mes femmes m'en a lu une partie... » — ou bien encore: « Savez-vous que depuis que vous êtes dans le Tiers, je ne gronde plus mes gens ?[3] » — Alors, dans les boudoirs discrets et secrets, « le rose tendre du meuble disparaît sous le noir de mille follicules éparses et de brochures circonstancielles. » Alors les élégantes manquent le spectacle pour l'assemblée nationale ; si bien que les billets de tribune s'échangent contre des billets d'Opéra ou des Bouffons français, et encore avec six livres de retour[4]. — Presque toutes, les femmes adoptent l'opinion de l'Opinion. Ces cœurs que Rousseau avait, suivant l'expression de d'Escherny, *fondus et liqué-*

---

1. *Mes amis, voilà pourquoi tout va si mal.* — 2. *Id.*
3. *Lettres de la comtesse de *** au chevalier de ***.*
4. *Déjeuner du mardi ou la Vérité à bon marché.*

fiés, se lancent au mouvement avec la vivacité d'ardeur passionnée et sans règle de la nature féminine. Femmes de banquiers, femmes d'avocats embrassent la révolution, pour remercier la fortune de leurs maris [1]. De ces duchesses, de ces marquises, de ces comtesses, que leurs titres, leurs intérêts, leurs traditions de famille devaient tenir attachées au passé, devaient faire réservées pour le présent, beaucoup sautent par-dessus leur nom, et applaudissent les événements qui se déroulent. Celles-là qui étaient jeunes ont été entraînées, lâches et sans résistance contre un engouement si général. Plus d'une que les années avertissaient de mourir aux plaisirs de la société, et de se réconcilier, sinon avec Dieu, du moins avec un directeur, et qui allaient, ne pouvant mieux, se ranger aux coquetteries de conscience et aux tendresses de la foi, se vouent à la Révolution comme à une religion rajeunissante, et à un salut mondain. — Grand nombre aussi de dames nobles de noblesse peu ancienne ont gardé rancune à la royauté des preuves de noblesse jusqu'à l'an 1400 sans trace d'anoblissement, récemment exigées, à la sollicitation du maréchal de Duras, pour monter dans les carrosses du Roi ; et elles font accueil au Tiers état comme à une vengeance, et à une satisfaction de leur amour-propre blessé. — Bien peu de femmes « sont d'assez bonne foi pour convenir que des trois Pouvoirs dont on leur parle sans cesse, il n'y en a pas un qui leur fasse plaisir ; et qu'un temps de révolution est un très-mauvais temps ; et qu'on les ruine et qu'on les ennuie[2]. » Et chaque jour, sur cette société tombée en politique et en cacophonie, Gorgy voit « de petits diablotins bien hargneux, bien ergoteux,

---

1. *Mes amis, voilà pourquoi tout va si mal.* — 2. *Id.*

bien chamailleux, jeter une pomme de discorde sur laquelle est écrit : *Question du jour* [1]. »

En ce temps, le premier salon de Paris se tenait chez une femme sans naissance, bienfaisante sans charité, vertueuse sans grâce, ayant une grande vanité et un petit orgueil, spirituelle, mais de cet esprit raisonnable et froid qui préside une conversation plutôt qu'il ne l'avive ; une femme dominatrice en ses rapports, voulant plus le courtisan que l'habitué et le protégé que l'ami. Cette femme était madame Necker. Ce salon était tout plein du dieu du logis. La fortune et le génie révérés de M. Necker y trônaient égoïstement et sans modestie. La femme de M. Necker n'avait ni cette habitude, ni cet usage des grandeurs, qui fait s'effacer l'amphitryon devant l'hôte : elle recevait du haut de son mari. — Au reste, jeudis courus que les jeudis du Contrôle général : les politiques s'y mêlent aux lettrés ; on s'y entretient, mais on y raisonne ; on y médit, mais on y discute ; et, dans les voix montées, il se cherche parfois des effets de tribune. L'abbé Sieyès écoute, se tait, se repose, et se tait encore. Parny rêve, silencieux et modeste ; Condorcet argumente, et Grimm fait ses adieux à cette France qui n'est plus une jolie terre de petits scandales, mais un vilain pays de gros événements. Au milieu de tous, une femme au visage léonin, empourpré, bourgeonné, à la lèvre aride, va, vient, brusque de corps et d'idées, le geste mâle, jetant avec une voix de garçon une phrase robuste ou enflée : Mme de Staël [2]. Puis, près de la cheminée, lui-même, M. Necker, manœuvrant pesamment sa lourde personne de

1. *Ann'quin Bredouille ou le Petit cousin de Tristram Shandy.* Paris, 1792.
2. *Mes récapitulations*, par J. N. Bouilly. Paris, Janet, vol. I.

commis¹, entretient l'évêque d'Autun, qui sourit pour ne pas parler. C'est un poëte qu'on présente, qui a glissé dans un couplet de vaudeville quelque allusion au roi de l'opinion ; ou bien un député du Tiers conquis à l'auteur du Compte rendu, qui proteste de la sincérité de son admiration et de la soumission de son vote². Mais ces grands jeudis de Mᵐᵉ Necker, ce sont, pour ainsi dire, les réceptions publiques. L'intime réunion est le petit souper des mardis de douze ou quinze couverts. Là on est admis en frac, et les voitures de place vont jusqu'à l'entrée du vestibule de l'hôtel. Dans le fond du petit salon de Mᵐᵉ de Staël, « la chambre ardente, » disait-on, — *mes délices,* disait Mᵐᵉ de Staël³, — c'est l'abbé Delille, chez qui le poëte applaudi distrait le bénéficiaire menacé, qui déclame son épisode des catacombes de Rome, les bougies éteintes ; c'est la duchesse de Lauzun, « de toutes les femmes la plus douce et la plus timide, » et que pourtant on a vue, lors du renvoi de M. Necker, attaquer dans un jardin public un inconnu qui parlait mal de cette idole et lui dire des injures ; c'est Lemierre, le poëte d'un vers, et qui s'en tient là, disant que maintenant la tragédie court les rues. Les bouts-rimés mettent tout le monde en joie, et le vieux duc de Nivernois est couronné⁴. — Mais ceci est la petite pièce. A onze heures, les domestiques retirés, quelque convive, qui est resté muet, se lève ; et la poésie se tait et l'esprit s'endort. C'est un orateur de l'Assemblée nationale, un comte de Clermont-Tonnerre, qui déclame le discours qu'il doit prononcer à la prochaine séance, consultant, selon l'usage devenu général, la bienveillance de

---

1. *Mémorial de Gouverneur Morris,* 1842, vol. II.
2. *Mes récapitulations.* — 3. *Grands tableaux magiques.*
4. *Mes récapitulations.*

la société, avant de se livrer au jugement du public. L'orateur lit son œuvre tout au long à cet aréopage qui est Mme de Staël, essayant ses phrases et sa voix en cette répétition générale de son éloquence [1].

A côté du salon de Mme Necker, il y avait le grand et puissant salon des Beauvau, qui, furieusement attachés à M. Necker, essayaient de régner derrière sa popularité. C'était là qu'avaient été tramées toutes les intrigues pour le rappel du ministre, là que se formait, à la voix de la maréchale, toute une jeunesse d'opposition qui allait répandre, dans les autres sociétés, les principes et les agitations de ce salon passionné. Pauvre vieille maréchale, qui croyait gouverner l'État et l'opinion publique avec ce Tiers qu'elle choyait, qu'elle caressait, qu'elle pensait toujours tenir au-dessous d'elle et à distance, et qui déjà, par les doigts de Target, prend familièrement du tabac dans la boîte qu'elle tenait ouverte et qu'elle manque de laisser tomber d'indignation [2]!

Vient un salon où les invités sont plus chez eux qu'ils ne le sont chez Mme Necker, le salon de Mlle de Beauharnais. « L'égalité et la liberté y président : la liberté et l'égalité sont les dames d'atours de Mme de Beauharnais, ses conseillères les plus assidues, les plus intimes [3]. » — Mme de Beauharnais avait alors l'âge de Mme Geoffrin, je veux dire, l'âge où l'on prend son parti des autres et de soi, en se donnant toute à la société, et où le bel esprit qu'on a, et le bel esprit qu'on reçoit consolent de la cinquantaine. L'auteur de la *Fausse inconstance*, des *Amants*

---

1. *Mémorial de Gouverneur Morris*, vol. II.
2. *Lettres inédites de la marquise de Créqui*, publiées par M. E. Fournier. Introduction de M. Sainte-Beuve.
3. Les *États généraux du Parnasse*, par Dorat Cubières. Paris, 1792.

d'autrefois, ne tendait pas, comme Mme de Staël, à une de ces grandes gloires viriles toujours un peu monstrueuses chez la femme ; elle avait un de ces petits talents bien féminins et enjuponnés qui n'offusquent rien de l'amour-propre de l'autre sexe, et laissent voir dans la Sapho comme une grâce de faiblesse et un coin d'Ève. La littérature passait en visite au contrôle général ; elle avait vraiment ses entrées rue de Tournon. Mme de Beauharnais avait la délicatesse et l'habileté de ne point seulement recevoir, mais encore d'accueillir. Elle savait écouter, et paraître écouter quand elle n'écoutait pas. Elle avait dit en sa vie deux ou trois jolis mots, et ne les redisait que de loin en loin. A ce charme, à une camaraderie caressante, elle joignait une bonne table et des dîners le mardi et le jeudi[1]. Son salon était une excellente auberge ; et c'était une médisance bien vraisemblable que son cuisinier la faisait lire. — Il y a beaucoup d'ombres d'anciens amis et de vieilles gloires chez Mme de Beauharnais. Dans ce salon, Dorat, Collardeau, Collé, Pezay, Bonnard, Crébillon ont apporté leur muse ou leur esprit, leur madrigal ou leur badinage. Les Gudin, les Dusaulx, les Bitaubé, les Dudoyer, les Cailhava s'asseyent où s'assirent Jean-Jacques, Mably, Buffon rêvant ensemble les utopies de la raison. Bailly et l'abbé Barthélemy sont encore là, se rappelant la place où ces grands esprits s'entretenaient[2]. — Celui-ci a couronné Voltaire : c'est Brizard, de la Comédie-Française, vénérable Anchise dont les cheveux sont devenus tout blancs en une nuit, une nuit que le Rhône emporta sa barque[3]. Ces deux amis, c'est Mercier qui vient de peindre

---

1. *Mémorial de Gouverneur Morris*, vol. I.
2. *Dictionnaire néologique des hommes et des choses*. Paris, 1795-1800.
3. *Chronique de Paris*. Février 1791.

le Paris du dix-huitième siècle, — ainsi, on fait le catalogue d'une collection avant qu'elle ne soit dispersée, — et Rétif de la Bretonne, le patriarche du roman de mœurs, qui sort de chez le comte de Tilly, à qui il demandait des anecdotes de sa vie, pour une série de Nouvelles projetée[1]. — Voilà Vicq d'Azir, Rabaut Saint-Étienne[2]. Quelqu'un passe, tourne et vire-volte dans le salon, comme un maître des cérémonies. Il range cette table; il dérange celle-ci; il allume des bougies; il se recueille pour donner des ordres; il parle bas à Mme de Beauharnais, puis haut, et lui fait quelque éloge grossier comme un compliment de poëte : c'est le chevalier Michel de Cubières[3], le secrétaire, le complaisant de Mme de Beauharnais; c'est ce talent bâtard du bâtard talent de Dorat, « ce ciron en délire qui veut imiter la fourmi, » comme disait Rivarol; — Cubières, qui bientôt prendra son maître pour patron, Marat pour Apollon, et qui, dans deux ans, va écrire à Mme de Beauharnais : « Faites des hymnes à l'Amour et ne chantez point les hymnes de l'Église; ne vous donnez point la discipline surtout, et croyez à Voltaire au lieu de croire au pape[4]. » — Vous verrez encore chez Mme de Beauharnais le prince de Gonzague Castiglione, qui parle avec feu de restaurer la liberté dans ses États qu'il n'a plus, et de leur donner une constitution à la française, sitôt que la Providence les lui aura rendus; et le baron prussien Jean-Baptiste Clootz, un athée gourmand, qui jure qu'il va renvoyer son patron en Palestine et ses armoiries en Prusse. — Ce jeune homme, d'un sérieux précoce,

1. *Mémoires* du comte de Tilly. 1828. T. I.
2. *Monsieur Nicolas ou le Cœur humain dévoilé.* Neuvième époque, 1797. — 3. *Dictionnaire néologique.*
4. *Les États généraux du Parnasse.*

est le neveu de la maison, Alexandre de Beauharnais, qui va être « choisi deux fois par le sénat le plus auguste de l'univers, et élevé deux fois à l'honneur de le présider. » — Françoise de Beauharnais cherche en son monde plus les renommées que les titres : son salon est fermé « à ces petits nobles d'un jour que l'orgueil égare et à ces nobles de deux ou trois siècles qui pensent qu'un grand nom doit dispenser de talents ; » et il mérite, ce petit salon bleu et argent, qu'on l'appelle un peu plus tard « l'œuf de l'Assemblée nationale, œuf d'où sont sortis les germes qui, fécondés par l'opinion publique, ont produit les fruits de la liberté [1]. »

C'est encore en un appartement bleu que nous entrons : « bleu avec des baguettes dorées et orné de dix-huit mille livres de glaces [2]. » Et c'est encore le salon d'une femme auteur, le salon de Mme de Sillery-Genlis, dame d'honneur de la duchesse de Chartres. Mme de Genlis n'est plus jeune. Elle a écrit sur toutes choses, et principalement sur la morale, ce qui prouve toute son imagination, et sa facilité à suppléer à l'expérience par le style, et à disserter sur oui-dire ; et, les années lui apportant conseil, elle s'est jetée si soudainement et si résolûment dans une carrière nouvelle, l'honnêteté, qu'elle est tombée en plein pays de pruderie. Aujourd'hui elle s'occupe de religion, et elle vient de découvrir qu'il faut sauver l'Église en la dépouillant, et en la ramenant, de gré ou de force, à sa primitive pauvreté. Mme de Genlis régente son salon, faisant autour d'elle un mensonge d'austérité, et Laclos même réservé. Elle a pris le ton haut, et l'assurance dans le précepte,

1. Les *États généraux du Parnasse*.
2. *Mémoires inédits sur le dix-huitième siècle*, par madame de Genlis. Paris, 1825.

depuis qu'elle a tenu, comme veilleuse, les soirées de Mme de Chartres, les samedis, lorsque Mme de Chartres se retirait à minuit[1] ; et sans laisser-aller, sans naïveté, pédante et méchante comme si elle avait à se venger du martyre d'une longue vertu, « elle n'est au-dessus d'elle-même que lorsqu'elle se loue elle-même, ou lorsqu'elle dit du mal d'autrui[2]. » Ce salon, au reste, n'est que le salon d'attente du Palais-Royal ; il tire son importance, non de la femme qui le tient, mais de celui qui le fait tenir ; et les hommes qui y viennent remplacer Bernardin de Saint-Pierre brouillé avec Sillery, les Ducrest, les Simon, les Brissot, les Camille Desmoulins, savent qu'il n'est qu'un passage[3].

Il y avait auprès de Paris comme une chapelle où l'on gardait souvenir des Saints de l'Encyclopédie : c'était à Auteuil, chez la veuve d'Helvétius, en cette maison champêtre où Mme Helvétius « trouvait tant de bonheur dans quatre arpents de terre, » où Franklin avait passé, et donné un nouveau baptême aux filles de Mme Helvétius, Mme de Meun et Mme d'Andlau qu'il appelait les *étoiles*[4]. — Chez Mme Helvétius se réunissaient l'abbé Sieyès, Volney, Bergasse, Manuel[5], qui tout à l'heure portait un habit noir si râpé *qu'un pou ferré à glace n'y aurait pu tenir*[6]. — Chamfort, alors en toute sa ferveur révolutionnaire, y apportait sa verve impitoyable et prodigieuse. L'abbé Laroche, le commensal de la maison, se promenait, regardant par les fenêtres les beaux jardins de

---

1. *Mémoires* de madame de Genlis.
2. *Galerie des États généraux*. 1789.
3. *Le général Lapique*. — *Mémoires* de Barrère, vol. I.
4. *Mémoires* de Morellet, vol. I. — 5. *A deux liards*.
6. *Lettres du Père Duchêne*, par Hébert.

Mme de Boufflers, sur lesquels Mme Helvétius avait vue[1]; Cabanis jetait sa parole ardente, et Mme Helvétius le regardant, disait : « Si la doctrine de la transmigration était vraie, je serais tentée de croire que l'âme de mon fils est passée dans le corps de Cabanis[2]. »

Puis encore à Paris une hôtellerie de gens de lettres : Mme Panckoucke, et ses dîners du jeudi où s'asseyaient quelques-uns de l'Académie[3] : Marmontel qui craignait les orages, entre Sedaine qui les attendait et La Harpe qui les appelait; puis, Fontanes, Arnaud-Baculard, Garat, et Barrère qui devait appeler la terreur « une diplomatie acerbe[4], » toujours poli pour les événements, et leur cherchant des qualifications décentes.

Deux petits poëtes, MM. de Boufflers et de Ségur, régnaient en un salon qui se tenait sur la lisière de la politique : chez Mme de Sabran. M. de Ségur y lisait ses poëmes et ses *Arts de plaire*, et quand Mme de Sabran donnait la comédie au prince Henri de Prusse, et à Mme la duchesse d'Orléans, M. de Boufflers cousait des scènes d'à propos au *Bourgeois gentilhomme*[5].

Quelques salons n'étaient que des conférences, et ressemblaient à des tragédies sans femmes. — Le conseiller au parlement, Adrien Duport, tenait chez lui le plus hardi des clubs de 1789. Mirabeau, Target, Rœderer, Dupont y hâtaient les catastrophes. L'abbé Morellet, séparé de Mme Helvétius à la suite d'une querelle politique avec Cabanis, avait repris ses réunions des dimanches où venaient jadis, pour écouter le concert ou pour y prendre part,

---

1. *Mémoires* de Morellet, vol. II.
2. *Aperçu de l'état des mœurs*, par Maria Williams, an IX, vol. II
3. *L'Apocalypse.* — 4. *Souvenirs de la Révolution*, par Maria Williams.
5. *Mémoires pour servir à l'histoire de l'année 1789*. Paris, 1790.

Mme Suard, Mme Saurin, Suard, Saurin, d'Alembert, le chevalier de Chastellux, Marmontel, Delille et Grétry; — où viennent maintenant pour discuter et discourir Laborde Méréville, Pastoret, Trudaine le jeune, Lacretelle [1].

Un salon s'ouvre bientôt, plus égayé, moins sévère, le salon de l'intime amie de Mme de Condorcet, de celle qu'on appelait tout à l'heure Julie Soubise, qui est maintenant Julie Talma, et qui amène toute sa société au joli hôtel de la rue Chantereine. Dans la galerie de la maison, toute garnie de yatagans, de flèches et d'armes anciennes, de ces trophées dont David a donné le goût à Talma, vous verrez passer les poëtes de la Révolution : Vergniaud, Ducis, Roger Ducos, Chénier. Cet homme aux longs cheveux bouclés [2], c'est Greuze qui, insoucieux des temps, passe ces années agitées à peindre *Marie l'Égyptienne* [3]. Lavoisier cause avec Roucher : ils ne se retrouveront qu'au cimetière de la Madeleine. Puis ce sont Roland, Lebrun, Legouvé, Lemercier, Bitaubé, et Riouffe qui redemandera ces heures si courtes des soirées de Julie Talma aux heures si longues des prisons de Robespierre.

La Révolution va encore chez Mme Dauberval, la femme du danseur [4]. Elle a encore son couvert mis à ces mauvais, mais fameux soupers de Sophie Arnould, où l'abbé Lamourette a pour voisin le comte de Sainte-Aldegonde, et où les voyageurs ubiquistes briguent d'être admis [5]; soupers auxquels on peut appliquer le mot de Lauraguais sur les repas de Mme d'Aligre : « En vérité, si avec son

1. *Mémoires* de Morellet, vol. I.
2. *Souvenirs* de madame Vigée Lebrun. Fournier, 1835, vol. III.
3. *Chronique de Paris*. Mars 1791.
4. *Chronique scandaleuse*. 1791.
5. *Mémoires* du comte de Tilly, vol. II.

pain l'on ne mangeait pas ici le prochain, il y faudrait mourir de faim [1]. »

Outre tous ces foyers, la Révolution a encore gagné les maisons aristocrates dont elle a converti les maîtresses « à l'illusion du bonheur de l'humanité. » L'ingénieuse marquise de Laval, la piquante Mme d'Astorg, l'intéressante baronne d'Escars « ne divinisent-elles pas par leur esprit et leurs grâces les égarements du jour [2] ? » La Révolution tient à elle le salon de Mme de Coigny, de Mme de Simiane, de Mme de Vauban, de Mme de Murinet, de Mme de Berchyni que le royalisme dit *démocrates comme une antichambre*, de Mme de Gontaut, de Mme de Vauban, le « laideron de la démagogie [3]. » La princesse de Hohenzollern reçoit tous les membres du côté gauche présentés par Beauharnais et le prince de Salm ; la belle Mme de Gouvernet, tous les amis de l'abbé Dillon, le *Coquillart* tant moqué ; la fraîche Mme de Broglie, Barnave et les Lameth [4]. La Révolution va encore dans le salon de Mme d'Angivilliers, ce salon si couru du XVIIIe siècle, et si plein de la fermentation économique, où maintenant la maîtresse de maison, vieillie, sauve et cache son âge, sa mise grotesque, le ridicule de ses fleurs et de ses panaches, avec sa verve toujours jeune. Hier c'était M. de Bièvre, aujourd'hui c'est Laclos qui tient chez elle le haut bout [5]. La comtesse de Tessé, qu'une brochure raille ainsi : « Imaginez que depuis vingt ans, elle s'occupe de constitution ; qu'elle a prévu tout ce qui arrive ; qu'elle verserait jusqu'à la dernière goutte de son sang pour que son plan fût exécuté. Son corps est faible,

---

1. *Correspondance de Grimm*. 1788.
2. *Actes des Apôtres*, n° 82. — 3. *Chronique scandaleuse*. 1791.
4. *Chronique scandaleuse*. 1791.
5. *Souvenirs et portraits*, par M. de Lévis. 1813.

sa poitrine est allumée, ses nerfs misérables, son âme remédie à tout, suffit à tout [1] ; » Mme de Tessé qui fait aux Tuileries mille compliments à Bailly, le lendemain de la constitution du Tiers, ouvre toutes grandes les portes de son salon aux idées nouvelles et à leurs représentants [2].

Paris comptait encore un salon singulier où le plaisir était la sérieuse affaire, et où tous les révolutionnaires avaient accès. Un Anglais, le duc de Bedford, donnait des bals qui avaient le retentissement des fameux soupers de Grimod de la Reynière. La Révolution ne l'avait point chassé de Paris ; et il se distrayait à la regarder, fort engoué de jacobinisme, et fort curieux, comme un spectateur qui ne court point risque de payer sa place. Le duc de Bedford invitait toutes sortes de gens à ses fêtes somptueuses, dont le marquis de Villette était l'ornement et le président. Le monde se promettait de ne pas aller chez lui, et y allait. C'était une curiosité parmi les femmes de savoir quelles toilettes y avaient portées la duchesse d'Arenberg et Mme de Sainte-Amarante, et les merveilles racontées des ambigus de Bedford, et de la profusion des primeurs, et des bouquets de fleurs formant des nœuds et des guirlandes attachées aux draperies, faisaient d'une invitation aux bals de cet Anglais une ambition et un rêve des Parisiens et des Parisiennes d'alors [3].

La société aristocratique qui avait à lutter contre tous ces salons de la Révolution était désorganisée. Que de monde en fuite! Le prince de Lambesc ne donnera plus ses grands diners [4]. Que de maîtresses de maisons haut nommées

1. *Correspondance* de Grimm. 1789.
2. *Chronique scandaleuse.* 1791.
3. *Journal de la Cour et de la Ville.* Mars 1791.
4. *La circulaire des districts.*

émigrant! Combien aussi, regrettant cette patrie absente qui est la société perdue, pensaient de leur lieu d'exil ce que la marquise de Champcenetz écrivait de Naples le 16 novembre 1789 : « L'Italie est un paradis terrestre avant la création de l'homme [1]. » Il reste encore les soirées de Mme de Montoissieux [2], les soupers du maréchal de Duras, qui va mourir, le salon de M. de Créqui, et le salon de cette comtesse de Seignelay, l'amie de la comtesse de Durfort, où se tint, dit un pamphlet, le conciliabule pour le blocus de Paris [3]. Il reste encore le vaillant salon de la marquise de Chambonas, rieuses Thermopyles de la société aristocratique. C'est chez la marquise de Chambonas que les rédacteurs des *Actes des Apôtres* tiennent conseil, et essayent leurs batteries de railleries ; chez la marquise de Chambonas, que Rivarol, que Champcenetz, que le vicomte de Mirabeau, que le comte de Tilly, écrivent en saillies endiablées le Testament de la conversation française [4].

Dans la rue, mille voix, mille cris, mille gueulées ; — tout un peuple enfiévré allant, venant et coudoyant ; — toute une ville murmurante, fourmillante, mouvante comme une ville tout à l'heure morte, muette, soudain frappée de vie ; — les foyers désertés, le travail qui chôme, la faim qui gronde ; tous les yeux tournés vers les menaces des travaux de Montmartre [5] ; le ruisseau, le pavé, l'angle

1. *Correspondance* de Grimm. 1789.
2. *Mémorial de Gouverneur Morris*, vol. I.
3. *La circulaire des districts.*
4. *Souvenirs* de Louise Fusil, vol. I.
5. *Pièces justificatives des crimes commis par le ci-devant roi*, par Valazé. Second recueil, 1793.

des maisons, le coin de borne, passant tribunes [1]; des éloquences s'improvisant au plein-vent des carrefours, des chanteurs, des Diogènes : l'orateur Gonchon, le chansonnier Déduit [2], et le cynique *Quatorze-Oignons*, fendant la foule comme une caricature de Misère [3]; toutes fraîches peintes, les enseignes : *au Grand Necker*, *à l'Assemblée Nationale*, hissées au front des devantures, dans l'applaudissement populaire; partout un nuage de poussière blanche, qui monte des ceinturons que les gardes nationaux blanchissent à la porte de leurs boutiques [4]; — le commerce libre qui envahit et conquiert trottoirs, ponts, places, campant sous ses échoppes, ses planches, ses baraques, ses parasols [5]; une, deux, trois, cent, cent mille affiches, rouges, bleues, blanches, jaunes, vertes, éclatant le long des murs comme une traînée de poudre, posées, déchirées, grimpant l'une sur l'autre, muets orateurs, aristocrates, patriotes, appelant l'œil des foules; ici traînés les longs arbres de Liberté à toutes branches [6]; — à un cor qui s'éveille, cent cors éveillés l'un après l'autre dans le lointain, répondant, signal et correspondance; les motions du Palais-Royal partant au galop pour la Grève ou les Halles; à chaque heure, à chaque minute, à chaque seconde, l'erreur, l'imposture, la calomnie, la vérité, jetées en pâture à l'espérance, à la crainte, à l'enthousiasme, à la haine, à l'amour; et l'émeute qui passe, un buste populaire promené, les boutiques qui ferment, les trépidations, l'effarement, la patrouille qui disperse l'émeute,

---

1. *Le Consolateur.* Juin 1792.
2. *Petit dictionnaire des grands hommes et des grandes choses.*
3. *Chronique du mois.* Novembre 1791.
4. *Départ de madame Necker et de madame de Gouges.*
5. *Le Consolateur.* Février 1792. — 6. *Le Consolateur.* Juin 1792.

l'émeute réformée, et les chants patriotiques qui montent, et les pas qui se précipitent; et dans cette tourmente d'événements, d'alertes, d'opinions, la rue, un *forum*, où les ordonnances de Tronchin ont habitué la femme à descendre; — le Palais-Royal, « antre d'Éole ; » cet ancien jardin d'été de la bonne compagnie, devenu *le jardin des Oliviers des aristocrates ;* — la terrasse des Feuillants, ce ci-devant parloir des amours, maintenant arène des passions, antichambre du Manége, prêtant aux hurleurs ses chaises qui sont les rostres de *Royal-Guenille;* la terrasse des Feuillants qui plus tard d'un ruban tricolore garera le peuple de l'espace laissé aux pas enchaînés du Roi ! [1] — Si loin que vous alliez de ces cabaleurs patriotes qui passeront tout à l'heure à l'Assemblée et seront son public à quarante sols la journée, toujours même tumulte; — là-bas, au vieux Luxembourg vient d'être arrachée la dernière pancarte de cuivre « faisant défenses aux gueux, mendiants, servantes et aux gens mal vêtus d'entrer dans le jardin, sous peine de prison, de carcan, et autres punitions plus graves, si le cas échéait [2]. » Cette ombreuse, silencieuse allée des Chartreux, abri et repos de tous clercs [3], les canonniers de la milice y roulent leurs canons, dispersant les causeries ; dans l'allée des Carmes, ce promenoir de la vieille noblesse, la *huaille* clame [4]; au plus matin, du quai des Augustins, les colporteurs, hérauts enroués de la discorde, s'élancent, et vont criant par la ville qui s'éveille et s'étire les batailles de l'opinion : « *V'là du nouveau donné tout à l'heure! V'là les Révolutions de Paris, par M. Prudhomme! V'là*

---

1 *Le nouveau Paris*, vol. I.
2. *Petite histoire de France*, par Marlin, vol. II.
3. *Chronique de Paris.* Septembre 1791.
4. *Lettres b... patriotiques*, par Lemaire.

l'Ami du Peuple, par M. Marat! V'là mon reste, à deux liards. à deux liards! [1] » Six mille ils sont qui sillonnent Paris ainsi. Les monts de piété s'emplissent des pauvres vêtements que l'ouvrier s'ôte du corps, des parures dont la coquette se prive pour dévorer *les Grandes colères patriotiques*, ou *le Superbe assassinat du régiment de Beauvoisis, par les Jacobins*; — et ces cris par toutes les rues: « *Grand complot découvert! Aristocrate emprisonné! Arrêté du district des Cordeliers! Arrêté de la Commune! Don patriotique! Partie de trictrac du roi avec un garde national! Naïveté du Dauphin! Combat à mort!* [2] »

La nuit tombe; la foule en veille se grossit de ceux que le travail du jour rend à la rue; les faubourgs affluent au Palais-Royal demander le lendemain [3]; et autour de ce palais et des Tuileries sans éclairage, et pour lesquels l'édilité réclame quelques-unes des cent soixante-huit lanternes de l'avenue de Versailles à Paris et propose des terrines de suif posées à terre [4], monte, des ténèbres, le pas grandisonant de Paris dans la rue. Et partout, sur ces quais, sur ces places, sur ces boulevards, des hommes, sortant de petits tabourets pliants de dessous leur redingote, déploient un jeu qui se referme comme une carte de géographie, tandis que d'autres hommes à côté agitent un sac d'argent [5]. Au titillement, un cercle se forme; les liards, les sous, bientôt les pièces blanches vont au sac; le joueur ruiné, la police paraît; hommes, jeu, tout s'envole. Souris, le faïencier des Galeries de bois, baille les fonds à

---

1. *Lettres b... patriotiques*, n° 39.
2. *Déjeuner du mardi ou la Vérité à bon marché.*
3. *La lanterne magique ou fléaux des aristocrates.* 1790.
4. *Chronique de Paris.* Octobre 1789.
5. *Chronique de Paris.* Septembre 1789.

toutes ces banques ambulantes du parapet du quai Pelletier, des boulevards du Temple, de la place Louis XV [1]. Le biribi est ici, là, partout, dans cette rue, dans celle-ci, sur cette borne, sur cette autre. Et voilà que, pour mieux dépister la police, les banquiers dessinent leurs jeux sur des pierres de taille et font une table à jouer des murailles de la rue [2].

De la rue, le jeu monte dans les maisons. Il prend Paris.

Et dans ce Paris, capitale du monde, le Palais-Royal devient la capitale du jeu, creps, passe-dix, trente et un, biribi. Les numéros 14, 18, 26, 29, 33, 36, 40, 44, 50, 55, 65, 80, 101, 113, 121, 123, 127, 145, 167, 190, 191, 192, 193, 200, 201, 203, 209, 210, 232, 233, 256 sont tous au Palais-Royal maisons de jeu [3]. Le citoyen Charon, l'orateur de la Commune auprès de l'Assemblée nationale, peut estimer à quatre mille le nombre de maisons de jeu établies à Paris.

Il est des tripots à tous les étages de la société, et des maisons de jeu pour les derniers comme pour les premiers de l'échelle sociale. Le jeu se fait pour tous; pour les gens riches dans les salons dorés du n° 33 où taille Dumoulin, ci-devant laquais de la Dubarry; — pour les gens à voiture, rue Traversière-Saint-Honoré, 35, ou à la banque de 2,000 louis de la rue Vivienne, 10; et encore, rue de Cléry, chez la baronne de Monmony « qui vient de ruiner le peintre Hallé, qu'elle ne quittera qu'à la besace. » — Pour les étrangers, rue des Petits-Pères, chez Mme de

---

1. *Dénonciation faite au public sur les dangers du jeu.*
2. *Chronique de Paris.* Janvier 1790.
3. *Liste des maisons de jeu, académies, tripots — Dénonciation faite au public sur les dangers du jeu.*

Linières, « peu jolie, ayant de l'esprit comme Ninon et l'esprit d'ordre de la Guimard[1] ; » à la partie de la baronne, qui commence à cinq heures, rue Richelieu, 18, ou mieux encore, chez Mme Lafare, dont les thés et les déjeuners froids à l'anglaise sont le prétexte d'un biribi. Les législateurs vont chez Mme Jullien, ancienne actrice de la Comédie italienne, dont on cite les soupers exquis; au Pavillon de Hanovre; au bal de Mlle Huet, rue Notre-Dame des Victoires [2]. Cazalès, Chapelier, d'André, Malouet, passent pour les habitués des tables de la « Provençale surannée » Châteauminois, rue de Richelieu; et l'on conte que Riquetti, chez la baronne de Lisembac, *grande héroïne de coulisses, sexagénaire à moustaches grises*, a été volé d'un étui d'or plein d'assignats [3]. La rouge et la noire roulent pour les jeunes gens chez Mme Lacour, place des Petits-Pères, qui a les vins les plus capiteux, les femmes les plus agaçantes de Paris; au Palais-Royal, au-dessus du Caveau, chez Mme Saint-Romain, toujours apparentée de charmantes nièces et cousines [4]; chez Mme Villier, rue Chabannais, dont les boudoirs cherchent à imiter les petits appartements de M. le duc d'Orléans [5]. Les laquais vont jouer chez *Chocolat*, de chocolatier ruiné devenu tailleur. Les escrocs de tout grade tiennent leurs assises à l'hôtel Radziwill, chez un ci-devant marquis, rue Montorgueil, à l'Hôtel de Londres, depuis que Boulanger, qui tenait l'Hôtel d'Angleterre, s'est ruiné ; chez Didier, cafetier et vendeur d'argent, au coin de la rue Vivienne ; — et de préférence, aux parties nocturnes des frères du Quercy, rue de Rohan [6]; de Cadet,

1. *Ami du peuple.* Février 1791.
2. *Liste des maisons de jeu, académies, tripots.*
3. *Ami du peuple.* Février 1791. — 4. *Liste des maisons de jeu.*
5. *Dénonciation faite au public sur les dangers du jeu.* — 6. *Id.*

rue Saint-Honoré, près du café du Lycée; de Labretonnière, dit Trompette, au coin de la rue Fromenteau; des sieurs Verdun et Dubucq, à la porte Saint-Martin, vis-à-vis l'Opéra. Les plus gueux montent au biribi *des Vertus*, quai de la Ferraille.

Même les joueurs de pièces de six liards ont leur maison, rue Richelieu, 18, étrange taudion, où l'on dîne avec des haricots et du fromage de cochon, et où les bancs servent de lit pour la nuit aux perdants [1].

Le jeu, qui n'avait à lui, avant la révolution, que l'Hôtel d'Angleterre, le Jeu de Paume de Charrier, quelques salons d'ambassadeurs, celui du comte de Modène, du chevalier Zéno, quelques boudoirs, entre autres le boudoir de la maîtresse du président d'Aligre, de la Lacour [2], le jeu déborde. Cette fameuse *permission de jeu*, de si difficile obtention sous MM. de Sartine et Lenoir, — tout le monde la prend et se l'arroge. Qui ne tenterait la fortune de banquier? Ne sont-ce pas d'encourageants souvenirs, la petite Lacour qui vendait 1,200 livres par an la ferme seule des cartes froissées et jetées par terre [3], l'ambassadeur de Venise payant toutes ses dettes avec son jeu, et l'ambassadeur de Suède aussi heureux que l'ambassadeur de Venise [4]? Et qui ne serait tenté par les exemples présents de subits et énormes enrichissements? Qui ne serait tenté, voyant le luxe qu'étalent tous ces heureux « sur leur petit individu, les pierreries et l'or de leurs concubines » amenées de la rue du Poirier, et du Port au blé [5], tous ces sans-souliers d'hier passés Bourets en quelques semaines,

---

1. *Dénonciation.* — *Apologie de messire Jean-Charles Pierre Le Noir.* 1789.

2. *Les joueurs et M. Dussault.* 1781.

3. *Liste des maisons de jeu.* — 4. *Dénonciation.* — 5. *Id.*

financiers de hasard? C'est un Malmazet, chassé de la gendarmerie pour dettes, maintenant un des riches capitalistes du trente-et-un; les deux Amyot, redoutables aux pontes, courant les petites banques avec 600,000 livres, et par leur martingale les débanquant en quelques coups; d'Arguin se promenant toujours entre Lise et Chloris, la blonde à droite, la brune à gauche. Ce riche est Taffetas, cet ancien coiffeur du marquis de Villette, encore tout vêtu de l'aumône de ses habits; voici les Destival, les Daullé, qui, dit-on, ont absorbé plus d'or « que la luxure n'en avait mis aux mains des filles de Paris pendant trente ans; » et le décrotteur Tison, que l'argent a fait inexorable, qui jadis prêtait de quoi souper aux malheureux qu'il ruinait, et qui maintenant, auriez-vous perdu 20,000 livres, ne vous avancerait pas un petit écu. Voyez-les tous, ces millionnaires de la chance, se promenant en robe de chambre dans le Palais-Royal, où ils sont chez eux, suivis de la troupe embrigadée des recruteurs, des raccoleurs, des embaucheurs, des distributeurs de cartes, entourés de la garde prétorienne des *bouledogues*, souteneurs gagés par les banquiers, bande d'Hercules où marche le *petit Liégeois*, le premier bâtoniste de France [1]!

Ne sont-ils pas, tous ces hommes, de vivants conseils criant à tous que le plus court chemin de la fortune est de louer l'appartement d'une fille au Palais-Royal, d'y solder par jour un tailleur adroit, 24 livres, des compteurs de jetons à 30 livres, un porteur de scie à 9 livres, six assommeurs à 48 livres, deux portiers à 12 livres, quatre garçons présidant aux cuillers à 12 livres, huit embaucheurs à 36 livres, un garçon de buffet à 6 livres, et le savoir-faire

---

[1]. *Dénonciation faite au public sur les dangers du jeu.*

d'une hôtesse à 96 livres ¹? Ces frais et d'autres montant journellement à une somme totale de 504 livres n'ont-ils pas logé le *frater* Delsenne en son hôtel rue Sainte-Apolline? n'ont-ils pas donné trois voitures au postillon de louage Chavigny, et empli le portefeuille du valet de chambre Garnel de 900,000 livres ²?

L'ambassadeur d'Angleterre se plaint de ce qu'on a gagné en une soirée, au Palais-Royal, 11,000 louis à un de ses compatriotes ³. On tue un homme au biribi *des Vertus*; un autre est jeté chez Lecomte au bas de l'escalier; un autre est retiré sanglant des mains du banquier Lasson qui crie : « Si on m'eût laissé faire, je lui eusse arraché la tête de dessus les épaules ⁴ ! » Les dénonciations des ruinés, les dispositions des assommés éveillent la surveillance et la répression de la municipalité. Les banquiers ou propriétaires de maisons de jeu sont frappés d'amendes de 3,000 livres. Mais que font ces répressions? Le jeu est incorrigible. Il est devenu — les imaginations surexcitées — un besoin, une tyrannie. Comme si l'Histoire, qui fait tenir des siècles dans les jours de ces années, comme si la politique, avec toutes ses fièvres, ne rassasiaient pas la ville d'imprévu, d'agitations, de joies, de désespoirs, il semble que chacun veuille vivre double dans ce Paris en soif d'émotions. Dans le jeu, la noblesse dépossédée cherche ses revenus; dans le jeu, les députés reprennent haleine des fatigues de la séance, et se reposent des décrets de la journée dans les brutalités du hasard. Barnave a été vu perdant 30,000 livres dans une soirée ⁵.

1. *Ami du peuple.* Février 1791. — 2. *Ami du peuple*, Février 1791.
3. *Chronique de Paris*, Octobre 1791.
4. *Dénonciation faite au public.* — 5. *Journal de la Cour et de la Ville.* Mars 1791.

Mourant, le chevalier Bouju, le terrible ponte, se fait porter au trente et un, et, dans les bras de ses amis, agonisant, crispant ses mains sur le tapis vert, comme sur les draps de son lit de mort, il se gagne, ce cadavre joueur, de superbes funérailles [1] !

Le comte de Genlis ruiné, se fait banquier. Les boutiquiers louent aux joueurs leur arrière-boutique un louis. Toute fille qui a des meubles donne à jouer. A tout détour de rue, à tout coin obscur, les distributeurs vous abordent, vous proposant « *une jolie société.* » La municipalité fait des affiches, — on les déchire ; des visites, — une sonnette intérieure avertit les joueurs, et l'argent est déjà disparu lorsqu'entre la figure de police. — Une partie de l'administration est corrompue : on nomme des commissaires de section payés jusqu'à deux louis par jour pour ne pas dénoncer. Quelques maisons se déguisent avec une appellation [2]. Les nºˢ 137 et 145 du Palais-Royal prennent le titre de *Club de la Liberté* et *Club Polonais* [3]. Au milieu de ce Palais-Royal, de ces centaines de maisons à quatre étages de tripots, le Cirque ajoute à son spectacle et à son bal vingt tables de jeu. Poixmenu, le bijoutier, et ses confrères Labat, Lavigne, Bradières, rôdent tout autour, attendant le joueur désargenté qui leur vend sa montre et ses bijoux, pour en jouer le prix, comme jadis, les malheureux que Soupiron recrutait pour le régiment de Noailles jouaient l'argent de leur enrôlement [4]. La municipalité sévit. Rose, le banquier du Cirque, a sa recette saisie [5] ; le passage Radziwill est débloqué, les tables de

---

1. *Dénonciation faite au public.*
2. *Le Consolateur.* Janvier 1792.
3. *Chronique de Paris.* Août 1791. — 4. *Dénonciation.*
5. *Feuille du jour.* Novembre 1791.

l'hôtel brisées [1] ; la bande qui s'y était tapie, emporte le tableau, les cuillers, un jeu de biribi moins volumineux, à trente-cinq numéros, ses dés plombés [2]. En camp volant traînant à sa suite les courtisanes Franco, la Durosel, Peau d'âne, escortée de l'habile escamoteur Benoît Sinet, elle promène ses piperies insaisissables. Malgré l'avis de Camille Desmoulins opposé à la peine infamante, Malmazet est condamné à un an de Bicêtre, les demoiselles Moza et Bélroid, l'une à six mois, l'autre à trois mois d'Hôpital [3]. Le jeu se cache et persiste. Espérant le parquer, Clootz propose d'établir à Paris une Redoute, comme à Spa, à Venise, à Genève [4]. L'idée est rejetée. Bailly avait surveillé le jeu; Péthion le recherche et le poursuit : aux poursuites, aux rigueurs, aux condamnations, le jeu survit, et survivra jusqu'à la Terreur.

1. *Chronique de Paris*. Juillet 1791.
2. *Dénonciation faite au public*.
3. *Chronique de Paris*. Janvier 1792.
4. *Chronique de Paris*. Octobre 1791.

II.

La Maison du Roi. — La Bastille. — Mort de Bordier. — Le Salon de peinture. Charles IX ou l'École des Rois. — La tragédie nationale.

Si près des jours où la royauté ne sera plus, le souvenir s'attarde à ces pompes, à ce faste qui l'entouraient, à cette belle représentation, à ce ton de dignité de la vieille cour de France. Et la Maison du Roi — haute et noble domesticité d'éclat et de parade traditionnelle, gardienne née des puérilités grandioses et nécessaires de l'étiquette, — la Maison du Roi se retrace à vous.

Ingénieusement organisée en charges vénales, coûtant de 800,000 livres à 6,000, payées par l'intérêt du prix d'achat, une liste civile de 34 millions suffisait au Roi pour l'entretenir [1]. Plus payée en grâces, en faveurs, en honneur qu'en argent, presque toujours la Maison du Roi voyait sans murmurer la royauté en retard avec elle de trois années de payement, et parfois de sept, en temps de

---

[1]. *Maison du Roi, ce qu'elle était, ce qu'elle est, ce qu'elle devrait être.* 1789.

guerre. Aux temps qui précèdent la Révolution, malgré les économies et les réformes faites par M. de Saint-Germain dans la maison militaire; par M. Necker dans la maison-bouche, la Maison du Roi, dont vivent, dit-on, soixante mille personnes, est encore la gloire de la cour, et l'image majestueuse de la majesté royale, ordonnée, dessinée, réglée par Colbert, pour la sûreté du trône et le respect des peuples : — Grand-maître de France et de la maison du roi, grand chambellan de France, grand-maître de la garde-robe, grand écuyer de France, premier pannetier, premier échanson, premier tranchant, grand veneur de France, grand maréchal des logis, grand prévôt de France, premier maître d'hôtel du Roi, grand-maître des cérémonies, — toutes fonctions, dont les serviles mêmes sont relevées et ennoblies par les noms de Liancourt, de Boisgelin, de Chauvelin, de Brissac, de Verneuil, de la Chesnaye, de Penthièvre, de la Suze, d'Escars; — *chapelle oratoire*, où est un psalmiste ordinaire du Roi; *grande chapelle*, où est un noteur; *musique du Roi*, maîtres de musique-chapelle, maîtres de musique-chambre; avertisseurs prenant l'ordre du Roi pour la messe; porteurs d'instruments; *ballet du Roi*; la *bouche du Roi*, les chefs, les chefs-travailleurs, les aides; l'huissier de la bouche; la panneterie-bouche, l'échansonnerie-bouche, fruiterie, fourrière [1]; coureurs de vin, sommiers, chargés de fournir l'eau de Ville-d'Avray, maîtres queux, officiers serdeaux, aides pour les fruits de Provence, galopins ordinaires [2]; — waguemestre des équipages de la maison du Roi; — porte-manteau, porte-arquebuse, valets de chambre horlogers, valets de chambre barbiers, valets de chambre tapissiers, feutiers; — capitaine

1. *Maison du Roi.* — 2. *L'Observateur.* Septembre 1789.

de l'équipage des mulets; — peintre de la chambre et du cabinet du Roi; — artilleur ordinaire, et garde du cabinet des armes du Roi; — coffretiers — malletiers — gainiers de la chambre et de la garde-robe du Roi; — paumiers du Roi; — les *logements de la cour*; — la *faculté*, avec opérateur du Roi pour la pierre au petit appareil, et opérateur du Roi, pour la pierre au grand appareil; — les *cérémonies*; — le *cabinet du Roi*; — le *garde-meuble de la couronne*; — les *menus plaisirs et affaires de la chambre du Roi*, où est un inspecteur général pour les habits et décorations; — les *écuries du Roi*; — un juge d'armes et de la noblesse de France; — un secrétaire général des écuries, haras et livrées de Sa Majesté; un Roi d'armes de France, des hérauts d'armes, des porte-épées de parement, des chevaucheurs et courriers de cabinet; — la *vénerie du Ro* avec commandant de la meute du chevreuil, et aumônier de la vénerie; la *fauconnerie* avec un commandant général, un lieutenant pour vol pour corneille, un lieutenant-aide pour vol pour pie, un pour vol pour champs, un pour vol pour émérillon, un pour vol pour lièvres; — et encore la *maison militaire du Roi*, les gardes du corps du Roi, la compagnie écossaise, la compagnie des cent gardes suisses ordinaires du corps du Roi, la compagnie des gardes de la prévôté de l'hôtel du Roi; les Suisses et Grisons; — imaginez toute cette Maison du Roi avec ses pages, ses huissiers, ses premiers gentilshommes de la chambre; ses écuyers cavalcadours, ses gentilshommes ordinaires du Roi, ses gentilshommes servants du Roi; — cette Maison du Roi, où étaient jusqu'à des *pousse-fauteuils*, et à un *chargé de présenter la Gazette au Roi, à la Reine, et à la famille royale*[1]!

---

[1]. *Maison du Roi.*

La Reine avait aussi sa maison avec *chapelle, chambre,* chevalier d'honneur, porte-manteau ordinaire, perruquier-baigneur-étuviste, baigneuse, femme de garde-robe des atours, porte-chaise d'affaires. — Monseigneur le Dauphin — le petit Louis-Joseph qui allait mourir — avait sa maison : *Faculté, chambre, garde-robe,* lecteur et secrétaire des commandements. Les almanachs nommaient son gouverneur, le duc d'Harcourt : — et Dieu déjà nommait, en survivance du dauphin, le duc de Normandie ; en survivance du duc d'Harcourt, le savetier Simon [1]

Quelque riche que soit encore cette représentation, ce n'est plus la représentation des règnes précédents. Louis XVI avait laissé ses ministres rogner dans cette pompe des offices de la royauté, et dans cet appareil du culte humain ; et ces diminutions de la cour, ces amoindrissements du roi, que le cardinal de Fleury, roi de France sous la minorité de Louis XV, que l'abbé Terray, avaient voulus et n'avaient pas osés, — un banquier genevois les avait hardiment tentés, heureusement réalisés. C'est que le Roi, roi de goûts médiocres et bourgeois, à qui les économies souriaient, n'avait ni l'intelligence, ni le respect de cette comédie, — la royauté, — intelligence et respect gardés par son aïeul jusque dans les fanges de sa vie privée. Louis XVI, dans les démembrements successifs et consentis de sa maison, n'eut point de ces ressouvenirs et de ces dignités à la Louis le Grand, qui faisaient répondre au Roi du parc aux Cerfs redevenant le Roi de Versailles : « Réformer ma maison militaire ? Qu'on ne m'en parle jamais ! ce serait bien mal payer les journées de Fontenoy et d'Ettingue ; » et une autre fois : « Si j'ai des officiers,

---

[1]. *Maison du Roi.*

dont je n'ai pas besoin, je suis sûr qu'ils ont besoin de moi [1]. » La petite écurie du duc de Coigny avait été réunie à la grande ; la direction générale de la poste aux chevaux du royaume à la poste aux lettres ; l'équipage du sanglier, l'équipage du loup, le vautrait, avaient été réformés ; les mousquetaires, les chevau-légers, les gendarmes, les gardes de la porte, avaient eu le même sort, sans une opposition du Roi. « Hélas ! — murmuraient les courtisans menacés dans leurs charges, — il est pourtant affreux de vivre dans un pays où l'on n'est pas sûr de posséder le lendemain ce qu'on avait la veille ; cela ne se voyait qu'en Turquie [2] ! » Et lorsque l'Assemblée nationale mettra la hache dans cette vieille et antique Maison du Roi, dans ces formes honorifiques, dans cette discipline d'étiquette, vivant à la cour de Versailles depuis tantôt deux cents ans, Louis XVI se soumettra ; et pour sa maison militaire, il n'hésitera pas à penser « que le nombre des troupes destinées à la garde du Roi doit être déterminé par un règlement constitutionnel [3]. »

Mais ce n'étaient pas encore ces retranchements des ministres de 1780, de 1787, de 1788, qui avaient fait désordonnée la représentation du trône : c'était la cour même. — Dépaysé dans les grandeurs de son métier, répugnant à son faste nécessaire, timide et presque gêné devant le luxe obligé de représentation, modeste plus qu'il n'est permis à un roi, ami de la solitude par la conscience du peu qu'il avait d'imposant, le Roi n'exigeait nulle présence, nulle exactitude de service de sa noblesse.

1. *Maison du Roi.* — 2. *Mémoires* du baron de Bezenval. Paris, 1805.
3. *Lettre écrite de la main du Roi à M. le Président*, le 9 juin 1790.

Il n'avait en rien hérité de son père et de sa mère, de feu Mgr le Dauphin, et de Mme la Dauphine, de cette dignité nécessaire aux abords de la royauté, qui les firent tous deux, tous les jours de leur vie, dîner et souper en public, entourés de leurs grands officiers et de tout l'appareil de leur service [1]. L'assiduité des courtisans, loin d'être demandée par la nouvelle cour, avait été dès le principe laissée à la liberté de chacun, presque même rebutée. Les dîners de mille livres du mardi, table habituelle à Versailles des ambassadeurs et ministres étrangers, Louis XVI en avait laissé tomber l'usage, comme il avait réduit autour de lui le service au strict nécessaire. Les jours ordinaires de la semaine, toutes les cours du palais, les galeries intérieures, l'œil-de-bœuf, et les appartements de Versailles, jadis ornés, peuplés d'un monde magnifique, étaient tellement déserts, « qu'un étranger aurait pu juger que la famille du Roi était absente. » A peine les dimanches, c'étaient les ministres ou quelques personnes présentées meublant les salons vastes [2]. Puis la mode avait encore attristé cette cour appauvrie : la jeunesse autrefois superbement vêtue d'étoffes de Lyon a tellement adopté le noir, qu'on croirait, en traversant les appartements les jours de réception, la cour perpétuellement en deuil. Jadis, le gouverneur de Paris, les grands seigneurs, ne venaient à la cour qu'escortés de pages, de gentilshommes, d'écuyers. Cette habitude de se faire honneur de ses richesses n'est plus. Contrairement à leurs statuts, les chevaliers des ordres du Roi n'en portent plus la décoration extérieure en frac : il y a vingt ans, nul ne serait entré dans les appartements du Roi avec un manchon, une

---

1. *Maison du Roi.* — 2. *Mémoires* de Bezenval.

canne, ou sans épée : on va aujourd'hui faire sa cour en bottes, les jours de chasse [1].

Cette liberté, ce sans-façon, cet abandon des essentiels dogmes de l'étiquette royale, — la Reine les avait autorisés et encouragés comme le roi. Marie-Antoinette se sauvait de la royauté de Versailles, à Trianon [2].

La Bastille est prise. « La forteresse, — dit Bezenval, et avec Bezenval la cour humiliée, — la forteresse est livrée à des avocats. » Le peuple promène en triomphe, tirés des cachots de la Bastille, un vieillard à barbe blanche, et la Révolution. Ils sont montrés au doigt, et salués, les vainqueurs de la Bastille parés de leurs pompons aurore. Les hommes de lettres sourient : « Voilà donc les hommes de lettres sans logement dans Paris. » La Bastille va être démolie, la Bastille,

> « Où par un bel ordre du roi
> Parti le matin de Versailles,
> Ainsi que des oiseaux malignement jaseurs,
> On encageait le soir des sages, des penseurs [3]. »

Trois théâtres de Londres, Astley [4], Sadlers-Wels, le *Royal-Circus* préparent la *Prise de la Bastille*, avec une mise en scène empruntée aux *Révolutions* de Prudhomme [5]. Ruggieri monte sa grande pantomime de *la Prise de la Bastille*, où il promet, pour figurants, les gardes-françaises qui ont combattu au siége même [6]. Quand ouvrira

---

1. *Maison du Roi.*
2. Voyez notre *Histoire de Marie-Antoinette*. Troisième édit. 1863.
3. *Voyage à la Bastille fait le 16 juillet 1789 et adressé à Mme de G.*, par Michel de Cubières, citoyen et soldat.
4. *La Grande découverte.* — 5. *Correspondance* de Grimm. 1789.
6. *Petites Affiches.* Juillet 1790.

le Théâtre-Français de la rue de Richelieu, il dépensera 15,000 livres pour mettre à la scène une *Prise de la Bastille*, et chaque soir une somme de 2,000 livres en poudre et artifices [1]. — Le sieur Pommey se met à exécuter dans les proportions d'une ligne par pied le modèle de la Bastille; et ce plâtre du coût de 48 livres va ornementer tous les appartements. — Les jolies femmes promenées dans la Bastille par M. le comte de Mirabeau prennent une pierre sur la plate-forme, et la jettent au loin en criant : « Liberté [2]! » En bas des tours, tout Paris ramasse la pierre précieuse. « La livre de pierres de la Bastille se vend aussi cher que la meilleure livre de viande [3]. » La chevalière d'Éon envoie quelques livres de ces reliques à lord Stanhope; et le maçon Palloy presse sollicitations sur sollicitations pour la démolition de la Bastille; et en son zèle il l'entreprend avec tous ses ouvriers, avant la permission accordée. Le 1er décembre 1789, à la place même où fut la Bastille, on vend les matériaux provenant de la démolition, plomb, fer, batterie de cuisine, plats et assiettes [4]; et les enchères patriotiques se disputent les restes de la *boîte à cailloux* [5]. Palloy est le grand marchand de pierres de la Bastille; il organise son commerce sur une large échelle; il dépêche, pour le débit de cette sainte pierraille par le monde, des courtiers qui sont des missionnaires; il a secrétaires, agents, ambassadeurs; et il forme des compagnies de jeunes gens qu'il distribue par la France, les poches remplies de ses démolitions, la bouche pleine des

---

1. *Chronique de Paris.* Mars 1792. — 2. *Voyage à la Bastille.* 1789
3. *Chronique de Paris.* Août 1790.
4. *Petites Affiches.* Décembre 1789.
5. *Quatrième lettre b..... patriotique du père Duchêne aux mécontants,*

discours qu'il leur a fait répéter. Il envoie à tous les chefs-lieux des départements le modèle de la Bastille, exécuté avec des pierres de la Bastille. Chaque envoi de trois caisses est accompagné d'un détachement de la garde nationale, et les voituriers sont porteurs de lettres de voitures signées Palloy[1]. Palloy fait des pierres de la Bastille des bonbonnières, des cornets, de petits châteaux ; il en fait des encriers, suivant l'idée que lui donne un homme d'imagination[2]. Avec les chaînes de la Bastille, il fait des médailles patriotiques « destinées à reposer sur le sein d'hommes libres[3], » et quand Lepelletier Saint-Fargeau sera tué, Palloy enverra à la famille Lepelletier la lettre écrite par le président de la Convention, gravée sur une pierre de la Bastille, encadrée avec le bois d'une porte de la Bastille [4].

Paris, qui ne possédait plus la Bastille, possédait encore un Arlequin — un Arlequin qui le consolait de Carlin mort.

Il avait, cet Arlequin, une mobilité, une adresse, une agilité, une gaieté, un éclat de rire, une batte si rapide, si vive, si divertissante, que le boulevard eût donné deux Le Kain, s'il les avait eus, pour son Arlequin. Il semblait, cet Arlequin, prédestiné à être l'Arlequin de toutes les arlequinades présentes et futures de la révolution : *Arlequin Hulla, Arlequin odalisque, Arlequin ainsi soit-il, Arlequin sentinelle, Arlequin tout seul, Arlequin doge de Venise, Arlequin incombustible, Arlequin journaliste, décorateur, bon*

1. *Anecdotes inédites de la fin du dix-huitième siècle*, par Sériéys. 1801. — 2. *Journa· de la Mode et du Goût*, par M. Le Brun. Mars 1790.
3. *Lettres b..... patriotiques.*
4. *Courrier de l'Égalité.* Janvier 1793.

fils, beau-fils, tailleur, afficheur, jokei, Jacob, perruquier, receveur de loterie, etc.

Cet Arlequin sans pair, le théâtre des Variétés amusantes l'avait enlevé au théâtre d'Audinot, moyennant un engagement de 12,000 livres. Voilà donc l'Arlequin dont Mayeur de Saint-Paul avait dit en 1782 : « C'est un libertin, un rouleur de nuit, un ribotteur qui doit à Dieu et au diable, » devenu un Arlequin au-dessus du besoin. Mais l'Arlequin était joueur : sa maison devint un tripot ; et Bordier l'Arlequin se mit à perdre chez lui, comme un amphitryon, s'endettant autant qu'avant, devant au banquier Pinet, devant au directeur Gaillard.

Or, comme Bordier ne gagnait pas, et ne payait pas Pinet, et ne payait pas Gaillard, la révolution arriva. Les acteurs devinrent des hommes, puis des citoyens actifs, puis des gardes nationaux, puis tout de suite après de grands personnages. Larive, Brizard, Grammont, sont nommés commandants de bataillon ; Naudet devient président de district. C'était de quoi mettre toute la population dramatique, toute la population comique en veine d'ambition. On avait deux patronnes : Thalie et Melpomène ; on en prend une troisième : la Révolution, et l'on se met à servir les trois d'abord ; et tout doucement l'on arrive à n'en plus servir qu'une. L'exemple, le débit facile, l'habitude du public, une mémoire qui était quasi une éloquence, une tenue qui jouait l'orateur, — qui eût résisté à tant d'appels et à tant d'invitations, du temps, du métier, de l'occasion ? Que font les railleries aristocrates ? « Vous, citoyens ? et les trois révérences ? ».

Quand Grammont a été nommé capitaine, un plaisant a dit : « Messieurs, je suis très-fier d'avoir pour commandant *Orosmane* ou *Tancrède* ; mais pour l'honneur du district, je fais la motion qu'il soit défendu aux cinquante-neuf autres de siffler notre capitaine ¹. » Histrions hier, Français aujourd'hui, les acteurs ont déjà la dignité de ne pas entendre. C'est un Tiers état non représenté, que les acteurs : et pour un peu ils diraient : Qu'est-ce qu'un acteur ? rien Que doit-il être ? tout. — Arlequin avait suivi la foule ; et un beau soir, — pressentait-il des destinées à la Collot ? — il se mit en tête de se conquérir une position, de tirer fortune des discordes civiles, d'exploiter non le public mais la Révolution, d'abdiquer Arlequin, et de se révéler le citoyen Bordier ². Il relevait d'une maladie pendant laquelle ses derniers bijoux avaient été engagés. Il courut chez Gaillard, lui demanda 30 louis, et partit pour les eaux de Forges. Quelques jours se passent ; les événements deviennent un tel spectacle que Paris ne pense plus à Arlequin, quand tout à coup le bruit se répand qu'une insurrection combinée, organisée, vient d'éclater dans toute la Normandie ; les farines sont jetées à la rivière ; les mécaniques des manufactures brisées au mot d'ordre : *Carabo* ³ ; et dans Gisors l'intendant est menacé et assiégé par Bordier à la tête de la populace ameutée. — Cette pièce d'Arlequin chef de parti n'eut qu'un acte. Bordier, arrêté, mené à Rouen, parla de sa maladie, cause de son voyage, et s'excusa sur le choix que les brigands lui avaient offert d'être pendu ou de leur accorder le secours de son éloquence. Bordier fut relâché ; mais la perspective de la potence ne le guérit ni ne l'avertit ⁴. A peine libre, il se met en relation avec l'avocat Jourdain, le chef du parti révolutionnaire de Rouen, qui commandait une compagnie de volontaires. Il rédige avec lui une affiche qui demande au

1. *Discours de la Lanterne aux Parisiens,* l'an premier de la liberté. 1789. — 2. *Bordier aux enfers.* — 3. *Mercure de France,* 1789.
4. *La mort subite du sieur Bordier, acteur des Variétés.*

nom du peuple les têtes du premier président Pontcarré, de Belbœuf, procureur général du parlement, de l'intendant de Manssion, et de Durand, procureur du roi à la ville. La proclamation affichée au carrefour de la Crosse ¹, l'armée révolutionnaire assemblée, Jourdain suivi de Bordier escalade, dans la nuit du 3 au 4 août, l'hôtel de l'Intendance, précédé d'une sorte de héraut qui portait comme symbole de l'expédition une pique et un sabre. L'intendant s'était sauvé sous l'habit de son cocher. Le pillage éparpille la troupe ; l'ivresse la désarme ; des troupes surviennent qui s'emparent de Bordier et de Jourdain ². Une partie de la jeunesse rouennaise s'insurrectionne. Bordier est encore une fois sauvé. Il a pris la diligence, il est sur la route de Paris, lorsque des volontaires rouennais indignés, qui ont demandé la permission de courir après lui, le rattrapent. Il est ramené, et en repassant sur le quai, il voit déjà plantée la potence en deçà du pont. Le procès s'instruit. Quelques pillards de la localité sont pendus tout d'abord. Pour Bordier, c'est une grave affaire et qui embarrasse les juges. Les clubs de Paris menacent Rouen d'un envoi de trente mille hommes, et d'une formidable artillerie. Saint-Huruges doit marcher à la tête de cette armée ³. Il y a d'ailleurs, dans ce procès, des voiles qu'il est délicat de soulever. Le procès se traîne et languit. Mais les preuves sont trop accablantes pour permettre que Bordier soit acquitté. D'ailleurs Rouen, qui a dans ses murs ce tableau symbolique où les rois de France sont peints en médaillon avec les attributs de leur règne, et où le médaillon qui succède à celui de Louis XV ne montre point de

---

1. *Petite histoire de France*, par Marlin, vol. II.
2. *La mort subite du sieur Bordier, acteur des Variétés.* 1789.
3. *Petite histoire de France*, vol. II.

roi, mais un trône renversé, un sceptre et une main de justice foudroyée par des carreaux [1], — Rouen, pour se rassurer contre ces menaces mystérieuses, demande une répression. Jourdain et Bordier sont condamnés à la peine de mort. Bordier, qui croyait à son acquittement, se trouve mal à la lecture de la sentence. Jourdain prend son parti héroïquement, et écrit à sa femme : « Lorsque tu recevras ma lettre, je ne serai plus. Un arrêt trop précipité vient d'ordonner la fin de ma vie, je meurs victime de l'injustice et de l'erreur [2]. » Et comme Bordier, la charrette amenée, se livre aux récriminations : « Ce n'est pas le temps des reproches, — lui dit Jourdain, — nous allons mourir [3]. »

Tout Rouen est dans les rues. La garnison consignée, les volontaires sous les armes, les portes de la ville fermées, les rues barricadées, le canon braqué. Les deux condamnés ont obtenu d'aller au supplice la tête découverte. Ils ne sont ni pâles ni faiblissants. Bordier joue courageusement la mort devant le public rouennais. Il salue à droite et à gauche les personnes qu'il reconnaît, et les comédiennes et les comédiens de la ville qui sont au balcon du théâtre. Au pied de l'échelle, Bordier embrasse Jourdain, et quand il met le pied sur le premier échelon, un habitué du parterre des Variétés ricane cruellement : « Monterai-je t'y ? monterai-je t'y pas ? [4] » — ce mot que l'Arlequin pauvret disait si plaisamment dans un de ses plus joyeux rôles.

La Révolution assise au chevalet de David ; le petit-ne-

1. *Mémoires* de Lombard de Langres, vol. II.
2. *Chronique de Paris*. Octobre 1789.
3. *Petite histoire de France*, vol. II. — 4. *Id*

veu du peintre de Mme de Pompadour, se faisant le peintre des vertus, des austérités et des sévérités républicaines ; le petit-neveu de Boucher, peignant Brutus recevant le corps de ses fils décapités, et les licteurs portant les deux têtes, — tel est l'événement de l'art, et l'offrande patriotique que la nouvelle école de peinture apporte à l'année 1789.

M. d'Angivilliers, dont les goûts avaient été bercés dans la pastorale de Louis XV et les *salons couleur de rose*[1], M. d'Angivilliers, qui avait déjà mis toute la mauvaise humeur d'un courtisan de Watteau à ne pas accepter les Horaces, tenta de fermer la porte du Louvre à ce rappel sanglant et opiniâtre de la légende républicaine. David put lire dans les journaux « que le gouverneur du salon de peinture ordonnait à M. Cuvilier, gouverneur de la Samaritaine, de prescrire à M. Vien, premier peintre du Roi, de défendre au sieur David d'exposer les *Deux fils de Brutus*[2]. » Ce ne fut là qu'une bravade, un désir d'autorité, un essai d'intimidation, bien vite abandonné. M. d'Angivilliers était trop faible, et trop mal soutenu par l'opinion publique en sa surintendance des bâtiments, pour oser jusqu'au bout. A ce poste élevé d'intermédiaire entre la cour et l'art, ce gros homme n'avait apporté ni l'aptitude naturelle, qui fait digne d'une place, ni le goût qui fait l'autorité du fonctionnaire, ni l'économie, qui est auprès du public l'excuse d'un pauvre esprit. *L'Éléphant*[3] — pour parler comme parlait l'irrévérence des peintres — avait jusqu'alors empli bonnement sa place, sans autre souci que de penser comme la cour, un petit peu avant elle, d'être bas quand elle lui disait d'être favorable, et brutal quand le

1. *Rapport et projet de décret*, etc., par Bouquier.
2. *L'Observateur*. Août 1789.
3. *Annales patriotiques et littéraires* de Mercier. Avril 1791.

mot d'ordre était d'être sévère. Avec les artistes, M. d'Angivilliers s'était rarement fait pardonner une rigueur par une politesse, un refus par l'affabilité de la manière. Aux réunions de l'hôtel d'Angivilliers, — dont les murs avaient inspiré tant de pointes au marquis de Bièvre, — les qualités aimables de Mme d'Angivilliers, hôtesse subalterne avec les grands, s'essayaient à l'esprit d'épigrammes avec les sujets de son mari. Aidée du mordant marquis de Créqui, elle avait presque autant d'esprit que d'ennemis [1]. De plus, M. d'Angivilliers était le bouc émissaire. Il héritait, et des dettes de ses prédécesseurs, et des dénis de justice de la cour et de l'Académie, depuis Colbert. Toutes les inimitiés, toutes les attaques prennent voix avec la révolution; un créancier des bâtiments du Roi écrit de Versailles : « Il n'est personne ici et à Paris qui ne sache qu'indépendamment d'une somme annuelle de 3 millions, qui lui est allouée sur le trésor royal, il doit au moins 20 millions. Il est ici tel entrepreneur des bâtiments du Roi, et ils sont plusieurs, à qui il est dû 500,000 livres et davantage [2]. » La veille, *le Vœu des Artistes* avait dit : «... Le public sait que les artistes sont gouvernés par un chef qu'on appelle gouverneur des monuments... Depuis Colbert, l'ignorance, l'ineptie, cette hauteur si commode pour couvrir la nullité, ont été constamment les seules qualités qu'ont déployées les directeurs des bâtiments. Protecteurs aveugles de la médiocrité rampante, ils écrasent impitoyablement ceux des artistes qui, pénétrés de la noblesse de leur art, dédaignent de leur faire une cour assidue. » Suit une demande au Roi pour donner aux artistes « un chef digne d'eux [3]. » La place devenait mauvaise; M. d'Angivilliers la déserta,

---

1. *Souvenirs et portraits* par M. de Lévis.
2. *L'Observateur.* Novembre 1789. — 3. *Id.* Septembre 1789.

chargeant à son départ M. de Laborde, son beau-frère, de gravir jusqu'à la demeure des artistes, et d'en obtenir un désaveu [1]; et l'hiver arriva, que les réclamants et les plaignants furent fort étonnés de le voir s'obstiner à continuer son séjour aux eaux des Pyrénées.

L'ennemi loin de Paris, la régénération de l'art, — ainsi disaient alors les artistes, — faisait son chemin. David rassuré pressait son tableau, faisant à la journée du 22 juillet le sacrifice des têtes coupées portées par les licteurs.

Le salon ouvre bientôt, éclairé par le comble, amélioration qui détruit les priviléges du *milieu* ou des *coins* [2]. — Ce salon fut l'écho des idées du jour. Les choses d'hier s'y pressèrent, retracées par des mains promptes. Durameau y envoya une esquisse des *États généraux*; Moreau, deux dessins : l'*Ouverture des États généraux de France,* et la *Constitution de l'Assemblée nationale du 17 juin*; Vestier, le *Portrait du chevalier de Latude*; M. de l'Espinasse, une *Vue de la Halle au blé*, monument que la disette faisait national. A côté de ces images toutes chaudes des événements vivants, l'histoire romaine, l'histoire grecque, à la vogue desquelles concourait le *Voyage du jeune Anacharsis*, événement et triomphe littéraire du moment, avaient tenu les brosses de MM. Vien, Lagrenée, Vincent, Taillasson, Le Barbier, Peyron, Monsiau, Lemonnier. A peine dans tout ce paganisme républicain, quelques tableaux de sainteté, *la Descente de croix*, commandée à M. Regnault, pour la chapelle de Fontainebleau. Les regards ne s'arrêtent pas là; ils ne s'arrêtent pas aux portraits de Mmes Lebrun et Guyard, aux fleurs de Van Spaendonck, aux paysages de

---

1. *L'Observateur*. Septembre 1789. — 2. *Id.* Août 1789.

Robert, aux miniatures de Hall; ils passent, rapides, sur la dernière toile de Joseph Vernet, le *Naufrage de Virginie*; ils glissent sur les deux toiles de Carle Vernet, renfermé dans le travail et la retraite depuis son premier grand prix; ils courent aux n°s 88 et 89. A côté des *Amours de Pâris et d'Hélène*, répétition d'un tableau commandé pour les appartements du comte d'Artois, où, comme un voyageur avant de prendre la route, qui se retourne une dernière fois vers le chemin de traverse fleuri, David fait son adieu aux Grâces, s'étale, brutal, l'héroïsme du consul romain. A cette rupture brusque, éclatante, terrible, avec la peinture de chambre de la monarchie ébranlée, à ce pan sanglant de la toge de Rome, jeté à la face des passions en émeute, — c'est un cri d'admiration dans le public de l'art, dans le public de la politique. Les âmes prennent feu à ce tableau qui est un coup d'État; l'enthousiasme proclame David un précurseur de liberté, « David, dont le patriotisme dirigeait les idées de la révolution, avant la révolution... » Les *Lettres b......... patriotiques* vont dire : « David en a dit plus avec son tableau des Horaces et celui de Brutus, que les écrivains qui se sont fait brûler par le gros libertin Séguier. C'est un livre que ces tableaux, un livre respecté par le grand brûleur, un livre mis sans crainte sous le nez des rois, qui, sans s'en douter, payaient ces éloquentes leçons de liberté, ces chefs-d'œuvre de fierté républicaine¹. »

Et la reconnaissance de certains pourrait bien aller jusqu'à prêter à David l'intention d'avoir voulu mettre sous les yeux du roi la glorification du châtiment des traîtres, — qu'ils soient fils, comme à Rome, — ou frères, comme à Versailles!

1. *Lettres patriotiques*, par Lemaire.

Ce fut un jeune homme de vingt-cinq ans qui conquit le théâtre à la révolution : Marie-Joseph de Chénier.

« Un jour viendra sans doute, — écrivait Voltaire en 1764, — où nous mettrons les papes sur le théâtre; un temps viendra où la Saint-Barthélemy sera un sujet de tragédie. » — Une moitié de la prédiction de Voltaire se réalisait déjà ; l'autre allait bientôt s'accomplir. La tragédie du jeune Chénier s'appelait *Charles IX*. — Le marquis de Luchet dit, le 13 janvier 1789 : « M. Chesnier a lu chez M. le vicomte de Ségur une tragédie intitulée *Charles IX*. Mme la duchesse d'Orléans et M. le prince Henri ont assisté à cette séance fort longue, et fort nombreuse. Personne n'a été ému, beaucoup ont bâillé, et tous se sont écriés que c'était admirable. » — Une députation d'évêques sorbonistes n'a pu obtenir du roi de défendre *Charles IX*[1], le district des Carmes s'est vainement opposé à sa représentation : l'ordre du district des Cordeliers est exécuté ; et comme il est des fatalités dans l'histoire, ce fut la Comédie-Française, que la révolution devait proscrire, qui joua le 4 novembre 1789 cette tragédie révolutionnaire. La représentation fut bruyante, tumultueuse ; le public enthousiasmé, délirant, électrisé, comme au couronnement d'un buste plus populairement glorieux que celui de Voltaire : le buste de la Liberté. Mme de Genlis y parut avec les fils du duc d'Orléans. Tous les patriotes y étaient. — C'était, ce *Charles IX*, la tribune inaugurée sur le théâtre, les passions du jour trouvant la satisfaction et l'assouvissement sur les planches de la scène, le patriotisme enseigné par le spectacle, le poëte devenant législateur des pensées humaines, et poussant ou retenant les

---

1. *Révolutions de Paris.* 1789.

cœurs aux haines et aux amours qui volaient dans l'air de
1789. — Quels applaudissements à cette peinture pompeuse et déclamatoire des traîtrises d'une cour et des forfaits d'un roi, à ces vers :

> Ces murs baignés sans cesse et de sang et de pleurs,
> Ces tombeaux des vivants, ces bastilles affreuses,
> S'écrouleront alors sous des mains généreuses!

Quelles vengeances savourées par la foule à voir un cardinal prêcher les meurtres, commander les bourreaux, bénir les poignards! et cette mère usurpant pour les ordres de sang les volontés de son fils! Et ce roi qui n'est capable que de remords! Quels bravos à cette sentence :

> Les attentats des rois ne sont pas impunis!

Cette cloche, qui tinte lugubrement, pendant que Guise et les courtisans, un genou en terre, leurs épées croisées, courbent la tête sous les mains tendues du cardinal de Lorraine :

> Au nom du Dieu vengeur, je conduirai vos coups,

le public frémissant veut que ce soit la même que celle qui sonna l'heure de la Saint-Barthélemy, — passée de Saint-Germain-l'Auxerrois dans les combles du château des Tuileries, de là à l'hôtel des Invalides, et de l'horloge des Invalides aux coulisses du Théâtre-Français[1].

Chénier avait atteint son but. Il avait, comme il dit, « inculqué aux hommes des vérités importantes pour leur inspirer la haine de la tyrannie et de la superstition, l'horreur du crime, et l'amour de la vertu et de la liberté, le respect pour les lois et pour la morale, cette religion uni-

---

1. *Journal de la Cour et de la Ville.* Janvier 1790.

verselle[1]. » La soirée du 4 novembre le sacrait le Corneille de la révolution. *Charles IX*, « l'école des rois, » devenait le divertissement sacré du peuple; et dans les crimes des aristocrates, on mettait en compte un nouveau crime, le crime de lèse-*Charles IX*. Vous pouvez lire dans l'interrogatoire de Favras cette étrange demande : « Si à la troisième représentation de *Charles IX*, il n'a pas conçu le projet de faire tomber la pièce ? » — A laquelle inculpation Favras répond « qu'il n'a jamais été à cette tragédie qu'il trouve très-mauvaise[2]. » Les partisans de la cour, et quelques esprits délicats, essayèrent de faire un reproche au jeune poëte d'avoir traîné sur la scène cette page toute sanglante de nos annales : — « Le massacre de la Saint-Barthélemy, — répondait Chénier, — n'est point le crime de la nation, c'est le crime de vos rois; » et il écrivait dans une lettre qu'il oublia sans doute en de certaines années de sa vie : « En peignant la rage des guerres civiles, cette tragédie ne peut qu'en inspirer l'horreur. En peignant un roi perfide, sanguinaire et bourreau de son peuple, cette tragédie doit faire aimer plus que jamais le gouvernement d'un monarque dont la franchise et la bonté sont connues, d'un monarque second père du peuple et restaurateur de la liberté française, digne héritier de cet Henri IV, dont j'ai voulu présenter la jeunesse à l'amour d'une nation généreuse et libre[3]. »

Charles IX est le drapeau de la révolution. Certains prêtres ont compris sa portée et son influence, qui refusent l'absolution aux fidèles qui le vont voir. Il est des districts qui veulent voter une couronne civique à Chénier. Le

---

1. *Charles IX*. Discours préliminaire.
2. *Journal de la Cour et de la Ville*. Janvier 1790.
3. Catalogue d'autographes. 8 avril 1844.

succès de *Charles IX* dépasse toute mesure. Les loges sont louées pour onze représentations; les cinq premières valent 30,000 livres aux comédiens. A la première représentation, « des hommes avides » copient la pièce pour s'enrichir avec une contrefaçon. Les éditions que Chénier en donne aussitôt avec épître dédicatoire à la nation, discours préliminaire, notes historiques, sont immédiatement enlevées. *Charles IX*, lorsqu'il y aura la liberté des théâtres, sera la pièce exigée et applaudie dans tous les petits théâtres. *Charles IX* attirera « tous les casques de laine et tous les bonnets gras des boulevards » au théâtre des Associés, dont le directeur sera obligé d'afficher à la porte le placard suivant : « *Vous êtes priés, Messieurs, d'ôter vos bonnets, et de ne pas faire vos ordures dans les loges*[1]. »

Apportant beaucoup à la révolution, peu à la poésie dramatique, la pièce de Chénier révéla Talma, qui joua le rôle de Charles IX, dont Saint-Phal n'avait pas voulu, avec les terreurs saisissantes d'un Oreste. *Charles IX* fit encore une chose : il dota le théâtre d'un nouveau genre, la tragédie nationale, et ce fut sans doute une grande audace, et une grande victoire sur les oreilles du xviiie siècle que ce *Monsieur* substitué à l'éternel *Seigneur*. Et comme tout se tient, la tragédie nationale contribua à détrôner les anachronismes de costume. Pour le peu qu'il y a que Pyrrhus portait un chapeau à plumet, et Monime des gants, les costumes historiques de Charles IX sont beaucoup mieux concordants aux temps qu'on ne croirait. S'ils n'ont pas tout le caractère exigé depuis, ils n'ont rien des ridicules tolérés tout à l'heure. Charles IX a les cheveux noirs, sans poudre ; il porte des moustaches, et au menton un

---

1. *Journal de la Cour et de la Ville*. Janvier 1791.

petit bouquet de barbe *à l'escopette;* fraise de gaze blanche à gros plis, manteau de velours noir galonné d'or, pourpoint de satin blanc à petits carreaux galonné d'or, trousse de satin blanc, bas de soie blanc formant le *pantalon*. — Catherine de Médicis a le toquet de satin noir, les cheveux simplement crêpés, la fraise de gaze blanche, le manteau et la robe de velours noir galonnés d'or, et à deux rangs de boutons d'or [1].

« Voltaire, — disait avec un ton d'orgueil Chénier dans le discours préliminaire de *Charles IX*, — a fait quelques tragédies où le public français entendait au moins prononcer des noms français; mais parmi ces tragédies, d'ailleurs fondées sur des faits inventés, *Zaïre* est la seule qui soit admirée des connaisseurs : les Français n'y sont qu'accessoires. J'ai du moins saisi la seule gloire où il m'était permis d'aspirer, celle d'ouvrir la route, et de composer le premier une tragédie vraiment *nationale* [2]. » Chénier n'avait pas eu toute l'audace et toute l'initiative qu'il disait. La tragédie pure, la tragédie grecque et romaine, si florissante, si régnante, et si vénérée qu'elle semblât au xviiie siècle, avait été discutée par des esprits irrespectueux pour la routine, et n'opinant qu'avec eux-mêmes. Un amateur des lettres, un bel esprit du monde, n'avait-il pas, en 1747, composé cinq actes, un *François II* en prose? Le président Hénault n'avait-il pas courageusement écrit en tête de cette tentative : « Ne faut-il donc rien hasarder? et les genres sont-ils tellement épuisés qu'il ne puisse plus y en avoir de nouveaux? L'exemple même de Shakespeare ne doit-il pas encourager?... On se plaît à voir ensemble Sertorius et Pompée discutant les plus grands intérêts,

1. *Journal de la Mode et du Goût*, par Lebrun. Avril 1790.
2. *Charles IX*. Discours préliminaire.

Auguste délibérant avec Cinna et Maxime s'il quittera l'empire. Pourquoi ne trouverait-on pas dans notre histoire d'aussi grands intérêts à traiter et d'aussi grandes passions à peindre ? Il est vrai que l'on n'est point accoutumé à voir sur nos théâtres l'amiral de Coligny, Catherine de Médicis, le duc de Guise. Mais ce serait une habitude bientôt prise... Croira-t-on que l'on ne vit pas avec plaisir ces personnages mis ensemble ? Est-ce que le cardinal de Lorraine, et le duc de Guise méditant la perte du prince de Condé, ne sont pas aussi intéressants que les confidents de Ptolémée délibérant sur la mort de Pompée ? Est-ce que Catherine de Médicis ne vaut pas bien la Cléopâtre de *Rodogune*, et l'Agrippine de *Néron* [1] ? »

Cet Italien qui avait tant d'esprit en français, l'aumônier de la philosophie, cet abbé de taille aux causeries de Diderot, l'abbé Galiani n'avait-il pas écrit en 1772 à Mᵐᵉ d'Épinay ces lignes, où la réflexion sagace se joue en badinages, moquant ce monde théâtral qui n'existe qu'au théâtre, ces hommes, ces vices, ce langage, ces événements, ce dialogue qui lui sont particuliers : « Il s'est fait une convention parmi les hommes que cela serait ainsi, que le théâtre aurait ce monde, et l'on est convenu de trouver cela beau. Les raisons de cette convention seraient difficiles à retrouver : l'acte en est fort ancien, et n'a pas été inséré au greffe... Je crois que les causes qui ont produit cet éloignement de la nature qui a lieu dans le théâtre au point de créer un monde entier tout à fait nouveau, ont été la difficulté de s'approcher de la vérité en gardant son langage vulgaire, et la défense d'y placer les événements modernes... S'il ne vous est pas permis de rendre

---

1. *Nouveau théâtre français. François II roi de France, en 5 actes*, par le président Hénault. 1747.

en tragédie la chute du duc de Choiseul, ni même celle du cardinal de Bernis, comment peut-on peindre la société [1] ? »

L'année suivante, Louis-Sébastien Mercier publiait *Du théâtre* ou *Nouvel essai sur l'art dramatique*. Mercier avait l'intelligence brave, l'héroïsme de ses opinions, la conscience de l'esprit, la pensée vive, active, libre. C'était une de ces têtes qui veulent connaître des traditions avant de les accepter, s'agenouiller devant le génie, et non devant la renommée, lire avant de s'incliner, penser en dehors de ce qu'on dit, battre les nouvelles voies, et tendre le flambeau à l'avenir. Mercier dans son livre formulait la révolution du théâtre. Voyant dans le théâtre « le moyen le plus actif et le plus prompt d'armer invinciblement les forces de la raison humaine et de jeter tout à coup sur un peuple une grande masse de lumière, » Mercier appelait un poëte qui serait le chantre de la vertu, le flagellateur du vice, « l'homme de l'univers; » non plus un déclamateur bouffi, quêteur des applaudissements de chambrées, mais un original, un puissant assez fort pour bouleverser cette scène qui lui semblait « un bel arbre de la Grèce, transplanté et dégénéré dans nos climats. » En cette tragédie si vantée, Mercier ne voyait qu'un fantôme vêtu de pourpre et d'or; et il disait ces amplifications superbes *des pièces muettes pour la multitude*. « Elles n'ont point l'âme, la vie, la simplicité, la morale et le langage qui pourraient servir à les faire goûter comme à les faire entendre. » Arrière, — disait Mercier, — les méthodes, les règles, les poétiques qui ont gâté et gâtent tous les jours les esprits les plus inventifs. Mon théâtre élargi avec la pensée, je le fais aussi

1. Correspondance de Galiani.

grand que celui de l'univers, « ses personnages seront aussi variés que ceux des individus que j'y aperçois. » — Mercier appelait à la royauté du théâtre qu'il rêvait, le drame en prose, cette tragédie, cette comédie, qui a comme la vie, le rire et les pleurs; et aux moqueries, il prédisait fièrement : « Quand la vérité a déposé une fois son germe, il peut être foulé aux pieds ; mais il prend racine ; il croît en silence ; il s'élève ; il pousse des branches... »

Si les temps n'étaient pas encore mûrs en 1789 pour la révolution du théâtre entrevue par Mercier, le *Charles IX* de Chénier en préparait l'avénement : la Tragédie nationale venait de tuer la Tragédie.

III

Le pain. — La lanterne. — La milice nationale. — Les dons patriotiques. — Les toilettes patriotiques. — Les armoiries. — La livrée. — Les paysans.

Le pain qui manque — c'est le fond de tous ces premiers drames de la révolution. Le peuple est obligé d'attendre à la porte des boulangers souvent une matinée, une après-midi, quelquefois plus. — « Combien vaut le pain? disait dernièrement un étranger à une femme d'ouvrier. — Trois livres douze sols les quatre livres. Il est fixé à douze sols les quatre livres; mais on ne peut pas en avoir. Il faut que mon mari passe un jour entier à la porte d'un boulanger. Il perd sa journée de trois livres, le pain revient donc à trois livres douze sols les quatre livres [1]. »

Parfois les restaurateurs du Palais-Royal ne sont fournis que de la moitié de leur pain.

Le pain monte à 14 sous et demi les quatre livres. Sur les ponts, sur les places, des hommes passent, un pain sous

---

1. *Quand aurons-nous du pain?*

le bras, faisant le commerce de le revendre 20 sols aux ouvriers. — « Il faut de la poudre pour nos perruques, avait dit Jean-Jacques ; voilà pourquoi les pauvres n'ont pas de pain ; » et les jeunes femmes de ne presque plus porter de poudre, toutes les actrices ou à peu près d'en abandonner l'usage [1], les amidonniers d'être sommés d'employer de la farine d'orge au lieu de farine de blé ; le collége Louis le Grand de prendre la résolution de manger du riz, et d'offrir vingt-huit sacs de blé ; Louis XVI de ne pas faire jouer les eaux, même le jour de la Saint-Louis, pour les détourner vers les ruisseaux des moulins des environs de Versailles [2] ; celui-là de désirer, au lieu de processions interminables à Sainte-Geneviève, la construction d'immenses greniers dans les plaines avoisinant la capitale près de la Seine ; Curtius de proposer la création d'un corps de garçons boulangers, sous le titre de *Volontaires du comité des subsistances* dans Paris en armes et en alarmes [3], et de vouloir la foire Saint-Germain supprimée et remplacée par un *temple à Cérès*, une halle nouvelle [4]. Dans les *Observations relatives à la subsistance de Paris*, un particulier demande que les boulangers ajoutent au pain mollet, demi-mollet et pâte ferme, la fabrication du pain bis.

Paris sans pain ! quand sous l'abbé Terray en 1770, lorsque la disette était dans toute la France, le pain n'y valait que 2 sous la livre ! Point de blés sur les marchés après une récolte abondante ! le setier de blé depuis 1764 monté de 8 livres à 12, puis à 15, puis de 15 à 20, puis de 20 à 50 ! les moulins chômant ! la disette après dix

1. *Chronique de Paris.* Août 1789. — 2. *Id.*
3. *L'Observateur.* Novembre 1789.
4. *Le Véridique.* Décembre 1789.

années de bonnes moissons[1] ! — Famine étrange, qui semble amenée, plutôt que venue. Dans ce Paris affamé, dans « ce coassement des entrailles, » les brochures, les dénonciations, les excitations éclatent tous les jours : à cent mille exemplaires, on jette dans les faubourgs, les marchés, chez les boulangers, les charcutiers, les fruitières, les vendeurs d'eau-de-vie, l'*Effet des assignats sur le prix du pain* : « Ceux qui proposent de faire pour 2 milliards d'assignats ont pour objet de faire monter le prix du pain de quatre livres à 20 sols[2]. » Le *Premier pas à faire* s'indigne : « Quoi donc! le prix du pain absorbera le prix de la journée du malheureux ouvrier? Il l'égalera, il le surpassera même si sa famille est nombreuse[3]. » Dans les *Pourquoi du mois de septembre 1789* : « Pourquoi, à l'époque d'une récolte abondante, au moment où des magasins immenses de grains ont été découverts, Paris est-il sur le point d'en manquer? » Dans la *Réponse aux pourquoi du mois de septembre 1789* : « N'est-il pas indigne qu'à ce moment où la récolte de tous les grains est achevée, où ces grains abondent, où les moulins, occupés jour et nuit, peuvent en vingt-quatre heures fabriquer des farines pour deux jours au moins, nous trouvions toutes les boutiques des boulangers fermées ou vides dès quatre heures du soir, tandis qu'on devrait y trouver du pain jusqu'à onze heures? » Dans le *Pain à bon marché* : « Le gouvernement fait venir deux cent mille setiers de l'étranger ; mais pourquoi ne pas s'être prononcé sur l'exportation quand le Soissonnais, la Beauce et la Picardie donnent trois fois plus de grains qu'il n'en faut pour nourrir eux-mêmes et la capitale? » —

1. *Quand aurons-nous du pain?*
2. *L'Observateur.* Septembre 1789.
3. *Le premier pas à faire, ou le cri de l'indigence.*

— Chaque parti se jette l'odieux d'un horrible calcul : ceux-ci veulent-ils dompter Paris, et ceux-là l'exaspérer, les uns le réduire, les autres le déchaîner, sachant que plus le pain est cher, moins la populace coûte? Et quelles horribles mains travaillent dans l'ombre, enfouissant le blé dans les carrières de Senlis et de Chantilly, ou mêlant la mort au pain? Les grains sont mélangés de mille parties hétérogènes et malsaines. Les blés empoisonnés donnent la dyssenterie à la moitié de Paris : « Le petit peuple, dit la *Chasse aux monopoleurs sur le pain*, se dispute les grenailles destinées à la nourriture des bestiaux. » Et les hôpitaux sont remplis de scorbutiques : « Le comité, écrit-on, affiche que des bourgeois indiscrets sont entrés dans les greniers de la Halle où il y a de la farine corrompue, incapable d'entrer dans le corps humain, qu'on ne vend pas même aux colleurs. Qu'en fait-on donc, si on ne la vend pas? pourquoi ne pas la jeter dans la rivière[1]? » La Famine est à la cantonade, pendant que les lanternes de 1789 jouent; elle dispose pour l'insurrection de tous les ventres creux. De la pendaison d'un boulanger, elle lance Paris aux tumultes menaçants.

« Du pain! du pain! » — c'est le cri de guerre des hordes d'Octobre. « Du pain! — dira dans l'Œil-de-bœuf un ministre à la citoyenne Raulin, bouquetière et marchande d'huîtres de la rue Richelieu; — mesdames, du vivant de MM. Berthier et de Flesselles, vous aviez du pain! »

« Illustre lanterne! ayez pitié de nous!
« Illustre lanterne! écoutez-nous!
« Illustre lanterne! exaucez-nous!

1. *Quand aurons-nous du pain?*

« Vengeresse de la nation française, vengez-nous! — Épouvantail des scélérats, vengez-nous! — Effroi des aristocrates, vengez-nous[1]! » — Elle a ses litanies, la Lanterne, comme la ci-devant Vierge. Elle a, favorite du peuple, ses Bernis et ses Voltaire en un poëte, M. Lieutaud qui l'appelle

> « Des vengeances du peuple et de la liberté,
> « Monument à la fois glorieux et funèbre[2]. »

Elle a fait venir un bel esprit d'Athènes pour être son procureur général : Camille Desmoulins[3]. Elle improvise la justice. Elle a eu Foulon, elle a manqué Berthier ; elle attend La Fayette, et elle est toute prête à lui donner « le branle de l'amour. » Elle fait des comptes rendus à son peuple. « Braves Parisiens, vous m'avez à jamais rendue célèbre, et bénie entre toutes les lanternes!... Qu'est-ce que la lanterne de Sosie ou la lanterne de Diogène en comparaison de moi? Ils cherchaient un homme, et moi j'en ai trouvé vingt mille!... Les étrangers ne peuvent revenir de leur surprise qu'une Lanterne ait fait plus en deux jours que tous leurs héros en cent ans. » Elle juge si vite, elle condamne sitôt, elle punit si net, que le bourreau, — dit un railleur, — abdique en sa faveur. — Jugeant ses mérites indignes « auprès des brillantes expéditions du peuple-bourreau, » reconnaissant « qu'il n'a été jusqu'ici qu'un privilégié, un monopoleur, une manière d'aristocrate, » le bourreau se joint à la noblesse et au clergé, renonce à ses exemptions pécuniaires, à tous ses droits

---

1. *Prières pour les aristocrates agonisants avec l'office des morts et les litanies de la lanterne.*
2. *Épître à la lanterne*, par M. Lieutaud.
3. *Discours de la Lanterne aux Parisiens.*

honorifiques, « et notamment au privilége exclusif d'écarteler, rouer, brûler, pendre, décapiter, » — exhortant les *honorables amateurs* à conserver précieusement l'usage de la lanterne [1]. — La première lanterne de Paris, la lanterne mère, siége en face l'Hôtel de ville, au coin de la maison de l'épicier, au-dessus de l'auvent, au-dessous d'un buste de Louis XIV [2] ! et sa belle branche de fer est si attractive pour les aristocrates, que le *Petit journal du Palais-Royal* écrit en 1789 : « Maison du coin du roi, dite hôtel du Réverbère, à vendre. — Le propriétaire de cette maison ne veut plus coucher journellement près d'une potence. » — Le réquisitoire de la lanterne est le *Ça ira*. Il venait du Nouveau Monde, ce refrain. Franklin, ce bon sens en lunettes, l'avait apporté dans une poche de son habit brun. Comme chaque jour on lui demandait des nouvelles de la révolution américaine, et que cela était devenu un acquit de politesse, et une question d'habitude, le bonhomme économiste répondait dans un sourire : « *Ça ira, ça ira* [3]. » — La révolution ramassa le mot, elle le fit hymne. — Et déjà en 91, le *Ça ira* fait une réputation à l'abbé Poirier qui compose pour son refrain national un accompagnement de harpe ; le *Ça ira* scandalise déjà un orgue de couvent sous des doigts patriotes, en attendant qu'il tonne et rugisse comme l'*Alleluia* du sang [4] !

Mais que sont tous ces uniformes divers, éclatants et coquets qui courent la ville ? Ici, la grenade et le bonnet de poil ; là, la crinière de cheval retombant derrière la tête.

1. *La Démission du bourreau de Paris.*
2. *Révolutions de Paris.* Juillet 1789.
3. *Souvenirs de la Révolution*, par Maria Williams.
4. *Lettres b.... patriotiques*, par Lemaire, n° 13.

Dans cette armée volontaire, la milice parisienne, c'est une fantaisie d'ajustement sans précédent : chaque division a ses couleurs, chaque district sa mode. Épaulettes vertes, — épaulettes rouges ; tel bataillon a le chapeau à ganses d'or sur les trois faces ; — tel autre le casque orné par devant de peau de tigre : que de liberté laissée aux coquetteries! et quel flatteur uniforme que celui d'officier ! cocarde de trois couleurs, vert, rouge et blanc ; plumet rouge et vert ; hausse-col de bronze doré, gilet blanc, épaulettes d'or ; petits cors de chasse or et vert aux pans de l'habit ; pantalon de drap bleu galonné d'or [1].

Comment cette milice parisienne offrant, en son ordonnance peu sévère, « un champ si vaste aux jeunes élégants, » n'aurait-elle pas été accueillie par l'enthousiasme? Répondant d'ailleurs aux besoins défensifs de ces temps agités, flattant les idées nouvelles par l'image de l'égalité militaire, la garde nationale prend les Parisiens à son attrait tout nouveau. C'est un engouement civique sans exemple et presque unanime ; si bien que le chasublier du roi passe aux drapeaux et aux flammes, à tout ce qui concerne la milice nationale. Ce n'est plus dans toutes les bouches que les mots : *sabre, caserne, mot d'ordre, épaulettes*. Il semble que le canon de la Bastille ait éveillé, dans chaque bourgeois paisible et tranquille, un héros qui s'ignorait. L'émotion des jeux de guerre se fait contagieuse, monte, descend les âges et la société. — Des vieillards veulent former un bataillon de *vétérans* dont le moins âgé aura soixante ans accomplis [2]. Ils demandent, dans le cas où il faudrait marcher contre les ennemis de la liberté

Journal de la Mode et du Goût, par M. Lebrun. Mars, avril 1790.
Le Modérateur. Décembre 1789.

et de la patrie, à être postés à la tête de l'armée parisienne pour recevoir les premiers coups. — Huit enfants s'échappent de la Pitié, et vont demander du service à l'Hôtel de ville. Les *chers petits* obtiennent d'être placés comme tambours dans les districts [1]. — Jugez par là l'ardeur des hommes faits à s'inscrire sur les rôles de la milice et à grossir les soixante bataillons. Toutes les distinctions d'habit de l'ancien régime abolies, quoi d'autre que l'uniforme citoyen pour avoir les saluts du peuple? Cordons bleus, croix de Saint-Louis, mitre, robe parlementaire, jusqu'à la canne à corbin du contrôleur des finances, tout cela supprimé, — il ne reste plus d'honorifique que les épaulettes d'or [2]. C'est le beau temps alors et la prime-fleur des admirations des épouses, et des parades sérieuses. — Tant est grande cette naïve envie de paraître, que, dans un district, les simples fusiliers disputent longtemps pour porter des épaulettes d'officier. Puis le corps de garde, c'est la liberté pour les maris, et le plaisir pour les célibataires. « Que trouvez-vous en un corps de garde? — dit l'*Almanach des grands hommes et des grandes choses*; — au dedans, des bouteilles, des verres, des fauteuils, des jeux de cartes, des dominos, des flacons d'eau-de-vie, des filles; à la porte, une sentinelle poudrée, frisée, musquée. » Un corps de garde, souvent c'est un concert. La milice nationale aime la musique, et les districts les plus économes dépensent 12,000 livres pour la leur [3]. C'est un concert, comme à l'Abbaye quand montent leur garde « M. Dubois, violon de l'Opéra et sous-lieutenant de grenadiers, M. Godichon, contre-basse de Nicolet et capitaine de chas-

---

1. *L'Observateur.* Août 1789.
2. *Nouveau tableau de Paris*, par Mercier, vol. I.
3. *Le Déjeuner du mardi, ou la vérité à bon marché*, n° 2.

seurs, et M. Jolicœur, ancien fifre de Vintimille[1]. » C'est au corps de garde qu'on organise les banquets fraternels pour lesquels Laiter, rue du Petit-Pont, au bas de celle Saint-Jacques, vient d'ouvrir un grand salon de quatre-vingts couverts.

Le commerce, menacé, s'oublie en ces amusements guerriers; le marchand ne garde ni souci ni inquiétude, en sa souveraineté sous les armes. On entend dire à l'un de ces fanatiques de l'uniforme : « Si cela continue, je suis ruiné; mais, au moins, on a du temps à donner à la milice[2] ! » Aussi, par ce zèle, quelle belle chose que les exercices ! « Jamais Candide chez les Bulgares ne fit des progrès aussi rapides, aussi étonnants. Tel homme qui de sa vie n'a manié que l'aune ou le balai, sait tourner aujourd'hui à droite, à gauche, charge, tire de manière à étonner les coryphées de l'armée prussienne. » Quand on en sera à la guerre, tel milicien se fera martialement raser dans un éclat de bombe apporté de Lille ou de Valenciennes[3].

La cour, l'aristocratie n'avaient garde de ne pas rire un peu de cette belle poussée d'héroïsme. Assez haut, l'on moquait ces soldats improvisés, ces *blouses bleues*, comme on les appelait, aux ordres d'un académicien, M. Bailly. On regardait cela à peu près comme un mardi-gras; et croyez que le marquis *Blondinet*, qui menait tout le carnaval, n'était pas épargné. Dans les salons, qui ne transigeaient pas, c'étaient parfois des étonnements et des colères qu'on cachait à demi sous la politesse : M. d'Ormesson, le contrôleur général d'Ormesson, entrant chez Mme de Mont-

---

1. *Le général Lapique.*
2. *Journal de la Cour et de la Ville.* Janvier 1791.
3. *Le Nouveau Paris*, vol. IV.

morin en habit de garde milicien, les sourires émoussaient mal les épigrammes [1]. Au compositeur Leberton se présentant chez lui dans le costume du jour, le duc de Richelieu disait : « Vous êtes aussi de ça ? Fi ! fi ! quittez ! faites plutôt de bonne musique [2] ! » — Un fermier général menaçait le précepteur de ses enfants de le chasser s'il ne laissait là l'uniforme. — A la vue de son professeur de forte-piano, Plantade, vêtu du costume national, une belle comtesse tombait en syncope [3]. — Le comte de Caraman et quelques autres, jouant leur vie pour mieux jouer le mépris, ne répondaient pas aux : Qui vive ? de cette garde qu'ils ne reconnaissaient pas, et avançaient sur les sentinelles, sans se soucier de la consigne, avec une insolence de courage [4]. — Et ceux-là des aristocrates qui s'étaient soumis à l'habit bleu, tiraient souvent de leur soumission de narquoises vengeances. « Mettez-vous donc au pas ! Vous marchez comme un chanoine ! — disait l'officier. — C'est votre faute, mon capitaine, répondait le soldat-citoyen ; faites attention que j'ai aux pieds les souliers que vous m'avez faits, et qu'ils me gênent horriblement [5]. »

Mais tout, — moqueries, bravades, — ce sont vaines protestations. La milice a pour elle ce que d'Escherny appelle « le torrent de l'opinion. » — Un notaire renvoie-t-il un clerc coupable de s'être enrôlé chasseur, son étude est désertée [6]. A Longchamps, l'aristocratie fait mettre ses domestiques en queue, par dérision de la milice, les domestiques sont battus ; et les gardes nationaux en sont quittes pour couper leurs queues et se faire friser

---

1. *Tableau historique de la Révolution*, par d'Escherny, vol. I. 1815.
2. *L'Observateur.* Décembre 1789. — 3. *Id.* Février 1790.
4. *Id.* Juin 1790. — 5. *Journal du Diable.* Mai 1790.
6. *L'Observateur.* Août 1789.

en rond[1]. Un M. Moneron met son valet de chambre dans sa voiture et conduit lui-même en costume de garde national; il manque d'être massacré. — Dans les alcôves féminines le portrait du général La Fayette resplendit, entouré d'un ruban tricolore[2]. L'on annonce qu'à l'assemblée du district de Saint-Roch, viennent de se présenter en habit de milicien les ducs de Chartres, de Montpensier et de Beaujolais, et qu'ils ont fait cadeau d'un uniforme à leur précepteur. Le comédien même fait passer avant les plaisirs du public le service de la cité; et au beau milieu d'une représentation un acteur vient annoncer, dans les applaudissements, qu'un camarade ne peut jouer, étant de garde[3]. Les femmes n'ont plus de complaisances, de regards que pour l'uniforme national, et, par une mode patriotique, elles façonnent leurs chapeaux en *casques*. — Qu'importent les révolutionnaires, prenant ombrage de cette armée de l'opinion, qui pourrait devenir une force de résistance? Qu'importe qu'ils dénoncent dix mille espions dans la milice et soixante joueurs du tripot de l'hôtel d'Angleterre parmi les officiers[4]? Qu'importent les soupçons semés contre elle par l'*Écouteur aux portes?* — Plantations d'arbres de liberté, cérémonies au Champ de Mars, — la milice est la garde d'honneur du peuple; elle est l'âme des fêtes! Qu'importe à la *très-illustre* milice parisienne? Elle marche « bien guêtrée, bien culottée, bien coiffée, bien poudrée. » Elle se montre, elle triomphe derrière son La Fayette, le *général des bluets*, — sur son cheval blanc[5], avançant lentement dans l'ovation, modeste, agitant son chapeau, « savant

---

1. *L'Observateur.* Avril 1790. — 2. *Journal de la Cour.* Avril 1790.
3. *Journal de la Cour.* Décembre 1789.
4. *Les Révolutions de Paris*, n° 12. — 5. *Lettre de M. Cerutti.*

dans l'art des formes populaires, » et comme multipliant ses mains pour serrer toutes les mains tendues, même se penchant pour une embrassade, cueillant au petit pas les *bravolets* de la foule!

Enivrée, la milice se lance aux expéditions et aux arrestations. Une journée, Paris voit le boulet qui servait au tourne-broche de l'Observatoire Royal emporté, triomphalement suspendu dans un filet, par une cohorte citoyenne[1]. Une nuit, Ruggieri voit enfoncer ses portes et tomber une cohorte citoyenne au milieu d'un bal et d'une honnête bouillote; ou bien ce sont quelques filles en contravention que la milice parisienne fouette sur les boulevards.

Ces essais de justice martiale, cet appétit de police, l'enfance les prend en exemple. L'uniforme, la révolution, les petites guerres l'avaient séduite tout d'abord. En décembre 1789, le sieur Juhel, marchand ordinaire des Enfants de France, rue Saint-Denis, *aux Armes de France*, n'avait vendu que *bijoux* d'enfants d'un nouveau genre : pièces de fortifications, citadelles, forteresses, bastions avec batteries de canons, armements de guerre[2]. L'enfance joue à la patrouille; elle promène des têtes de chats sur des bâtons. Même une bande de ces jeunes miliciens pend un camarade qui avait volé des pommes à une femme de la Halle. La municipalité est obligée de prendre un arrêté contre ce pouvoir exécutif en herbe[3].

Si les gardes nationaux ne se pendent pas encore entre eux, ils se rossent : le fameux bataillon des Filles-Saint-Thomas, — qui chasse ses lieutenants convaincus de ja-

---

1. *Le règne de Louis XVI mis sous les yeux de l'Europe.*
2. *Petites-affiches.* Décembre 1789.
3. *L'Observateur.* Août 1789.

cobinisme, — soufflette Carra, maltraite Rivière-Sémur, bat le perruquier Thomé[1]. Mais le dernier mot reste aux jacobins qui assomment presque M. Hamelin, commandant du bataillon des Récollets, comme il sortait du club de la Constitution monarchique. — Bientôt les oppositions se taisent ou sommeillent ; la milice démocratisée prend toute la royauté de la rue. C'est une surveillance et une inquisition exercées par cette garde-née des libertés[2]. Écoutez les plaintes : « Allez-vous danser, un grenadier inspecte vos cabrioles. Allez-vous manger, un caporal vous coupe les morceaux. Allez-vous acheter une boîte de pastilles chez le bonbonnier, un sergent vous mène aux balances. Allez-vous faire un tour de promenade, la sentinelle vous montre la carte du pays. Allez-vous écouter la parole de Dieu, un sous-lieutenant vous exhorte à la componction. Demandez-vous le viatique, deux grenadiers viennent se fourrer dans votre ruelle[3]. » — C'est une nouvelle lieutenance de police ; c'est une autocratie collective, dont un membre a déjà essuyé ses bottes à la robe de la reine[4], et dont un autre, le boucher Legendre, mandé d'aller monter sa garde au Luxembourg, a répondu : « Que Monsieur vienne d'abord la monter devant mon étal ![5] »

Il y eut en ce temps un entraînement aussi populaire que l'institution de la milice : les dons patriotiques. Douze citoyennes, femmes et filles d'artistes de la ville de Paris, apportent à l'Assemblée nationale, et donnent

1. *Les Sabbats jacobites.* 1791. — 2. *L'Espion patriote à Paris.*
3. *Révolutions de Paris.* Janvier 1791.
4. *L'Observateur.* Juillet 1790.
5. *Les Sabbats Jacobites.* 1791.

à la nation, le 7 septembre 1789, en une cassette, quatre-vingt-treize jetons d'argent, trois gobelets d'argent, vingt-quatre boutons d'argent, quatre paires de bracelets en or, trois médaillons en or, cinq boîtes de montre en or, huit bagues en or, trois paires d'anneaux d'oreilles, cinq dés à coudre, deux coulants de bourse, un cordon de montre, un souvenir, cinq étuis, une aiguille à tambour, deux boîtes de femmes, une médaille de Frédéric V, roi de Danemark, le tout en or, et une bourse renfermant seize louis d'or. — Ces générosités à grand spectacle allument l'enthousiasme. Les beaux esprits recourent aux âges héroïques de la vieille république d'Italie pour donner à mesdames Vien, Moitte, Lagrenée la jeune, Suvée, Fragonard, David la jeune, et à leurs compagnes, un digne bouquet de louanges, et les couronner Romaines du dix-huitième siècle. Un galant veut que la postérité hérite de ces douze physionomies, et de leur *expression sainte.* « A présent que le physionotrace de Quenedey vous reproduit comme magie, et à si peu de frais, ne pourrait-on obtenir des douze citoyennes qui ont donné la première impulsion à la générosité publique, qu'elles accordent chacune un quart d'heure à l'art qui nous transmettra leurs traits adorables? »

Bientôt la contagion du sacrifice gagne toutes les conditions, tous les âges, tous les états. Les femmes se dévouent avec ce zèle qu'elles mettent toujours au dévouement; plus patriotes que coquettes, — médaillons, chaînes, colliers, boucles d'oreilles, boîtes à mouches et à rouge, étuis, crayons, anneaux, cœurs, croix, œufs, myrzas d'or, diamants, bijoux, — elles jettent tout à la caisse patriotique. — Vite, aux souliers des hommes, « des boucles de cuivre, » des *boucles à la Nation;* et les boucles d'argent en dons patriotiques! M. Knapen fils, maître imprimeur, commence; les ministres, les députés, tout le monde suit[1]. Voilà les statisticiens à évaluer les boucles d'argent de tous les soldats-citoyens à 600,000 livres, et à 40 millions de livres toutes les boucles d'argent du royaume[2]. Le marquis de Villette, qui a apporté en brochette toutes les boucles d'argent de sa maison; le marquis de Villette, qui a maintenant des boîtes de cuivre à ses montres, demande au roi s'il ne lui serait pas convenant de revenir aux bouffettes du bon Henri IV. L'auteur de Faublas, fils d'un marchand de papier, donne l'idée de convertir en dons patriotiques « ces gros almanachs royaux, reliés en maroquin rouge, avec de l'or anti-patriotique sur tous les bouts, » que son père était obligé de donner aux premier, deuxième, troisième et vingtième commis[3]. C'est un enivrement, un entrain, une *furia francese* à se dépouiller de ses flambeaux, ou de sa timbale d'argent! C'est une sincère épidémie d'offrandes sur l'autel de la banqueroute. Le Roi envoie à la Monnaie 9,442 marcs de vaisselle d'argent, et 230 marcs de vaisselle d'or, — la superbe vaisselle d'or de Saint-Cloud, si bellement ouvragée, ciselée sous le dernier règne, et dont chaque pièce portait tout au long la signature du fameux Germain père[4]; — la Reine renonce à 3,607 marcs de vaisselle d'argent; — et les manches même de couteau de la table du Roi sont fondus en un lingot de 281 marcs. — Nombre de grands retirent leur vaisselle du mont de piété pour l'offrir à la nation[5]. L'envoi de M. de Breteuil est de

---

1. *Rendez-moi mes boucles.*
2. *Chronique de Paris.* Septembre 1789. — 3. *Id.* Décembre 1789.
4. *Courrier de Versailles à Paris.* Septembre 1789.
5. *Journal de la Cour.* Septembre 1789.

1,007 marcs d'argent. Communautés et corporations, Jacobins, Carmes, Bénédictins, Augustins, curés et marguilliers, religieuses, écoliers irlandais, communauté des salpétriers, la compagnie de MM. les porteurs de la châsse de Sainte-Geneviève, les limonadiers, entre autres Haquin, tenant le café de la Régence, — c'est à qui apportera « son contingent de vertu civique. » Les loueurs de carrosses de Paris donnent l'argenterie composant le service de leur autel; les clercs de notaire se cotisent pour 7,437 livres[1]. Les maîtres d'armes de la ville de Paris apportent, avec leur don, ce discours : « Deux métaux composent nos épées: l'argent et le fer. Agréez le premier pour les besoins pressants du moment. Nous jurons d'employer le second au service de la nation, au maintien de la liberté[2]. » M. Necker donne 100,000 livres; « cela excède le quart de son revenu[3]; » un anonyme 40,000 liv. en argenterie et bijoux; la Comédie-Française, 23,000 liv.; les comédiens italiens, 12,000 livres; Mlle Dangeville, pensionnaire du roi, sa toilette en argent du poids de 65 marcs 6 deniers 18 gros; — sous Louis XV, la Deschamps avait envoyé sa baignoire d'argent; — M. et Mme Nicolet, entrepreneurs du spectacle des grands danseurs du roi, 1 once de bijoux d'or; l'acteur Beaulieu offre un contrat de rentes de 400 livres qu'il tient des Variétés, et verse les trois premières années. Le duc de Charost fait hommage à la nation d'une somme de 100,000 livres, dont moitié en argenterie, pour augmenter le numéraire. La marquise de Sillery-Genlis offre la toilette d'argent de Mme de Valence sa fille; et dans la ferveur de son zèle, elle écrit à

---

1. *Journal de la Cour.* Septembre 1789.
2. *Journal de Paris.* Janvier 1790.
3. *Journal de la Cour.* Septembre 1789.

Mme Pajou : « Ma fille et moi aurions eu l'honneur de vous porter nous-mêmes cette caisse, si mon devoir me permettait de quitter Mademoiselle ; et si Mme de Valence, au moment d'accoucher, n'était pas dans son lit[1]. »

Du haut en bas, la société fouille ses poches. Un cultivateur de Touraine envoie à l'Assemblée nationale 24 livres[2] ; un domestique, 48 livres. Jusqu'aux enfants, — les écoliers du collége de Saint-Omer, un enfant de sept ans de Crespy-en-Valois, — qui se mettent en émulation et en précocité de dévouement. Un marmot envoie les 48 livres qu'il destinait à s'acheter une montre. Mlle Lucie d'Arlaise, âgée de neuf ans, envoie dans une lettre à l'Assemblée son dé d'or, sa chaine et une petite boussole, et les enfants de M. le Coulteux du Molcy envoient à la Monnaie leurs joujoux, — trois onces d'or.

Les dangers de la chose publique ne font qu'accroitre les générosités de la nation ; et les plus pauvres se pressent pour donner, tout fiers de figurer au procès-verbal, de discourir, et de lancer leur sacrifice dans une belle phrase, comme ce cordonnier de Poitiers, apportant deux paires de boucles d'argent : « Celles-ci ont servi à tenir les tirants de mes souliers ; elles serviront à combattre les tyrans ligués contre la liberté ! »

De leurs diamants, de leurs bijoux, de leurs atours brillants sacrifiés, les belles Françaises se vengent par des bijoux simples[3], non de prix, mais de souvenir ; bijoux *à la constitution*, qu'on appelle aussi *rocambolcs*[4], bagues

---

1. *Journal de Paris*. Septembre 1789.
2. *Journal de la Cour*. Septembre 1789.
3. *Journal de la Mode*. Juillet 1790.
4. *L'Observateur*. Août 1789.

faites avec des pierres de la Bastille enchâssées ; alliances *civiques et nationales* émaillées bleu, blanc et or, avec cette devise : *la nation, la loi et le roi*[1] ; tabatières de faïence aux trois couleurs, avec charnières en terre cuite nationale, sur tous les côtés desquelles on lit : *la patrie*; boucles d'oreilles *constitutionnelles* en verre blanc jouant le cristal de roche et portant écrit : *la patrie*[2].

Et quand Mme de Genlis est Mme Brulard, — elle s'orne, comme parure, d'une petite pierre de la Bastille polie, montée, couronnée de lauriers, et nichée dans une forêt de rubans aux trois couleurs[3].

La Mode est en révolution ; et la voilà variable comme une opinion publique, ayant comme elle ses journaux, d'un jour à l'autre se brouillant avec le goût, et se réconciliant avec lui chez la célèbre Mlle Cafaxe, de la rue Saint-Honoré[4]. Jusqu'à la révolution, les manifestations féminines n'étaient guère descendues plus bas que le bonnet : bonnet *à la Belle Poule, à la Grenade, à la d'Estaing, au compte rendu de M. Necker*. Avec la liberté, il semble qu'il se soit établi ce sénat du vêtement que les femmes voulaient obtenir de l'empereur Héliogabale ; et c'est un concert pour faire régner du haut en bas de l'habit la profession de foi du jour. Leurs parures parties à la Monnaie, les Parisiennes courent aux fleurs du fleuriste de la Reine, et arborent fort haut, au côté gauche, un bouquet très-gros composé de fleurs des trois couleurs et entremêlées d'une grande quantité de myrte : c'est le bouquet *à la nation*, qui s'ajuste si bien sur une robe *à la Camille française*, de

---

1. *Journal de la Mode.* Juin 1790.
2. *Nouvelles lunes du cousin Jacques.* Juin 1791.
3. *Souvenirs de la Révolution*, par Maria Williams.
4. *Journal de la Mode.* Août 1790.

Mme Teillard[1]. Les couleurs de la nation, cela est le fond même de la mode patriotique : bonnets de gaze, flanqués de la cocarde nationale ; derrière la tête, un gros nœud de rubans des trois couleurs ; robes *à la circassienne*, rayées des trois couleurs de la nation ; souliers même aux trois couleurs : le bleu, le rouge et le blanc, c'est le nouveau thème de la mode ; et c'est à déguiser le drapeau dans la robe et la cocarde dans la coiffure qu'elle s'applique et s'occupe[2].

Voulez-vous le programme d'une *mise à la constitution?* Bonnet demi-casque de gaze noire, fichu *en chemise* de linon allant se perdre dans une ceinture nacarat, dont les franges sont aux couleurs de la nation, et robe d'*indienne* très-fine, semée de petits bouquets blancs, bleus et rouges[3]. — Cette femme qui badine avec un éventail en camée de la fabrique d'Arthur[4], est en *négligé à la patriote:* redingote *nationale* de drap fin *bleu de roi*, collet montant écarlate avec un liseré blanc, double rotonde bleue liserée de rouge, liseré rouge tout autour de la redingote en forme de passe-poil, ainsi qu'autour des bavaroises, parements blancs avec un passe-poil rouge, et jupe blanche. — Celle-là a noué à sa taille une ceinture en arabesques à fleurs roses et bleues, frangée aux trois couleurs ; elle porte un jupon de satin blanc, orné au bas de petits carrés bleus, bordé d'un ruban rouge. — Cette autre a le nouvel uniforme, le chapeau de feutre noir avec bourdaloue et cocarde de ruban aux trois couleurs de la nation, les cheveux sans poudre, **un *coureur*** de drap bleu de roi, et un collet blanc liséré de rouge. — A peine une mode ou deux

---

1. *Journal de la Cour.* Décembre 1789.
2. *Journal de la Mode.* 1789, 1790. Passim.
3. *Id.* Avril 1790. — 4. *Id.* Mai 1790.

s'écartent-elles de la règle générale : les bonnets *à la citoyenne* de gaze blanche, dont les rosettes, barbes, papillons sont bordés de violet [1], et *le déshabillé à la démocrate* qui comporte un *pierrot* de petit satin feuille morte [2].

L'écarlate est le seul véritable rival du tricolore, mais un rival vaincu jusqu'ici, en dépit des étalages du Palais-Royal, ajoutant à leurs échantillonnages de nuances rouges la nuance *sang de Foulon*.

Pendant ce voyage de la mode autour de la trinité des couleurs nationales, ceux que M. Lebrun, dans son *Journal de la Mode et du Goût*, nomme « les aristocrates *décidés*, mâles et femelles, » ne se mettent qu'en noir, faisant profit de la mort de l'empereur pour porter le deuil du roi et d'eux-mêmes. « Les jeunes aristocrates et nobles non endurcis » prennent un costume qualifié de *demi-converti*, c'est un chapeau rond, ceint d'un bourdaloue de soie lisse, cravate de taffetas noir terminée par une dentelle, habit écarlate avec des boutons d'acier d'Angleterre, gilet de poult et de soie noire, culotte de casimir noir, bas de soie noire [3]. La mode masculine, dépouillée, elle aussi, des habits de drap d'or et d'argent et de velours, se console avec ses collets de toutes couleurs criardes debout sur des habits de couleurs tout autres [4], ses cheveux dépoudrés, coupés et frisés comme ceux d'une tête antique [5], ses redingotes et ses habits de drap noir *à la révolution*, cannelé par deux petites raies lisses, et ses cannes ficelées de cordes à boyaux, à poignées vertes, dans lesquelles est un sabre [6]. — Et sur tout ce monde l'éternelle cocarde : la

1. *Journal de la Mode.* Septembre 1790. — 2. *Id.* Décembre 1790.
3. *Id.* Avril 1790. — 4. *Id.* Mai 1790. — 5. *Id.* Novembre 1790.
6. *Id.* Mai 1790.

cocarde de basin ou la cocarde en cuir verni de l'invention du chapelier Beau, rue Saint-Denis, près de l'Apport-Paris; la cocarde tricolore est l'ornement indispensable depuis ce 13 juillet 1789 où les Parisiens, les boutiques fermées, criaient par les rues : *Ruban national! ruban national!* depuis ce lundi de juillet où, des balcons et des fenêtres, les femmes lançaient leurs robes, leurs pierrots, et jusqu'à leurs jarretières à devises pour improviser à tout Paris la décoration nouvelle.

Le mois de juin 1790 jette à bas les armoiries [1]. Alors le marteau travaille dans tout le faubourg Saint-Germain; et du front de ces vieux hôtels, vieux et nobles comme des morceaux de l'Histoire, tombent, dans les ruisseaux, les blasons, les blasons de tant de grandes et antiques maisons. A beaucoup le cœur saigne de laisser abattre, comme un fruit pourri, cette couronne de famille : le duc de Brissac résiste, et ne cède qu'à l'ordre.

Après les portes, les voitures : et ces panneaux où les armes s'entouraient de peintures brillantes, ces panneaux, tableaux précieux où Lucas, Dutour, Crépin, avaient accompagné des merveilles fleuries de leurs pinceaux les *timbres*, les *lambrequins* et les *tenants*, il faut les gratter. Quelques-uns les cachent sous un papier d'argent ou sous une jalousie. Sur son écu, un duc fait peindre un brouillard et la devise : *Ce nuage n'est qu'un passage* [2]. Sur les panneaux dépouillés de cette maréchale, c'est une tête de mort assise sur deux os en sautoir qui prend la place des fleurs de Huet vernies par Martin [3]. Et le sieur Crussaire, dessinateur d'armoiries sans ouvrage, est réduit à annoncer

---

1. *Journal de la Cour.* Juillet 1790.
2. *Nouveau Paris.* Vol. IV. — 3. *Journal de la Cour* Juillet 1790.

dans les journaux qu'il exécute toute espèce de sujets sérieux ou agréables relatifs aux diverses circonstances de la Révolution, pour boîtes, bonbonnières, boutons, médaillons [1]. Puis la livrée a son tour : un maître paraît-il à Longchamps, un laquais à sa livrée derrière son carrosse, l'égalité fait prendre au maître la place du laquais, et au laquais la place du maître. Et pour les quelques Crispins à préjugé qui s'obstinent à ne pas se respecter et à *porter brodées sur leur dos les marques honteuses de leur servitude,* l'égalité leur persuade, — à coups de bâton quelquefois, — « qu'ils sont nés citoyens, enfants de la patrie [2]. » — Les maîtres obéissent, mais avec toutes sortes de mauvaises grâces. M. Bachois, forcé de dégalonner ses domestiques, défend expressément au tailleur de retourner les habits, afin qu'on voie la trace du galon. Madame Bachois voulait même que les points ne fussent pas tirés [3]. Elle ne reparaîtra, la livrée, que quand il y aura un premier consul et une madame Bonaparte.

On commence à empêcher les carrosses, et dans le faubourg Saint-Germain on fait descendre du sien la duchesse d'Orléans qui allait voir ses enfants : « Les fiacres seuls, — lui dit-on, — ont le droit de marcher dans le quartier [4]. » — La féodalité tuée dans le symbole et l'image, la guerre se tourne contre ses appellations. Les titres, les noms seigneuriaux sont abolis, défendus. Les noms d'origine sont reportés. La confusion naît de ce nouveau baptême. — « Avec votre Riquetti, vous avez désorienté l'Europe pendant trois jours! » — crie Mirabeau à la tribune des

1. *Chronique de Paris.* Février 1791.
2. *Journal de la Cour.* Juin 1790.
3. *L'Observateur.* Septembre 1790.
4. *Journal de la Cour.* Septembre 1790.

journalistes [1]. La belle aubaine à se moquer pour les royalistes purs des nobles qui ont embrassé au début le parti de la révolution ! Le duc d'Aiguillon, c'est maintenant M. Vignerot ; la marquise de Coigny, c'est madame Franquetot, et le duc de Caraman, c'est M. Riquet [2]. On dit que cette dépossession du titre coûta tant aux femmes, que les maris députés qui votèrent ce sacrifice égalitaire furent menacés d'une conspiration d'oreillers. Un instant fut prise la résolution héroïque qu'Aristophane prête aux Athéniennes de son *Assemblée des femmes*. Un instant les femmes, pour faire révoquer cette nouvelle loi Appia, menacèrent de laisser la France s'éteindre [3]. Mais force resta à la loi. Et pendant que les armoiries tombent et que les Rohan n'ont plus le droit de leur nom, voyez les maîtres de paume effaçant l'épithète de *noble* au jeu de billard annoncé sur leur porte [4]. Lui-même, le *noble* jeu de l'oie a beau se dire qu'il est renouvelé des Grecs, il passe ci-devant et on le rebaptise *jeu de la Révolution française*. Dans ce nouveau jeu, les oies sont les parlements, le n° 19 est *l'hôtellerie, ou le Caveau du Palais-Royal, principal foyer des motions*; le n° 31, *le puits, ou les réfugiés en pays étranger ;* le n° 58, *la mort des Delaunay, Foulon, Berthier*, etc., et le n° 63, le numéro gagnant, *l'Assemblée nationale, ou palladium de la liberté* [5]. De ces coups à la noblesse, un malheureux prend l'offense ; un plébéien fait la protestation de ces aristocraties découronnées : Luxembourg, l'aboyeur du Théâtre-Français, lui qui a appelé vingt ans les gens de

---

1. *Mémorial de Gouverneur-Morris.* Vol. II.
2. *Journal de la Cour.* Juin 1790.
3. *Discours de la Lanterne aux Parisiens.*
4. *Journal de la Cour.* Août 1790.
5. Bibliothèque impériale. Cabinet des Estampes. Histoire de France.

ces ducs, de ces marquis, de ces comtes, qui tous avaient une page des chroniques de France signée de leurs aïeux, Luxembourg, le stentor et le héraut de ces titrés et de ces fameux, donne sa démission, ne voulant pas rouler dans sa bouche toute sonore de noms sans pair, ces nouvelles appellations, sobriquets de tant de gloires [1].

Il n'y eut que quelques vieux valets pour regretter la livrée qu'ils traînaient et le nom que leurs maîtres portaient. Toute la livrée applaudit à cette révolution, qui la venge de ceux qui la payent; et dès les premiers jours, la livrée, « privée par son état de toute influence, de toute voix dans les assemblées des paroisses, » la livrée déshéritée de tout droit [2], du droit même d'entrer où entre l'artisan, rédige en sa tête, elle aussi, son cahier de doléances. Confidente du maître à toutes heures, complice de ses vices, de ses faiblesses, de ses folies, elle récapitule ses ressentiments. Elle ne voit plus le maître, mais l'homme, « une poupée qu'il faut habiller, lever, coucher, conduire, mignarder comme un enfant de trois ans [3]. » A elle-même, elle se peint l'humiliant, le fatigant de ses fonctions : courir à la pluie, à la neige, au soleil, pour porter et rapporter des poulets, sautiller tout le matin, derrière le cabriolet, accrochée à deux courroies, s'époumonner à crier, gare! être battue si l'on ne l'a pas entendue, faire la toilette et rester au dîner jusqu'au dessert, assouvir sa faim à la gargotte, « comme un sanglier qui donne à la vigne, s'enivrer d'un vin dur qui sent encore le pressoir; » *Monsieur* va-t-il au spectacle, l'attendre sur le pavé trois heures les pieds dans la boue; *Monsieur* va-t-il

---

1. *Journal de la Cour.* Juin 1790.
2. *Qui est-ce donc qui gagne à la Révolution?*
3. *Avis à la Livrée par un homme qui la porte.* 1789.

souper, après le spectacle, ou chez les femmes, ou au jeu, veiller dans l'antichambre; et pour le tout être traité de drôle, de coquin, de gredin; et, à côté de ce dur manége, le sybaritisme de *Monseigneur!* soupers fins, nuits voluptueuses, soyeux duvet, vins fumeux, les aisances et les satisfactions[1]! — Voilà le valet se rappelant tout du long sa vie de Tantale. Tout aussitôt commence, contre le noble et le riche, une guerre servile, sourde en ses commencements et inapparente, mais qui porte en germe les délations et les dépositions mortelles qui se presseront, les grandes années d'envie venues. A la fidélité, qui s'envieillissait dans les familles, succède peu à peu un service nouveau, constitutionnel, pour ainsi dire. Les *frères servants* se mettent à reconnaître que les affaires d'État sont un peu les leurs, et que leurs affaires sont un peu celles de l'État. Ils s'assemblent tous les jours à l'Hôtel de ville, où ils forment un club en trois classes : *la bouche, l'écurie* et *la chambre,* demandant à la ville de renvoyer tous les Savoyards, jusqu'à ce que le comité de police leur défende de s'assembler. Le parti populaire les travaille. Journellement ils sont mis en garde contre ceux qui les nourrissent; habilement ils sont avertis qu'il est de certains cas où ils sont de droit dispensés d'obéir, le cas présumé, par exemple, où les maîtres voudraient leur faire prendre des armes et les jeter devant eux, dans la guerre civile, contre le peuple : *esse sat est servum, jam nolo vicarius esset*[2]. Là-dessus, les valets se découvrent une conscience politique. Enhardis, ils se révèlent intimes ennemis. « Nous sommes de ce tiers état qui fait tout, » écrit l'un d'eux.

---

1. *Dissertation critique et philosophique sur la nature du peuple.*
1789. — 2. *Avis à la Livrée.*

L'obéissance raisonne. Le cuisinier de Mesdames fait avaler à deux prêtres le serment civique dans de petits billets qu'il enferme dans de petits pâtés [1].

Le 19 juillet 1789, à Versailles, M. de Bezenval entrant chez le roi, tout ministre absent, afin de lui faire signer un ordre, un valet de pied se place familièrement entre M. de Bezenval et le roi pour voir ce qu'il écrivait [2]. Un autre jour, c'est un autre valet de chambre qui passe au roi son habit sans le cordon bleu, et, sur la demande du roi, répond : « Sire, j'ai cru devoir le retrancher : l'Assemblée nationale vient de supprimer les ordres [3]. »

Six mois après, un domestique nommé Villette, nourri de lectures depuis la révolution, motivera les motifs de son suicide dans un dialogue de son âme avec Dieu, par les raisons qu'il a trouvées dans Sénèque et dans Rousseau. Il fera ses adieux au magnanime tiers état, félicitera la noblesse de la clémence de ses vainqueurs, exhortera le clergé à quitter ses costumes et ses superstitions [4]. — En 92, les domestiques n'ont plus besoin de se tuer pour parler. Une dame causant avec un visiteur de M. de Montmorin est soudain interrompue par l'homme qui frotte l'appartement : — « Qui ? Montmorin ? Montmorin est un gueux ! un contre-révolutionnaire. Jamais les Français ne pardonneront à Montmorin ! » — Les témoins du tribunal révolutionnaire étaient prêts [5].

Sous le règne du comité de salut public, les domestiques sont la bouche de fer où Héron ramasse ses dénonciations. Dans Héron, les domestiques trouvent le serviteur

---

1. *Nouveau Paris.* Vol. II. — 2. *Mémoires* de Bezenval.
3. *Chronique scandaleuse.* 1791.
4. *Chronique de Paris.* Avril 1790. — 5. *Le Consolateur.* Juin 1792.

de leurs ressentiments ; et c'est alors que des cuisinières, renvoyées pour leur absence de toute la journée, le jour de l'exécution des Girondins, viennent se plaindre aux membres du comité de sûreté générale, et font emprisonner leurs maîtresses sur cette phrase : « La citoyenne trouve à redire que j'aille voir guillotiner, et que je ne revienne pas après le deuxième ! [1] »

« Que comptez-vous demander à l'Assemblée ? disait M. de Coigny en 1789 à un paysan de son bailliage, élu député. — La suppression des pigeons, des lapins et des moines. — Voilà un rapprochement assez singulier ! — Il est fort simple, monseigneur : les premiers nous mangent en grains, les seconds en herbe, et les troisièmes en gerbe [2]. »

Le paysan a obtenu tout ce qu'il demandait [3] : plus de pigeons seigneuriaux ! la nuit du 4 août les a tués, — plus de lapins ! un peintre dédie à la nation l'estampe : *La Liberté du Braconnier*. — Plus de moines ! — Ohé, Pierre, la dîme est abolie ! — Ohé, Jean ; ohé, Paul ; ohé, Jacques ! la dîme est abolie ! — Cloches de branler ; faucilleurs, râteleurs, fourcheurs, et batteurs d'aller gaiement, moissonneurs de moissonner en cocardes tricolores [4] ; glaneuses de trotter et de fredonner ; municipalités en écharpes de se déployer ; à l'église, le curé patriote, qui n'encense plus le seigneur du village, ainsi qu'il le faisait tout à l'heure, chante : *Domine, salvam fac gentem ! Domine, perpetuam fac legem* [5] !

---

1. *Dénonciation de quelques scélérats*, par Santerre.
2. *Correspondance de Grimm.* 1788-1789.
3. *Réponse à la Lettre de Mme la duchesse de Polignac*.
4. *L'Observateur.* Octobre 1789.
5. *Lettres patriotiques*, par Lemaire.

Écoutez au cabaret la joie de ces « nourriciers du genre humain, de ces grands prêtres de la nature, de ces créateurs du pain et du vin » qui payaient avant 1789 les six huitièmes des impôts, et à qui on prenait à chaque mutation le treizième du capital de leurs fonds : — « Vive la loi ! vive l'Assemblée nationale ! A vau l'eau la gabelle !... Le sacré chien que tout le monde vendra ! et, *mille milliers de tonneaux défoncés*, plus d'impôt sur le vin du bon Dieu ! et toutes les mangeries, suceries, voleries, grapilleries des grugeurs, tondeurs ! » — Vive la loi ! — Plus de taille ! et nous pourrons nous mettre « une bonne blaude de toile sur le corps, cravate, chapeau neuf, une bonne jupe d'écarlate rouge, et belle coiffe à la ménagère, sans que les b...... nous criblent ! » — Vive l'Assemblée nationale ! — Plus de capitation au marc la livre ! Plus de fouages, vingtièmes, décimes et le reste ! Plus de procès-verbaux pour une livre de sel !... Et la treizième gerbe que nous rentrerons dans la grange avec les autres ; et venez-y nous y faire obstacle, nous vous ferons accueil, à fourches, à faux, à bâtons, à pierres ! [1] — Vive la loi ! — « Je ne sommes plus de la canaille ; je sommes maître et seigneur dans notre champ, dans notre vigne ; on nous écoutera, quand je parlerons ; on nous ménagera, quand je plaiderons. » Et plus de carcans, de poteaux à écussons, et de fourches patibulaires [2], toutes droites dans nos champs, épouvantails à vilains ! Plus d'intendant ! et de grands laquais se gaussant de vous, quand à son audience on se sera cassé le nez sur son plancher ciré, avec ses sabots [3] ! Nous aurons des juges de paix qui nous sauveront de la

---

1. *Lettres patriotiques.* — 2. *L'Observateur.* Février 1790.
3. *Lettre d'un laboureur des environs d'Alençon*

griffe des procureurs ; des districts qui se mêleront de nos affaires ; des départements qui nous jugeront... Je pourrons donc « vendre notre vin sans chamaillis, cultiver notre blé sans craindre le dimeux ! [1] » Plus de galères si on braconne ; « et pour en cas que l'on murmure, on ne nous tirera plus comme bêtes fauves, *pour aller comme au temps jadis mettre 10 écus sur la fosse pour toute punition, jarniquoi*[2] *!* » Plus de milice « si nous cultivons notre femme, » et que nous poussions lignée !... Je salerons le cochon sans craindre le gabloux ; j'emploierons tous nos jours sans craindre les corvées ! Je serons municipal ; je porterons l'écharpe ; je serons autant « que ce biau monsieur qui m'appelait : toi, comme un chien, quand il était notre seigneur [3] ! » — Vive la loi ! Vive l'Assemblée nationale ! Vive la nation !

A quelque temps de là, le paysan siége au banc du seigneur à l'église. Il a un cousin grenadier dans la garde nationale, et un cousin germain « en chemin d'être évêque à la première fabrication. » — La Révolution a fait son tour de France : elle a fondé une patrie nouvelle sur le patriotisme des intérêts.

---

1. *Lettres patriotiques.* — 2. *Lettre d'un laboureur.*
3. *Lettres patriotiques.*

IV.

Madame et monsieur Bailly. — La fédération. — Le mobilier. — Les coulisses du Théâtre-Français.

C'est un coin de comédie, dans cette révolution si grave, que l'étourdissement et l'inexpérience des grandeurs chez les bourgeois qui arrivent. Les élévations sont si soudaines ! la popularité, cette Armide nouvelle, lance si haut ceux qu'elle touche de sa baguette !

De cette *robinocratie*, — c'est le sobriquet royaliste, — si naïvement gonflée en son triomphe, et qui se laisse si facilement éblouir par ces pompes subites, — M. Bailly est le type le plus complet; le pauvre homme est de tous celui qui apporte à oublier son passé d'hier le plus de ridicule et la meilleure bonne foi. — Adieu, globes, astrolabes, sphères et les temples de Clio ! Maire de Paris, Sylvain Bailly ! « Ce n'est plus ce même Bailly qui, il y a quelques jours, allait de Paris à Passy, les mains dans ses poches, un parapluie sous le bras, les yeux élevés aux astres[1]. » Il

---

1. *Journal de M. Jean-Sylvain Bailly.* 1790.

n'écrit plus, il ne lit plus ; il dédaigne jetons, fauteuil académique ; il siége en sa chaise curule ; il donne audience, ce roi d'Yvetot de la bonne ville, le roi Sylvain, comme dit le *Veni Creator*. Elle est mairesse, la petite Mme Bailly! Il est le secrétaire des secrétaires, le confident de Sylvain Bailly, M. Boucher, que jadis on voyait sur un bateau, « vêtu à cru d'une redingote, laver le matin sa seule chemise, » M. Boucher, qui maintenant s'arroge au foyer du Théâtre-Français la dictature d'un ancien gentilhomme de la chambre. Sylvain Bailly, il a un cocher qui conduit à *tombeau ouvert*, et manque d'écraser les gens tout comme un honnête cocher d'aristocrate. — Les joies! quand Bailly revient de Saint-Cloud, enorgueilli, et un peu conquis à la cour, et qu'il conte et l'accueil reçu, et son beau discours, à la petite Mme Bailly, qui lui ourle des mouchoirs par habitude, les yeux grands ouverts sur son « homme, » son manteau court, son chapeau en *clabaud*, et sa cravate large et plate[1]! La petite Mme Bailly qui disait tout à l'heure, inquiète sur son mari sorti : — « Dame! j'en ai déjà perdu un![2] » — ne veut plus le laisser sortir maintenant qu'accompagné de deux domestiques[3]. — Le lit du couple est comme un trône. Tout n'est, autour de la petite Mme Bailly en extase, qu'or et azur, et la mairesse saute de joie devant ses « chenets travaillés comme une chaîne de montre. » Ainsi l'ami de Sylvain Bailly, Peuchet, passé rédacteur de la *Gazette de France*, saute dans sa petite cuisine, devant sa grosse servante, en criant : « Marie! Marie! j'aurai donc un cabriolet! j'aurai un cabriolet![4] »

1. *L'Observateur.* Septembre 1790.
2. *Journal de la Cour.* Avril 1791.
3. *La Babiole, ou le Colporteur chez son libraire.*
4. *L'Observateur.* Septembre 1790.

A ce couple, *né, élevé sous la tuile,* la tête tourne en ce rêve d'Hassan : la petite Mme Bailly n'en reconnait plus ses anciennes amies, si bien que les amies se fâchent.

Le maire de Fontenay vient-il voir son ancien compère, Sylvain Bailly, et attache-t-il l'âne sur lequel il est venu campagnardement, devant l'Hôtel de ville, tout proche le carrosse de M. le maire, — voilà une fenêtre qui s'ouvre, une tête en colère qui se montre, et un homme descendu, l'éternel M. Boucher, qui tempête, et tapage, et s'emporte sur ce sans-façon villageois [1]. Le pauvre Sylvain Bailly ! il a ri de ce quatrain qu'il a trouvé sous sa serviette, lors de sa réélection :

> Monsieur Bailly maire sera,
> Sa femme ne consultera,
> Et son Boucher il renverra ;
> Et ça ira ! [2]

Il ne sait guère combien tous ces gens, « le petit faquin de Boucher, et l'épais Dufour, » ces secrétaires qui se *croient presque son manteau,* lui font de tort et le discréditent ! et que les mécontents lui reprochent déjà haut les patrouilles qui dispersent les conversations dans les jardins ; et cette police toute militaire et toute ministérielle, à la place d'une police civile et constitutionnelle [3], — et ses buffets pliant sous la vaisselle plate, quand le savetier a porté son unique tasse d'argent à la Monnaie. Le bonhomme entend-il tout cela ? Le *Carnaval politique* l'a surpris à essayer dans sa glace les anciens airs de Lenoir [4]. Voilà qu'on le demande. Il passe, en saluant, entre deux haies de soldats provinciaux. Sculpteurs, graveurs, tous multi

---

1. *L'Observateur.* — 2. *Id.* Août 1790. — 3. *Id.*
4. *Le Carnaval politique en 1790*

plient à l'infini les portraits et les statues de Sylvain Bailly [1]. Les tabatières répètent toutes ses traits mémorables. Parcourt-il les galeries de la mairie, il se mire en son buste. Puis ce sont les dîneurs de l'Hôtel de ville, Schmitt et Barrère de Vieuzac, et le prince de Salm, et l'abbé Noël, et d'Arnaud-Baculard qui fournit M. Bailly de compliments, et Mme Bailly d'orthographe. Tous baisent respectueusement la main de la petite Mme Bailly. Vient le dîner; et la petite Mme Bailly, placée vis-à-vis de son mari, le couvant de l'œil, le gardant du regard, directrice de son estomac, veillant à ce que « la plus petite incontinence ne dérange pas ce cerveau qui dirige l'étonnante subdivision des machines nationales; » après le dîner, le bonhomme, en convoitise du petit verre de vin de Bordeaux versé à la ronde d'une main économe, le bonhomme allongeant le bras pour le prendre; pendant que la petite Mme Bailly, sur la main étendue du jeune Bailly, griffonne, comme sur un bureau, son petit nom sur des billets de petites loges à tous les théâtres!

Pauvre, pauvre Sylvain Bailly! si bonnement épris de tant de délices, et les oreilles si bien bouchées à ce que te disait le *Marforio* de Paris : « Songe que nous te donnons 60,000 livres, non pas pour nous faire ce que tu voudras, mais pour faire toi-même ce que nous voudrons; sinon... *fiat voluntas*... la lanterne! »

La fédération du 14 juillet 1790! — Un champ de Mars créé en trois semaines! Le serment d'union « de la grande famille des Français » béni par deux cents prêtres en surplis! Sous la pluie, des centaines de mille hommes acclamant la nation, la loi, le roi! tout un peuple qui jure la

---

1. *Journal de la Cour*. Novembre 1789.

liberté[1]! — Quel accueil Paris fait à cette province qui vient mettre la main dans la sienne! Musées, monuments, tout est ouvert à ces frères en visites. C'est à qui leur fera goûter le vin, les bals, les illuminations, les plaisirs, les vivats, les spectacles et le patriotisme de la capitale. L'auberge est pour eux en chaque maison de la ville. M. d'Angivilliers se fait inscrire pour loger trois députés au pacte fédératif; et Mlle Arnould, ci-devant actrice de l'Opéra, entend en héberger quatre. Paris leur veut un lieu de réunion — un club de la confédération qu'elle leur installera à l'Archevêché et dans les jardins. On les garde, on les veille; on a tremblé pour eux le jour de la fédération : si de la ménagerie près du Champ de Mars, le lion et le léopard s'étaient échappés! — Et la sollicitude est poussée si loin pour les voyageurs civiques, qu'un Guide de l'Étranger tout nouveau est imaginé pour eux et leur est dédié. Ce guide, ou plutôt ce journal, — car il se promettait d'être périodique, — s'élève d'abord, au nom de l'hospitalité due à des frères de province, contre le prix exorbitant mis par les maîtres d'hôtels garnis à leurs loyers dans un temps où tant de citoyens se distinguent par la grandeur de leurs sacrifices. Le journal poursuit : « ce que les maîtres d'hôtel ont fait, les demoiselles le font. » Et il s'indigne sur ces prix surfaits, sur cette hausse des *commerçantes de Cythère*; et le dévoué anonyme, tout au service qu'il va rendre aux patriotes des départements, n'hésite pas à faire suivre le *tarif des filles du Palais-Royal, lieux circonvoisins et autres quartiers* avec leurs noms et leurs demeures. — Et ce cynique tarif de soixante-douze noms, c'étaient de petites filles de sept à huit ans qui le criaient dans les rues !... « Je ne sais pas — dit un témoin de cette criée monstrueuse —

---

1. *Tableau historique,* par d'Escherny. Vol. II.

je ne sais pas ce qui se passait aux bacchanales du peuple romain ; personne n'a fait le tableau de Rome ; mais aucune ville du monde ancien, aucun peuple, que je sache, n'a offert ce genre de corruption. »

Au lendemain de cette fédération, il y eut une grande insurrection, une insurrection brutale et déplorable, quoiqu'à peine visible, importante pour l'histoire, non de l'homme, mais de sa vie environnante, pour ainsi parler, et dont nul historien n'a entretenu ses lecteurs. Cette insurrection qui, à une ou deux années de là, devint un triomphe et une révolution, ne se fit point contre ce qui restait de royauté à la France, mais contre ce qui lui restait de bon goût. Je veux parler de l'introduction du goût grec et du goût romain dans l'ameublement.

Le monde de Louis XV s'était voulu un entour à sa guise. Ses tapissiers avaient, pour l'asseoir, le coucher, et lui réjouir le regard, épuisé l'arabesque et le contourné. Pour ce monde *falot,* ils s'étaient ingéniés en artistes, trouvant pour tout décor un caprice, une chimère nouvelle, dans le serpentement, la moulure ondulante, le profil ventru. Ils avaient créé, ces meubliers d'un esprit bizarre et enchanté, pour cette société d'aise et d'aristocratique passe-temps, les coquetteries féminines, les extravagances exquises, tous les ornements de caprice de la rocaille.

« Nous avons changé tout cela, » disait au mois de juillet 1790 un marchand tapissier de la rue de la Verrerie, M. Boucher. « La liberté, consolidée en France, a ramené le goût antique et pur, qu'il ne faut pas confondre avec le goût ancien et gothique[1], » —dit un journaliste sortant de

1. *Journal de la Mode et du Goût, ou les amusements des salons et de la toilette,* par M. Le Brun. Quatorzième cahier. Juillet 1790.

ses magasins. Alors cachez-vous, marqueteries de Boule ! nœuds de ruban et rosettes de bronze dorées d'or moulu, surdorés et perluisants ! Cachez-vous ! cachez-vous, merveilles de Bernard ! — c'est l'heure « des objets analogues aux circonstances présentes. » Le boudoir lui-même, ce sanctuaire des coquetteries, — le boudoir est devenu un cabinet politique. « Les charmants sujets de Boucher, les jolies gaietés de Fragonard, les petites libertés de Lawrence, les compositions érotiques de Lagrenée ont fait place à des caricatures aussi plates que révoltantes sur les événements du jour, caricatures dont l'esprit de parti a charbonné les traits. Une représentation de citadelle détruite a remplacé le groupe de Léda. Un autel sermentaire a succédé à la gentille chiffonnière sur laquelle on signait des billets à la Châtre [1]. »

A la suite du lit *à la Révolution*, tenant le milieu entre la forme des lits à la polonaise et en chaire à prêcher, et orné de franges étrusques [2], — l'envahissement se fait quotidien de tout le *suppellectile* romain, bourgeoisement, déplaisamment approprié aux besoins modernes. L'œil, au lieu de ces contours rondissants de la vieille ornementation, ne heurte que lignes roides, droites, mal hospitalières, inexorables. Pendant que David chasse le sourire de l'art, l'acajou, qui joue, dans l'ordre des bois, le rôle du tiers dans l'ordre des classes, attend, bien près de détrôner l'ébène et le bois de rose. — Le mobilier va être une leçon, et un rappel de l'antiquité ; il y aura en lui comme une pédanterie uniforme et maussade ; des murs, on chassera les galantes boiseries ; et l'appartement, qui était une récréation de l'œil et une complicité charmeresse du noncha-

1. *Ann'quin Bredouille.*
2. *Journal de la Mode.* Août 1790.

loir, deviendra un pédagogue comme cet appartement de Bellechasse, auquel M·me· de Genlis avait, pour l'institution des jeunes princes, fait raconter l'histoire romaine en ses médaillons, paravents, dessus de portes [1]. — Les républiques anciennes ne sont-elles pas les inspirations et les sources de toutes choses d'alors, des plus petites comme des plus grandes? Quand Hérault de Séchelles est chargé de bâtir en quelques jours un plan de constitution, ne prie-t-il pas le citoyen Dusaulchoy « de lui procurer sur-le-champ les lois de Minos dont il a un besoin urgent? » — Les tapissiers feront comme Hérault de Séchelles : ils remonteront les siècles pour imaginer ; ils traduiront pour renouveler.

La France va vivre dans un décor de tragédie. Son épiderme spartiate, elle l'assoira sur des chaises étrusques en bois d'acajou, dont le dossier sera en forme de pelles et orné de camées, ou bien composé de deux trompettes et d'un thyrse liés ensemble. Elle se reposera de ses chaises dans des fauteuils antiques, dont le bois ainsi que le dos sera de couleur bronze [2]. L'heure? elle l'entendra sonner à cette pendule civique, avec les attributs de la liberté, colonnes de marbre et de bronze doré représentant l'autel fédératif du Champ de Mars. Elle se couchera dans les *lits patriotiques;* « en place de plumets, ce sont des bonnets au bout de faisceaux de lances qui forment les colonnes du lit ; ils représentent l'arc de triomphe élevé au Champ de Mars le jour de la confédération [3]. » Ou bien encore dans le lit *à la Fédération,* « composé de quatre colonnes en forme de faisceaux, cannelées et peintes en gris blanc, vernies, avec les liens des faisceaux dorés ainsi que les

1. *Mémoires* de M·me· de Genlis.
2. *Journal de la Mode.* Juillet 1790. — 3. *Id.*

haches et les branches de fer qui soutiennent l'impériale [1]. » Ce n'est plus Caffieri qui dessinera ses lustres et ses bras d'or moulu : elle aura des candélabres en porcelaine qui représenteront *Apollon et Daphné;* « les nus de ces deux figures sont couleur de chair ; le milieu du corps de Daphné se couvre d'une écorce de laurier, la tête est verdoyante : et les deux mains, changées en rameaux, supportent deux bobèches dorées [2]. »

Sur les panneaux géométriques des salons nouveaux, il règne ce brun très-foncé mélangé de plusieurs couleurs qu'on nomme *genre étrusque.* Voyez ce cliquetis de tons : au plafond est une rosace en forme de parasol brun rougeâtre ; une frise bleu de ciel, sur laquelle des cornes d'abondance blanches ; aux côtés de la glace deux pilastres, bordure violette, fond bleu de ciel, feuilles de vigne blanches, formant ornement ; grands et petits panneaux brun clair, bordures violettes, ornés de petits parasols verts et de camées à fond bleu, à figures blanches, à ornements brun rouge [3] ; — et dans ce tapage de chocolat où détonnent le rouge et le vert, essayez de vous rappeler les nuances rompues de jadis, les dégradations rose, amarante, lilas gris, vert d'émeraude, vert de mousse, aventurine, citron, paille, soufre ; douce gamme qui chantait moelleusement sur les meubles, sur les murs du temps passé ! douce gamme que les misérables oublieront pour les étoffes tricolores, pour les papiers peints avec les signes distinctifs de l'égalité et de la liberté de la *fabrique républicaine* de Dugoure, place du Carrousel, au ci-devant hôtel de Longueville. — Puis le goût révolutionnaire ira se fournir à la manufacture de la rue Saint-Nicaise, place de la

---

1. *Journal de la Mode.* Août 1790. — 2. *Id.* Janvier 1791.
3. *Id.* Février 1791.

Réunion, « de tableaux avec l'inscription civique prêts à être placés au-dessus des portes de chaque citoyen et portant ces mots : *unité, indivisibilité de la république, liberté, fraternité ou la mort*[1]. »

Puis au bout de ces barbaries des tapissiers de la république il y aura un petit almanach qui prédira : « Nous avons tant épluché les modes, tant raffiné sur les goûts, tant retourné les meubles et les ajustements, que, rassasiés, épuisés, excédés de jolies choses, nous redemanderons le gothique comme quelque chose de neuf, nous l'adopterons; et nous voilà revenus tout naturellement au xive siècle. »

Avec *Charles IX*, la discorde est entrée au foyer des acteurs de la Comédie-Française. Au lendemain de *Charles IX*, dans la maison de Molière, deux partis se déclarent, et les passions politiques amènent l'éclat des rivalités ou des antipathies personnelles. Dans l'assemblée mimique, aussi travaillée de dissensions intestines que la grande assemblée, le côté droit est représenté par Naudet, Dazincourt, Mlles Contat et Raucourt; le côté gauche, par Talma, Dugazon, Mlles Sainval cadette, Desgarcins. Au milieu de tous, le semainier Florence temporise, attend l'occasion pour avoir une opinion, et le temps pour la montrer, ménage Talma et soutient Naudet.

La lutte commence implacable; c'est que ce *Charles IX* n'est pas le mot de la guerre. Il s'agit bien des tendances révolutionnaires de la pièce de Chénier, et du succès qu'elle a fait à Talma! La querelle entre les acteurs vient d'un motif plus puissant, plus grand, plus important, que

---

1. *Petites Affiches*. Août 1793.

d'une blessure à leur sentiment politique, ou même à leur amour-propre ; autour de *Charles IX*, c'est la grande bataille du privilége contre la liberté théâtrale, que donnent les comédiens. Naudet, Mlles Contat et Raucourt ne veulent et ne peuvent résigner la dominante suzeraineté du vieux théâtre Saint-Germain, et les priviléges de l'Opéra étant frères des priviléges de la Comédie-Française, ils les défendent avec les leurs, — l'Opéra se taisant.

Les Italiens condamnés à jouer des pièces où l'acteur pouvait s'évanouir, se blesser, mais ne pouvait mourir ; le théâtre de Monsieur condamné à ne jouer que des traductions d'opéras italiens ; les Variétés condamnées à ne jouer que des pièces de trois actes ; Nicolet condamné à conserver les danseurs de corde ; les élèves de l'Opéra condamnés à ne jouer que des pantomimes ; le théâtre des Beaujolais condamné à des chants mimés par les acteurs sur la scène, et chantés dans la coulisse ; les Délassements et les Bluettes condamnés à une gaze entre l'acteur et le spectateur, gaze dont le public vient de faire justice[1] ; un théâtre d'amateurs de la rue Saint-Antoine condamné à n'ouvrir ses portes qu'à sept heures, une heure après l'entrée de tous les spectacles ; les petits spectacles des boulevards condamnés à garder à leur porte les tréteaux de la parade, comme des affranchis leurs anneaux d'esclave aux pieds ; — à ces droits superbes sur les rivaux, ajoutez pour la Comédie-Française la propriété de toutes les pièces des auteurs morts, considérées comme son douaire exclusif[2] ; — les priviléges étaient trop beaux, la seigneurie trop riche d'oppression, pour que la Comédie fît sa nuit du 4 août. Que lui importait à ce prix

---

1. *Chronique de Paris.* Août 1789. — 2. *Id.* Septembre 1790.

la tyrannie des gentilshommes de la chambre? Que lui faisait le droit du seigneur exercé par eux sur les débutantes, forcées de passer, pour un ordre de début, des bras goutteux du vieux duc de Duras aux bras du joli Desentelle, et des bras du joli Desentelle dans ceux de l'hébété Camérani, quand la petite personne convoitait les Italiens, du charmant semainier Florence, quand elle voulait le Théâtre-Français, du parvenu Morel, quand elle ambitionnait l'Académie de musique [1]? La comédie n'avait rien à voir dans ces redevances d'usage ; et d'ailleurs n'était-ce pas chez les gentilshommes de la chambre qu'elle trouvait secours et appui, quand quelqu'une de ses gloires prenait ombrage de quelque avenir grandissant trop vite à côté d'elle? De par eux, Brizard n'avait-il pas fait expulser le modeste Aufrène [2]? De par eux, la Comédie ne laissait-elle pas ignorer à Paris les talents de la province, n'appelant personne à elle, ni Dumège de Toulouse, ni Neuville, ni Luville, ni Montval de Montpellier, ni Ducroissy de Marseille, ni Baptiste, ni Garnier de Rouen, ni Mme Fleury de Lyon, ni Résicourt de Lille, ni Chazel de Nantes [3]? De par eux, la Comédie n'avait-elle pas exilé Mlle Sainval l'aînée, et fait insulter, dans *Orosmane*, Larive qui s'était retiré [4]?

L'arbitraire des gentilshommes de la chambre était trop accommodé à ses petites vengeances, pour que la comédie désirât sa ruine. N'était-ce point pertinemment renseignée sur tout leur bon vouloir à son égard, que la maîtresse du comte d'Artois, Mlle Contat, faisait dire par la bouche de Florence à l'admirable Mlle Laveau : « On vient de m'ordonner de ne plus vous laisser jouer de grands rôles, parce que vous

1. *Journal de la Cour*. Mars 1790. — 2. *Id.*
3. *La Lanterne magique*, par M. Dorfeuille, acteur tragique.
4. *Journal de la Cour*. Mars 1790.

êtes toujours bien accueillie du public? » N'était-ce point, appuyée sur leur omnipotence, que la même Contat déclarait à Beaumarchais, M¹¹ᵉ Olivier morte, qu'elle ne jouerait plus Suzanne, s'il ne donnait le rôle du page à sa sœur¹?

Les succès des patriotes Talma et Dugazon, la perte de 160,000 livres de location de petites loges, depuis la révolution, n'étaient guère faits pour rallier les bénéficiers royalistes de la Comédie. Aussi s'allient-ils avec le ministre Saint-Priest; se liguent-ils avec les gentilshommes de la chambre qui font le travail du partage des parts et signent les retraites, se croyant encore en avril 89. S'ils pensent devoir quelques concessions aux circonstances, à l'Hôtel de ville, au public, s'ils tâchent d'abord de ne se compromettre que prudemment, ils n'en gardent pas moins leurs attaches à leurs droits et à leur répertoire contre-révolutionnaire; et Molé, à la séance publique de l'Hôtel de ville, un jour que les spectacles sont l'objet de la conférence, s'en vient demander, en son nom et en celui de ses camarades, « l'exclusivité des priviléges que Louis XIV a accordés à sa compagnie². » C'était presque une bravade. De toutes parts, les brochures faisaient feu sur le règlement de 1780; de toutes parts, le privilége était attaqué; de toutes parts, tombaient de petits livres, de quatre ou six pages, sur la liberté du théâtre; l'opinion appelant la concurrence; les *Discours et motions sur les spectacles* demandant qu'après la mort des auteurs la rétribution appartînt aux pauvres et aux hôpitaux; d'autres demandant, à l'instar des théâtres de Drury-Lane et de Covent-Garden, l'établissement d'un second Théâtre-Français; d'autres se récriant sur les relâches qu'occasionnent

---

1. *Journal de la Cour.* Mars 1790.
2. *Chronique de Paris.* Février 1790.

les voyages à la cour de MM. les comédiens ordinaires[1] ; d'autres voulant le parquet à 1 livre 10 sols[2] ; ceux-ci se plaignant que les comédiens français portent encore toutes les semaines leur répertoire à la cour ; ceux-là, qu'ils n'aient pas suivi l'exemple du théâtre de Monsieur, mettant sur son affiche le nom des acteurs, et qu'ils continuent à tromper le public avec des doublures ; La Harpe réclamant à la barre de l'Assemblée nationale que la propriété ne soit plus exclusive, déclamant, à la société des Amis de la Constitution, *contre l'avidité orgueilleuse de la troupe usurpatrice*[3] ; Cailhava dénonçant « le privilége exclusif accordé aux comédiens français sur les choses les plus libres, les plus respectées de toutes les nations, le plaisir du public, les talents, le génie ; » le public sollicitant un directeur de jouer une pièce de Molière pour qu'un procès ait lieu et que les comédiens soient déboutés de leurs prétentions au grand jour de la justice ; aux Parisau, aux Desfontaine, aux Hoffmann, aux Dantilly, aux Radet, aux Ducray-Duminil, le public ripostant avec les grands noms de Beaumarchais, de Chamfort, de La Harpe, de Sedaine, de Mercier, de Ducis, de Chénier, de Fabre-d'Églantine[4] ; partout on se promettait déjà bien haut que le rapport de la commune déclarera « le privilége destructif de tout talent et de toute industrie[5]. » Les Variétés montent *Tancrède* pour le début de Beaulieu, — ce Beaulieu qui s'est démis de son grade en faveur du frère des deux Agasse[6].

Pour désarmer l'opinion, les comédiens ordinaires de se baptiser *Théâtre de la Nation* ; Mlle Contat d'annoncer, dans le *Nouveau règlement projeté par les comédiens fran-*

---

1. *Chronique de Paris.* Décembre 1789. — 2. *Id.* Mars 1790.
3. *Id.* Août 1790. — 4. *Id.* Octobre 1790.
5. *Id.* Avril 1790. — 6. *Journal de la Cour.* Janvier 1790.

çais contenant la réforme des abus, que « jugeant que son talent, si agréable au public, n'est point en activité, elle renonce à ses loges aux autres spectacles; elle promet de jouer un rôle nouveau et de remettre une ancienne pièce chaque mois. Ce travail lui coûtera peu, ayant une mémoire très-belle et bien reposée depuis plusieurs mois¹. »

Les concessions animent le public plutôt qu'elles ne le calment. Chaque soir il crie : « Larive! Sainval l'aînée! La rentrée! la rentrée! » Et les cris éclatent plus entêtés et plus hostiles, le jour où une lettre de Mlle Sainval est jetée dans la publicité des journaux. Rappelant d'abord que, reçue avec une demi-part avec promesse du troisième quart l'année suivante, et successivement du quatrième l'année d'après, elle avait attendu dix ans pour compléter cette part; continuant ainsi : « Pauvre, j'ai vécu de privations, pour fournir aux besoins de mon père, de ma sœur, de mon frère. Que de fois j'ai été obligée de détacher de mes vêtements tragiques des morceaux de galons et de broderies pour vivre! Quand je demandais des rôles, les intendants des menus m'imposaient silence, et si je parlais de mes droits, on me menaçait de me jeter dans un cul-de-basse-fosse; » elle se plaignait que la délicatesse factice de Mmes Contat et Vestris l'avait voulu faire rayer du tableau comme sujet fautif et dangereux, elle, l'habitante du presbytère de la paroisse Saint-André! Son exil lui avait été signifié par lettre de cachet; il lui avait été fait défense de se remontrer à Paris; et tout avait été employé pour l'empêcher de jouer en province. Elle terminait en déclarant ne vouloir pas rentrer à la Comédie². Cette résolution, assez décidée pour résister aux empres-

1. *Chronique de Paris.* Janvier 1790. — *Id.* Octobre 1789.

sements d'un district déchirant le passe-port qu'elle prenait pour Genève, et voulant la ramener militairement au théâtre du faubourg Saint-Germain, sauva une humiliation à la Comédie. Mais avec Larive, Larive maintenant président d'un district[1], Larive, dont le château, au Gros-Caillou, orné de grilles magnifiques, entouré de fossés, avec son immense jardin, ses écuries, sa valetaille galonnée, ses appartements dorés, semble la seigneurie d'un fermier général, Larive le magnifique, qui a envoyé à M. de La Fayette la chaîne d'or de Bayard, il lui faut capituler, et de bien bas. Et Larive, après avoir longtemps fait de sa santé le prétexte de ses exigences, le Larive chassé dictera à ses anciens maîtres ces conditions d'une dédaigneuse délicatesse : « 1° M. Larive refuse absolument sa part ; il refuse même d'avance toute gratification détournée, présents, attentions ; 2° il ne jouera qu'une fois par semaine ; 3° il ne jouera que ce qu'il sait ; 4° il sera déclaré qu'il n'a cédé qu'aux sollicitations de la société, pour soutenir la tragédie défaillante[2]. »

Ces abaissements, l'hostilité nouvelle de ce parterre, hier si applaudisseur, le pressentiment de la défaite, les attaques journalières de la *Chronique de Paris*, haineuse dépositaire des haines de Talma, échauffaient Naudet, qui oubliait son nouvel état pour se rappeler son ancien métier de soldat ; et ses colères contenues ne cherchaient qu'à se dépenser, brutales, sur un Camille Desmoulins. L'occasion ne tarda pas. La clôture de l'année théâtrale s'était faite, le 22 mars 1790, par un discours plein de craintes, de plaintes, de douleur, de ressentiments à mi-voix ; il y était parlé d'une « jalouse cupidité qui voulait s'élever sur

---

1. *Journal de la Cour.* Février 1790. — 2. *L'Observateur.* Mai 1790.

les débris de la Comédie ¹. » A la réouverture, le 12 avril, — la Comédie, seule de tous les théâtres, avait gardé du passé l'ancien usage de fermeture pendant les trois semaines de Pâques et les fêtes de la Vierge, ce qui faisait, dans l'ancien régime théâtral, trente-trois jours de relâche, — Talma s'avance, un discours en main. C'est un plaidoyer en faveur de la liberté théâtrale, écrit par Chénier ². Naudet se jette devant Talma, et aux gens qui demandent à grands cris la lecture du discours de Chénier qui leur a été distribué à la porte, Naudet, faisant front à l'orage, lance ces mots : « L'effervescence qui règne parmi vous m'empêche de connaître votre désir, » toute la salle lui jette, au milieu des huées, cette phrase du discours de Chénier : *Vous plaignez ces Français timides qui semblent ne plus vouloir être Français* ³. — A quelques jours de là, à une représentation de *Tancrède*, Naudet éclate tout à coup, et, sans provocation, Talma est frappé ⁴.

Dès lors, la Comédie-Française est un champ clos. Naudet fait de sa loge un arsenal. La toge cache des pistolets, et les rois de tragédie ont de vrais poignards; et c'est dans ces alertes et ces précautions militaires des coulisses que Talma et Chénier écrivent, celui-là : « Connaissant la haine des noirs, je pris le parti de marcher bien armé pour prévenir une insulte : » celui-ci : « Je me suis vu contraint de porter des pistolets au moment où *Charles IX* m'a fait des ennemis de tous les vils esclaves. » Armées, prêtes à tout, les hostilités vont s'aigrissant; et chaque fois que les cris de la salle montent jusqu'à la loge de Naudet, chaque fois que recommencent, inapaisées, les clameurs de ce

1. *Chronique de Paris.* Mai 1790.
2. *Journal de la Cour.* Avril 1790.
3. *Chronique de Paris.* Avril 1790. — 4. *Id.* Août 1790.

public qui demande, avec Mirabeau, *Charles IX* aux fêtes de la Fédération, *Charles IX* au 24 août, comme une expiation de la Saint-Barthélemy, qui demande *les Horaces, Brutus, la Mort de César, Barnevelt, Guillaume Tell;* chaque fois qu'il se fait dans le parterre une protestation contre le répertoire royaliste, auquel est revenue la Comédie, — Talma vient à l'esprit de Naudet responsable de ces cris, de ces clameurs et du déchaînement de ces exigences. Conciliabules entre Naudet, Raucourt, Contat; on se concerte, on machine; la calomnie appelée au conseil, on fait annoncer dans les journaux amis que Talma va être renvoyé de la compagnie des anciens chasseurs volontaires de l'ancien district des Cordeliers; Talma est dénoncé à Bailly, son arrestation demandée, sous de spécieux prétextes[1]; — calomnies, sollicitations échouent. Réunion de la Comédie en comité; avis ouvert de rayer Talma du tableau, Talma reçu comédien du roi par les anciens supérieurs de la Comédie. Tout animés qu'ils sont, Naudet, Raucourt, Contat ne peuvent l'impossible; aussi Talma reste-t-il au tableau; mais résolution est prise par les comédiens du roi de ne plus jouer avec lui.

Talma écarté du répertoire, le public le demande avec fureur. La cabale payée par les comédiens pour crier : *Non!* a le dessous. Fleury alors, — Fleury qui à des cris de : *Charles IX!* avait demandé « si on affranchissait ses camarades et lui des lois qu'ils étaient accoutumés à respecter depuis deux cents ans, » — Fleury s'exprime ainsi le mardi 21 septembre 1790 : — « Messieurs, ma Société, persuadée que Talma a trahi ses intérêts et compromis la tranquillité publique, a décidé à l'unanimité qu'elle n'au-

---

1. *Chronique de Paris.* Août 1790.

rait plus aucun rapport avec lui, jusqu'à ce que l'autorité ait décidé. » Étonnement, cris, injures de la salle. Dugazon, — le patriote Dugazon, connu par ses ajoutes et ses parodies des révérences de Versailles, dans son rôle du *Muet*, — s'élance de la coulisse : « Je dénonce toute la Comédie ! Il est faux que M. Talma ait trahi la Société ! Tout son crime est d'avoir dit qu'on pouvait jouer *Charles IX !*... — Qu'on prenne la même délibération contre moi ! » Dans le tumulte de la salle, la garde débouche, Bailly apparaît. Les comédiens sont mandés à la Commune ; ils restent chez eux. Mandés une seconde fois, ils apprennent au maire de Paris que leur camarade Grammont est allé rendre compte aux gentilshommes de la chambre. — « Il est étrange, — dit M. Bailly, — que les gentilshommes de la chambre prennent connaissance d'un fait de police qui concerne le Théâtre de la Nation. » Et il les exhorte à jouer et à communiquer avec Talma. — « Vous nous forcerez, — répond l'un, — à porter les clés de notre salle au roi [1]. » La Comédie avait jeté le gant à la Commune. La jeunesse royaliste quitte un moment l'Académie royale de musique pour apporter à la Comédie ses bravos, ses bâtons, ses plumets blancs.

Bientôt, délibération de la ville portant ordre de communiquer et de jouer avec Talma, imprimée, affichée dans Paris ; et le 29 septembre 1790, les comédiens jouent *Charles IX*, et font précéder la pièce d'une protestation de soumission et de respect pour la municipalité.

Cette soumission laissait toutes vives et debout les haines contre Talma. Pour empoisonner la victoire de Talma, Naudet publie l'*Exposé de la conduite et des torts*

---

1. *Chronique de Paris*. Septembre 1790.

du sieur *Talma* envers les comédiens français. Mlle Contat, retirée de la Comédie avec Mlle Raucourt, écrit aux comédiens et fait lire en plein théâtre : « ..... Les nouveaux chagrins qui vous ont été suscités par M. Talma ne peuvent me paraître un motif pour revenir sur ma résolution, et pour consentir à le regarder jamais comme mon associé, comme mon camarade. Son existence à la Comédie-Française compromet toutes les autres[1]. » Avant Mlle Contat, Saint-Prix, appelé par Talma au secours de sa bravoure mésestimée et calomniée par Naudet, avait témoigné que la révolution ne devait à l'héroïsme de M. Talma qu'une garde de trois heures chez Monsieur, une faction à la fenêtre de l'hôtel de Tours, rue du Paon, et un jour de danger, le refus de marcher[2].

Talma, qui se voyait vaincre, trouvait beau de ne pas garder rancune à ces colères de vaincus, et de leur être généreux.

A une représentation *gratis* du 8 janvier 1791, où reparaissaient Mlles Raucourt et Contat, Dugazon sort des rangs de la troupe qui attaque la Bastille, et s'adressant aux spectateurs : « Vous voyez que nous sommes tous bons citoyens. Nous avons eu quelques querelles ; permettez-nous de nous embrasser. » Après ces mots de Dugazon, Talma se hâte de dire : « Messieurs, les événements se sont trouvés tels que je me suis trouvé la cause involontaire des chagrins auxquels la Comédie a été en butte, et particulièrement M. Naudet à qui, dans le moment, je me fais un devoir rigoureux de rendre toute la justice qui lui est due[3]. » En ce moment, Dazincourt pousse Talma dans les

1. *Petites Affiches.* Novembre 1790.
2. *Chronique de Paris.* Octobre 1790.
3. *Id.* Janvier 1791.

bras de Naudet. Naudet se refuse aux embrassades, et tient la réconciliation à distance. La cabale de Talma crie, Naudet crie plus fort qu'elle : « Messieurs, ce n'est point désobéissance, mais force de caractère. » — « Qu'il l'embrasse ! à genoux ! » rugit le parterre. Naudet demeure impassible. Un peu de calme se fait. — « Je n'ai que deux mots à dire, — dit Naudet : — la personne qui demande à se réconcilier avec moi, et il paraît que c'est le vœu public, fait devant vous une démarche fort au-dessous de tout ce qu'elle me doit. Vous l'ordonnez : je n'ai plus de volonté. Je fais à vous seuls le sacrifice de mon ressentiment. » — Et Naudet embrasse froidement Talma et Dugazon [1].

Ce jour, les anciens comédiens du roi avaient joué *la Liberté conquise;* le lendemain, ils devaient donner *Rome sauvée*, et le surlendemain *Brutus*.

1. *Journal de la Cour.* Janvier 1791.

V.

Les duels. — L'émigration. L'*Émigrette*. Une scène inédite du *Mariage de Figaro*. Petite guerre de la jeunesse. — Le commerce des comestibles.

Dans l'émeute des opinions autour de la chose publique bientôt se déclara — les pamphlets ne suffisant plus aux haines, les calomnies aux ressentiments — une âpre soif des satisfactions exigées et des luttes personnelles. Avec les discussions à tout bout de dialogue par ce règne d'esprit public, les colères s'emportèrent aux vengeances corporelles. Impatients de l'heure des événements, les individus se pressèrent, apportant chacun, pour le témoignage de leur foi, leur part d'énergie et de courage physique ; et comme au temps de Bayard où le champ clos s'ouvrait sous les murs d'une ville à prendre, — de 1790 à 1791, à quelques mois de la grande bataille des partis, la guerre civile d'homme à homme s'ouvrit au bois de Boulogne ; guerre civile quotidienne, où chaque camp envoyait un tenant, et dont chaque bulletin était jeté soir et matin à la ville haletante par les mille voix des crieurs. On eût dit que le xvie siècle recommençait, et chaque jour se révélaient des héritiers des Sourdiac, des Millaud, des barons de Vitteaux.

Mille bonnes occasions d'ailleurs aux ombrages et aux susceptibilités : un mot, une cocarde ; mille lieux de conflit : l'Opéra, le club de Valois. Gervais, le maître d'armes du vicomte de Mirabeau, passe ses nuits à improviser pour le lendemain matin des chevaliers de Saint-Georges [1]. Tous les drapeaux, toutes les classes, ont leurs martyrs et leurs héros promenés morts sur le bouclier dans les apothéoses de la presse. La société de la Constitution accueille d'acclamations ses champions saufs. Les nobles, les membres du corps diplomatique, courent chez le noble blessé ; et M. de Villequier y envoie de la part du roi. Quelquefois aussi le peuple y envoie sa députation de saccageurs. Et bientôt des hommes de nom et d'intelligence, cette furie et cet exemple descendent dans le bas de l'armée et dans le peuple, pris de ce je ne sais quoi d'agressif et d'homicide que lui donnent les révolutions. — A Toulon, deux régiments s'écharpent sur les remparts, par troupes, dix contre dix ; et cela plusieurs jours ; et cela — répondent-ils aux bourgeois qui les interrogent — sans trop savoir pourquoi [2].

A Paris, le 30 janvier 1790, c'est Talma et Naudet ;

Le 25 février 1790, M. de Sainte-Luce et Leblanc ;

Le 2 mars 1790, M. de Rivarol blesse au cou son adversaire ;

Le 8 mars 1790, M. de Bouillé tue M. de la Tour d'Auvergne d'un coup de pistolet ;

Le 23 avril 1790, Allyman, adjudant de la compagnie générale des Suisses et Grisons, est blessé par Oswald, lieutenant d'une compagnie soldée de chasseurs ;

1. *Journal de la Cour.* Décembre 1789. — 2. *Id.* Mars 1790.

Le 15 mai 1790, c'est Barnave et le vicomte de Noailles;

Le 25 mai 1790, Cazalès reçoit de Lameth un coup d'épée;

Le 28 mai 1790, Montrond, qui avait reçu quelques jours avant deux coups d'épée de Champagne, le tue;

Des gardes nationaux tués en duel sont relevés sur le quai du jardin du Roi, et jusque dans le jardin des Tuileries;

Le 28 juillet 1790, Sarré, lieutenant de chasseurs de la troupe soldée, est tué au pistolet par un maître d'armes;

Le 12 août 1790, Barnave blesse Cazalès à la tête, d'un coup de pistolet;

Le 30 septembre 1790, M. de Bazancourt est tué par M. de Saint-Elme;

Le 12 novembre 1790, M. de Castries blesse M. de Lameth;

Le 20 décembre 1790, le vicomte de Mirabeau est blessé [1].

A ces jeux sanglants, « à ces gentils combats, » comme dirait Brantôme, la galerie ne faisait pas défaut; et les plus galantes et les plus jolies se prenaient à cette curiosité de la mort. Le bois de Boulogne, avec son spectacle d'émotions, s'était fait le rendez-vous des coquetteries et des désœuvrements [2]. Les petites-maîtresses trouvaient là remède à leurs vapeurs, comme des Romaines de décadence au Cirque. Leur âme allanguie se retrempait à voir se battre les députés de tout parti; et peut-être était-ce providence : beaucoup de ces têtes qui se penchaient, regardant de ci de là, n'étaient-elles pas promises aux fournées androgynes de 93? — La nouveauté du duel au pistolet, duel d'impor-

1. *Journal de la Cour.* Année 1790. *Passim.*
2. *Id.* Février 1790.

tation anglaise, en pleine *anglomanie*, touchait de trop près à la mode pour n'avoir pas son Longchamps; et les jours de belle représentation, la compagnie était charmante et du meilleur air : cinquante carrosses attendaient « les cervelles qui allaient sauter. » C'étaient tantôt des gentilshommeries de défi et qui faisaient applaudir : M. de Rivarol proposant à son adversaire de tirer le premier à quatre pieds de distance; tantôt une tragédie à outrance : M. de Bazancourt et M. de Sainte-Luce réglant ainsi les conditions d'une rencontre à l'épée et au pistolet : « *On tirera à volonté, on se servira de l'épée à volonté; celui qui tombera, et ne tombera que blessé, pourra être brûlé ou égorgé par l'autre sans miséricorde et quoique sans défense.* » Et pour une belle sensible qui disait au retour : « D'honneur! ils m'ont fait un mal horrible. Je n'y retournerais pas quand je serais sûre qu'ils y resteraient tous les deux, » toutes les élégantes revenaient avides et invinciblement attirées [1]. — Mais jamais les carrosses ne se pressèrent davantage, jamais le public des carrosses ne sonda plus longtemps de l'œil la route de Paris que le fameux jour où la mystification promit à la curiosité le duel de l'abbé Maury et de l'abbé Fauchet [2].

En vain la logique se gendarme contre les duels. En vain on s'attaque au préjugé, au nom de Rousseau. Rien n'y fait : ni la prose de Mme de Genlis, cette bavarde de morale, ni le dilemme de Grouvelle : *Point de duel ou point de constitution.* Celle-là a beau se jeter entre les combattants; celui-ci a beau déclarer « l'amour des combats singuliers un reste de féodalité, une tache aristocratique, » — les moqueurs sont là pour plaisanter l'Hersilie du Pa-

---

1. *Journal de la Cour.* Février 1790. — 2. *Id.* Avril 1791.

lais-Royal, et pour répondre à Grouvelle « que se faire casser la tête est un étrange droit ; » et le rire emporte l'opinion. Cependant le parti révolutionnaire s'alarme ; lui, qui a mis son enjeu sur quelques hommes de l'Assemblée, lui d'ailleurs moins rompu à l'escrime, il craint ces jugements de Dieu de gens de robe à gens d'épée. Ces sept ou huit têtes qui ont son avenir en elles, il ne lui faut pas qu'il les trouve diminuées d'une, un matin, tout à coup ; ces quelques avocats qui portent la révolution sur leur éloquence, il ne veut pas les laisser se mettre à la merci maladroite d'une balle ou d'un coup d'épée. Il ne lui faut pas, à la tribune du peuple, une absence : un mort ou un blessé. Aussi, dans toutes les feuilles du côté gauche, au lendemain des jours où Barnave et Lameth ont risqué en eux un peu de la patrie, quelles réprimandes maternelles ensemble et pédantes pour n'avoir pas imité le comte de Mirabeau qui enregistre ses duels ! A ces courages, comme elles voudraient mettre un *veto !* Elles s'écrient, l'une, « que le meilleur citoyen, le plus honnête homme sera toujours l'esclave du premier vaurien, du premier valet-tueur qu'on lâchera contre lui ; » — l'autre, « que le duel est une institution barbare, qui ne doit pas survivre à la destruction de l'aristocratie. » La section Grange-Batelière prie l'Assemblée nationale de décréter « que quiconque proposera ou acceptera un duel sera exclu de tous emplois civils et militaires. » *Le Spectateur* publie le projet de décret suivant : « **1°** Nous décrétons que tout membre qui sera convaincu de duel, sera banni pour toujours de l'Assemblée nationale ; 2° que s'il a fait auparavant des discours remplis d'éloquence et de savoir, ils seront enlevés des archives et brûlés publiquement. » Voici qu'on propose : « Les assassins duellistes seront désignés dans le texte des lois sous le nom de *gladiateurs*, titre qui portera infamie, et lorsqu'une place de bourreau vaquera, et qu'il n'y aura pas d'aspirant, le premier gladiateur sera requis par les tribunaux compétents d'en exercer les fonctions sous peine de mort[1]; » et Feydel demande qu'on applique avec un fer rouge la lettre *A* sur la face des duellistes[2]. On accorde les honneurs du journal à une bravoure de paradoxe et toute nouvelle: celle de refus de duel. On encadre d'éloges cette lettre d'un député à un insulteur : « Vous faites le spadassin ; — le spadassinage est l'honneur de ceux qui n'en ont pas. Je vous préviens que je porte deux pistolets pour les assassins[3]. » La section de la Grange-Batelière pétitionne à l'Assemblée : « Nous vous prions, messieurs, de décréter que la vie d'un citoyen ne pourra être flétrie par le refus d'un combat singulier, et que tout citoyen entrant dans les assemblées primaires, après avoir prêté son serment civique, prêtera celui de ne jamais provoquer, accepter, ni favoriser aucun combat de cette nature. » Mais quoique ainsi parlant, les patriotes sentaient eux-mêmes la tradition plus forte qu'eux. Ils sentaient, comme plusieurs le leur disaient méchamment, toute la peine qu'on a *à persuader à un peuple national qu'on n'a pas besoin d'honneur pour être libre*; et tout en envoyant à la barre de l'assemblée le maire de Paris, à la tête du corps municipal, « supplier les députés de rendre le plus tôt possible une loi qui rappelle les citoyens aux règles de la morale, » une loi contre les duels, ils inséraient bien haut dans leurs colonnes l'arrêté de la compagnie des chasseurs du bataillon de Sainte-Marguerite : « Tout chasseur se portera à son

1. *Chronique de Paris.* Février 1791.
2. *L'Observateur.* Juillet 1790.
3. *Journal de la Mode et du Goût.* Neuvième cahier. Mai 1790.

tour vers le lieu des séances de l'Assemblée nationale ; il regardera comme personnelle toute querelle suscitée aux députés patriotes, et il les défendra jusqu'à la dernière goutte de son sang. »

C'est alors qu'un homme, le citoyen Boyer, eut l'assez bizarre et vaillante idée de monopoliser à son profit tous les risques de ses amis politiques. Il se mit à tenir à lui tout seul, pour toutes les affaires d'honneur des patriotes, un bureau de courage gratuit, offrant à tout venant de se battre en son lieu et place, et déclarant toute injure faite à un bon citoyen reversible sur lui. Ce singulier et désintéressé *condottiere* écrivait aux journaux du temps des sortes de manifestes d'un style terrible : « J'ai fait serment de défendre les députés contre leurs ennemis. Je jure que la terre s'agrandirait en vain pour soustraire un homme qui aurait blessé un député... J'ai des armes que les mains du patriotisme se sont plu à me fabriquer : toutes me sont familières ; je n'en adopte aucune : toutes me conviennent pourvu que le résultat soit la mort[1]. » Sur ce, il se présenta chez M. de Sainte-Luce, le provocateur de M. Rochambeau fils ; M. de Sainte-Luce le mit à la porte. Cela ne causa pas un découragement au citoyen Boyer ; il fit école ; il monta un bataillon de cinquante *spadassinicides*, récrivit aux journaux sa profession de courage, et redonna au monde son adresse : passage du Bois de Boulogne, faubourg Saint-Denis[2].

Mais bientôt les hommes furent si peu devant les événements grandis, que le duel disparut pour un moment des habitudes françaises ; et Desmoulins, traîné dans la boue par Desessarts et Naudet[3], put, sans se déshonorer

1. *Révolutions de Paris.* Décembre 1790. — 2. *Id.* Janvier 1791.
3. *Journal de la Cour.* Août 1790.

aux yeux du public, dire à ses adversaires qu'il ne se battrait pas. « Qu'on m'accuse de lâcheté si l'on veut... Je crains bien que le temps ne soit pas loin où les occasions de périr plus utilement et plus glorieusement ne nous manqueront pas. »

La révolution, ensanglantée dans ses langes mêmes, ces piques qui promenaient des têtes coupées, cette rouge aurore où la liberté se levait, ces barbaries, ces multitudes suppléant le bourreau, ces dévastations inouïes, — la répression, Bailly, La Fayette, la garde nationale, semblables à l'arc-en-ciel, et n'arrivant, disait une femme d'esprit, qu'après l'orage [1], — le Comité des recherches inquisiteur, — la délation partout, les blanchisseurs fouillant les poches des marquises et remettant leurs lettres au Comité, — l'avenir promettant en ses menaces de passer le présent, — tout poussait le noble hors de cette France ennemie. Il fallait qu'il fût bien ami de ses habitudes, de ses terres, d'une collection, d'un souvenir ou d'un sentiment pour ne pas quitter l'hôtel ou le château de ses pères. Le roi — le roi! — s'abandonnant lui-même, et semblant prêt à désavouer tout héroïsme qui se serait compromis en résistance, — les royalistes l'abandonnaient, pensant tout bas ce qu'un des leurs lui écrivait : « Vous n'avez pas voulu être mon roi, je ne veux plus être votre sujet; » et ils emportaient toute leur patrie dans leur cocarde blanche.

Chacun part [2]. L'Italie, la Savoie, l'Angleterre, reçoivent tous ces grands noms qui ne sont plus français.

De Rome, de grandes dames écrivent qu'on renvoie

---

1. *Feuille du jour.* Février 1790. — 2. *L'Abus des mots.* 1790.

leurs domestiques et qu'on mette leurs filles au couvent[1]. La Suisse, — et surtout le canton de Berne, — est tellement peuplée de fugitifs que le prix du loyer des maisons excède déjà, avant la fin de 1789, le prix de leur capital[2]. Les jeunes, les bouillants vont prendre à Coblentz l'habit bleu, la veste rouge, les culottes jaunes, les boutons à fleurs de lis de l'armée des émigrés[3]. Ceux-là restent seuls qui sont si vieux qu'ils ne veulent pas se déranger pour mourir, — ou les fils qui se dévouent à garder les biens de la famille, passés sous leur nom, et à en faire parvenir les revenus à leurs risques. Par jour, des 500,000 écus en numéraire se vendent à la porte du Palais-Royal, emportés par « les enleveurs d'argent » dans ces cannes qui contiennent six cents louis. Par jour, la municipalité donne deux cents passe-ports. Vers septembre 1789, M. Necker se plaint de six mille passe-ports délivrés en quinze jours aux plus riches habitants[4]. Les étrangers remportent leur fortune chez eux, comme madame l'Infantado qui dépensait 800,000 livres par an, et qui s'enfuit[5]. A Paris, on ne compte plus que trois Anglais, — contents au reste comme trois vrais Anglais de cette révolution qui ne lésine pas avec le dramatique.

Peintres, sculpteurs, graveurs, — l'art émigre; la danse émigre : d'Auberval, Didelot passent à Londres[6]; et Paris s'émeut voyant le grand Vestris les suivre, laissant à mi-succès le ballet de Gardel[7]. Les marchandes de modes ont précédé les acteurs, Paris n'a plus que des *fagotières;* il est obligé de tirer ses modes de la province, qui lui envoie

---

1. *L'Observateur.* Oct. 1789. — 2. *Journal de la Cour.* Sept. 1789.
3. *Journal de Sulcau.* Vol. II. — 4. *L'Observateur.* Sept. 1789.
5. *Adresse aux provinces.* — 6. *Petites Affiches.* Mars 1791.
7. *Id.* Janvier 1791.

bonnets, rubans et fleurs jaunes dits malicieusement *au teint de la constitution* [1]. Qu'est-ce que l'édit de Nantes à côté de ces pertes et de cette dépopulation ? La consommation de Paris diminue de plus de quatre cents bœufs par semaine. Comptez les grands dépensiers passés à l'étranger : M. le comte d'Artois, madame la comtesse d'Artois, M. le prince de Condé, M. le duc de Bourbon, madame la princesse Louise de Condé, la suite immense de ces princes; M. le baron de Breteuil et toute sa famille, M. le maréchal de Broglie, M. le prince de Lambesc, l'archevêque de Paris, M. le prince de Vandemont, M. le président d'Aligre, M. le prince de Monaco, madame de Polignac, M. le duc de Luxembourg, M. le comte d'Escars, M. de Barentin, M. le président Molé, madame de Lamoignon, M. de Narbonne, mesdames de Champlâtreux, de Caumont, de Basville [2].

La municipalité arrête qu'on ne délivrera plus de passe-ports sans certificat de médecin. Les ci-devant de simuler des maladies, ou d'obtenir des certificats de complaisance. Nouveau règlement et *visa* du commissaire de la section qui confronte le visage de la personne avec le certificat [3], et décide parfois, comme pour l'archevêque de Reims attaqué de consomption, que les médecins sont des alarmistes, et que le candidat à l'exil peut garder la France [4]; — toutes sévérités n'empêchant pas les hôtels des rues de l'Université, de Grenelle, de Saint-Dominique d'être abandonnés, l'année 1791 de montrer à chaque porte, à chaque balcon, à chaque fenêtre du faubourg désert : *Maison à vendre, maison ou appartement à louer* [5].

---

1. *Journal de la Cour*. Août 1792.
2. *Feuille du jour*. Mai 1791. — *Adresse aux provinces*.
3. *Id.* Septembre 1791. — 4. *Id.* Juillet 1791. — 5. *Id.* Mars 1791.

Et savez-vous comment les Parisiens se vengent et se consolent de 30 millions de revenus perdus? — avec un jeu : une roulette de bois ou d'ivoire, évidée comme une navette; un long cordon introduit par la rainure s'attache à l'axe de la roulette qui monte et redescend avec un mouvement que la main détermine avec plus ou moins d'adresse. Ce jeu s'appelle *Coblentz ou l'émigrette.* C'est une vogue. Le *Singe-Vert,* rue des Arcis, en fait fabriquer vingt-cinq mille [1]; et, Paris ruiné, le Parisien chante, son *Coblentz* montant et redescendant :

> Quelqu'un qui dit s'y bien connaître
> L'appelle *jeu des émigrants,*
> Et sur ce nom chacun s'accorde.
> L'on y trouve à la fois et la roue et la corde ! [2]

Si bien que dans *le Mariage de Figaro,* Figaro entre roulant une émigrette, et que Beaumarchais envoie à *la Chronique de Paris,* en janvier 1792, la petite scène d'àpropos sur la manie du jour, intercalée par lui dans sa comédie :

BRID'OISON, à Figaro.

On... on dit que tu fais ici des tiennes?

FIGARO.

Monsieur est bien bon! Ce n'est là qu'une misère.

BRID'OISON.

On n'est pas plu... us idiot que ça.

FIGARO, riant.

Idiot, moi? Je fais très-bien monter et descendre... (Il roule.)

BRID'OISON, étonné.

A... à quoi c'est-il bon l'émigrette?

BARTHOLO, brusquement.

C'est un noble jeu qui dispense de la fatigue de penser.

1. *Feuille du jour.* Octobre 1791. — 2. *Lettres patriotiques.*

BRID'OISON.
Ba... ah! moi c'te fatigue-là ne... e me fatigue pas du tout.
FIGARO, riant.
Jeu favori d'un peuple libre! qu'il môle à tout avec succès.
BARTHOLO, brusquement.
Émigrette et Constitution, le beau mélange qu'ils font là! [1]

La jeunesse aristocrate, qui n'est pas à Coblentz, a monté à Paris une petite guerre à coups de collets, de devises, de boutons, contre la révolution ; taquinerie plutôt que protestation, qui serait ridicule, si elle n'était courageuse ; et, gaiement, les jeunes gens compromettent leur parti sans le servir, en jouant individuellement leur vie sur une épigramme de modes, et une provocation d'habit. Le frac ouvert, le gilet monarchique acheté aux *Trois Pigeons*, montrant en plein ses petits écussons aux trois fleurs de lis couronnées semés sur le basin blanc [2], ils paradent aux promenades, appelant, défiant les bâtons patriotes qui voudraient les *habiller de bois*. Cravate blanche, à la main une petite marotte qui indique, dit *l'Ordre du Jour*, qu'ils sont les massiers de l'aristocratie, redingote courte à taille carrée, culotte bien serrée, petites bottes rabattues sur les talons, ou chaussés de cette nouvelle espèce de mules dont la charmante invention est d'une fille du Palais Égalité [3], ils s'abordent ; la main qu'ils pressent, la main qu'ils tendent, a la petite bague en *écaille* avec : *Domine, salvum fac regem* [4], qui coûtait tout à l'heure 1 livre 4 sous, et qu'ils font maintenant se vendre 7 livres [5]. S'ils jouent aux dominos, ils sortent de leur

---

1. *Chronique de Paris.* Janvier 1792.
2. *Feuille du jour.* Mars 1791. — 3. *L'Ordre du jour.*
4. *Lettres patriotiques.* — 5. *Feuille du jour.* Septembre 1791.

poche un jeu de dominos monarchique où des lettres écrites sur chacun forment par leur réunion : *Vivent le roi, la reine, et monseigneur le dauphin* [1]. — « Prisez-vous? » — Et si vous tirez une tabatière ronde d'un côté représentant le blocus et la prise du couvent des *Annonciades* et de l'autre M. d'Albert de Rioms *se battant sur le Pluton contre IV vaisseaux* — vous êtes leur ami et leur second contre les *Jacoquins* [2].

Ils prennent un temps, un uniforme de ralliement : habit vert, collet rose; veste, culotte, souliers à boucles, le tout noir. — Mais c'est à esquiver la cocarde qu'ils s'ingénient le plus. Ils ont des cocardes antipatriotiques, petits flocons formés d'un seul ruban rayé. Ils en ont de mécaniques qui, de tricolores à Paris, passent blanches dans leurs cavalcades aux environs de Bagatelle [3]. Ils organisent un ordre dont les croix sont à huit pointes, espacées de fleurs de lis surmontées de la couronne de France, représentant en leurs médaillons le marquis de Favras sortant du tombeau : l'ordre de *la Résurrection de la contre-révolution*, auquel les patriotes songent à opposer un ordre de la Lanterne, portant un réverbère les ailes déployées [4].

La haute société, le salon noble, prend part et s'associe aux petites vengeances de ses jeunes gens terribles : à un grand bal, chez une grande dame, un neveu de Mme de Sillery s'étant présenté les cheveux noirs et plats, les gens le prennent, ou font comme s'ils le prenaient pour un jockey : il est refusé. Il insiste, décline son nom, sa pa-

1. *Feuille du jour.* Novembre 1791.
2. *Chronique de Paris.* Avril 1790.
3. *Journal de Perlet.* Mai 1792. — *Considérations sur la noblesse de France,* par M. de La Croix.
4. *L'Observateur.* Octobre 1790.

renté : il obtient d'être reçu ; mais les danseuses, dont quelques-unes portent sous leurs robes une cocarde blanche posée à nu sur le cœur [1], s'arrangent de façon à ne point danser avec lui [2] ; et le neveu de Mme de Genlis passe la soirée dans un coin, désigné, lorgné, à voir toutes les femmes qui l'ont refusé n'avoir que sourires pour les cavaliers coiffés à la *contre-révolution*, en grand crêpé terminé par deux boucles en demi-cercle, les cheveux du haut du toupet rabattus sur le front, et séparés à la naissance de l'épi [3]. Et ceux-là sont les rois du bal, qui ajoutent à la coiffure, des boutons d'habits, qu'on se baisse pour regarder, et qui font rire, des boutons dont la gravure traduit ainsi le fameux « Vivre libre ou mourir » : *Ventre libre ou mourir* [4].

Un seul commerce grandit et prospère dans les afflictions et la ruine de la société : le commerce de la *gueule*. C'est le grand commerce des révolutions, soit que le besoin d'étourdissement de l'estomac et de la tête soit plus vif en ces temps, soit que les nouveaux parvenus aux banquets des jouissances se hâtent à la pâture.

1790, 1791, toutes funèbres années qu'elles soient, donnent essor aux imaginations du bien boire, et du bien manger, appréciées et encouragées : le roi, la monarchie, tout croule ; les renommées de la gourmandise se fondent.

Et d'abord, — les gosiers élargis — par trois fois la cave de Beauvilliers est vidée avant la fin de 1790 par ses habitués, le comte de Mirabeau, Bureau de Puzy, Chapelier, et

---

1. *Chronique de Paris.* Décembre 1790.
2. *Feuille du jour.* Février 1791. — 3. *Id.* Juin 1791.
4. *L'Observateur.* Avril 1790.

les autres. Qu'importe? M. Marais est là qui vient d'acheter onze cent mille francs cette royale propriété de moines, ce clos béni : *le Clos Vougeot* [1]. Et qui viderait les magasins de Cherblanc, à *l'hôtel d'Aligre,* rue Saint-Honoré, et ceux de Lemoine, au *Magasin de Confiance,* Palais-Royal, 104 : vin d'Orléans rouge et blanc, vin de Champagne de 1779, vin de la basse Bourgogne, vin de Langon et de Marsac, vins de Hongrie, de Tokey, vermout de 1760, vin du Rhin de 1766, vin du Cap, Vosne et Chassaigne de 1784; Rota, Tinto, Rancio, Macabeo, Muscat rouge de Toulon, Malaga don Pédro de 1764, Chypre, Marasquin, eau-de-vie d'Orléans et d'Andaïe, et *velours en bouteille?* Qui viderait le dépôt des vins de Bordeaux, rue Saint-Denis, 158, près celle du Petit-Hurleur : Saint-Julien, cru d'Abadie, de l'année 1786, et cru de Gréau la Rose, même année ; — Hautbrion, cru de Chollet de 1786; — vin de Cannet-Pauillac, cru de Poulet de 1786; — vin de Margaux, cru de Desmirial et Lamouroux de 1785, cru de M. Copmartin de 1785; — vin blanc de Soterne, du cru unique de Suduirant dit cru du Roi [2]? Jamais le ventre n'eut tant et de si bons serviteurs : à *l'Hôtel des Américains,* chez Labour, successeur de Delavoiepierre [3], jambons de neige, cuisses d'oie nouvelles, pâtés de veau de Pontoise, jambons de Bayonne dits de primeur, gorges de Vierzon, beurre de la Prévalais en petits pots, pâtés de veau de Rouen du sieur Célie, pâtés d'Amiens du sieur Antoine de Gand [4], anchois de Fréjus, perdrix rouges du Dauphiné et du Quercy, hartavelles de Corse que le vin de Condrieux si bien arrose! — La chasse permise à tous, la tuerie faite

1. *Feuille du jour.* Février 1791.
2. *Petites Affiches.* Janvier 1793.
3. *Id.* Février 1790. — 4. *Id.* Décembre 1789.

par tous vilains en tous bois et toutes plaines, jette chevreuils, cerfs, lièvres, perdrix, perdreaux, aux tournebroches actifs. — Vénua commence sa gloire rue de Richelieu au *Grand Hôtel des États généraux*, avec ses trois tables d'hôte en particulier : l'une, de douze couverts, à 1 livre 16 sols pour deux heures, une à 2 livres 5 sols pour trois heures, et la grande à 3 livres pour trois heures et demie [1]. C'est Louis Lalanne, au *Soleil d'or*, rue du Four Saint-Honoré et ses jambons; Lesage, le pâtissier de Mesdames, rue de la Harpe en face le collége d'Harcourt, et ses pâtés de jambon, et ses gâteaux de pâte ferme au beurre de Gournay [2], Delormel, *A la Basoche*, et ses farces à l'essence de jambon; Gautherot, *Au Chapeau rouge*, rue Grenétat, et ses gâteaux aux pistaches de Pithiviers. Toutain se fait un nom avec ses tourtes aux rognons, tourtes d'épinards, de godiveau, ses pâtés à la ciboule, ses petits pâtés à la Mazarine, ses pâtés de légumes, de lapereau, de riz de veau; le sieur Monniot, « seul élève et seul successeur du sieur Duthé, demeurant dans le logement que ce fameux traiteur a toujours habité rue Neuve-Saint-Eustache, près celle des Petits-Carreaux, n° 23, au fond de l'allée, *à la Renommée des bonnes langues fourrées*, » vous offre langues de bœuf mayencées, andouilles de fraise de veau au riz de veau, au palais de bœuf, à la Dauphine; boudins de blancs de chapons aux truffes, aux pistaches, aux écrevisses; pieds à la Choisi, panaches farcis à la braise; le sieur Lafon aîné, demeurant près la manufacture à Périgueux, « possédant seul la composition de Villeregnier, son oncle, continue de fournir la France et l'étranger » de pâtés de Péri-

---

1. *Petites Affiches*. Mars 1790.
2. *Chronique de Paris*. Janvier 1791.

gueux truffés à raison de 12 livres la perdrix, et de galantine de cochon de lait truffée. — Le sieur Nagel, charcutier, est en renom pour le schevardemag de Francfort, les cervelas d'Italie et de Braunschweig; et pour d'excellente choucroûte d'Allemagne, vous en trouverez au Salon des Figures, boulevard du Temple. — Pour les huîtres, il n'est que le choix des renommées : huîtres de Cancale et de Courseulles, chez Ficquet, rue Montorgueil, au *Rocher de Cancale;* huîtres de Lebaron, propriétaire des parcs pour les huîtres de Dieppe, même rue, hôtel Montmorency; huîtres anglaises, vertes et blanches, tirées des côtes de Jersey, venues de Saint-Malo, en poste, chez Frémont, même rue, à l'*Hôtel des Trois Maures* [1], — l'huître de drague à 7 livres 4 sols le panier de trois cents; l'huître parquée à 10 livres 5 sols; l'huître anglaise, à 15 livres [2]. — Chocolat de Meunier, de Millerand, de Velloni, et douillets petits pains d'Espagne pour l'accompagner; chocolats mousseux et non mousseux de Messiaux. — Chez Grandmaison, du Fort-Royal de l'île de la Martinique, rue de la Chaussée-d'Antin, liqueurs de la veuve Amphoux, crème de cannelle, baume humain, mirobolenti, crème de créole, de bois d'Inde, de café, de céleri, de menthe; liqueurs de Mme *Chassevent* de la Martinique, ratafia d'ananas, sirop de calebasses; crème des Barbades, de girofle [3]; — chez Théron, distillateur de LL. AA. RR. le prince de Galles et feu duc de Cumberland, rue Saint-Martin, ratafias des quatre fruits, crème de macaroni, ratafias de Louvres, briolet d'Alsace, liqueur nationale aux trois couleurs, eau divine de Saint-Pierre sur Dive, eau stomacale de l'Électeur,

---

1. *Petites Affiches.* Août 1790.
2. *Chronique de Paris.* Décembre 1790.
3. *Petites Affiches.* Octobre 1790.

liqueurs de Trieste, marasquin de Zara, rosolio de Bologne, non-lo-sapraye, crème de cédrat de Florence, crème de fleur d'orange grillée au vin de Champagne [1], — toutes fines saveurs, onctueux bouquets, couronnes des desserts!

Pour le dessert, pour la fin du diner ouvert par une soupe *à la cocarde,* où des rosettes de choux font les trois couleurs [2], fromage de Glocester et de double Glocester de Dubourg, au *Dépôt de Provence,* fromages de Cambaubert, Livaro, Pont-l'Évêque, Neufchâtel, et *migots* à la crème, de Mme Leudet, de Normandie, rue Coquillière, près celle J.-J. Rousseau, — olives picholines, prunes fleurettes, figues gendresses d'Étienne, fruits d'Aimez, café de Bourbon et de Moka de Soldato, dragées fines de Verdun de Lefer. Finet, rue du Coq, *au Roi des Français,* envoie sa crème à la fleur d'orange [3]; Rat, ses petits paniers à la crème à la Chantilly, son craquelin de Bordeaux, ses biscuits à la reine [4]; Paulard, ses biscuits à la fécule de pomme de terre et de reinette [5]; Bonat, ses amandes en coques, dites *princesses;* Offroy, ses gâteaux à la Madeleine [6]; Rousseau, le gendre et le successeur de Ravoisé, confiseur de la reine, *au Fidèle Berger,* rue des Lombards, son tabac de café à la crème [7], ses *barges d'oranges tapées* [8], ses coffrets de confitures sèches de Tours, ses boîtes et marmelades d'Alberges, son épine-vinette de Dijon [9]. Sur les tables, Berthellemot, rue de la Vieille-Boucherie, verse ses galantes pastilles, ses pistaches à l'Aurore, à l'Impatience, à l'Espé-

---

1. *Chronique de Paris.* Janvier 1791. — 2. *Lettres patriotiques.*
3. *Petites Affiches.* Décembre 1789. — 4. *Id.* Février 1790.
5. *Id.* Janvier 1790. — 6. *Id.* Janvier 1791.
7. *Id.* Avril 1790. — 8. *Id.* Janvier 1793.
9. *Id.* Octobre 1790.

rance, à la Portugaise, dont il est l'inventeur ; bonbons de Vénus, de l'amour des Dieux, de Pomone, à la Bailly, à la La Fayette, la cocarde nationale, les trois ordres réunis ; bonbons du roi et de la reine, de Fortune et de Bonaventure [1]. Et Noleau, l'épicier-confiseur de la Vieille rue du Temple, vous a fait venir par eau, pour lui garder sa fraîcheur, un véritable fromage à la crème de Viry, du sieur Montprofit, auquel il joint un de ses pâtés de marrons de Lyon piqués de citron, bardés de melon d'eau, et dont la croûte est d'amandes [2].

1. *Petites Affiches.* Décembre 1790. — 2. *Id.* Décembre 1789.

VI.

Maury. Grégoire. L'évêque d'Autun. L'abbé Fauchet. — Sortie des couvents. — La résistance. Le mysticisme. — Le serment. — La *Journée du Vatican* ou *le Mariage du Pape*. — Mariage des prêtres.

Dépouillé de ses biens, frappé dans sa puissance temporelle, le clergé avait encore sur les esprits d'immenses moyens d'action et de grandes influences. Ce fut lui qui se chargea de résister et de lutter. La noblesse divisée, débandée, irrésolue, embarrassée, toute neuve dans les batailles de paroles et dans les campagnes de parlement, — le clergé se jeta au premier rang, animé jusqu'au bout des espoirs de la victoire.

L'abbé Maury fut le vaillant qui conduisit la guerre. Violent, brutal même, porté aux colères de la Bible plutôt qu'aux mansuétudes persuasives du Nouveau Testament, l'abbé Maury avait la menace, il avait l'emportement, il avait la vigueur. Robuste de corps et d'âme, sans crainte aux pugilats de la rue comme aux duels de la dialectique, il y avait dans ce défenseur du clergé, jetant des cartels d'éloquence à Mirabeau, impatient dans sa fougue, quelque chose de frère Jean des Entommeures. C'était lui qui faisait à cette question : « Comment se fait-il que vous haïssiez si fort la révolution ? » — cette réponse : « Pour deux raisons : la première, et c'est la meilleure, c'est qu'elle m'enlève mes bénéfices ; la seconde, c'est que, depuis trente ans, j'ai trouvé les hommes si méchants, en particulier et pris un à un, que je n'attends rien de bon d'eux en public et pris collectivement[1]. » C'était lui qui ralliait la petite armée *noire*, couvrant les retraites, les défections en sonnant les charges sonores, souvent seul sur la brèche, mais la sauvant par l'imposant clairon de sa voix et la pompe mâle de sa parole. L'aide de camp de l'abbé Maury était un gros et gras viveur, buveur, mangeur, fort rieur, fort malin, courageux jusque par delà l'imprudence, une gaie caricature d'héroïsme, un Falstaff brave : le vicomte de Mirabeau ; et tous deux, ce fils de savetier que les pamphlets entourent d'un cortège de recarreleurs de souliers[2], et le Mirabeau-tonneau, ils courent les hasards de la tribune du Manége, la fortune des journaux, les périls du dehors, défendant la royauté par l'Église, forts contre les emportements des tribuns, audacieux contre les lois et la marche des choses.

Ce fut en lui-même que le parti du clergé trouva sa défaite ; et ce furent quelques-uns de ses membres qui lui portèrent les coups les plus rudes, les blessures les moins guérissables. Ces membres furent l'abbé Grégoire, l'évêque d'Autun et l'abbé Fauchet. — L'abbé Grégoire apportait à la philosophie les armes de l'Église : les habiletés et les expériences de la dialectique. — L'évêque d'Autun appor-

---

1. *Mémoires de Lombard de Langres.* Vol. II.
2. *L'Ombre de mardi gras ou les Mascarades de la cour.*

tait moins : il apportait sa conscience. Une caricature le représentait en Cupidon boiteux à la toilette de Mme de Staël en Vénus, promenant son regard des *beaux yeux* du tarif des assignats à la gorge de l'ambassadrice [1]. L'abbé Fauchet était un transfuge plus redoutable.

Imagination tendre, esprit tout nourri de l'Évangile et se plaisant de préférence à la simplicité des premiers temps de l'Église, cœur faible, séduit par l'ambition de jouer un grand rôle de charité, tête sans défense contre l'utopie, presbytérien sensible, Fauchet semblait un Fénelon révolutionnaire. Bonhomme même aux tentations, et s'en confessant au prochain pour être aidé à s'en défendre, l'abbé Fauchet, invité à venir travailler à la terre de Villette par Mme la marquise de Grouchy, fort engouée de ses sermons, eut une si forte distraction de Mme de Condorcet, alors Mlle de Grouchy, qu'il s'aperçut que l'amour lui venait. Il avoua son état à Mme de Grouchy, lui demandant protection contre lui-même, et fut renvoyé par elle : « Cela ferait, — disait-il naïvement de son aventureuse surprise, — un beau sermon sur le purgatoire [2]. » Prédicateur du roi, mais mal à l'aise à Versailles, dans les politesses des cours où les cœurs ne se donnent pas, il écrivait, au mois d'avril 1775 : « J'ai fait mon coup d'essai à la
« cour, il a eu tout le succès que je pouvais désirer. Je
« suis revenu de ce pays-là fort content d'y avoir été, de
« pouvoir y retourner, et de n'y rester jamais. Ces gens
« sont fort honnêtes, mais Dieu garde un pauvre homme
« de fixer son séjour parmi eux. Les compliments ne leur
« coûtent rien, mais des vertus il n'en est pas question.
« L'ennui siége là au milieu du faste et le sentiment y est

---

1. *L'Apocalypse.* — 2. *Feuille du jour.* Novembre 1791.

« étouffé par la politesse. Vivent la nature, la simplesse, la
« candeur et l'amitié[1] ! »

Parole douée d'onction, parole d'apôtre plutôt que d'orateur, attendrie, émouvante, et nouvelle après le bel esprit qui avait rapetissé la chaire, parole trouvant le chemin des convictions féminines, l'abbé Fauchet apportait à la révolution un enthousiasme, une éloquence et un paradoxe. Il voulait rattacher Dieu à son siècle, l'Évangile à la révolution, et la Pâque à la liberté. La philosophie, selon lui, était l'alliée de la Providence ; et il la révérait comme le saint instrument mis en œuvre par elle pour l'avénement de l'humanité aux droits de l'homme et du citoyen. Dans ce système de conciliation de la révélation et de la raison, et de déduction de l'une à l'autre, il trouvait dans les livres saints l'excuse, que dis-je? la gloire des résistances présentes. Un plaisant appelait « ses prêcheries plébéiocratiques » *le Ciel et la Halle*. Jusqu'aux plus osés hasards de la traduction, il allait ainsi, traduisant *beati pauperes spiritu* par *bienheureux ceux qui ont l'esprit de pauvreté, c'est-à-dire d'égalité et de liberté*[2]. Au reste, attaché à la religion catholique, croyant avec toutes les illusions, mais aussi avec toutes les sincérités d'une bonne intention, l'inceste qu'il lui imaginait avec la raison, un mariage. Il saluait la pensée comme la Vierge nouvelle du monde nouveau. « L'humanité était morte par la servitude ; elle s'est ranimée par la pensée, » disait-il à Notre-Dame. Il était le Pierre l'Ermite des croisades de la liberté. Et il avait pris tellement le peuple que les districts demandaient que l'abbé Fauchet fût nommé grand aumônier de la commune, et qu'un journal patriotique motionnait pour

1. *Catalogue d'autographes.* 8 avril 1844.
2. *L'Observateur.* Septembre 1789.

l'abbé Fauchet un sérail « d'une trentaine de femmes d'un patriotisme et d'une vertu avérés, afin d'avoir des petits Fauchet dont on fera des prêtres pour qu'ils soient bons[1]. » C'était l'abbé Fauchet qui pleurait à l'église paroissiale de Saint-Jacques et des Innocents les vainqueurs morts à la Bastille. Il bénissait les drapeaux à Notre-Dame, et, retraçant la corruption, le régime sacerdotal, le scandale passé, il appelait ses frères « à la plénitude de la vie morale. » Et Paris accourait, buvant ces paroles étranges, ces sermons qui montraient la révolution assise dans la main de Dieu. — A un sermon de Fauchet les chaises coûtèrent 24 sous[2]. — Puis un jour, emporté par le mouvement, du haut de sa chaire, Fauchet couronnait le Peuple-Christ : « C'est l'aristocratie qui a crucifié le Fils de Dieu[3] ! » — « Tout pouvoir vient du peuple[4], » disait-il encore. Il croyait ébranler si peu la religion, que les apostasies lui étaient un chagrin et une occasion de prosélytisme. Clootz s'étant de Jean-Baptiste débaptisé en Anacharsis, Fauchet courait chez Clootz, proposant de lui démontrer sans réplique que la religion catholique est sainte et vraie, s'engageant, s'il succombait, à se débaptiser, mais demandant, s'il avait l'avantage, que Clootz reprît son nom chrétien. Il lançait à la France le projet d'une religion nationale, catholicisme rationnel, main tendue à tous ceux qui souffrent, code impossible de vertus, non bâti sur ce qu'est l'homme, mais rêvé sur ce qu'il devrait être. Clubs, banquets, églises, — tout retentissait de la voix inspirée et sans lassitude de ce terrible ennemi

1. *Je m'en f.... Conseils ou pensées de Jean Bart.* Vol. II.
2. *Journal de Paris.* Août 1789.
3. *La Guerre des districts ou la Fuite de Marat;* par le comte de Doumay. — 4. *Chronique de Paris.* Novembre 1789.

du clergé, écouté des foules, des femmes et des intelligences ; de ce Fauchet rassurant les consciences timorées, accommodant la dévotion aux idées nouvelles, promettant le paradis au patriotisme, ralliant les piétés étonnées et effarouchées autour du dieu du 14 juillet, tournant la croix contre la contre-révolution.

Cependant les vœux sont abolis, la porte des couvents est ouverte ; cela est une grande défaite du clergé.

« Le pape et les moines finiront sans doute, — écrivait le roi de Prusse à Voltaire, le 12 juillet 1777 ; — leur chute ne sera pas l'ouvrage de la raison ; mais ils périront à mesure que les finances des grands États se dérangeront. En France, quand on aura épuisé tous les expédients pour avoir des espèces, on sera forcé de séculariser les couvents et les abbayes. » La prédiction du roi philosophe est réalisée. On suit le conseil que Mme Roland écrivait à Lanthenas, le 30 juin 1790 : — « ... Faites donc vendre des
« biens ecclésiastiques. Jamais nous ne serons débarrassés
« des bêtes féroces, tant qu'on ne détruira pas leurs
« repaires. Adieu, brave homme ; je me moque du siffle-
« ment des serpents. Ils ne sauraient troubler mon
« repos [1]. » Le lundi 18 octobre 1790, l'administration des biens nationaux adjuge à la bougie éteinte les trois premières maisons dont les enchères et publications ont été faites selon les décrets de l'Assemblée nationale [2]. Les 21, 22 septembre 1791, rue et aux ci-devant Petits-Augustins a lieu la vente des ornements d'églises, « chapes, chasubles, étoles, dalmatiques, tuniques, devants d'autel, de

---

1. *Catalogue d'autographes.* Avril 1846.
2. *Feuille du jour.* Janvier 1791.

diverses étoffes et couleurs, partie brochés, galonnés en or et argent, aubes, rochets, surplis de chœur et de prédicateur, nappes d'autel et amicts [1]. »

Et tout un petit monde, hors du monde jusque-là, des joies, des lois du monde, brusquement délié de sa vie, de son habitude, de son vœu, est jeté au siècle, sans l'expérience, transfuge tout à coup de la communauté, recrue de la société. — A Paris, c'est une quarantaine de couvents d'hommes, dans lesquels la liberté entre, dotant augustins, barnabites, bernardins, capucins, carmes, célestins, chartreux, cordeliers, feuillants, jacobins, mathurins, minimes, oratoriens, prémontrés, récollets, de la disposition d'eux-mêmes, de l'affranchissement de leurs consciences, et d'un avenir laïc. Il ne reste dans ces maisons, hier florissantes et peuplées, que quelques vieillards habitués à ce train de discipline, vieillis entre ces vieux murs, et qui ne veulent pas se résigner à porter dans le bruit et les nouveautés du monde le peu de jours que la vie leur promet. Mais toutes ces jeunesses, détournées de leur cours, vouées à Dieu sans les grâces efficaces et persistantes d'une réelle ferveur, ces vocations attiédies ou mortes, et ces scandaleux qui avaient pris la robe monacale comme un manteau de luxure et de paresse, saisissent l'occasion offerte, et sortent en troupes dans les rues.

Le décret de l'Assemblée nationale fait au peuple les joies d'une mascarade, et on aurait cru qu'une providence municipale voulait remplacer le carnaval défendu. Il faudrait un Rabelais pour dire « cette moinante moinerie » soudain déguisée en costume humain; tous ces pères Didace faisant, dans le cloître, si souvent arpenté, leur dernière pro-

---

1. *Petites Affiches.* Septembre 1791.

menade, déjà en culotte bleue et en frac anglais[1] ; tous ces macérés secouant leurs vœux pour courir d'un pas vif aux droits de leur nouvel état de citoyens, et ces pipes fumées sur les boulevards par de jeunes bénédictins, à qui, hier, les vieux supérieurs ne voulaient pas laisser couper la barbe. — Tel est le zèle à sortir, que le 13 février 1790, à huit heures moins un quart, le soir, quand l'Assemblée se sépare après avoir voté le décret de suppression des vœux monacaux, un député est abordé par un capucin, dont le premier mot est : « Saint-François est-il f.....? — Et quelque chose de plus, reprend le député.—Bon! vivent Jésus, le roi, et la révolution ! »

Sur les places, dans les rues, quels étranges dialogues : « Eh! que diable fais-tu donc avec ta robe? Je vais te faire donner un habit et un sabre. » Les barbiers sont envahis par les frères barbus qui veulent se mettre au goût du jour : « Monsieur le frater, ne lui coupez pas toute sa barbe, — dit l'un déjà à la mode, — laissez-lui deux moustaches[2]. » Des capucins de la rue Saint-Honoré, désireux de se conformer au décret de l'Assemblée, implorent la protection de la commune. La commune arrive, escortée de barbiers; et la communauté, en présence de la commune, passe par le rasoir, le peigne, la poudre, et le fer à toupet. Les souliers apportés sont chaussés; et la cérémonie se termine par une procession aux friperies des piliers des Halles, où les capucins ôtent leurs casaques, et prennent, à bon compte, la livrée du siècle[3]. Ce n'était pourtant point par l'exagération des scrupules que péchaient les capucins. C'était un capucin qui paraissait au

---

1. *L'Hermite sans soucis.* — 2. *Id.*
3. *Annales patriotiques.* Avril 1790.

spectacle avec sa longue barbe et l'habit de son état, et que l'on couvrait d'applaudissements. C'étaient des capucins qui s'en allaient avec des filles, au *Lyon d'or*, ou à Clichy, encore vêtus de leurs mandilles, baptisant leur vie nouvelle du vin de la débauche [1]. Des capucins s'engageaient dans la milice nationale, comme sapeurs, prenant les sobriquets de *la Terreur, Tranche-Montagne,* pour compléter leur métamorphose. Et certaines belles patriotes de leur reconnaître « infiniment plus de grâce sous la hache et le bonnet de poil, qu'elles n'en trouvaient autrefois aux petits-maîtres sous la poudre rousse, et aux abbés minaudiers sous leurs habits musqués [2]. » A tous ces moines, évadés du bercail, la révolution, ouvrière d'activité, offre mille gagne-pain, qu'ils soient instruits ou vigoureux : ils ont les arts, le commerce, l'agriculture, — ils vont avoir la guerre — pour faire œuvre de leur corps ou de leur intelligence. Le plus grand nombre dont l'esprit avait vécu dans l'étude, — et entre autres les bénédictins de Saint-Maur, — offrirent de se charger d'une éducation. D'anciens supérieurs demandaient à être placés dans une maison pour enseigner à des enfants la lecture, l'écriture et la grammaire; d'autres, à tenir les livres de comptes; d'autres, à être à la tête d'une bibliothèque. Presque tous, contents de la petite rente votée par l'Assemblée, ne voulaient que la table et le logement [3]. Quelques-uns continuèrent le commerce en vogue de la communauté : deux carmes firent annoncer qu'ils composaient toujours l'eau de mélisse, dite des Carmes; d'autres, qu'ils fabriquaient, rue Trainée-Saint-Eustache, le sucre et le sirop d'orge re-

---

1. *Journal de la Cour.* Janvier 1791.
2. *Journal de la Mode et du Goût*, par M. Le Brun. 2e cahier. Mars 1790. — 3. *Petites Affiches.* 1790. *Passim.*

nommés de l'abbaye de Morel[1] ; un autre, qu'il cultivait toujours, et fournirait, comme par le passé, la salade dite des *Petits-Pères*[2]. Il en fut un qui prit une carrière toute neuve. L'affiche du théâtre de Monsieur, du 10 juin 1790, annonce que dans les *Ruses de Frontin*, opéra français, « un acteur qui n'a jamais joué sur aucun théâtre débutera dans le rôle de Géronte. » Le Géronte était un moine[3].

Pour les femmes, ce ne fut point le même scandale ni le même éclat. Plus faibles que les hommes en face des habitudes, plus gardées et retenues par le passé, elles éprouvèrent un combat plus long entre les voix du monde et les voix de la retraite, quoique chez elles la vocation fût plus souvent imposée que volontaire, et le vœu un lien de nécessité plutôt qu'une attache de choix. Familiarisées toutes jeunes avec le couvent, elles avaient plié leurs goûts naissants à ces jours sans plaisirs, mais sans chagrins, à cette vie terne et benoîte de petites prières, de petites privations, de douces et recueillies béatitudes. Le couvent leur était devenu une famille ; elles s'étaient trouvé la consolation de n'être rien au siècle, en étant toutes à un Dieu souriant, et entouré d'une gentille cour d'anges ; et elles se laissaient vivre, dans les tranquillités d'une sûre existence matérielle, frisant des chérubins, découpant des *agnus*, ourlant des rabats, chantant des *oremus*, bordant de petits lits pour de petits Jésus[4]. Douces filles ! avant de se jeter violemment dans ce siècle, parlant fort, parlant

---

1. *Petites Affiches*. Décembre 1790.
2. *Remarques historiques et critiques sur les abbayes*, par Jacquemart. 1792.
3. *Chronique de Paris*. Juin 1790.
4. *Journal de la Mode*. 6ᵉ cahier. 1790.

gros, dans ce monde à la Duchêne, l'hésitation n'était-elle pas naturelle à ces pudiques raffinées qui avaient inventé de dire le *modeste* d'un artichaut, pour le fond d'un artichaut[1] ?

Moins instruites d'ailleurs que les hommes des agitations, des bruits du dehors, mieux défendues contre les nouvelles, elles n'avaient pas ces espoirs de liberté allumés dès le commencement de la révolution, et ces soifs de sortie chaque jour accrues. Puis les supérieures faisaient bonne garde autour de leur troupeau, et bonne guerre à celles qui écoutaient venir la réalisation de leurs espérances mondaines. Pied à pied, dans les soixante couvents et communautés de filles, les âmes chancelantes, et penchant vers la société, lui furent disputées. Ni rigueurs, ni menaces, ne furent épargnées. Pour avoir imprudemment parlé de la possibilité de supprimer les ordres monastiques, trois religieuses de l'Ave-Maria étaient condamnées à manger leur riz avec un cure-oreille[2]. Les alarmes furent jetées aux consciences : l'enfer fut promis à celles qui sortiraient. La mère Saint-Clément, religieuse professe de l'Hôtel-Dieu de Paris, ayant laissé transpirer le désir de profiter des décrets de l'Assemblée nationale, était enfermée et maltraitée[3]. A beaucoup de religieuses, les décrets furent cachés. Une religieuse de la rue Neuve-Saint-Étienne écrivait qu'elles n'avaient pas été consultées, et que, sur vingt-deux, douze revendiquaient la liberté[4]. Et si pas un journal n'entrait dans les couvents de femmes, on y répandait avec profusion : *l'Adresse aux Provinces, Ou-*

---

1. *Dictionnaire néologique.*
2. *L'Observateur.* Août 1789.
3. *Journal de la Mode.* 5ᵉ cahier. Avril 1790.
4. *Chronique de Paris.* Janvier 1790.

vrez donc les yeux, Jésus-Christ offensé[1]. Entre les évêques, les grands vicaires, les abbesses, une coalition s'était formée; et l'absolution, refusée par le confesseur à celles qui se confessaient de vouloir profiter des décrets « diaboliques » de l'Assemblée nationale, les faisait connaître aux supérieures pour mauvaises brebis, lors de la communion. — En dehors de ces manœuvres et de ces violences, une chose retenait les femmes par-dessus tout : la pudeur, un délicat désir d'être forcées et non autorisées seulement à quitter leur règle.

Peu sortirent d'abord, malgré tous les appâts de la vie sociale, malgré l'autorisation de la coquetterie par les fêtes du monde, de l'amour par le mariage, du bonheur par la maternité. Pour une qui, en septembre 1789, était venue du monastère d'Argenteuil réclamer contre ses vœux devant la grand'chambre, et parler presque aussi longtemps que son avocat[2]; pour quelques-unes qui se montrèrent au Champ de Mars donnant le bras à deux officiers[3]; pour celles-là qui, aussitôt le décret rendu, coururent occuper le logement qu'elles avaient retenu, deux mois d'avance, dans l'impatience de leurs prévisions[4], — un grand nombre de religieuses continuèrent quelque temps leur mort au siècle. Lemaire haranguait « ces bégueules qui s'enveloppent la tête avec des crêpes, » et leur disait « qu'elles n'avaient pas reçu deux jolies gourdes de la nature pour être éternellement ensevelies sous une guimpe, mais bien pour alimenter de petits poupons, mais pour être pressurées par de petites menottes bien tendres, mais pour humecter des lèvres innocentes couleur de rose, auxquelles

1. *Journal de la Mode.* 2ᵉ cahier. Mars 1790.
2. *Chronique de Paris.* Septembre 1789.
3. *Journal de la Cour.* Juill. 1790. — 4. *L'Observateur.* Janv. 1790.

il est bien doux d'apprendre à balbutier le beau nom de maman et de liberté [1]. » La soi-disant ex-religieuse de l'abbaye de Saint-Antoine, Mme de Verte-Allure, leur criait : « Au diable grille et verrous ! Au diable l'incommode guimpe ! Mille fois puisse griller au feu d'enfer, et bouillir dans l'huile, l'impertinente et laide radoteuse qui, par coquetterie, fonda la première l'usage du voile ! [2] » Les vierges restaient voilées, et ne quittaient pas encore « l'habit saint pour la lévite, la guimpe pour un pouf, les sandales pour les mules, les matines pour l'Opéra, et l'*Imitation* pour l'*Art d'aimer* [3]. »

Le théâtre avait trop alors l'autorité et les devoirs d'un éclaireur de l'opinion pour ne pas parler : le théâtre parla donc sur la question des couvents et des vœux, beaucoup, longtemps, en prose, en vers, en ariettes et en vaudevilles. — Au Théâtre de la Nation, *le Couvent ou les Fruits du caractère* [4], une comédie d'un M. Laujon, avait la première apporté sur les planches la représentation exacte d'un couvent, le parloir, les grilles, l'intérieur du cloître. — Quelques mois après, Fiévée donne aux comédiens italiens *les Rigueurs du cloître*, pièce prototypique des pièces de couvent : vœux forcés de Lucile, Lucile amoureuse, torches et procession funèbres de la communauté, Lucile dans un *in-pace*, où elle vivra de pain et d'eau jusqu'à la fin de ses jours, Lucile délivrée par son amant, et chœur général [5].

---

1. *Lettres de Duchêne.*
2. *Au diable les jureurs.* — 3. *L'Observateur.* Février 1790.
4. *Le Couvent ou les Fruits du caractère et de l'éducation.* Théâtre de la Nation, 16 avril 1790.
5. *Les Rigueurs du cloître*, comédie en deux actes et en prose mêlée d'ariettes, représentée pour la première fois par les comédiens italiens ordinaires du roi, 23 août 1790.

A la première représentation des *Victimes cloîtrées* au Théâtre de la Nation, un spectateur, saisi d'horreur pour un personnage odieux joué avec talent par Naudet, s'écrie : « Aux enfers, ce monstre-là ! » Son voisin apprend au public que l'interrupteur est une victime du cloître [1] ; et Dulaure invite les spectateurs qui resteraient encore partisans du monachisme à aller voir, dans la maison des capucins de la rue Saint-Honoré, les deux oubliettes à gauche en entrant, où est encore le bois de lit d'un malheureux condamné à y mourir [2]. — Plus tard, quand les couvents furent vides et la cause gagnée, le théâtre laissa le dramatique pour le licencieux, et le plaidoyer pour le rire. Dantilly écrivit *le Couvent de Copenhague*, où l'évêque avait une intrigue avec la supérieure, le jardinier avec la novice, et le directeur avec une religieuse [3]. *Les Sœurs du pot ou le Double rendez-vous*, *le Mari directeur*, *la Partie carrée*, *les Dragons et les Bénédictines*, *les Dragons en cantonnement*, — furent autant de contes de La Fontaine grossiers comme des vaudevilles, des rêves de corps de garde écrits par des Gresset républicains, dont l'ordinaire décor était d'un côté « un jardin de moines au fond duquel est une grotte, » et de l'autre « un jardin de nonnes dans lequel est un banc de gazon [4]. »

La milice nationale avait été tout émue et excitée par le beau rôle de l'amant de Lucile dans *les Rigueurs du cloître*, venant la tirer de cachot en costume d'officier milicien, suivi d'un détachement de son district. Une religieuse se mourait de consomption, retenue au couvent de

---

1. *Feuille du jour*. Mars 1791.
2. *Chronique de Paris*. Mars 1791. — 3. *Id.* 1790.
4. *La Partie carrée*, opéra-folie en un acte. Théâtre de la rue Feydeau, 27 juin 1793.

l'Assomption, à deux pas de la salle des Feuillants. La garde du district des Jacobins, à la tête de laquelle marche Manuel, lève toutes les difficultés, et donne volée à l'oiseau malade [1]; et ce fut par de pareilles libérations armées que les couvents de femmes achevèrent de se vider. La populace voulut aussi hâter les déménagements; elle se mit à fouetter publiquement les religieuses, pour leur apprendre à être citoyennes, et sans les gardes nationaux, toutes les pauvres malheureuses, entêtées dans l'observance de leurs vœux, eussent passé par les mains des poissardes et des forts de la Halle [2]. « Il est heureux, — disait, de ces brutalités, un homme d'esprit indigné, — qu'on sente qu'une religieuse timide ne mérite pas d'être pendue pour craindre d'être damnée [3]. »

Peu à peu les couvents se dégarnirent. Les couturières firent, pour un peu sauvegarder du choc de la mode mondaine ces nonnes dépaysées, et les apprivoiser aux toilettes, des robes à *la Vestale* en linon [4]. Le mariage en convertit le plus grand nombre à la nation. Celles-là firent insérer dans *les Petites-Affiches* : « Une demoiselle sortant du couvent, sachant blanchir, repasser et coudre, demande une place près d'une dame seule, ou demoiselle. » Et ce fut alors que l'on offrit aux tables des restaurants *l'Épître du Cordelier qui s'est fait comédien, à la Carmélite marchande de modes* [5].

Pour prévenir ce grand échec, l'abbé Maury et ses partisans avaient de longue main et à petit bruit préparé les

---

1. *L'Observateur.* Juillet 1790.
2. *Journal de la Cour.* Avril 1791. — 3. *Feuille du jour.* Avril 1791.
4. *Journal de la Mode.* Mars 1790.
5. *Nouveau Paris*, par Mercier. Vol. VI.

esprits à un grand coup. Les consciences avaient été travaillées ; et la chaire recommençait les véhémences de la Ligue, animant les mécontentements, et les poussant à la révolte. Le curé de Saint-Sulpice prêchait tout haut contre les innovations, disant la France et la religion perdues. Le curé de Saint-Étienne du Mont, — celui-là que ses paroissiens avaient vu pendant quarante jours de l'hiver couché par terre, sur les dalles de l'église, — exhortait les fidèles à faire, pieds nus, une procession au mont Valérien, pour demander à Dieu de réhabiliter la religion et de réintégrer les prêtres dans le respect qu'on leur refusait. A Notre-Dame, en cette assemblée annuelle de tous les maîtres et maîtresses de pension convoquée par M. Le Chantre, écolâtre des écoles des deux sexes, un chanoine de Notre-Dame n'avait pas craint de s'élever vivement contre le nouvel ordre de choses [1].

Mais c'était surtout dans l'intérieur des familles, dans le *for* de la société, que le clergé poussait sourdement son œuvre, en quête d'appuis pour sa domination menacée. Ayant pour lui l'intérêt qui s'attache au rôle de persécuté, il prenait, il envahissait, il faisait toutes à lui, les âmes sans décision, éveillant les remords, attisant, dans le mystère et l'ombre, les colères venues des froissements de l'intérêt ou du rang, tournant vers sa cause et recueillant dans sa main toutes ces hostilités armées contre la révolution. Et surtout, les femmes lui étaient des alliées faciles et précieuses : il entrait en leurs faiblesses, pour les mieux conquérir, répandant en ces cœurs ambitieux de dévouements et de sacrifices les semences des héroïsmes de la foi. — Le soir, les portes fermées, la famille au complet, les do-

1. *L'Observateur.* Mai 1790.

mestiques réunis, récitaient à genoux : *l'Amende honorable à Jésus-Christ,* pour désarmer les colères célestes. C'était *l'Association des quarante heures* pour demander à Dieu le rétablissement de la foi, des mœurs et du règne de Jésus-Christ en France, — brochure que colportait partout la comtesse de Carcados [1]. C'était *une belle prière* qu'on distribuait gratuitement dans l'intérieur de Saint-Gervais [2]. — Apprend-on que l'abbé Fauchet doit venir prêcher le carême à Saint-Roch, les dévotes du haut monde signifient à leurs domestiques la défense d'aller entendre aucun sermon à cette paroisse [3]. Elles se rendent au sermon des Écoles chrétiennes, où les frères ignorantins prêchent à l'enfance le panégyrique du régime passé. On appelle la colère de Dieu sur l'abbé Maugé, qui vient de faire soutenir à ses élèves une thèse philosophique sur les droits de l'homme et du citoyen, avec cette épigraphe : *Suscitavit Dominus judices qui liberarent eos de manu vastantium* [4]. Quand le principal du collége Louis-le-Grand accommode son enseignement selon les décrets de l'Assemblée, le programme affiché à la porte de la Sorbonne est déchiré ; et ce sont des neuvaines à Saint-Sulpice pour demander à la Vierge qu'elle intercède auprès de son divin Fils afin d'obtenir une contre-révolution [5]. — Les esprits ainsi préparés, alarmés, au saint temps de ce carême de 1790, où la confession donnait encore plus de ressort aux influences, et où la communion était faite le prix des bons principes politiques et religieux, l'abbé Maury crut le moment venu, et lança à la tribune de l'Assemblée nationale l'évêque de Nancy qui proposa de décréter « *que la religion catholique, apostolique*

---

1. *L'Observateur.* Mai 1790. — 2. *Je m'en f....* Vol. I.
3. *Chronique de Paris.* Février 1791. — 4. *Id.* Mars 1791.
5. *Id.* Août 1790.

et romaine était la religion de l'État. » — « Nous les tenons ! — crie alors triomphalement l'abbé Maury. — La motion sur la religion est une mèche allumée sur un baril de poudre. Si elle est adoptée, la victoire est à nous ; et tout est à remettre en question. Si elle ne l'est pas, nous protesterons et nous irons faire sanctionner cette protestation par le roi ; s'il est assez pusillanime pour refuser, nous irons dans Paris ; nous monterons jusque sur les toits pour crier que la religion est perdue, que le roi trahit la cause de la religion, et que l'Assemblée nationale trompe le peuple et perd la France [1]. » Mais là encore, l'abbé Maury trouva Grégoire et l'évêque d'Autun, assez bons tacticiens pour comprendre la portée de cette grande manœuvre. L'Assemblée passa à l'ordre du jour.

Le clergé songea à une dernière ressource : habile à profiter de la disposition des esprits, il imagina de les gagner à lui par le mysticisme que font naître et développent chez l'homme les grandes secousses des sociétés. Il voulut retourner contre ses ennemis l'arme occulte de l'illuminisme, et appela le merveilleux, le miraculeux même, comme dernière raison, contre les décrets philosophiques du Manége.

Le terrain était préparé : la secte des martinistes, émigrée de Prusse avec Pernetty, comptait plus de dix mille personnes, faisant chaque jour, à Paris, des prosélytes à son dogme de soumission : « *L'insurrection contre les rois est un crime ; quand ils sont bons, c'est un présent du ciel ; quand ils sont mauvais, c'est un châtiment* [2]. » Les confesseurs de cet évangile de patience, agenouillant l'homme devant le maître, comme le chrétien devant Dieu, tentaient.

---

1. *L'Observateur.* Avril 1790. — 2. *Journal de la Cour.* Janv. 1791.

d'atténuer le retentissement et la persuasion des prônes patriotiques de l'abbé Fauchet; ils disaient que saint Jean-Baptiste était apparu à l'abbé Fauchet, et l'avait touché au front, en prononçant ces mots : « Tu abandonnes la charité chrétienne que je n'ai cessé de prêcher à mes disciples ; je te livre au délire de tes opinions, et elles auront si peu de suite, que personne ne te croira et que tu deviendras la fable de la populace [1]. »

Les esprits mis en éveil par le récit de ces surhumaines aventures et la propagation de ces doctrines mystérieuses, l'évêque de Babylone fait venir du Périgord une paysanne prophétesse nommée Brousse. Le bruit s'était fait autour de cette fille, qui, disait-on, avait prédit en 1779 à Dom Gerle qu'il serait député en 1789, et qui mandait à l'Assemblée nationale, en 1790, par la plume d'un prêtre nommé Drevet, que si l'on refusait d'employer les moyens qu'elle indiquerait, il en coûterait à notre nation *la plus terrible saignée*. Les écrits catholiques se répandent alors en élévation et glorification des prophéties : « La prophétie est une des preuves les plus frappantes et les plus solides de la religion chrétienne; elle porte par son accomplissement un caractère d'évidence auquel tout esprit raisonnable ne peut se refuser. Aussi saint Pierre met-il cette preuve au-dessus même des miracles : *Firmiorem habemus propheticum sermonem* [2]. » Ainsi annoncée, Brousse arrive ; mais le trépied de la rue du Cloître-Notre-Dame ne lui fut pas inspirateur [3]. Elle avait annoncé qu'en mai 90, un grand signe paraîtrait au ciel; que l'Assemblée nationale, qui avait attenté à la religion et à la gloire de Dieu, serait dé-

---

1. *Journal de la Cour.* Janvier 1791.
2. *Prophétie de Mlle Suzette de La Brousse concernant la Révolution française.* — 3. *Journal de la Cour.* Mars 1791.

truite, et toutes choses remises en place [1]. A ces merveilles, les femmes accouraient; elles s'éprenaient; elles tombaient soudain convaincues et croyantes, spectatrices d'abord, actrices ensuite de ces jongleries de bonne foi. Le magnétisme devenait l'instrument des correspondances. Des jugements peu assis, ébranlés par les événements, s'exaltaient jusqu'aux extrêmes folies de l'illuminisme monarchique et religieux; et au mois de juillet 1790, on arrêtait deux inspirés qui prétendaient avoir vu la conjuration du duc d'Orléans sur les tapisseries de Saint-Cloud, et qui de leurs longues conversations avec la mère de Dieu, procurées par l'entremise de Mmes de Jumilhac, Thomassin et Vassart, avaient tiré la résolution de sauver la monarchie, en récitant les paroles d'un écrit en caractères bleus posés sur leur cœur pendant la messe, et en ordonnant au roi de mettre son royaume sous la protection de la vierge Marie, à l'imitation de Louis XIII [2]. — Vers le même temps, Cazotte voyait auprès de la famile royale « une garde céleste, la même que celle qui environnait les rois d'Israël marchant dans la voie du Seigneur. »

Autour du serment, retardé, remis, ajourné, longue fut la résistance. Quand enfin elle devint rébellion, les prêtres parisiens furent forcés, pour monter en chaire, de jurer fidélité *à la nation, à la loi et au roi*; c'était se lier à cette révolution ennemie et maudite; ce fut presque une insurrection des consciences. Il y eut des prêtres qui se révoltèrent tout haut en chaire, et plusieurs se préparèrent, de bonne foi, au martyre. A Saint-Sulpice, M. de Pancemont montait en chaire, entouré de cinquante

---

[1]. *L'Observateur.* Avril 1790. — [2]. *Id.* Juillet 1790.

prêtres, livrait aux peines de l'Église ceux qui osaient attaquer les lois de l'Église, refusait le serment, et ne devait qu'à Danton de se retirer vivant. A Saint-Germain, le curé absent déférait le serment. A Saint-Roch, l'abbé Thomas, dans les huées et les cris : *Qu'on le pende !* fut plein d'énergie ; et le serment était refusé par les curés de Saint-Germain-le-Vieux, de Pierre le Bœuf, de Saint-Landry, de Saint-Pierre des Arcis, de Saint-Barthélemy, de Saint-Roch, de Saint-Nicolas des Champs, de Saint-Jacques-du-Haut-Pas, de Saint-Médard, de Saint-Paul. Le refus de serment du curé de Sainte-Marguerite avait été noble et avait touché les spectateurs accourus *à ces pantomimes à grand spectacle :* « Que m'ôtera-t-on ? — avait-il dit ; — ma cure ? C'est vous qu'on dépouille, puisque tout ce que j'ai vous appartient. La vie ? J'ai quatre-vingt-deux ans, et ce qui me reste à vivre ne vaut pas le sacrifice de mes principes ! » et traversant le silence de la multitude émue, le vieillard était allé prendre une chambre garnie au faubourg Saint-Germain [1]. — Mais des curés et vicaires démissionnaires, peu moururent si complétement aux agitations que le curé de Sainte-Marguerite. Les dévotes les accueillirent et les recueillirent, empressées et joyeuses de ces prêtres domiciliés chez elles, de ces directeurs, et sous-directeurs tout à portée de leurs consciences [2] ; et de ces maisons, où les menées des douairières étaient mariées aux opiniâtretés de rancunes des prêtres, partirent les attaques contre les curés jureurs. Vérités, médisances, calomnies, — là furent aiguisées toutes les armes empoisonnées qui pouvaient tuer les prêtres nationaux dans l'opinion publique, et

---

1. *Feuille du jour.* Janvier 1791.
2. *Annales patriotiques et littéraires de Mercier.* Janvier 1791.

infirmer leur ministère. C'est de là que des imprimeries clandestines jetaient dans la rue *les Brefs du pape*, et *De la part de la Mère Duchesne les Anathèmes très-énergiques contre les jureurs*. Voici de la négociante en vieux chapeaux, le style de plainte : « Ce que le bon Dieu a fait une fois, n'a pas besoin d'être raccommodé par des hommes... Les v'là, — disait-elle en parlant de la nouvelle organisation du clergé, — les v'là qui envoient faire f..... j' n' sais combien de paroisses pour les remettre en plus petit nombre. Après ça, oui, faites votre religion ! i' faudra faire un chemin d' b..... pour trouver un prêtre et une église. » Ce sont, murmurés à voix basse aux oreilles des femmes du peuple, des méfiances et des discrédits répandus ; — que le corps de Jésus-Christ ne passe pas dans l'hostie consacrée par les prêtres assermentés ; que le cardinal de Loménie refuse à l'archevêque de Paris son *visa*, formule nécessaire pour légitimer l'exercice des fonctions épiscopales ; que recevoir la communion d'un jureur, c'est recevoir l'enfer dans son corps [1], — ainsi que disent aux malades les sœurs de l'hospice des Incurables ; et que la Loire débordée, c'est la colère de Dieu contre les décrets [2]. Dans les chapelles de ces maisons de refuge, les évêques destitués confèrent l'ordination à de jeunes ecclésiastiques [3]. Chez les dévotes dépourvues de chapelle, c'est quelquefois un trictrac qui sert de table sainte pour dire la messe [4]. — Mille petites vengeances sont mises en jeu. Les jureurs ont leurs carreaux assaillis de pierres, toutes leurs sonnettes carillonnantes ; et l'évêque de Marolles n'entend plus, quand il passe dans le faubourg Saint-Ger-

---

1. *Chronique de Paris.* Juin 1791.
2. *Lettres patriotiques.* N° 18. — 3. *Feuille du jour.* Mars 1791.
4. *Lettres patriotiques.*

main, que marchands de fromages de Marolles, criant leurs fromages sous son nom [1].

Dans cette anarchie de l'Église, le rite s'altère. Les formules du culte sont livrées aux variantes des desservants patriotiques. Dès octobre 1789, à Versailles, une partie des troupes parisiennes ayant été passer la nuit dans l'église Saint-Louis, un abbé, député du clergé à l'Assemblée nationale, survient le matin qui leur demande la permission de dire une messe en actions de grâces de leur heureuse entrée à Versailles; et après le *Credo*, au lieu du *Dominus vobiscum*, l'abbé dit à haute voix : *Vivent le roi et la nation* [2] ! Les prières sont « mises au pas, » le *Domine salvum fac regem* devient le *Domine salvam fac gentem* [3] : et ce sont grandes colères contre les prêtres feuillants, qui, à la messe des Tuileries, ont conservé l'ancien vœu aristocrate [4]. — Lorsque l'obligation du serment a désorganisé le clergé; lorsque « le grave doyen de la cathédrale, à la tête du très-vénérable chapitre, est délogé; » lorsque « toutes les petites écrevisses, appelées enfants de chœur, tondus comme des œufs, et qui chantaient fin comme des cheveux, sont délogés, ayant à leur tête les serpents, les basses-tailles, les haute-contre et les bedeaux, et les baleiniers et le suisse [5], » — les célébrateurs manquant aux offices, — les gardes nationales les remplacent. Ainsi, à la paroisse de Saint-Jean-en-Grève, comme il ne se trouve pas un seul prêtre pour commencer les vêpres, on fait venir un religieux pour officier, et les miliciens de service à la maison commune accourent chanter les psaumes. A Saint-Gervais, à Saint-Roch, à Saint-Sulpice, de même « le chœur

1. *Journal de la Cour*. Mars 1791. — 2. *Id.* Octobre 1789.
3. *Annales patriotiques*. Juillet 1790. — 4. *Id.* Novembre 1790.
5. *Lettres patriotiques*. N° 33.

est rempli par des soldats-citoyens sans armes qui entourent le lutrin en chantant les louanges de Dieu [1]. »

La Révolution, qui supplée au clergé par la milice, répond à ses hostilités par la force, la planche aux assignats, l'ironie. La force agit, la planche aux assignats persuade, l'ironie détache. C'est au pape même que vise la voltairienne moquerie. L'effigie du pape brûlée, en son costume sacerdotal, au Palais-Royal, est un suffisant spectacle d'émancipation; mais ce n'est pas une satisfaction complète des ressentiments qui se rappellent, à l'arrivée de Mme de Polignac à Rome, et les prières publiques, et la plus grosse cloche sonnant une heure après le soleil couché, et tout le peuple récitant par l'ordre du pape, dans les églises, les maisons, la rue, pendant une demi-heure, des *Ave Maria* pour le salut de la France [2].

La Journée du Vatican, ou le Mariage du Pape, comédie-parade en trois actes, avec ses agrèments, pièce non encore jouée, mais circulant imprimée, met le ricanement de Paris autour du trône de saint Pierre. C'était le pape Braschi d'abord, ainsi monologuant : « Il faut que le pape se mêle des affaires de l'Église attaquée de tous côtés. Quel nom donner à cette Assemblée nationale? Encore si je pouvais... si j'osais... Oh! non... ils se moqueraient de mes excommunications! — *Frappant du pied.* S'aviser de me dépouiller des annates!... ne me faire concourir à rien! Mariage des prêtres, divorce, renvoi des moines, ils n'en finiront pas! » C'étaient Mme Lebrun et Mme de Polignac, travesties en femmes des Porcherons, soupant en déshabillé de pudeur avec le saint-père, lui disant : « Allons! papa, de la gaieté! » sans façon demandant aux abbés-

---

1. *Révolutions de Paris.* Janvier 1791.
2. *L'Observateur.* Septembre 1789.

servants gelinottes, ortolans et truffes, sablant le champagne « père des bons mots, » tutoyant Braschi de l'œil, de la parole et du geste ; c'était Bernis, chantant la chanson à rire ; l'archevêque de Paris Juigné, un peu inquiet du scandale, et s'informant entre deux rasades : « Avez-vous des journalistes ici ? » C'était le pape ivre et libertin, « le sacristain de saint Pierre devenant philosophe, » présidant le saint-siége dans les fumées du vin, acceptant la constitution et dansant, à la dernière scène, une fandango avec la duchesse de Polignac [1] !

« Le mariage de prêtres ! » faisait dire au pape l'étrange vaudeville. — En effet, les prêtres se mariaient. — Les clubs, après avoir agité la question de faire gardes nationaux les prêtres, avaient élevé celle de les faire citoyens, c'est-à-dire, époux et pères. Au club de Saint-Étienne du Mont, l'abbé Cournand, professeur de littérature française au Collège Royal, avait été le promoteur de cet amendement. Le concile de Trente avait discuté six mois pour résoudre cette question. Le club de Saint-Étienne y consacra trois séances, qui firent presque émeute à Paris, et remplirent l'amphithéâtre de Navarre d'athlètes et de spectateurs passionnés. Ceux-ci invoquaient pour le mariage des prêtres l'intérêt public des bonnes mœurs et de la religion : « Faut-il condamner les prêtres à faire le vœu antisocial, antipatriotique du célibat, c'est-à-dire de nullité, de stérilité absolue, semblables à ces friches honteuses qui couvrent une terre ingrate, ou qui attestent l'ignorance et la paresse de ceux qui les possèdent [2] ? » — Ceux-

---

1. *La Journée du Vatican, ou le Mariage du Pape*, comédie-parade en trois actes, avec ses agréments, jouée à Rome sur le théâtre de la Liberté, le 2 avril 1790.

2. *Le Mariage des Prêtres.*

là répondaient : « C'est tomber dans la damnation que de violer la foi conjugale donnée à Jésus-Christ, » attestant la discipline de l'Église sur le mariage des prêtres, attestant le concile d'Elvire, concile de Néocésarée, second concile de Carthage, doctrines de saint Épiphane, de saint Jérôme et de saint Syrice [1]. Les tenants du mariage ripostaient par le canon des apôtres, saint Paphnuce, le concile de Nicée en 325, le neuvième canon du concile d'Ancyre. « D'ailleurs, — disait un orateur terrible, — qu'est-ce qu'un concile ? — Une assemblée d'aristocrates. » Un autre appuyait le mariage « pour imprimer à la morale des prêtres je ne sais quoi de plus onctueux et de plus aimable. » Un autre citait, contre les pères de l'Église, les pères de la philosophie : « Voyez, en France surtout, ces téméraires, ces malheureux qui font vœu de n'être pas hommes : pour les punir d'avoir tenté Dieu, Dieu les abandonne ; ils se disent saints, et ils sont déshonnêtes [2]. » Et un brutal, pour engager les prêtres « *à cultiver le monde,* » disait du célibat « que le grand faiseur d'animaux l'a proscrit par un précepte b......... sage, en nous disant à tous de pulluler légalement [3]. »

Tous ces arguments, ces discours, ces conseils, versaient l'huile sur le feu intérieur des pauvres aiguillonnés de la chair, tant et si bien, qu'un aumônier de la garde nationale parisienne, l'abbé Bernet de Boislorette, écrivait à l'Assemblée nationale : « Nos seigneurs, nos vrais amis, je n'aurais que du pain et de l'eau, je serai heureux si vous déclarez que je peux avoir une femme : mon cœur

1. *Réclamation adressée aux évêques de France.*
2. *Le Cri de la Nation à ses pairs, ou Rendons les prêtres citoyens,* par Hugou de Basseville.
3. *Lettres patriotiques.* N° 52.

l'a choisie; pourquoi arrêter ma main? Sa sagesse me la demande, je ne puis la lui refuser. Comme je ne suis pas un ange, je cède sagement au vœu de la bonne nature [1]. » L'abbé Cournand avait pris l'avance. Appuyé sur les termes du décret de l'Assemblée nationale qui considérait le mariage comme un contrat civil, il faisait de Mlle Dufresne sa légitime épouse. Comme il présentait au secrétariat de la municipalité l'acte de mariage, son épouse au bras, survenait le pauvre Boislorette qui venait de faire un sermon où il avait intercalé une liste de tous les ecclésiastiques pris en flagrant délit [2]. Mlle Dufresne était jolie, et elle promettait tant de bonheur, que l'aumônier de la garde nationale, pour suivre l'exemple de son confrère de Verberie, n'attendit pas la réponse de l'Assemblée [3].

Sur ces deux mariages, Maury avait quitté la France.

1. *Lettre à M. Rabaud de Saint-Étienne*, protestant, président de l'Assemblée nationale, par l'abbé Bernet de Boislorette.
2. *Nouveau Paris*, par Mercier. Vol. II.
3. *Chronique de Paris.* Septembre 1791.

VII.

Mort de Mirabeau, et justification de la danseuse Coulon. — Décret sur la liberté des théâtres. Décret sur la propriété des auteurs vivants. Le Théâtre-Français de la rue de Richelieu. Trente-cinq théâtres à Paris. Le public aristocrate et le public jacobin.

« O toi! maître des pauvres humains!... que n'as-tu bombardé la mort au moment où la b........ de camarde a grippé Riquetti? » — « Maury, Jean-François, tu triomphes! La mort te venge des coups de boutoir que t'a donnés le rude sanglier quand, écumant de rage, tu cherchais à le mordre en aboyant comme un limier [1]. »

Ainsi, un Père Duchêne avait pleuré Mirabeau. — C'est un gémissement sourd, lugubre, immense, quand cet homme tombe dans l'éternité. Soudain disparu, comme un acteur de prologue sur lequel la toile baisse! Muet, le *Mirabeau-Tonnerre*, qui avait « raidi le tiers état à sa voix redoutable! » abattu, l'homme qui masquait la République à la Révolution! — Il passe, quand l'âme de Mirabeau s'envole, un grand vent de silence sur le monde : c'est

1. *Lettres patriotiques.*

l'orage qui se recueille; les destins de la France n'ont plus de contre-poids.

A Paris, c'est une émeute de deuil. Au coin de la Chaussée d'Antin, on pend l'écriteau : *Rue Mirabeau le Patriote.* Et dans la rue, à la porte de la maison qu'habitait Mirabeau, le buste du « Démosthène français » est érigé par la propriétaire, Julie Talma [1]. Houdon court mouler le mort. Les Amis de la Constitution arrêtent de porter quatre jours son deuil [2]. Le Lycée met sur le tableau de ses séances : « Les hommes prendront le noir, les femmes le blanc pour la mort de Mirabeau. » La *Société des Sylphes,* cette société de « gaieté folâtre, » ajourne l'ouverture de ses bals [3]. Curtius le montre en cire. L'abbé d'Espagnac donne 50 louis pour son buste en marbre. Girardin, au Palais-Royal, expose la gravure du tombeau de Mirabeau. « Un bon artiste, excellent patriote, » Claude Hoin, peintre de Monsieur, dessine l'apothéose de Mirabeau [4]. Un théâtre représente *la Mort de Mirabeau,* suite de scènes historiques où paraissent Frochot, Lamarck, Cabanis, tous les amis de Mirabeau. Olympe de Gouges donne au Théâtre-Italien *l'Ombre de Mirabeau aux Champs-Élysées,* « qu'elle ne met que quatre heures à composer. »

Au commencement de mai, les ouvriers avaient déjà fait célébrer vingt-huit services mortuaires pour Mirabeau [5].

En Espagne même, les négociants français lui rendent les honneurs funéraires, sur tous les vaisseaux français [6]. — De Mirabeau, la mort fait ce qu'elle faisait des premiers rois

---

1. *Chronique de Paris.* Février 1791. — 2. *Lettres patriotiques.*
3. *Chronique de Paris.* Avril 1791.
4. *Lettres patriotiques.* — 5. *Feuille du jour.* Mai 1791.
6. *Lettres patriotiques.*

de Rome : un dieu. Le caveau de Sainte-Geneviève ne désemplit pas de gens qui viennent brûler de petits cierges autour de la dépouille d'Honoré Riquetti. — En leur ferveur, les regrets du peuple s'emportent aux menaces : on veut démolir la maison où se donnait un bal peu de jours après la mort de Mirabeau [1]. Quelques-uns, qui avaient d'abord lancé le peuple aux soupçons d'empoisonnement, se rejettent sur une orgie meurtrière. Le nom d'une danseuse court de bouche en bouche. Le ressentiment populaire s'anime et gronde ; Millin s'excuse auprès du public d'avoir mené Mirabeau à ce souper qu'on fait homicide [2], et l'actrice désignée se voit obligée d'écrire à *la Feuille du Jour* pour se disculper de cette grande mort. Elle déclare que « son respect pour le public lui impose de répondre à des calomnies atroces. » Elle rappelle que M. de Mirabeau « s'était déclaré le protecteur de l'Opéra, et qu'infiniment sensible à la musique, il venait quelquefois en écouter chez Mme Audinot où elle était exécutée par des virtuoses de premier ordre. » Elle continue : « Quelques jours avant de tomber malade, il y a passé la soirée avec plusieurs de ses amis. Il y fut plus aimable que jamais. Mais rien de ce qu'on y fit, ni de ce qu'on y dit, ne ressemblait à une orgie. J'en appelle à la bonne compagnie qui s'y trouva. Mes sentiments pour Honoré Mirabeau n'ont point ce caractère malhonnête que m'impute une basse jalousie, et je n'ai point cherché mon plaisir aux dépens du bonheur public. Je mourrais de douleur si les honnêtes gens pouvaient concevoir une autre opinion de ma conduite. C'est bien assez d'avoir perdu celui sur lequel les beaux-arts et les artistes fondaient toutes leurs espérances.

---

1. *Feuille du jour.* Avril 1791. — 2. *Chronique de Paris.* Avril 1791.

> . . . . Oui, je l'aimais, Romains !
> Oui, j'aurais de mes jours prolongé ses destins !
> Hélas ! je ne viens point célébrer sa mémoire :
> La voix du monde entier parle assez de sa gloire.
> Mais de mon désespoir ayez quelque pitié,
> Et pardonnez du moins des pleurs à l'amitié.
>   Coulon, *de l'Académie royale de Musique*[1]. »

Nous avons dit Mlles Raucourt et Contat réconciliées avec M. Talma, et le baiser de paix de M. Talma à M. Naudet, donné sur le théâtre.

Cinq jours après que Foucault Saint-Prix avait récité au Théâtre de la Nation pacifié ces vers de concorde :

> Enfin, par un accord heureux,
> Nous voyons triompher *Thalie* et *Melpomène*.
> *Contat, Raucourt,* en remplissant nos vœux,
> De leurs talents encor vont embellir la scène ;

cinq jours après, le 13 janvier 1791, sur le rapport de M. Chapelier, l'Assemblée nationale rendait un décret sur la liberté des théâtres[2].

Tout citoyen devenait libre d'élever un théâtre public, et d'y faire représenter des pièces de tout genre, en faisant préalablement à l'établissement, sa déclaration à la municipalité. Les ouvrages des auteurs morts depuis cinq ans et plus étaient déclarés propriété publique : « Les ouvrages des auteurs vivants — portait l'article IV — ne pourront être représentés sur aucun théâtre public dans toute l'étendue de la France, sans le consentement formel et par écrit des auteurs, sous peine de confiscation du produit total des représentations au profit des auteurs. » Les entrepreneurs ou les membres des différents théâtres,

---

1. *Feuille du jour.* Avril 1791. — 2. *Petites Affiches.* Janvier 1791.

étaient, *à raison de leur état*, placés sous l'inspection des municipalités; ils ne devaient recevoir d'ordres que des officiers municipaux, « qui — ajoutait le décret — ne pourront pas arrêter, ni défendre la représentation d'une pièce, sauf la responsabilité des auteurs et des comédiens. »

Quelque large que fût cette liberté nouvelle, abolissant les priviléges du genre et du répertoire, permettant au commerce théâtral toute concurrence, délivrant l'art de la censure, il y eut des esprits peu satisfaits et naturellement inquiets, qui virent dans ce *sauf la responsabilité des auteurs et des comédiens*, toute une intention de restauration du despotisme ancien. Ils trouvaient que c'était *piège à la liberté publique, inquisition absolue, injure à la nation, perfidie manifeste*, que de « rendre garants de leur pensée les auteurs à qui la loi permet de tout dire, à qui nulle loi n'est suffisante pour déterminer, dans l'enfantement des pensées et dans leur combinaison, ce qui est bon et ce qui est pernicieux [1]. » Appeler en garantie l'auteur dont les pensées auront produit la fermentation et le tumulte, leur semblait une contre-révolution. « N'est-il pas démontré — disaient-ils — et nous en avons chaque jour la preuve, que les idées les plus saines étant par leur nature les plus étranges chez un peuple naguère esclave, il s'ensuit qu'elles doivent être précisément celles dont la publication cause le plus d'effervescence ? » C'était substituer « le jugement arbitraire d'un magistrat au jugement de la nation entière, » et les décisions de la municipalité aux décisions du public, c'est-à-dire du peuple, *juge admirable* [2]. — Quoi qu'il en soit de ces colères et de ces

---

1. *Révolutions de Paris.* Janvier 1791. — 2. *Id.*

craintes, le décret fut sanctionné le 19 janvier, et trois mois après, le 25 avril, une seconde Comédie française, le *Théâtre-Français de la rue Richelieu,* faisait son ouverture par l'*Henri VIII* de M. J. Chénier. La précieuse garderobe du transfuge Talma, cachée dans une corbeille portée par des licteurs, avait franchi le vestibule du Théâtre de la Nation, et traversé tout Paris sous la conduite de Dugazon costumé en Achille, la lance au poing.

Un sieur Lécluse, ancien comédien, doué d'un original talent d'imitation pour certains bruits, certains métiers, certains personnages, un postillon claquant son fouet, un maréchal battant son fer, une fileuse, les cris de Paris, avait jadis obtenu la permission de jouer ces petites scènes à la foire, puis dans une salle qu'il fit construire rue de Bondy. De ses imitations, il avait presque fait un spectacle, les assaisonnant de drôleries imaginées et de couplets de gaieté. Pourtant le *Théâtre du sieur Lécluse* était mal en point, et fort en besoin de succès, quand une facétie : *les Battus payent l'amende,* fit courir tout Paris au coin de la rue de Bondy. La fortune de Lécluse lui amena des jalousies. Les grands spectacles ne pouvaient voir sans envie ce petit aventurier leur prenant leur public. Les gentilshommes de la chambre interdirent bientôt à Lécluse de faire jouer aucune pièce si elle n'était censurée et raturée à volonté par un acteur des grands théâtres. Lécluse s'endetta, alla, dit-on, en prison, et disparut. MM. Malterre et compagnie succédèrent à Lécluse. Ils ne furent pas plus heureux que lui. Le spectacle fut mis à l'enchère. MM. Gaillard et Dorfeuille, alors directeurs du théâtre de Bordeaux, couvrirent toutes les offres ; et une fois le théâtre adjugé, ils traitèrent avec M. le duc d'Orléans pour un emplacement au Palais-Royal, et obtinrent la per-

mission d'y fixer les *Variétés amusantes* — nouveau titre
du théâtre de Lécluse — moyennant une redevance de
50,000 livres envers l'Opéra, et de 50,000 livres envers les
hôpitaux [1]. La censure des autres théâtres eut beau ne
laisser passer aux Variétés que des pièces sans nul danger, et ne menaçant d'aucun succès, les *Variétés* attirèrent
la foule. Une pièce intitulée *Guerre ouverte* fut le prétexte de la vogue. *Les Barogos*, qui succédèrent aux *Poin-
tus*, qui eux-mêmes avaient succédé sur cette scène aux
Jeannot, de joyeuse mémoire, fixèrent le rire aux Variétés.
— A la révolution, les directeurs traitèrent avec Monvel,
qui éleva le genre du théâtre. *L'Orpheline*, *les Défauts supposés*, *la Joueuse*, et, à la fin de l'hiver de 1790, *la Journée
de Louis XII*, sortirent le théâtre de ce gros genre et des
liesses populaires. Le théâtre fut alors rebâti et prit le
titre de *Théâtre du Palais-Royal*. A la rentrée de Pâques,
1791, le *Théâtre du Palais-Royal* prend le titre de *Théâtre-
Français de la rue Richelieu*. Il est le mont Aventin des
mécontents du Théâtre de la Nation. Il lui a pris Mmes Vestris, Desgarcins, Lange et Dugazon ; et Grandménil et
Talma [2]. Les comédiens de la Nation ont beau écrire qu'ils
n'abandonneront leur établissement, fondé par Molière,
que si le public l'abandonne ; se venger par des lettres de
cette grande défection : « Nous aurions pu suivre l'exemple
de ceux qui ont mieux aimé être payés pour travailler à
détruire un théâtre qui les forma, qu'applaudis pour
l'avoir défendu contre tous les revers... » ils ont beau
s'unir et se jurer union, Molé, la Chassaigne, Desessarts,
Suin, Raucourt, Contat, Dazincourt, Fleury, Bellemont,
Vanhove, Florence, Thénard, Joly, Saint-Prix, Saint-Fal,

1. *Petites Affiches.* Avril 1792. — 2. *Id.* Novembre 1791.

Devienne, Émilie Contat, Petit, Naudet, Dunant, la Rochelle; mademoiselle Contat, élève de Préville, a beau lui écrire : « Venez faire à la fois la gloire de notre théâtre et la honte de ceux qui l'ont abandonné; » Préville a beau revenir, toujours jeune, nouveau, héritier du grand Poisson ; la reine et la famille royale ont beau venir voir Préville dans *le Bourru bienfaisant;* et vainement Dazincourt, dans *le Mercure galant,* « baise, dans un transport d'admiration, un pan de l'habit de ce grand maître, comme il finissait le rôle de la Rissole [1]; » — le Théâtre de la Nation se meurt. Le Théâtre-Français de la rue Richelieu a pour lui la muse de Chénier, le jeu de Talma, le public patriote, la révolution, et il peut mettre ses balcons à 6 livres, et ses loges sur le théâtre à 4 livres 10 sols.

A la fin de l'année 1790, les théâtres de Paris étaient : l'Opéra ou Académie royale de Musique, boulevard et à côté de la Porte Saint-Martin ; le Théâtre de la Nation, ou la Comédie-Française, faubourg Saint-Germain, près le Luxembourg ; le Théâtre-Italien ou Opéra-Comique, boulevard de la Chaussée d'Antin, à la place de l'ancien hôtel Choiseul ; le Théâtre du Palais-Royal, rue Richelieu, au coin de la rue Saint-Honoré ; le Théâtre de mademoiselle Montansier, au Palais-Royal ; le Théâtre des Beaujolais, ci-devant au Palais-Royal, à présent boulevard de Ménilmontant, en face la rue Charlot ; les Grands Danseurs du Roi, ou Théâtre du sieur Nicolet, boulevard du Temple, entre la salle d'Audinot et celle des Associés ; l'Ambigu-Comique ou Théâtre du sieur Audinot, boulevard du Temple, après la salle du Délassement-Comique ; le Théâtre-Français comique et lyrique, rue de Bondy, au coin de

---

1. *Petites Affiches.* Avril 1792.

celle de Lancry, près l'Opéra ; le Théâtre des Associés, ou Spectacle du sieur Sallé, à côté du Cabinet de Curtius ; le Théâtre du Délassement-Comique, à l'entrée du boulevard du Temple, attenant à l'hôtel de feu M. Foulon ; et les Ombres-Chinoises qui avaient rouvert le 5 septembre 1790, sous les arcades du Palais-Royal, au n° 127, et qui bientôt, suivant les passions du temps, donnaient *la Démonseigneurisation*[1]. Les théâtres de société étaient : celui du sieur Doyen, rue Notre-Dame de Nazareth ; celui de la rue Saint-Antoine, chez Mareux ; celui de la rue du Renard Saint-Merry ; celui du Mont-Parnasse et celui de la rue des Martyrs, chez M. Dupré[2]. Le 6 janvier 1791, le Théâtre de Monsieur, ci-devant aux Tuileries, puis à la Foire Saint-Germain, inaugurait par *le Nozze di Dorina*, sa nouvelle salle, rue Feydeau, ses loges en tribunes grillées, sa coupole hardie et sonore due à MM. Legrand et Molinos, les auteurs de la coupole de la Halle au Blé, ses colonnes blanches, ses frises à fond étrusque[3].

Pour un seul spectacle, le Combat du Taureau, supprimé par Manuel, en 1790, comme *déshonorant les lois et les mœurs d'un peuple libre*[4], chaque jour de 1791 ouvre un nouveau théâtre. Il y eut un moment jusqu'à soixante-dix-huit soumissions de théâtres à la municipalité[5] !

En février, à la foire Saint-Germain, un nouveau théâtre, *le Théâtre de la Liberté*, donnait *la Métromanie*, et les *Jeux*

---

1. *Almanach* général de tous les spectacles de Paris et des provinces pour l'année 1791. Froullé.
2. *Almanach* de Froullé. — *Petites Affiches*. 1790 et 1791. Passim.
3. *Feuille du jour*. Janvier 1791.
4. *Chronique de Paris*. Septembre 1790.
. *Feuille du jour*. Novembre 1791.

de *l'Amour et du Hasard.* Le même mois, et encore à la foire Saint-Germain, une scène installée à l'ancienne salle du sieur Audinot, sous le titre de *Variétés comiques et lyriques*, essayait de raccoler un public de 3 livres, de 30 sols, de 15 sols et de 10 sols. Le 28 du même mois, au Palais-Royal, sous les galeries au n° 101, un sieur Moreau, ancien Arlequin à l'Ambigu-Comique, appelle Paris aux *Petits Comédiens du Palais-Royal*[1]. Le 2 mars, le Vauxhall d'été, au boulevard Saint-Martin, se fait théâtre. C'est le temple du proverbe, et des scènes d'imitation jouées par les farceurs en renom, Boyé, Dorvigny, Thiémet et Lelièvre[2]. Rue Saint-Antoine, des amateurs élèvent le *Théâtre de la rue Saint-Antoine.* Le 10 mars, pour 30 sols aux premières places, le public peut se régaler de l'*Avocat Patelin* au *Théâtre de la Concorde*, rue du Renard Saint-Merry, ancien théâtre de société devenu payant, qui se baptise bientôt : *Théâtre de Jean-Jacques Rousseau*[3]. Volange y fait succès dans son fameux Jérôme Pointu, où il est tour à tour et tout à la fois procureur, ivrogne et patriote[4], se donnant, pour changer de voix, de visage, d'enveloppe, à peine le temps de changer de costume, se transformant, dans la coulisse, pendant la moindre et la plus courte réplique; Volange, l'aïeul des *Familles improvisées*, moquant le procureur, père du bourgeois moderne, le volage Volange s'acheminant de théâtre en théâtre, jusqu'au Théâtre de Mlle Montansier. Le Théâtre-Français de la rue Richelieu inauguré, voilà le *Lycée dramatique* au boulevard du Temple, attenant au café Godet, en face la rue Charlot, qui se pose en son rival et exécute *Mahomet*, tragédie, dans la salle construite il y a quelques années pour les élèves de

---

1. *Petites Affiches.* Février 1791. — 2. *Id.* Mars 1791.
3. *Petites Affiches.* Mars 1790. — 4. *Id.* Novembre 1791.

l'Opéra. En mai, un *Théâtre d'Émulation*, rue Notre-Dame de Nazareth, représente *la Servante maîtresse*. C'est l'ancien théâtre de société de Doyen, devenu payant et qui bientôt redevient théâtre de société. En juin, un *Théâtre-Lyrique du Faubourg Saint-Germain* donne des opéras-comiques à l'ancienne salle de Monsieur. En juin, le *Théâtre de Molière* ouvre et joue *le Père de Famille et le Procureur arbitre*, rue Saint-Martin; c'est dans une cour assez vaste, qui bordait l'ancien passage des Nourrices, que M. Boursault-Malherbe l'a établi, improvisant une salle vaste et agréable, en recréant les alentours et garnissant de glaces les portes des loges. Le répertoire de Molière n'y ayant pas eu de succès, « c'est bientôt la patrie des pièces désespérantes pour l'aristocratie : » Ronsin y donne *la Ligue des fanatiques et des tyrans*; Louvet, *la Revue des armées noire et blanche*; d'autres, *le Père Gérard de retour à sa ferme, la Feuille des bénéfices*. C'est le directeur Boursault qui est venu dire un jour sur la scène : « Messieurs, puisque les journalistes ne veulent pas absolument parler des pièces qu'on joue chez moi, je vous avertis que j'en ferai afficher le succès à la porte de mon théâtre. [1] » Voidel et Sillery sont *les fidèles spectateurs du théâtre de Molière*. Le 16 août, *le Théâtre de la rue de Louvois* montre au public sa salle absolument circulaire, ses galeries tournantes, ses quatre rangs de loges, son parterre allant jusque sous la galerie, son balcon de galerie pareil à celui de la Comédie-Française, ses loges ornées de balustres blancs relevés d'or, et séparées par des masques en or, son beau lustre portant des lampes à la Quinquet, ses peintures de marbre blanc veiné et ses draperies bleues [2], et fait applaudir l'architecte

---

1. *Almanach* de Froullé. 1792. — 2. *Feuille du jour*. Août 1791.

Brongniart, et Mme Ducaire, comédienne et chanteuse, dans les opéras de *Zélia* et de *Nantilde et Dagobert*. Mais la direction des Beaujolais, qui a fondé ce théâtre, compte sans l'ennemi, sans cette active Mlle Montansier, qui a déjà chassé les Beaujolais du Palais-Royal. Bientôt la Montansier arrive, et pour faire meilleure guerre au théâtre de la rue de Louvois, bâtit en face, dans cette rue si étroite qu'elle est insuffisante au débouché d'un seul théâtre, ce *Théâtre-National* qu'elle ouvrira en 1793 [1]. Le 31 août, le *Théâtre du Marais*, rue Culture-Sainte-Catherine, ouvre par *la Métromanie*. C'est un démembrement de la Comédie-Italienne : les comédiens italiens ayant résolu, pour liquider leurs affaires, de se réduire à vingt parts, et de mettre tous les ans les six parts supprimées dans une caisse d'amortissement, les acteurs réformés se mettent à songer qu'il y a eu autrefois un théâtre du Marais, et relèvent et recontinuent cet ancien fils du théâtre de l'Hôtel de Bourgogne. La salle est demi circulaire. Son genre est gothique, et « c'est absolument l'architecture de nos anciennes chapelles. » Douze colonnes, allant des premières loges jusqu'au plafond, supportent et détachent quatre rangs de loges, en rinceaux d'ornements gothiques. Le plafond sphérique est peint en vitrage. Le fond rouge des loges est avantageux aux toilettes féminines [2]. Le théâtre du Marais se voue à la comédie et au drame, et aussi un peu à la tragédie. Il pousse le goût pour M. de Beaumarchais, qui est un de ses principaux actionnaires, jusqu'à donner de lui des drames oubliés : *les Deux Amis* [3]. Sébastien Mercier est un de ses auteurs : son *Jean Hennuyer*,

---

1. *Petite Histoire de France*, par Marlin, vol. II.
2. *Petites Affiches*. Septembre 1791.
3. *Almanach* de Froullé. 1792.

Artémidore, tragédie d'un jeune débutant nommé Souriguères, et *Trasime et Timagène*, font le théâtre du Marais couru. Tour à tour restaurant, tribune aux homélies de Fauchet[1], maison de jeu, le cirque du Palais-Royal devient théâtre. Le sieur Franconi de Lyon ouvre le 1er novembre avec *sa demoiselle et ses jeunes fils*, dans le manége d'Astley, rue et faubourg du Temple, tous les jours, excepté les mercredi et samedi, ses exercices d'équitation[2]. En novembre encore, *Théâtre de la Folie du jour*, à l'ancienne salle du sieur Nicolet, donnant *le Légataire*, comédie; et dans quelques mois, le théâtre des *Enfants-Comiques*, au boulevard du Temple ; dans quelques mois *Théâtre des Variétés du faubourg Saint-Germain*, ancienne salle de spectacle rouverte par deux jeunes amateurs à une foule d'amateurs ; et l'arlequinade italienne, et la pantomime variée, et Lazzari rappelant l'immortel Carlin ; Lazzari, l'Arlequin d'*Ariston* et de l'*Amour puni par Vénus*, Lazzari qui possède tous les sauts de Dominique, et qui coupe avec un sabre une orange sur la tête d'un citoyen.

Sur le boulevard voilà des théâtres d'enfants : le théâtre des *Petits Comédiens français*, attenant au Délassement-Comique, et le théâtre des *Élèves de Thalie*, près du Lycée Dramatique, à l'ancien emplacement des *Bluettes*.

Le *Théâtre d'Henri IV* finit d'être bâti dans la Cité, en face le Palais de Justice, bientôt prêt à rendre à Paris ses connaissances aimées des Variétés, les *Jeannot*, les Beaulieu. Il est là où fut l'ancienne église de Saint-Barthélemy : « Ah! mon Dieu ! — disent les vieilles femmes du Marché-Neuf, — quel sacrilége de détruire ainsi l'église d'un apôtre ! » — « Dites donc, la bonne, répondent les

---

1. *Révolutions de Paris*. Octobre, novembre 1791.
2. *Petites Affiches*. Novembre 1791.

ouvriers du haut des échafaudages, est-ce qu'un bâtiment à la Henri IV ne vaut pas une église à la Saint-Barthélemy[1]? » Jusqu'à deux théâtres, deux salles en bois, qui se sont bâties en face l'une de l'autre, à la place Louis XV, à l'entrée de la grande allée des Champs-Élysées, et qui ont pour public les ouvriers travaillant au pont Louis XVI et quelques curieux de Chaillot[2]! La fortune ne sourit pas également aux trente-cinq théâtres qu'un instant Paris compte en 1791. Le théâtre de *la Liberté*, à la foire de Saint-Germain, fait banqueroute. Le théâtre des *Variétés comiques et lyriques* ne dure que quelques mois. Le théâtre du *Mont-Parnasse*, sur le boulevard Neuf, ferme. Il ferme aussi, le théâtre de *l'Estrapade*, le théâtre des *Muses*, qui payait ses auteurs quarante sous par acte[3]!

Et le théâtre bientôt ouvert au Panthéon, fredonnera, dernier venu de tous, ce pronostic aux diverses troupes nouvelles dans *les Mille et un Théâtres, ou la Liberté du Théâtre* :

> Oui, tout d'abord
> Sur votre sort je tranche.
> Ouverts vendredi,
> Tombés samedi,
> Vous serez fermés dimanche[4]!

Contre cette irruption de tant de théâtres, abaissant plutôt que popularisant l'art dramatique, un honnête homme de goût littéraire, l'abbé Augé, qui ne voulait que cinq théâtres à Paris, avait protesté, de meilleure façon que le couplet : il était mort[5].

Charles IX a révolutionné le théâtre. Ce n'est plus ce

---

1. *Le Consolateur*. Juin 1792. — 2. *Almanach de Froullé*. 1791.
3. *Id*. 1792. — 4. *Les Petites Affiches*. Février 1792.
5. *Id*. Avril 1792.

doux passe-temps, ce délassement du goût, cette chaire souriante de l'esprit; c'est un cirque que le théâtre, où les passions furieuses se cherchent et se prennent corps à corps; à peine si l'on y écoute, et ce que l'on y entend n'est qu'un prétexte au déchaînement des colères. L'art n'est plus rien, parce que l'art est éternel, et qu'il n'a pas d'à-propos. Que fait à ce public tout palpitant, tout ému, débordant des fièvres du jour, le chant de la Morichelli, ou de la Balletti, le jeu de Larive, ou les débuts de Mlle Lange, débutant dans le tragique et jouant *Aménaïde*[1]? Ce qu'il lui faut, ce n'est pas la Muse; c'est la Furie brandissant les allusions, battant, dans les tumultes, les huées et les applaudissements. « Arène de gladiateurs où les factions sont aux prises[2], » le théâtre est le club où les deux opinions publiques se mesurent et se défient, armées, gourdins contre épées. Les rixes sont journalières, et c'est plutôt une exagération qu'une plaisanterie, que la proposition de Marchant d'aller au spectacle armé de fusils, carabines, pistolets de poche, etc.: « Quand des bravos déplairont à un parti, il fusillera l'autre, après quoi on dira froidement : Continuez la pièce[3]. »

Et alors, c'est le public qui devient le spectacle, la salle qui devient la scène, le peuple qui devient l'acteur; la voix de la tragédie, le rire de la comédie, sont couverts par le tumulte des motions, et le jeu des artistes cède aux poumons des orateurs montés sur les bancs des parterres. — Au mois de décembre 1789, comme on donnait *l'Homme en loterie*, au Théâtre de Monsieur, voilà un individu, puis deux, puis le public qui crient : *L'Honnête criminel! L'Hon-*

---

1. *Petites Affiches.* Mars 1792.
2. *Feuille du jour.* Février 1792.
3. *Sabbats jacobites.* 1792.

nête criminel! — « Messieurs, on nous a défendu de le jouer, hasardent les comédiens. — Qui? — M. le maire. » — Aussitôt une députation à M. le maire qui apprend à l'ambassade que M. Fenouillot, auteur de *l'Honnête criminel*, en a gratifié le Théâtre National [1]. — Au Théâtre-Italien, le 18 mars 90, *le District de Village*, joué sans encombre, la toile baissée, le public fait relever la toile. Un Mirabeau de parterre somme les comédiens de jouer *les Religieuses Danoises*. — L'acteur Rosière : « Messieurs, la pièce reçue par nous est arrêtée par des ordres supérieurs. — Le public : Point d'ordre! nous n'en connaissons pas. — L'acteur Clairval, qui s'avance : Messieurs, la comédie que vous nous faites l'honneur de nous demander est soumise à la municipalité. — Le public : Point de censure! la municipalité n'a que faire de cela! » Clairval salue. La toile retombe. Les cris redoublent. L'orateur du parterre reprend la parole, s'embarrasse dans une phrase, est hué, se rassied. « La pièce est conforme aux règles du théâtre! » clame un d'Aubignac qui lui succède : « Elle est d'un auteur connu! » La toile se relève et Rosière apaise un peu les clameurs en annonçant que le lendemain, il sera fait une députation de ses camarades à la municipalité pour lui porter le vœu du public, et qu'il sera rendu compte à la représentation du soir même de la réponse de M. Bailly [2].

Une couronne est jetée à Baptiste jouant *le Glorieux* au spectacle du Marais. Un homme de loi, nommé Boistard, monte vite sur son siége : « Je m'oppose, je m'oppose de toutes mes forces à ce que cette couronne soit donnée. Eh! quelle récompense donnerez-vous aux défenseurs de

---

1. *Journal de la Cour.* Décembre 1789. — 2. *Id.* Mars 1790.

la patrie, de la liberté, de l'humanité? Je le dis ici sans crainte, — et l'austère Boistard élève la voix, — je tiens pour le plus vil de tous les esclaves celui qui le premier a jeté cette couronne. » Le public convaincu fait un signe: Baptiste prudemment ôte sa couronne et la pose à terre.

Un rôle vous met-il à la bouche des paroles de mépris contre la majorité du public, il faut bien vite s'en excuser auprès de ses susceptibilités : et comme cet acteur chargé du personnage du cardinal, dans *la Nuit de Charles V,* après avoir dit des manants : « Ces animaux ! » prier les spectateurs de bien distinguer son rôle aristocrate de ses sentiments patriotes [1].

Le public ainsi devenu censeur passe bientôt inquisiteur. Le 3 août 1792, à la seconde représentation de *Lodoïska*, à la Comédie-Italienne, des patriotes veulent brûler, au milieu du spectacle, le numéro des *Petites Affiches*, où M. Ducray-Duménil avait attaqué la pièce. Un juge de paix les harangue, et obtient qu'ils aillent le brûler sur la place de l'Opéra-Italien [2]. — Barré, dans *l'Auteur du Moment*, au Vaudeville, ayant lancé quelques plaisanteries contre Chénier et Palissot, sera moins heureux : sa pièce sera brûlée sur le théâtre même par ceux-là qui tonnent contre les *infâmes brûlures* de Séguier [3] !

La reprise de *Brutus* a commencé la guerre. Quelle joie, quelle ivresse dans l'accueil que les patriotes font au père de la liberté romaine ! Ce Voltaire « *gentilhomme et gentilhomme ordinaire du roi*, traçant, en 1730, des maximes de droit politique avec une énergie digne du 14 juillet 1789, » quelle victoire ! Comme ils supposent, dès qu'une loge chuchote, ce dialogue d'ébahissement

---

1. *Je m'en f... ou Pensées de Jean Bart.* Vol. II.
2. *Sabbats jacobites.* 1791. — 3. *Petites Affiches.* Mars 1792.

entre les aristocrates : « Eh! mais! mon Dieu! c'est *inquoyable* en *véité*, c'est inimaginable... mais il n'y avait donc pas de *yeutenant généal de poïce* dans ce temps-là? » Quelles huées pour ce Messala, « ce maraud d'aristocrate, qui parle de la liberté et du peuple comme les courtisans en parlaient à l'OEil-de-Bœuf le jour de la séance royale! » Messala-Maillebois [1] — M. de Mirabeau, M. de Menou sont là, assistant à cette grande représentation; et le parterre, voyant Mirabeau aux troisièmes, député vers lui et le fait descendre aux galeries, pour qu'il soit mieux présent aux applaudissements [2]. Chaque vers met le feu à la salle :

>Arrêter un Romain sur de simples soupçons,
>C'est agir en tyrans, nous qui les punissons;

ces deux vers, le public « excellent professeur et correcteur tout ensemble, » les fait recommencer pour l'*instruction municipale* [3]. Un hémistiche fait un orage. Aux mots :

>Vivre libre et sans roi.....

quelques applaudissements éclatent; aux loges aussitôt les mouchoirs en l'air et le cri de *vive le roi!* Le parterre le fait taire d'un *vive la nation!* Et sitôt « les traîtres, à commencer par le fils du maire de Rome, pendus par ordre du maire lui-même [4], » — aux cris de *vive Voltaire!* on apporte sur la scène du foyer le buste de Voltaire. Le plancher de la scène allant en pente, le buste manquant d'aplomb, et le public voulant l'avoir toujours devant les yeux pendant tout le temps de la comédie de *la Feinte par*

1. *Révolutions de Paris.* Novembre 1790.
2. *Petites Affiches.* Novembre 1790.
3. *Révolutions de Paris.* Novembre 1790.
4. *Révolutions de Paris.* Novembre 1790.

amour, deux grenadiers le soutiennent au fond du théâtre.
— A la seconde représentation, le buste de Brutus, rapporté d'Italie et prêté aux acteurs par David, faisait face au buste de Voltaire. Au lever du rideau, un portefeuille tombait sur le théâtre. Vanhove en tirait ces vers et en donnait lecture au public :

> O buste révéré de Brutus, d'un grand homme,
> Transporté dans Paris, tu n'as point quitté Rome.

et, à la dernière scène du cinquième acte, les acteurs retraçaient le populaire tableau de *Brutus* [1].

C'est à une de ces représentations de *Brutus* qu'un spectateur se lève dans le silence. C'est M. Charles Villette, le neveu de Voltaire. « Messieurs, — dit l'ex-marquis, — je demande, au nom de la patrie, que le cercueil de Voltaire soit transporté à Paris. Cette translation sera le dernier soupir du fanatisme... Les charlatans d'église et de robe ne lui ont point pardonné de les avoir démasqués : aussi l'ont-ils persécuté jusqu'à son dernier soupir [2]... »

Et sur cette scène, encore chaude du public de *Brutus*, « rugissant sur le passé, s'agitant de courage sur le présent [3], » *la Liberté conquise ou le Despotisme renversé*, drame en cinq actes, apporte les souvenirs de la victoire d'hier. Et tout un peuple, « content de lui-même, va s'y réjouir de son ouvrage plus encore que de son bonheur [4]. » Les fragments de discours historiques, l'assaut, tout enivre la foule. Aux tirades qui se terminent par *libre, liberté*, le public crie : *Oui, libre, liberté* [5] ! Quand vient le serment

---

1. *Petites Affiches.* Novembre 1790.
2. *Annales patriotiques.* Décembre 1790.
3. *Révolutions de Paris.* Janvier 1791.
4. *Révolutions de Paris.* — 5. *Petites Affiches.* Janvier 1791.

civique, tous les spectateurs le prêtent. On chante : *Ça ira,* on bat la mesure, « on remue en cadence d'une manière délicieusement bruyante, » on entonne la chanson : *Aristocrates, vous voilà confondus* [1]. L'auteur, M. Harny, un vieillard, auteur, triomphateur d'un jour, est couronné par Mlle Sainval cadette. Une voix crie : « Messieurs, on dit que le brave Arné, l'un des vainqueurs de la Bastille, est ici. » — Le *brave* Arné est entraîné sur le théâtre. Il n'y a plus de couronne. Mlle Sainval prend le bonnet gris d'un homme du peuple de la pièce, et le pose sur la tête d'Arné. La salle croule d'applaudissements [2].

Mais le lendemain de ces défaites, les aristocrates prennent leur revanche à ce théâtre même, à ce Théâtre de la Nation, qui bientôt ne donne plus que des pièces « où l'idolâtrie triomphe. » Ils courent à *Cinna;* ils courent à *Athalie,* « où la liberté est pour ainsi dire sous les genoux d'un Dazincourt, qui marche dans cette posture devant un roi de coulisses [3]; » ils courent saisir impétueusement l'allusion de ces vers de l'*OEdipe* de La Harpe :

. . . Ce roi plus grand que sa fortune
Dédaignait comme vous une pompe importune.

. . . .
Comme il était sans crainte, il marchait sans défense[4].

Et dans la salle, des pamphlets contre la constitution sont criés; dans la salle, l'un arbore la cocarde blanche et foule aux pieds la cocarde tricolore. Pendant que le *Ça ira* ronfle dans tous les spectacles patriotiques, et qu'au théâtre de la rue Richelieu « les violons, les basses, les hautbois, les

1. *Lettres patriotiques.* N° 33.
2. *Petites Affiches.* Janvier 1791. — 3. *Lettres patriotiques.*
4. *Journal de la Cour.* Mai 1790.

flûtes et bassons partent tous à la fois » pour le jouer [1]; les aristocrates fredonnent dans les loges l'air des *Chemises à Gorsas, ou la Constitution en vaudeville*, mise en musique par Couperin; ils font jouer aux orchestres, quand ils sont en nombre, leurs airs de guerre : *Vive Henri-Quatre! Charmante Gabrielle, O Richard! ô mon roi!* et le chœur de la comédie des *Deux Pages* : *Chantons un roi qu'on aime,* ou l'air du *Déserteur* : *Le roi passait, et le tambour battait aux champs* [2]. Ils se vengent en criant *bis!* dans *l'Anglais à Bordeaux*, à la marquise :

> Et je veux être la première
> A bien crier *vive le roi!*

Vive le roi! vive le roi! crie la salle entière [3]. Toutes les applications qu'offre *la Partie de chasse* étaient saisies avec le même enthousiasme [4]. Un jour, Dazincourt, qui jouait Lucas, improvisait des couplets : « Avant de nous quitter, mam'zelle Catau, j'allons vous chanter quatre couplets que not'ami Richard a faits sur not'bon roi; » et Dazincourt chantait à Mlle Mézerai :

> Not' bon roi n'a voulu que l' bien :
> Ces chiens d' ligueux n'en disent rien,
> C'est ce qui me désole!

et toute la salle trépignait d'enthousiasme [5]. — Le roi, la reine, le prince royal, Madame Élisabeth paraissent à l'Opéra, l'orchestre joue : *Où peut-on être mieux qu'au sein de sa famille*, toute la salle applaudit, et à ce vers de Pollux

---

1. *Lettres patriotiques*. — 2. *Sabbats jacobites*. 1792.
3. *Petites Affiches*. Septembre 1791.
4. *Lettres patriotiques*.
5. *Petites Affiches*. Septembre 1791.

à Castor : *Règne sur un peuple fidèle,* — ce ne sont que cris : Vive le roi! vive la reine[1]! Joue-t-on *Didon* au Théâtre de la Nation, les aristocrates courent battre hautement des mains au fameux hémistiche :

Si l'étranger l'emporte.....

« Il y a des gens, — écrit à propos de ces manifestations *la Chronique de Paris,* — qui assurent que la contre-révolution est faite parce que des polissons payés aristocratisent les théâtres. Ils croient que la nation française est représentée par les secondes loges des Italiens et par les premières du Panthéon[2]. » Les patriotes n'ont garde de ne pas *démocratiser* les théâtres. Ils crient bravo au compliment de rentrée prononcé par M. Solier au Théâtre-Italien : « Le comédien, autrefois victime d'un préjugé cruel, dont le poids fatiguait son âme, a repris l'usage libre de toutes ses facultés intellectuelles. » Ils applaudissent, dans *le Journaliste des ombres,* ce vers sur Lekain :

S'il eût vécu plus tard, il mourait citoyen.

Dans *le Procès de Socrate,* de Collot d'Herbois, par-dessus la tête de Socrate, ils applaudissent Mirabeau; par-dessus la tête du chef de la justice, à qui deux fois ils font répéter :

Les voilà donc connus, ces secrets pleins d'horreur

ils sifflent Boucher d'Argis et le Châtelet[3]; ils applaudissent, au Théâtre-Italien, le *Jean-Jacques Rousseau à ses derniers moments;* et ce Genevois à l'eau de rose que leur

---

1. *Petites Affiches.* Septembre 1791.
2. *Chronique de Paris.* Février 1792.
3. *Petites Affiches.* Novembre 1790.

donne Bouilly, qui arrive sur la scène tenant un nid de fauvettes, et les donnant à sa femme, « non pour les mettre en cage quand ils auront des ailes, mais pour leur donner la liberté; » ils applaudissent sur trois, quatre, cinq théâtres, ces moines défroqués dansant et chantant ce refrain galant :

> Si nous sortons d'esclavage,
> Mes amis, de ce bienfait
> Aux femmes rendons hommage,
> Car les femmes ont tout fait. [1]

Ils applaudissent l'*Henri VIII, la Prise de la Bastille* au Théâtre-Français de la rue Richelieu; ils applaudissent *Robert, chef de brigands*, ses déclamations contre l'inégalité des fortunes et l'injustice des hommes; et quand les brigands, investis par les troupes, crient : *La liberté ou la mort!* ils semblent si bien régénérés aux patriotes par ce seul cri, qu'ils sont applaudis comme des preneurs de bastilles [2].

Tantôt ce sont les victimes de la *tyrannie* des gentilshommes de la chambre que fêtent les bravos patriotes; mademoiselle Sainval l'aînée, dans *Mérope*, au théâtre de Montansier, ou le ménage Chéron rentré à l'Opéra, et M. Chéron disant dans *OEdipe à Colonne* le « Comme ils m'ont traité ! » ce mot qui semble un souvenir des persécutions de l'ancienne administration [3].

Les patriotes emplissent ces nouvelles salles, qui deviennent presque toutes des porte-voix de la révolution. Ils emplissent ces théâtres de boulevards, honorés de la présence des preneurs de roi Drouet et Guillaume, empressés d'étaler sur leurs affiches les noms des deux spec-

---

1. *Le Mari directeur.* — *Petites Affiches.* Mars 1791.
2. *Petites Affiches.* Mars 1792. — 3. *Journal de la Cour.* Avril 1790.

tateurs populaires. Ils applaudissent, au théâtre de Molière, *la France régénérée*, le prologue entre la Gloire et le Temps :

> . . . La raison arrive, et le jour se prépare.
> Ces généreux Francs n'étaient à leur berceau
> Qu'une horde servile, un servile troupeau,
> . . . .
> De brigands couronnés la proie héréditaire !

A ce théâtre, ils applaudissent *la Ligue des fanatiques et des tyrans*, cette inepte et déclamatoire tragédie nationale de Ronsin, et ces vers contre celle que Desmoulins appelle *la femme du roi* :

> Une femme a causé les maux de la patrie...
> Ah! nous devions prévoir ce désastre fatal,
> Quand des bords du Danube un génie infernal
> Est venu sur ce trône entouré de ruines
> Secouer le flambeau des guerres intestines !
> Et dans le cœur d'un roi, par le crime assiégé,
> Répandre tout le fiel dont le sien est rongé !

Et ces mots :

> La liberté française est un torrent rapide,
> Qui, sur les mauvais rois étendant son courroux,
> Dans ses flots orageux va les submerger tous! [1]

font toute la salle debout et délirante d'espoir civique.

Malheur, quand les deux partis se rencontrent en face l'un de l'autre ! C'est la guerre civile. « Vos espiègleries, — criait un démocrate à l'ennemi, — feront sortir les piques

---

1. *La Ligue des fanatiques et des tyrans*, tragédie nationale, en 3 actes et en vers, par Ch. Ph. Ronsin, 18 juin 1791. Théâtre de Molière, rue Saint-Martin.

de leurs étuis, et gare les chatouillements des faubourgs ! [1] »
A la quarante-quatrième représentation du *Club des bonnes gens*, médiocre comédie de ce bonhomme insipide, Beffroi de Reigny, « une vingtaine de mal peignés, groupés au fond du parquet, sous les premières galeries, » demandent le *Ça ira*. L'orchestre le joue, puis il joue l'air *Vive Henri IV!* Les cris de *ça ira!* recommencent cinq fois, et cinq fois l'orchestre est forcé d'obéir. Les patriotes sont debout dans le parquet, pressés autour d'une sorte de pique qui porte un bonnet rouge, toisant les loges, foudroyant du regard ceux qui ne se découvrent point par respect pendant le *Ça ira*. La toile levée, un drapeau aux trois couleurs mis à l'arbre du jardin du curé, à ces mots du curé : « Il faut que le peuple soit éclairé, mais non pas égaré, » les huées se mêlent aux applaudissements. « Qu'on n'applaudisse pas, nous ne sifflerons pas, » — hurle le parterre. — « Vous êtes des factieux! vous êtes des gueux! » — répond une loge. — Voilà tous les gourdins en l'air. « Amenez-nous ici le directeur, — crient les patriotes, — qu'il nous promette de ne plus jouer *le Club des bonnes gens*. » Un officier municipal, du nom de Salior, veut rétablir l'ordre. On le siffle à coups de pomme de terre. « C'est un traître, nous le dénoncerons à M. le maire... M. Manuel le saura. A la police ! [2] » — La reine paraît à la Comédie-Italienne, un manant garde son chapeau, un autre crie : *Vive la nation! foin de la reine!* Ils sont tous deux assommés. — Un renfort de démocrates arrive. Au duo des *Événements imprévus* :

> J'aime mon maître tendrement,
> Ah! comme j'aime ma maîtresse!

1. *Lettres patriotiques*. — 2. *Consolateur*. Février 1792.

les aristocrates battent des mains. « Ça ira! ça ira! » crient les démocrates; et le *Ça ira* est joué dans le bruit[1].
— Quelques jours après, à *l'École des amis,* où quelques journalistes révolutionnaires étaient ridiculisés, une voix crie au milieu de la représentation : *A bas les jacobins! assommez les jacobins!* puis un : « Vive le roi! » part de la salle entière. Les épées sont tirées; les patriotes, en petit nombre ce soir-là, s'enfuient. A la sortie, le peuple, ameuté, attendait les royalistes : il fond sur eux, les maltraite, s'acharne sur les jeunes pages, et traîne des femmes, belles et parées, dans les ruisseaux de la rue[2].

1. *L'Argus patriote.* 1792.
2. *Chronique de Paris.* Février 1792.

VIII.

Pariséide, Ann' Quin Bredouille, etc. — Chamfort et l'Académie. — *M. Gros Louis* et la fuite à Varennes. — Les cafés. — La patrie en danger.

Fontenelle n'aimait pas la guerre parce qu'elle gâtait la conversation. Les lettres n'aiment pas les révolutions parce qu'elles gâtent les livres. Aux époques de bouleversement et de luttes civiles, l'écrivain n'a plus cette possession de lui-même, ce détachement des hommes et des faits, qui élève son esprit, libre des inimitiés privées et des opinions particulières, jusqu'à la vue de l'humanité. Il quitte son temps, dans les tranquilles loisirs, le devance ou plane au-dessus de lui. Les révolutions le ramènent, l'enchaînent aux petites passions des partis; et les lettres tombent à servir de misérables intérêts; elles tombent à occuper le jour, l'heure, le moment, au lieu de pousser au durable, à l'éternel, à la postérité.

Ainsi, en 1789, la tragédie s'est faite politique; la comédie devient satire; le livre, libelle. En mourant, le siècle emportera toutes ces choses qui ne sont point recommandées aux autres siècles, et qui ont tout vécu dans leur présent.

Cependant, je voudrais de ces petites brochures, de ces petits volumes, de ces petits riens qui ne revivront plus, montrer un ou deux qui méritent mieux que les autres, et qui ont respecté leurs ironies, leur verve et leur agrément, tout en les mettant au service de la politique. Ne faut-il pas indiquer d'un mot cet éclat de rire venu de Candide : *la Pariséide, ou les Amours d'un jeune patriote et d'une belle aristocrate,* « poëme héroï-comi-politique, en prose nationale? » Badinage d'un patriote d'esprit qui a lu Boccace, la Fontaine, *le Sopha* et *Tanzaï;* petite moquerie bernesque de l'aristocratie des valets de chambre du roi et du *patrouillotisme* des bons citoyens. Pétronille et Chrysostôme traversés en leurs tendresses par cette fée mauvaise : *la Révolution;* comédie de la tragédie de *Roméo et Juliette!* Petite poésie qui vole sans l'aile des rimes, qui passe au-dessus des canons, des alarmes, des meurtres, sans laisser tomber son sourire, avec l'unique souci de faire Chrysostôme ridicule comme un héros de la milice, et Pétronille aussi infortunée qu'une Cunégonde passant de Bulgares de corps de garde à des Bulgares en petit collet. — Le pillage de la maison de Saint-Lazare n'est pour l'auteur qu'une occasion d'un chant à la Gresset; et ce sont les journées d'octobre qui marient, sanglantes entremetteuses, les deux amants.

Une autre petite œuvre veut qu'on parle un peu plus longuement d'elle, et qu'on en donne une image plus indiquée. C'est un petit roman sous l'invocation de Sterne. — Déjà alors, cet Anglais, dont *l'humour* est dépouillée de ce goût de terroir qui rebute dans Swift, auteur de *Tristram Shandy* et du *Voyage sentimental*, avait fait école en France. Et comme le bonnet de l'élégante, les courses de chevaux, l'allure *peuple* du petit-maître, étaient venus de Londres sous Louis XVI, le roman s'était peu à peu laissé conquérir à l'*anglomanie*; il s'était plu aux contes de Yorick, à ce voile délicat autour de l'esprit, qui est comme la pudeur de l'épigramme, à cette école buissonnière de la pensée, à cette badauderie qui ne se perd jamais et se retrouve et arrive toujours, à ce tour de récit humain où l'attendrissement voisine avec la saillie ; et il s'était essayé, avec la faveur du public, à marcher plus ou moins gauchement dans le gai sentier de toutes les aventures de l'imagination. — La Révolution venue, le roman à la Sterne n'était-il point un cadre bien trouvé, où l'on pouvait tout indiquer au lecteur sans le lui dire ? En ces temps de suspicion, l'allusion, la réticence, la page blanche, les points, tous les demi-mots que comporte le genre, n'étaient-ils point une bonne fortune pour un courage habile ? Cela fut compris ; et en 1792, parut *Ann' Quin Bredouille, ou le Petit-Cousin de Tristram Shandy*, joli et véritablement spirituel roman de polémique politique, d'un style de plaisanterie agréable et raffiné. Les imaginations y étaient sérieuses sous leur masque rieur. La scène du récit c'était « le pays des Néomanes, » baptême à la Rabelais d'un peuple en révolution ; et l'oncle Jean-Claude Bredouille courait, six petits volumes durant, tous les spectacles de l'étrange pays, Adule à sa gauche, et madame Jer'nifle à sa droite, — et l'auteur laissait entrevoir un petit instant que les deux compagnons de Bredouille pourraient bien être des êtres moraux, Adule ayant nom l'Amour-propre, et madame Jer'nifle, la Raison. Et tout ainsi se laissait deviner grave en ces railleries de peu d'apparence, en ces fantaisies de caprice. Ne voilà-t-il pas dans ce petit tableau : *les Plumaliers*, une grosse satire contre la presse ? dans cet autre *la Gargotte febrifère*, où *Tamar traite en ami le Tiers et le Quart* avec sa cuisine de sel, de poivre, de moutarde, d'épices, mettant la bouche et les entrailles en feu, une égratignure à l'Ami du peuple? Ces autres restaurateurs qui « tout en riant, montrent des dents ne laissant pas que d'être aiguës et qui mordillent sans cesse, » ne sont-ce pas les *Apôtres* et leurs fameux *Actes*? La grande querelle pour les pompes, des Altidors avec les Surtalons, n'est-ce pas un dessin visible de la lutte du peuple et de la noblesse autour des priviléges? Jacques-Christophe Nédebas, sur « son plancher coupé, parti, taillé, tranché, écartelé, losangé, aux quartiers d'or, de sinople, de vair, avec des dragons lampassés, » marchant avec ses sabots pleins de fumier et piétinant, n'est-ce pas la Révolution? A peine une phrase détournée, lancée pour la défense de l'*éléphant blanc*, — le roi — ou contre *le Manége de Babel, le tonneau de la grande parlerie*, l'auteur plongeait sous un épisode inattendu : dans le larmoyant et l'émouvant comme l'histoire de Javotte Frelue, dans le grotesque comme *l'Histoire du petit Gomorinet*. Tout à coup, au détour d'une page à la Béroalde de Verville, apparaissait l'à-propos d'une grande page de la Bible : « Ensuite ils posent sur sa tête une couronne d'épines... et ils mettent dans ses mains un roseau emblème de faiblesse... et ils lui disent... Je te salue, roi des Juifs ! » Il n'oubliait point, le petit livre, la prise ridicule du couvent des Annonciades ; et il mettait dans la bouche du chef qui va prendre la *taupinière :* « Que vingt mille seulement de vos plus braves consentent à m'accompagner, et je réponds du succès ! » C'est tout du long une moquerie qui se gare, une ironie qui se joue, se cache, se venge, et fuit ; c'est une guerre curieuse à suivre, d'un homme de lettres, d'un goût moderne, d'une aristocratie raisonnable, qui, « la qualité remplacée par le nombre, la justice par la force, les demandes par des menaces, les arguments par des torches, les jugements par des exécutions, » pleure entre deux sourires cette ci-devant patronne de France, *la Pauvre chère dame de Liesse*, mère des gaietés douces et soutenues. « O vieille Gauloise ! — lui dit Gorgy, le cousin de Tristram Shandy, — est-ce donc pour toujours que vous avez abandonné ce peuple, l'enfant de votre prédilection ? »

Les jurandes, les maîtrises sont abolies. Les corporations sont détruites ; le privilége est partout frappé, le monopole meurt. Dès septembre 1789, les fiacres ont fait insurrection contre les priviléges des fiacres accordés par lettres patentes de 1779 au sieur Péreau [1]. Toutes voitures publiques vont roulant de Paris à Versailles, et de Versailles à Paris, moquant le directeur privilégié des Pots de chambre [2]. Tout le monde est libre de prendre tel état qu'il voudra ; tout le monde peut *cuisiner, frotter, raser, coiffer, s'escrimer dans tous les genres* [3]. Aviez-vous une place privilégiée de donneur d'eau bénite ? — Le premier venu peut vous faire concurrence, pour peu qu'il ait la vocation de cet état ; et le privilége n'a plus un coin où demeurer. Enfin, même Benoît, le fameux marchand de marrons du Palais-Royal, voit mille rôtisseurs de marrons, sans passé, sans titre, sans autorisation, établir leurs poêles insolentes autour de sa poêle, monarchie qu'il avait fondée [4] ! — L'Académie française, cette maîtrise d'esprit avec privilége du roi Louis XIV, ne devait pas être plus respectée que Be-

1. *Journal de la Cour.* Septembre 1789.
2. *L'Observateur*, par Feydel. Août 1789.
3. *Je m'en f... ou Pensées de Jean Bart.* Vol. II.
4. *Feuille du jour.* Avril 1791.

noît ; et il advint qu'elle fut attaquée, puis menacée, puis suspectée, puis supprimée.

« Il n'y avait pas quinze jours, dit *le Mercure*, que la révolution était faite, et l'on criait déjà dans les rues : *la suppression de toutes les Académies!* [1] » Et du public à l'Académie s'engage un dialogue où le public parlait toujours, où l'Académie répondait quelquefois. « L'Assemblée nationale a décrété la suppression des chanoines. Les académiciens sont les chanoines des sciences, de la littérature et des arts... Les Académies sont des espèces de ménageries où l'on rassemble à grands frais, comme autant d'animaux rares, les charlatans ou les pédants lettrés les plus fameux [2]... Un académicien mange dans son fauteuil de velours, et à lui seul, la nourriture de quarante ménages de campagne. Plus d'académiciens rentés tant qu'il y aura des travailleurs à salarier, des pauvres à nourrir, des créanciers à satisfaire. — De quoi nourrir quarante ménages de campagne! hasardait l'Académie, 1,200 livres par an! — L'honneur seul, — poursuivait le public sans reprendre haleine, — est la monnaie courante du génie,... trop d'embonpoint amaigrit le génie. La plupart des chefs-d'œuvre sortent du grenier [3].
— C'est un vieux proverbe, — répondait l'Académie, — qu'il faut nourrir les artistes et qu'il ne faut pas les engraisser : *alendi, non saginandi*. Mais c'est aussi une vieille vérité, les vers connus de Juvénal :

> Quorum conatibus obstat
> Res angusta domi.

— Les Académies, — finissait alors par crier le public, —

---

1. *Mercure de France*. Octobre 1790.
2. *L'Ami du peuple*. Mars 1791.
3. *Mercure de France*. Octobre 1790.

ont toujours été les lanternes sourdes des tyrans [1]. » — Ici les académiciens, d'accord pour défendre leur traitement, différaient d'opinion et se divisaient en deux camps : ceux-ci demandaient pardon au public du peu de patriotisme de leurs prédécesseurs ; ceux-là ne croyaient pas avoir à défendre auprès de lui ce respect et cette glorification des rois, qui leur semblaient la fin même de l'Académie. — Ces derniers s'appelaient Marmontel, Maury, Gaillard, le maréchal de Beauveau, Brecquigny, Barthélemy, Rulhières, Suard, Saint-Lambert, Delille, Vicq-d'Azir, Morellet. Leurs adversaires étaient La Harpe, Target, Ducis, Sedaine, Lemierre, Chamfort, Condorcet, Chabanon, Beauzée, Bailly.

Dans cette dissension, le coup mortel fut porté à l'Académie par un académicien. — Il y avait alors à l'Académie française un homme plus spirituel qu'une comédie de Beaumarchais, causant mieux qu'une lettre de Voltaire, un homme d'une verve unique, l'immortel grand homme de l'épigramme, Nicolas Chamfort. Tout était esprit en lui ; et il semait tout autour de lui, non pas une petite monnaie, mais de merveilleuses pièces dont quelques-unes seront des médailles pour la postérité. Né au monde jeune, tout naïf d'espérances et de confiance, Chamfort avait vite vu la vie. Il avait vite jugé que calomnier l'humanité, c'est en médire. Accueilli, fêté dans les salons nobles, lecteur de M. le comte d'Artois, bibliothécaire de Madame, gratifié de 7 à 8,000 livres de pension, Chamfort, sous ses prospérités, garda le deuil de ses premières pensées de jeunesse. Une sorte de lèpre lui vint sur le corps, qui le fit plus aigri et moins charitable. Il continua de vivre, de rire, d'être Cham-

---

1. *Mercure de France* Octobre 1790.

fort, à chaque bassesse, à chaque honte, à chaque infamie qui lui passaient sous les yeux, affermi en ses mépris et goûtant tous bas d'amères joies en sa conscience désespérée, se vengeant des nobles qu'il amusait en les faisant petits devant sa moquerie, inconsolable des misères de l'homme, et portant noblement sa misanthropie comme la loyauté d'un galant cœur. Quand il causait, et il causait toujours, c'était un bourreau avec une épée de cour. « Il m'est arrivé vingt fois, — rapporte un de ses auditeurs, — de m'en aller de sa conversation l'âme attristée comme si je fusse sorti du spectacle d'une exécution [1]. » — Soudain, quand la révolution éclate, Chamfort est renouvelé. Tout palpitant, l'hôte du comte de Vaudreuil ouvre « sa bourse de cuir » et en tire mille écus pour la révolution [2]. Il reprend foi. Le peuple le libère des bienfaits des nobles, et Mirabeau conquiert à lui cet esprit hautain. — Pauvre Chamfort! belle âme à qui on n'a pas pardonné! tu devais revenir de ton dernier rêve les veines coupées, la face mutilée, survivant à ton suicide, écoutant monter les huissiers de la guillotine, jetant, toi aussi, dans ton dernier râle : Liberté, tu n'es qu'un nom !

Mais, en l'année 1791, Chamfort écoute, attend, espère. Après une séance académique, il dit alors à Marmontel ébahi, dans un coin du salon du Louvre : « Eh bien! vous n'êtes donc pas député? En effet, on fait bien de vous réserver à une autre législature ; excellent pour édifier, vous ne valez rien pour détruire... L'édifice est si délabré que je ne serais pas étonné qu'il fallût le démolir de fond en comble... Place nette! — Place nette? fait Marmontel, et le trône et l'autel? — Et le trône et l'autel tomberont en-

---

1. *Mémoires de Morellet.* Vol. II. — 2. *Id.* Vol. I.

semble; ce sont deux arcs-boutants appuyés l'un sur l'autre, et que l'un des deux soit brisé, l'autre va fléchir[1]. » — C'est l'année où, cherchant quelque ennemi de la révolution à persifler, Chamfort trouve — qui? — l'Académie! — et il publie sa petite brochure : *Des Académies*.

Qu'est-ce que l'Académie française ? — disait Chamfort, — *à quoi sert-elle ?* Et il remontait à son origine. Il citait les inconnus de sa fondation, les Granier, les Salomon, les Porchères, les Colomby, les Boissat, les Bordin, les Beaudoin, les Balesdens, qui avaient bien voulu laisser asseoir Corneille à côté d'eux. Il s'élevait contre l'adoption de quelques gens en place et d'un assez grand nombre de gens de la cour, « ce mélange de courtisans et de gens de lettres, cette prétendue égalité académique qui, dans l'inégalité publique et civile, ne pouvait être qu'une vraie dérision. » Il se refusait à reconnaître propriété académique la gloire de tous les grands hommes de la France. Il disait l'auteur d'*Andromaque*, de *Britannicus*, de *Bérénice*, de *Bajazet*, de *Mithridate*, reçu sur l'ordre de Louis XIV; La Fontaine, académicien à soixante-trois ans, et cela grâce à la mort de Colbert, persécuteur de Fouquet; il disait le *mépris* d'Helvétius, de Rousseau, de Diderot, de Mably, de Raynal, « pour ce corps qui n'a point fait grands ceux qui honorent sa liste, mais qui les a reçus grands et les a rapetissés quelquefois. » Il attaquait ce fameux dictionnaire dont Voltaire, aux dernières années de sa vie, voulait bouleverser le plan; il définissait les *discours académiques*: « Un homme loué en sa présence par un autre homme qu'il vient de louer lui-même, en présence du public qui s'amuse de tous les deux. » Il montrait l'inutilité des com-

---

1. *Mémoires de Marmontel*. Vol. II.

pliments aux rois, reines, etc., devant le décret de l'assemblée qui ne laissait plus en France que des citoyens. Venant aux prix d'éloquence et de poésie, il rappelait le fameux sujet de prix proposé par l'Académie de Louis XIV : *Laquelle des vertus du roi est la plus digne d'admiration ?* Aux prix de vertu destinés aux citoyens *dans la classe indigente*, il demandait : « Payez-vous la vertu ou bien l'honorez-vous ?... Rendez à la vertu cet hommage de croire que le pauvre aussi peut être payé par elle, qu'il a comme le riche une conscience opulente et solvable. » Il accusait l'Académie, en ayant effacé le nom de l'abbé de Saint-Pierre de sa liste, d'avoir *voté solennellement pour l'éternité de l'esclavage national*. Et pour l'Académie des inscriptions et belles-lettres, il se bornait à la montrer fondée par Mme de Montespan, « instituée authentiquement pour la gloire du roi, » et ne servant qu'à donner au public la *batterie de cuisine de Marc-Antoine*. — « L'extinction de ces deux corps, — finissait Chamfort, — n'est que la conséquence nécessaire du décret qui a détaché les esclaves enchaînés dans Paris à la statue de Louis XIV. » Et s'adressant à l'Assemblée nationale : « Épargnez, — lui disait-il, — à l'Académie une mort naturelle. »

En dépit du trait malin d'un libraire qui fit imprimer le discours de réception de Chamfort à l'Académie en tête de son pamphlet [1], le pamphlet de Chamfort tua l'Académie dans l'opinion publique. L'Académie agonisa jusqu'au 5 août 1793. Ce jour elle convint d'interrompre ses assemblées. Le directeur mit en sûreté les douze volumes in-folio contenant les titres de l'Académie, les lettres patentes de son établissement en 1635, un volume manuscrit de re-

---

1. *Feuille du jour.* Octobre 1791.

marques de l'Académie sur la traduction de Quinte-Curce par Vaugelas, et le manuscrit du dictionnaire, dont la copie pour une nouvelle édition venait d'être terminée. Une soixantaine de portraits d'académiciens furent entassés dans une des tribunes de la salle des assemblées publiques.

Le 8 août, les académies étaient supprimées, les scellés mis sur les salles du Louvre. Les deux commissaires envoyés pour rapporter les clefs de l'Académie française s'appelaient l'un Domergue, l'autre Dorat-Cubières [1].

La royauté se mit à mourir avant l'Académie. L'arbre fut dépouillé avant qu'on ne chassât ceux qui depuis si longtemps dormaient à son ombre.

L'année même où parut le libelle de Chamfort, un pamphlet d'outre-France, *le Grand dénoûment de la constitution, parodie politico-tragi-comique,* se disant imprimé à Bruxelles, donnait de la situation du roi et de la captivité de la royauté une vive et caricaturale peinture. Le roi, « qui ne peut plus remuer que la mâchoire pour mâcher et les doigts pour signer, » c'est M. Gros-Louis, maître de l'auberge, à l'enseigne de *la Nation* ci-devant du *Grand Monarque*. Miralaid « balayeur du club des Jacobins, » Touvin et Rude, entrent dans la grande salle où M. Gros-Louis est assis sur un grand fauteuil à bras, immobile comme un paralytique. « Allons, M. Gros-Louis, vite, du vin, voilà la nation qui arrive chez vous ; nous allons nous constituer aussi assemblée buvante, mangeante, dévorante... Papa Gros-Louis, nous vous constituons jusqu'à nouvel ordre notre pouvoir exécuteur. Mille bombes ! que vous allez être heureux et puissant ! Vous disposerez à

---

1. *Mélanges de littérature,* par Morellet. Vol. I.

notre fantaisie de toutes les bouteilles de votre cave ; vous boirez quand nous voudrons, vous verserez quand nous vous l'ordonnerons. Eh bien ! pouvoir exécuteur, acceptez-vous ? — Mais, Messieurs, — dit le pauvre soliveau, d'une voix tremblante, — vous voyez bien que dans l'état où je suis, je ne puis rien exécuter. Depuis que cette bande d'avocats, de procureurs et de pousse-c... a mis ma maison en décrets, depuis que cette troupe de scélérats a manqué d'assassiner ma femme, et m'a si rudement brigandé, ç'a m'a fait une telle révolution que je ne puis plus remuer ni pied ni patte de tout le corps... » La voix du pauvre Gros-Louis baisse alors, et avec un accent de confidence et de terreur : « Ils me font des peurs, des peurs !... — L'essentiel est que vous soyez libre, — lui répond Miralaid. — Ventrebleu, — lui dit-il tout bas à l'oreille, sur un ton menaçant, — n'allez pas dire le contraire ; ils sont là une bande de déterminés tout prêts à se révolter. — Et tout haut, incliné et respectueux : — Eh bien ! monsieur Gros-Louis, n'est-il pas vrai que pour le bonheur de la nation buvante vous acceptez librement tout ce que nous avons fait, faisons, ferons dans votre maison ? » A un « Cependant... » que hasarde timidement Gros-Louis, Miralaid clame : — « A moi, la nation ! Nous sommes trahis ! » et secouant brutalement la tête et les bras de l'impotent, il l'apostrophe d'une voix terrible : « N'est-il pas vrai que vous déclarez librement que vous êtes bien libre ? » — Et le bonhomme Gros-Louis essoufflé, tout essoufflé : — « Oh ! oh ! oui, Messieurs, je vous en réponds ; je le déclare tout haut ; oh ! comme je suis libre¹ ! » — Quelques mois après

---

1. *Le Grand dénoûment de la constitution*, joué à Bruxelles le 1ᵉʳ janvier 1791.

ce pamphlet, Louis XVI fuyait à Varennes; et Varennes ramenait à Paris celui qui allait mourir.

La fuite à Varennes fit plus encore motionner et se déchaîner les cafés que le *veto* ne les avait fait discuter et argumenter; et le jugement du roi commence déjà à s'instruire en ces milliers de cafés, prévenant les temps.

A peine née, la révolution pousse les hommes les uns vers les autres, les assemble, frotte les idées contre les idées, les paroles contre les paroles, pour, de ces associations et de ces chocs, faire jaillir la flamme, l'éclair, la liberté. Un grand besoin de communications quotidiennes, une fraternité nouvelle, une pente à l'épanchement, à la manifestation, une curiosité et une impatience d'apprendre, mêlent les individus aux individus[1], et avec la gazette, qui devient le journal, qui de chronique passe pouvoir, et de passe-temps le pain même de la France, les cafés grandissent et se font *clubs*; leurs tables sont tribunes, leurs habitués orateurs, leurs bruits motions. L'été pluvieux de 1789 fait les cafés pleins. Les cafés, — qu'on disait tout à l'heure des manufactures d'esprit, tant bonnes que mauvaises, — deviennent la presse parlée de la révolution. Les cafés ont un drapeau; et l'on juge de l'opinion d'un homme à Paris, — dit Mlle Boudon, — par le café dont il est l'habitué, « comme vous savez que l'on jugeait à Athènes qu'un citoyen professait les sentiments d'Aristote ou de Zénon, suivant qu'il fréquentait le Lycée ou le Portique[2]. » La milice nationale, dans tout l'attrait de sa nouveauté,

---

1. *Finissez-donc, cher père.* — *Entrevue de Hyacinthe la bégueule, poissarde, avec le roi, la reine et les principaux de l'État.*

2. *Lettres d'E...mée de Bo...on La...c....bc* (Mlle Boudon). Troyes, 1791.

tenant le Parisien hors de chez lui, et le faisant son maître pendant de grands jours, contribue encore à cette vogue et à cette fortune des cafés. Avec l'habit bleu, l'habitude du moka et du petit verre est prise ; et les cafés, dont l'intérieur avait jusqu'alors été interdit aux femmes par l'usage, si bien que c'était un événement rare de voir une provinciale ou une étrangère prendre une bavaroise au dedans du café de Foy et non sous la lanterne [1] — les cafés s'ouvrent, avec la révolution, aux femmes des miliciens qui ne veulent pas quitter leurs maris, ou que leurs maris ne veulent pas quitter, et à leur suite à toutes les autres femmes.

Écoutez toutes ces nouvelles dont les cafés retentissent bientôt, tous ces contes bleus gravement colportés. — Le fameux *on* a le dos large et porte soupçons et billevesées : quand le roi est à Saint-Cloud, « *on* creuse un canal de Saint-Cloud à la frontière par où se sauvera la famille royale [2] » ; quand le roi est au Temple, « *on* fait fabriquer des masques ressemblant à Louis XVI et à ses conseils pour le faire évader [3] ; » et lors de la guerre, chaque café a son stratégiste imaginatif : « il fait un crachat qui représente une ville quelconque, trace autour avec sa canne les plans d'attaque et la prend en un tour de main [4]. »

Que de fils déjà célèbres, que de fils naissant tous les jours, à ce pauvre petit café de la rue Saint-Denis, au coin de la rue du Petit-Lion, la première boutique de café de Paris ! — Débouchez dans les galeries du Palais-Royal, par le passage du Perron, — le Palais-Royal, district des quarante mille étrangers sans district logés en hôtel garni [5] !

1. *Lettres d'E...mée de Bo...on La...c...be* (Mlle Boudon). Troyes, 1791. — 2. *Journal de la Cour.* Juin 1790.
3. *Courrier de l'Égalité.* Janvier 1793.
4. *Journal à deux liards.* — 5. *Révolutions de Paris.* Août 1789.

Voyez à votre droite toute cette foule bourdonnante, murmurante, discourante, asssiégeant jusqu'à deux heures l'entrée de ce café du Caveau, dont le fonds a été vendu en 1786, 90,000 livres [1]. Autrefois, c'était « un tombeau où les preneurs de cette liqueur noire ensevelissaient chaque jour leurs paroles oisives [2]. » Aujourd'hui c'est une belle galerie. Un moment abandonné sur le bruit que son maître vendait de l'argent, le café du Caveau a repris vogue. Sous les tentes du Caveau que de péroreurs, auxquels commande le péroreur en chef, Langlade, qui ne se cache pas de souhaiter la république [3]! que de jacobins en feu sous le buste de Philidor, pendant qu'à la porte du Caveau un parti d'agents de change escarmouche sur l'agiotage, et ne jette en l'air que les mots *action des Indes, bordereaux, quittances, caisse d'escompte, demi-caisse, assignats, papier monnaie* [4]! Dans le café même, où n'est pas un jeu de dames ni d'échecs, que de bras levés, de voix enflées, d'effervercents, de stentoriens assourdissant les bustes de Gluck, de Sacchini, de Piccini et de Grétry qui ornent les murs [5], de tous les néologismes inharmoniques de la langue révolutionnaire! Avant le 10 août, le Caveau est le lieu de réunion des fédérés; et Lanthenas, l'ami de Roland, les y régale de bière et de liqueurs [6].— En face le spectacle de la Montansier, jadis le spectacle des Beaujolais, à l'encoignure du vestibule du côté de la rue de Richelieu, au café de Conti ou de Chartres, même foule, mêmes voix, mêmes rumeurs;—même bruit, même monde autour des bouteilles de bière anglaise de la Grotte-Flamande, rendez-

---

1. *Correspondance de Métra.* 1789.
2. *Le Spectateur.* — 3. *Le Babillard.*
4. *Le Spectateur.* — 5. *Tableau du nouveau Palais-Royal.* 1788.
6. *Journal à deux liards.*

vous des acteurs de la Montansier[1] ; — mêmes nouvellistes, mêmes médecins de la chose publique, se démenant autour du poêle en forme de globe aérostatique du café Italien[2]. Du côté de la rue des Bons-Enfants, c'est le café de Valois où se rassemblent les feuillantins, — où les fédérés font irruption et déchirent le *Journal de Paris*[3]. C'est, au coin de la rue de Montpensier, le café Mécanique, où le service se fait par les colonnes creuses des tables. Et Tanrès, le maître du café Mécanique, le successeur de Belleville, ne peut plus, comme en 1788, supprimer les gazettes quand ses tables sont remplies, les supprimer les dimanches pour activer la consommation, sans la laisser distraire par la lecture[4] ; les gazettes sont plus essentielles que le moka même aux cafés de la révolution. C'est à ce café que le propriétaire, voulant s'opposer à ce qu'on chante le *Ça ira*, reçoit un coup de sabre au bras, tandis que sa femme enceinte est à peu près éventrée[5]. Plus loin, c'est le café Corazza, où continue toutes les nuits la séance des jacobins, entre Varlet, Desfieux, Gusman, Proly, et les deux conventionnels Chabot et Collot d'Herbois, — café d'où sortiront les journées du 31 mai et du 27 juin.

Allez-vous dans le jardin, un pavillon s'ouvre à vous, où « l'honnête Jousserand » vous offre un petit verre de sa composition[6] que vous acceptez si vous n'avez pas lu la médisance de *Tout ce qui me passe par la tête* : « On vous vend de l'eau-de-vie d'Andaye faite à Suresne, de l'eau de noyau de Phalsbourg ou des liqueurs des îles faites au faubourg Saint-Germain[7]. » C'est le pavillon du

---

1. *Petites Affiches.* Janvier 1791. — 2. *Tableau du Palais-Royal.*
3. *Journal à deux liards.* — 4. *Tableau du Palais-Royal.*
5. *Journal de Perlet.* Mars 1792. — 6. *Le Spectateur.*
7. *Tout ce qui me passe par la tête.* 1789.

café de Foi, et voilà, sous la galerie, le fameux café de Foi, le doyen des cafés du Palais-Royal, jadis ouvert dans la rue de Richelieu, et servant de passage pour descendre au jardin, établi au nouveau palais depuis la construction des nouveaux bâtiments[1]. Tout à l'heure c'était le seul café qui eût le privilége d'avoir des tables et de servir dans le jardin[2]; tout à l'heure c'était le café de bel air, le rendez-vous des vieux chevaliers de Saint-Louis, des vieux militaires, des financiers « à grosses perruques, à cannes à pomme d'or et à souliers carrés. » Dans le jardin, le café de Foi était un salon d'élégantes moquant les femmes qui passaient, et de badins chevaliers balançant le pied sur leur chaise penchée, jouant avec l'éventail de leurs belles[3]. Au mois de juillet 1789, les sept arcades de Foi sont le portique de la révolution. C'est monté sur une table du café de Foi, qu'un soudain orateur, un pistolet d'une main et de l'autre la nouvelle de l'exil de Necker, crie : Aux armes ! C'est du café de Foi que part la bande qui va ouvrir les portes de l'Abbaye aux gardes françaises enfermés et à Richer-Sérisy détenu pour dettes[4]. Pendant ces mois émus, le café de Foi est au Palais-Royal ce que le Palais-Royal est à Paris : une petite capitale d'agitation, dans le royaume de l'agitation; et contre ses boiseries aux précieuses sculptures se pressent tous les bouillants, les déchaînés, les impatients, les marquis de Sainte-Huruges, applaudis d'un public de rentiers, patriotes ardents depuis le décret de l'Assemblée nationale qui promet payement exact aux créanciers de l'État. C'est un comité d'éloquence publique; là un courrier apporte tous les jours le bulletin des séances de l'assemblée dont on fait lecture dans les

1. *Tableau du Palais-Royal.* — 2. *Lettres* de Mlle Boudon. 3. *Tableau du Palais-Royal.* — 4. *Anecdotes* par Sericys.

commentaires et les interruptions de chacun ; là, descendent s'épurer « les superbes motions qui se rédigent au troisième étage [1] ; » là, on chasse honteusement tous les espions de l'ancienne police; là, chaises, tables de marbre, tout est piédestal pour crier de plus haut [2]; là, brochures, pamphlets politiques sont lus à haute voix; de là les ordres partent ; de là les proscriptions sortent, qui jettent celui-ci au bassin, ou font bâtonner celui-là ; là, le timide prend l'habitude d'un auditoire, et essaye une catilinaire [3]. Puis peu à peu ce café de Foi, berceau des grandes motions du Palais-Royal, devient monarchien et constitutionnel. Il a haussé le prix de ses glaces et les a mises à 20 sols, ce qui a fait d'abord un mécontentement, puis un épurement; et bientôt le royalisme l'investit, le gagne, l'emplit, et le café de Foi fait volte-face comme un tribun ; et bientôt, la voilà, cette rotonde encore retentissante des fureurs démocratiques du grand parleur Billard, de l'avocat Rosin, et du chanoine de Nantes, *l'abbé de six pieds*, toute peuplée de batailleurs, d'impertinents fleurdelisés sur tous les boutons, armés de gourdins, de cannes à dards, de bâtons plombés, lisant à leur tour les pamphlets de leur parti et se découvrant chaque fois que le roi est nommé [4]. Les nouveaux habitués font la motion de ne plus aller au spectacle jusqu'à ce que le roi rentre dans l'exercice de son pouvoir. L'un demande : « Pourquoi Brissot ne parle-t-il presque jamais à l'assemblée? » et l'autre répond : « Vous savez, Messieurs, qu'à la comédie, les machinistes restent dans la coulisse [5]. » *Le Babillard* raconte que se croyant joués,

1. *Actes des Apôtres.* Vol. X.
2. *Aspasie à tous les comités du Palais-Royal.*
3. *Vie privée de M. Jean-Sylvain Bailly.* 1790.
4. *Chronique de Paris.* Août 1791. — 5. *Le Consolateur.* Juin 1792.

et voyant *Riquetti-Pandour* très-maltraité dans *l'Hôtellerie de Worms*, représentée au théâtre de la rue de Richelieu, les habitués de Foi menacent l'auteur. La très-petite cocarde derrière le chapeau par mépris, ils arborent encore croix de Malte et décorations, puis un beau jour, ils imaginent d'arriver en demandant si l'on n'a rien appris des frontières, si l'armée jaune et noire n'a pas fait de mouvement. Sur la réponse négative, l'un d'eux monte au sommet du pavillon de Foi, regarde au loin comme s'il voulait voir jusqu'à Coblentz, et s'écrie : « Hélas! il ne vient point encore! » Tous les jeunes habitués du café répètent trois fois : « Hélas! » et la plaisanterie leur paraît si gaie qu'ils la recommencent quotidiennement [1]. On plante alors devant le café une potence aux couleurs nationales [2]. Et ce sont presque tous les jours dans la rotonde des prises d'armes : les jacobins donnent l'assaut, et quand ils sont vainqueurs, quand ils ont pris cet autre antre de Gattey, ils purifient le café en grande pompe avec de l'encens et du genièvre [3]. Dans une de ces expéditions, un habitué de Foi, le sieur Ségur, est à moitié tué [4]. Le café ferme souvent tout un jour. Un temps, il n'ouvre plus le soir. La garde nationale y passe la nuit et en défend l'approche. Jousserand, le maître du café, laisse passer l'orage, et s'en va tranquillement dénoncer les propos anarchiques tenus par les vainqueurs, « qu'il fallait deux cents Jourdan comme celui d'Avignon pour mettre Paris à la raison. » — « Allez, disent les jacobins à Jousserand, qui est coiffé à la révolution, les cheveux courts, noirs et plats, — allez, Monsieur, vous déshonorez votre perruque [5]! » — A leur dernière

1. *Le Babillard.* Août 1791. — 2. *Le Petit Gautier.* Juillet 1791.
3. *L'Observateur.* Mai 1790. — 4. *Lettres du père Duchêne.*
5. *Feuille du jour.* Novembre 1791.

irruption chez le *maussade marchand de bavaroises*, les patriotes se bornèrent à accrocher le bonnet de la liberté au mur, en rendant le distributeur d'eau chaude responsable de ce signe respectable[1]. L'année 1792 commençait : Jousserand ne jugea pas à propos de jouer sa tête contre un bonnet.

Au patriote qui ne veut pas payer la tasse de café 6 sols, le verre d'eau-de-vie 6 sols, comme cela coûte au café du Palais-Royal, mille cafés sont ouverts sur tous les points de la capitale, qui ne lui demandent que 5 sols pour la première de ces consommations, et 4 pour la seconde.

Au faubourg Saint-Germain, il a le café Procope, devenu le café Zoppi, ce pont jeté du patriotisme d'une rive de la Seine au patriotisme de l'autre. Ce café, tout à l'heure tribunal de l'Opéra, de la Comédie, de l'auteur du jour, où se réunissait la fleur de parterre du dix-huitième siècle, tous ces jugeurs, ces moqueurs, ces hommes méchants comme un public, c'est à présent le point de réunion pour les « zélés enfants de la liberté triomphante[2]. » A tire-d'aile l'épigramme s'en envole, pleurant ses grands combats autour d'un *couplet* de tragédie, pleurant ses tranquilles insurrections d'amour-propre et ses victoires sans larmes. C'est un bureau de rédaction d'adresses et de communications aux journaux patriotiques. « *Les habitués du café Zoppi à Charles Villette.* Nous regardons comme juste de donner aux égouts de notre ville les noms de Mallet du Pan, abbé Royou, Montjoie, Durosoy, Pelletier, Gautier, Meude-Monpas, Rivarol et autres : la voirie s'appellerait Suleau[3]. » A la mort de Franklin « les amis de la révolu-

---

1. Lettres b.... patriotiques. — 2. Lettres patriotiques. N° 13.
3. Chronique de Paris. Avril 1791.

tion et de l'humanité, assemblés au café Procope, tenu par M. Zoppi, » couvrent de crêpes tous les lustres, tendent de noir la seconde salle, mettent sur la porte d'entrée : *Franklin est mort;* couronnent de feuilles de chêne, entourent de cyprès son buste au bas duquel on lit : *Vir Deus,* l'ornent d'accessoires symboliques, de sphères, de cartes, de serpents se mordant la queue, et pleurent l'Américain avec des torrents d'éloquence [1]. A cinq heures, tous les jours, les habitués du café Zoppi se forment en club délibérant [2]. Ils députent vingt des leurs pour aller rendre visite au journal des *Actes des apôtres* « *les bons apôtres du despotisme;* » ils députent des commissaires du peuple chez le petit Gautier et chez « tous les barbouilleurs de papier du côté de la droiture. » Quand viennent les menaces de guerre, les habitués du café Zoppi se cotisent « pour composer une caisse de fusils, et pour en faire une offrande sur l'autel de la Patrie, dans le temple des lois [3]. » Le déjà fameux Hébert est des habitués de Zoppi. Zoppi érige une de ses salles en salle des Hommes illustres. Il promet incessamment une statue de Mucius Scévola, pour faire pendant au bas-relief de Mirabeau couronné par deux génies qui pleurent [4]. Parfois, à neuf heures du soir, le café Zoppi allume un feu devant sa porte et y jette les *Petites-Affiches* ou quelque autre feuille modérée, tandis que là-bas, à l'autre bout de la ville, rue Saint-Honoré, devant un autre café, le café Marchand, flambe un feu pareil, et qu'un secrétaire du café lit dans la rue : « Nous, soussignés, citoyens habitués du café Marchand, tous dûment assemblés, après lecture faite d'un exemplaire du *Journal général de*

---

1. *Chronique de Paris.* Juin 1790. — 2. *Le Babillard.*
3. *Lettres patriotiques.* — 4. *Le Babillard.*

la Cour et de la ville, avons livré le présent article aux voix, de la majorité desquelles il est résulté que ladite feuille a été condamnée à être lacérée et brûlée publiquement devant la porte dudit café [1]. »

Rue de Tournon, le patriote a le café des Arts, où, en juillet 1791, l'on annonce pour la semaine prochaine la fuite de Bailly et de La Fayette. — Si le patriote n'est que patriote et non jacobin, il a rue de Sèvres le café de la Victoire, où l'on moque le sapeur-journaliste Audouin, et en repassant l'eau, le café de la Monnaie, rue du Roule, où l'on brûle *la Vie privée du général des Bleuets*; le café Manoury, place de l'École, dont les vieux habitués n'affichent point de principes exagérés, et où s'assied Rétif de la Bretonne avant de prendre son envolée pour le Paris nocturne; le café des Bains Chinois, tenu par madame Boudray, boulevard Choiseul; le café de la Régence, qui croit aux échecs et à M. de La Fayette, et dont le maître, qui pratique une égalité de casuiste, chasse les gens mal vêtus, tout en se disant l'égal des princes; le café Amelot, qui fait comme le café de la Régence, et d'où l'on expulse les orateurs incendiaires; le café Conti, au coin de la place Dauphine, qui ne demande la tête de personne; le café de la Porte-Saint-Martin, dont les politiques sont sages et ne déclament que contre les ouvriers insurgeants qui pillent, se soûlent et ne travaillent pas [2].

Les désastres des colonies, qui forcent d'augmenter d'un sol la tasse de café, arrêtent un instant la fortune des cafés [3]. « Tout Paris est en révolution pour son café au lait. » Quelques citoyens font serment de ne plus prendre

---

1. *Chronique de Paris.* Octobre 1790.
2. *Le Babillard.* Juillet 1791. — 3. *Journal à deux liards.*

de café. Il est même des salons où ce serment est prêté. Les jacobins jurent de s'en abstenir. Ils entrent alors dans les cafés, demandent un verre d'eau et les gazettes, s'en vont, et ne jugent pas à propos de payer une si mince consommation[1].

Mais cette austérité ne tient pas contre le temps. Le café redevient populaire et usité ; et les cafés ressaisissent leur influence. Quelques-uns deviennent les intermédiaires entre un journal et le public, et un bureau de correspondance ou même de distribution. *Le Journal du Diable*, de Labenette, prie les personnes « qui désireraient entretenir une correspondance utile avec le diable, d'envoyer leurs réflexions et leurs découvertes chez MM. Lenoir et Leboucher, au café de La Fayette, rue des Mauvais-Garçons ; » et voilà un journal qui se distribue les mardi, jeudi et samedi chez Dailly, au café du Hasard, rue de la Juiverie, 5.

Pourtant, dans tous ces cafés qui sont un parti, là-bas, en face le boulevard de la Porte-Saint-Denis, quel est ce café qui cause et ne rugit pas, qui parle et ne motionne pas, qui rit et ne s'indigne pas? Quel est ce coin heureux, garé des bruits de l'assemblée, de la rue, de Paris, du monde, où pas un ne songe à être martyr de la liberté ou bien à sauver la France? Petit troupeau d'Épicure essayant de garder sa vie sauve, son esprit libre, sa gaieté franche en dépit de la révolution ! — C'est le café de Flore, ce coin heureux ; et ces sages, détachés d'ambition et de dévouement, ce sont les habitués du café de Flore, liés entre eux par le vœu de ne plus parler politique, sous le titre de *Société des Amis des Lois*. — Les jacobins, pour ne guère

---

1. *Journal à deux liards.*

savoir d'histoire ancienne, faisaient dès lors grand usage d'une loi de Solon, qui ordonnait aux citoyens de prendre parti dans les dissensions civiles sous peine de mort. De par les jacobins, le café de Flore fut bientôt débarrassé de ses premiers hôtes[1]; et la *Société des Amis des Lois* apprit qu'il est des pouvoirs qui exigent plus encore que le silence.

Hors un café sans opinion, le Parisien a des cafés de tous genres. Est-il partisan de d'Orléans? il a le café Nancy, rue Saint-Antoine, le café de Chevalier, porte Saint-Antoine, et le café du Rendez-vous, place du Carrousel, d'où Laclos écrivait au duc d'Orléans, à en croire un pamphlet : « Je vous écris d'un café d'où, comme de la tente d'un général, partent tous les ordres nécessaires. » Lit-il *le Père Duchêne?* Dans la rue du Temple, au coin de la rue Notre-Dame-de-Nazareth, voilà un café qui a écrit sur son enseigne en belles lettres jaunes : Café de Jean-Bart et du Père-Duchêne[2]. Est-il maratiste? il sera le bienvenu au café de l'Échelle-du-Temple; au café de Choiseul, place de la Comédie Italienne, dont le limonadier, le sieur Chrétien, est connu pour ses discours au Champ de Mars, et à l'ardent café du Pont-Saint-Michel dont le maître, Cuisinier, mènera Charlotte Corday à l'Abbaye. Tient-il pour la ci-devant noblesse? son café est le café de Bourbon, rue Saint-Dominique; le café de Mirabeau, au coin des rues Richelieu et Saint-Honoré, où tout à l'heure un chevalier de Saint-Louis prétendait qu'on ne pourrait forcer lui et les siens à monter la garde[3]; ou encore le café du Grand-Amiral, rue Neuve-des-Petits-Champs, où des chevaliers de

---

1. *Dictionnaire néologique.*
2. *Je m'en f... ou Pensées de Jean-Bart.* Vol. II.
3. *Le Babillard.*

Saint-Louis, au rapport du journal : *Je m'en f...*, ont comploté d'arracher la croix à tous les chevaliers qui étaient dans la milice nationale. Est-il l'ennemi de Brissot? le café Littéraire de la rue Saint-Antoine commente les attaques de *l'Argus* de Thévenot de Morande contre le Girondin; ennemi de Robespierre? le café du Commerce, rue des Blancs-Manteaux, gouaille ses discours; ami de Robespierre? le café Beauquesne est là, le rival en patriotisme du café Procope, et où, dit Camille Desmoulins, Roland envoie son camp volant d'orateurs pour présenter la bataille aux champions de Robespierre. Est-il dantoniste?,il sera en pays de sympathie à la porte Saint-Antoine, au café Gibet[1]; ou en bas du Pont-Neuf, au café de Charpentier, dont la fille a payé avec sa dot la charge d'avocat au conseil de Danton[2]. S'il veut brailler ou entendre brailler, il a le café Hottot, sur la terrasse des Feuillants, que le roi avait fait murer du côté du jardin, pour empêcher les irruptions populaires dans les Tuileries. Là des mégères en cornettes et en jupons, là un certain La Montagne, Flon, ancien sacristain de Saint-Honoré, et Cordier, sergent-major et facteur des Invalides, argumentent, s'égosillent, et exhortent aux violences civiques[3] ce qu'il y a, — dit le *Journal à deux liards*, — de plus scélérat parmi les factieux; et tel est le bruit et le tumulte enroué et ignoble de ce café, qu'il fait déserter les Tuileries aux honnêtes gens, et que les femmes s'en vont respirer l'air chargé de poussière des contre-allées des Champs-Élysées.

Le boulevard du Temple, ce boulevard qui était la foire Saint-Germain du Marais, et le Longchamps de tous les jours de la ville, où deux triples rangées de chaises re-

1. *Le Babillard.* Juillet 1791.
2. *Monument en l'honneur de Louis XVI.* — 3. *Le Babillard.*

posaient les jolies paresseuses, où quatre rangs de voitures promenaient les belles toilettes, en 1788[1]; ce boulevard de récréation, encore tout animé de spectacles parlants, de spectacles muets, de figures de cire, de spectacles rugissants, d'animaux féroces de l'Afrique et de l'Asie, des spectacles d'illusions et des tours du sieur Noël[2]; le boulevard du Temple ne pouvait bouder le goût nouveau du public. Il ouvre de nouveaux cafés qui espèrent succéder à la vogue du café Sergent, du café Gaussin, du café Armand et du café Alexandre. L'exemple du vieux Café-Turc, qui n'était patriote qu'à son corps défendant, et que le crédit fait à ses habitués jacobins a si bien ruiné que la justice vient de faire vendre ses meubles, et de mettre en prison le propriétaire[3], ne décourage pas les limonadiers qui ont confiance en cette terre sacrée de la dissipation : le boulevard du Temple. Le café Chinois s'ouvre. Le café du Grand-Guillaume accueille les patriotes qui y viennent déclamer contre l'affiche du *Chant du Coq*, prétendant que l'oiseau français est payé par la liste civile, qu'il chante trop haut, et qu'on va lui rogner bec et ongles[4]. Les cafés du boulevard du Temple appellent à eux la musique et l'art dramatique, et ils sont les pères des cafés chantants. Le café des Arts, qui a déjà changé trois fois de maître, essaye de faire taire les sottises patriotiques et les querelles dont il est le rendez-vous, en installant un théâtre où l'on entre sans payer, c'est-à-dire en payant la bière 10 sols[5]. Au café Yon s'ouvre un autre théâtre où Déduit, *chansonnier national*, donne un *Nicodème dans le soleil*[6].

1. *Journal à deux liards.* — 2. *Tout ce qui me passe par la tête.*
3. *Journal à deux liards.* — 4. *Le Babillard.* Juillet 1791.
5. *Nouvelles lunes du cousin Jacques.* Juin 1791.
6. *Almanach* de Froullé. 1792.

Élevé au milieu des arbres du boulevard, le café Godet devient, aussitôt fondé, l'arène des fayettistes et des maratistes que n'accorde point l'harmonie de son orchestre. Un petit dessin de Swebach, qui le représente, ne donne pas grande idée du luxe de dehors d'un café de la Révolution. C'est une rustique galerie de rez-de-chaussée, construite en bois, surmontée d'un toit de tuiles, largement éclairée par de grands châssis à petits carreaux. Un auvent, appuyé sur des poteaux grossiers, garni de jalousies, abrite les consommateurs attablés. Des bouquetières, des marchands d'oublies, de petits joueurs de vielle en garnissent les abords[1]. — Le limonadier Godet est un chaud patriote; il a obtenu le grade de capitaine dans le bataillon des Pères de Nazareth; au reste, bonhomme en qui l'officier-citoyen n'ôte rien du débitant empressé. « Capitaine, — lui disent les soldats de son bataillon le voyant avec ses épaulettes à son comptoir, — viens frotter la table et apporte-moi un verre de rogomme. » Et le capitaine se hâte de servir. Mais quiconque ne paye pas Godet est pour Godet « *un mouchard de Mottié.* » Un certain Lhuillier, capitaine de chasseurs, ayant oublié de s'acquitter d'un punch, et lui demandant de la bière : — « Qui payera? » dit tout haut Godet. Lhuillier se fâche. Le patriote Godet s'emporte. Un duel au pistolet est convenu. Godet reçoit une balle dans le ventre[2]. Le limonadier au lit, le café ne devient pas plus calme. Lhuillier et ses amis l'investissent, un matin, demandent à la citoyenne Godet: « Est-il mort? » renversent le poêle du café, sont pris et relâchés par un commissaire fayettiste. Quelques jours après, Marchand,

---

1. *Collection de dessins* de Goncourt.
2. *Petites Affiches.* Novembre 1790.

qui chantait à l'orchestre de Godet, et qui avait déposé contre Lhuillier, est enveloppé dans une patrouille, et condamné à quinze jours de la Force[1]. Le café Godet se vengea bientôt : Lhuillier fut dénoncé à *l'Ami du Peuple.*

« La patrie est en danger. » — Le 22 juillet 1792, la municipalité de Paris fait solennellement proclamer : « La patrie est en danger ! » Les quatre grands spectacles de Paris ferment. Coups de canon, promenades militaires, municipaux en écharpe dans les carrefours, harangues, lectures à haute voix, tambours battants[2], — tout ce qui allume un peuple, toutes les images visibles de la guerre, de la gloire, le bruit, le fracas, le mouvement, la musique, le tréteau, — tout est bon qui jettera aux bouches de la Victoire les foules enivrées. « La patrie est en danger ! » — Plus de foyer privé : la rue, large foyer où la nation se tient debout !

Mallet jette au papier cette aquarelle gouachée ; le père dans son lit, levant les bras au ciel, les sœurs se jetant devant le frère, essayant de l'enchaîner de caresses et de larmes, le vieux chien aboyant ; lui, le jeune homme, le volontaire, s'arrachant à la famille, et au mur la proclamation : « La patrie est en danger ! » — Sur les places publiques, bâtis en quelques heures, des théâtres où se jouent au pas de course *les Racoleurs, l'Enrôlement du Bûcheron, l'Enrôlement d'Arlequin,* pantomimes, dialogues[3], à-propos versant aux spectateurs en plein vent les fièvres martiales, tyrtéides de poudre et de sacré-chien, où le peuple trempe sa lèvre ardente, vaudevilles qui sont vigiles des batailles !

1. *L'Ami du peuple.* Décembre 1790.
2. *Journal de la Cour.* Juillet 1792. — 3. *Id.*

Celles-là qui restent, ceux-là qui partent, hommes, femmes, chantent par les rues sonores. Le soleil éteint, aux guinguettes de la nuit, les ménétriers crient sur les violons, d'une voix qui domine le branle des danses :

> « La patrie est en danger,
> Affligez-vous, jeunes fillettes.

— « Le rond des dames!

> « La patrie est en danger,
> Tous les garçons vont s'engager;
> Ne croyez pas que l'étranger
> Vienne pour vous conter fleurettes :
> Il vient pour vous égorger...

— « En avant la queue du chat!

> « La patrie est en danger! [1] »

1. *Dictionnaire néologique.*

IX.

Suppression des entrées. — Ruine du commerce. — Disette d'argent.
Le Vaudeville. — Prostitution. Les *Pornographes*. Arrêtés de la Commune.
Immoralité.

Grande joie! — D'abord, la veille, le dernier jour d'avril 1791, plantation d'un mai au roi, avec l'inscription amphigourique : *Sous le règne de Louis XVI le Bien-Aimé, la nation nous a donné notre liberté*; puis, à l'Assemblée nationale, second mai à la nation, pavoisé comme le premier de tous les rubans des rues au Fer et Saint-Denis. A minuit, un coup de canon : c'est le décret de la suppression des droits dont l'effet commence; troupeaux de bœufs et de moutons, voitures de vin et de marchandises, qui attendaient depuis quelques jours, débondent dans les faubourgs, couronnées de branchages; tout coule, tous boivent. Tout un peuple se *gogaille*, apaisant, à même des tonneaux, sa soif insatiable. «Vive l'Assemblée nationale!» — c'est une longue clameur qui monte, dans la nuit, de cent mille lèvres toutes rouges et humides de gros vin. Jusqu'au matin durent les saturnales, où le Bacchus populaire fête la liberté des cabarets. Au vent frais du matin, toute la plébée va aux ports : les bateaux, entrés en franchise, couvrent la rivière, ornés de rameaux verts entremêlés de rubans. L'ivresse est refouettée de ripopée, et repart. Sur le soir, elle remonte à la barrière d'Enfer, à la Courtille, au port Saint-Paul, aux Halles. Aux buffets des Ramponeaux, gorgée de viande, de cervelas, de pain et de vin, elle se rue par la ville, hurlant, reprenant haleine avec l'eau-de-vie, plantant des arbres, accrochant des lanternes aux branches, lançant des pétards dans les jambes des bourgeois, — kermesse de la révolution[1] !

Voilà la bière à 3 sols le pot et le vin à 6 sols la pinte; voilà, d'autre part, pour la pipe du peuple, cent débits où le tabac, affranchi de droits, coûte : bout à huit longueurs, Hollande pur, 38 sols la livre ; Virginie pur, 35 sols; moitié Hollande, moitié Virginie, 34 sols ; tabac à fumer en rôle, 32 sols ; tabac Scaferlaty frisé à fumer, en paquets de demi-livres, 34 sols[2] ; — voilà Péreyra et Compagnie, qui ont déjà ouvert, *Au Bonnet de la Liberté*, rue Saint-Denis, 413, leur magasin de cigares de la Havane et de la Martinique[3]. Voilà le peuple content de sa vie moins chère et s'avisant fort peu comment l'on pourra payer lanternes, guet et pavés. Ç'avait été le point capital des doléances du peuple, à l'ouverture des états généraux, que ces droits de barrières : « Être obligés de payer une pauvre bouteille de vin 12 sous!... Une s..... bouteille de misérable vin de Suresne ou d'Argenteuil baptisé, et frelaté de mille histoires par-dessus le marché, paye aussi cher qu'une bouteille de leux bon vin de *Beaume!*... N'est-il pas encore

1. *Les Sabbats jacobites.* 1791.
2. *Les Petites Affiches.* Février 1792. — 3. *Id.* Avril 1792.

bien endévant de ne pouvoir se mettre sur la conscience un pauvre poisson de rogomme sans débourser 4 sous?... Faut-il pas s'ravigoter le cœur en avalant la goutte de c't'affaire!... Pas moins faut vous parler d'un autre droit; ils l'appellent comme ça le *pied fourché*; avec cette invention, ils font sur la viande comme pour le pain. C'est benheureux quand le boucher nous la pèse pour 10 sous la livre... Et le beurre, les œufs, le poisson salé, etc., etc.[1] »

Le procès est gagné. « Les *rats de cave*, messieurs les volontaires du royal souterrain de prendre leur sac et leurs quilles, » et la mine de messieurs les millionnaires de la place Vendôme de s'allonger[2]. Un calcul ayant pour base 50 millions, résultat présumé de la population de Paris estimée six cent mille âmes, établit que chaque contribuable gagnera 100 livres par an à la suppression de l'octroi. Le mur d'enceinte, « ce mur qui rendait Paris comme Clamart, » ce mur déjà menacé par les combats des contrebandiers et des chasseurs, est promis à la démolition; et les quatre-vingt-seize panthéons, « ces biaux châteaux de pierre qu'on y a mis tout à l'entour, à chaque pas, » un patriote d'antithèses veut que, vendus comme biens nationaux à la clôture de la constitution, ils deviennent des maisons de campagne, des guinguettes, et que « la caverne de l'impôt devienne la maison de joie[3]. »

Le commerce est mort. — Tout à l'heure il y avait en France une noblesse superbement riche, rentant la mode, couvrant d'or toutes les nouveautés de son goût, imposant

---

1. *Cahier des plaintes et doléances des dames de la Halle.*
2. *Cahier des plaintes et doléances de messieurs les commis de la volaille.* — *Jérémiades des fermiers généraux.*
3. *Chronique de Paris.* Février 1791.

à l'Europe obéissante les caprices de ses dépenses, déversant en magnifiques prodigalités les pensions de la cour, salariant sans compter ce cortége de tous les arts et de tous les luxes, qui était sa compagnie et son milieu; de ses centaines de mille livres de rente, de ses fortunes immenses, alimentant jusqu'au grand commerce des petites choses de Paris, qui n'existaient que par elle et pour elle; faisant vivre vingt mille ouvriers avec le galon de ses livrées et la peinture de ses armoiries[1]; épuisant, pour ses femmes, pour ses maîtresses, la création, l'invention des fabricants de la France. — Qu'est maintenant cette noblesse, privée de ses pensions, dépouillée de ses priviléges, chassée de ses charges, obligée de veiller sur ses revenus, sommée d'être économe par les circonstances? — Il y avait tout à l'heure un clergé fort de dix-huit archevêques, de cent dix-huit évêques, de onze mille huit cent cinquante chanoines, de quatorze mille bénéficiers, de quatre mille enfants de chœur, de quarante-quatre mille curés, de cinquante mille vicaires, de soixante mille employés aux séminaires et colléges, de dix-sept mille moines mendiants, de quatre-vingt mille religieuses; un clergé possesseur de six cent vingt-deux abbayes, rapportant depuis 1,200 jusqu'à 400,000 livres de rente[2]; un clergé dont le revenu annuel était estimé plus d'un milliard[3]; un clergé propriétaire d'une partie du territoire de la France; par Brienne, tenant l'archevêché de Sens, l'abbaye de Moissac, l'abbaye de Saint-Ouen de Rouen, de Corbie, de Saint-Wandrille et l'abbaye de Basse-Fontaine; par la Rochefoucauld, tenant l'archevêché de Rouen, l'abbaye de Cluny,

---

1. *Bon Dieu, qu'ils sont bêtes, ces Français.*
2. *Les Contemporains*, de 1789 à 1790 par Luchet. Vol. I.
3. *Le Clergé dévoilé.*

l'abbaye de Fécamp ; par Jarente, l'évêché d'Orléans, l'abbaye d'Aisnay, de Saint-Éloi de Nyon. Où sont-ils maintenant tous ces prélats à grands laquais, à voitures dorées, à filles entretenues, subventionneurs de l'Opéra avec cette feuille des bénéfices, sur laquelle il y avait quelquefois deux millions de revenus à distribuer en une seule matinée[1] ? Où sont-ils ces abbés Maury, riches de huit cents fermes, et qu'un journaliste surprenait en une matinée délicieuse, en un déjeuner charmant, au milieu de ces beaux fauteuils, de ces tapisseries de point à personnages gracieux, couchés sur des chaises longues « que Vénus aurait imaginées, » le regard voluptueusement chatouillé par ces nudités de la plus fine porcelaine de Sèvres, ce mobilier colifichet recherché du plus bel acajou, cette pendule dorée d'or moulu, et représentant *Vénus contemplant Adonis expirant*[2] ? Il y avait, sur les molles bergères à coussinet d'édredon, tout un monde d'abbés et de grands vicaires, arbitres de la toilette, de la mise, du mobilier, de la voiture, tout un monde de délicats faiseurs de modes, pratiques sonnantes du Palais-Royal, accréditant près du public toute nouveauté de goût, habitués du parfumeur Mailhe : c'étaient des raffinés, des émérites de point et de dentelle, des professeurs de folle dépense, une école de la vie coquette, du plaisir des yeux, du facile emploi de l'argent, un vivant panégyrique des mille commerces de la

---

1. *Vie privée des ecclésiastiques, prélats et autres fonctionnaires publics qui n'ont point prêté leur serment sur la constitution civile du clergé.* — *L'Observateur.* Octobre 1789. — *Lettre de Rabelais aux 94 rédacteurs des Actes des Apôtres.* — *Les œufs de Pâques des demoiselles du Palais-Royal au clergé.* — *Les Mouches cantharides nationales.*

2. *Les souliers de l'abbé Maury.*

civilisation et de la corruption. — Où est-il, le clergé? Ses hauts dignitaires sont à présent des évêques constitutionnels à traitement. La jolie meute des abbés, des grands vicaires, les décrets de l'Assemblée nationale l'ont faite se débander. Et ces gentils sermonneurs de sopha, ces mignons abbés de Pouponville, ils sont condamnés à faire tomber la jolie frisure sous les ciseaux d'ordonnance, à quitter le manteau court pour la soutane de laine, à apprendre le catéchisme qu'ils ne savent pas, et à le répéter aux enfants de la campagne [1]. Même le casuel, cette bourse toujours pleine où puisaient à deux mains les *bombanciers*, le casuel et ses mille impôts, dixmes, baise-main, baptêmes, messes basses, mariages, obit, et les anniversaires, et l'acquit des fondations, ce *puteus viventium* qui rapportait à l'église métropolitaine, par an, plus de 50,000 écus[2], — le casuel est en grande souffrance[3]. — Il y avait encore une finance chez laquelle le Mécène avait fait pardonner le Plutus, et qui avait réhabilité ses richesses en les faisant servir à l'encouragement de l'art, du commerce et de l'industrie. Elle avait rajeuni le vieux Paris avec ses demeures royales, ses hôtels à belles façades, tout ciselés et tout dorés en leurs curieux appartements. La suppression de la gabelle, des entrées, l'avenir, font trembler la finance : ses deux larges mains de Jupiter, laissant couler l'or, subitement se ferment, et bientôt disparaissent les Versailles de ces Turcarets de goût. « Déjà, — dit un almanach de 1790, — les magnifiques escaliers à rampe sont détruits, les superbes glaces brisées, les boiseries revêtues de vieux *lacq*

---

1. *Les Financiers réduits à la médiocrité.*
2. *Remarques historiques et critiques sur les abbayes*, par Jaquemart. 1792.
3. *Écoutez et croyez, bons habitants des casuels.*

ont disparu, et en place des meubles précieux qui excitaient l'indignation des sages, on ne voit plus que des chaises de paille et des murs[1]. » —Tout à l'heure il y avait la robe. En haut, la grande magistrature, les fortunes princières des d'Aligre et des Molé; au-dessous, la *robinocratie*, tout doucement parvenue aux habitudes de dépense; enrichis du Palais, conseiller tout agréable, président tout élégant, avocat tout ambré, et le procureur à belles manières, tous vivant honorablement et tranchant du marquis, comme mesdames leurs épouses tranchaient de la marquise. La conseillère avait loge à l'Opéra, au théâtre des Variétés, aux Bouffons Italiens, et baignoire au Délassement Comique[2]. Et pour la procureuse : « Où est Madame? demandait-on. — Elle est dans son appartement qui fait son reversi avec l'abbé[3]. » — Mortiers, hermines, robes éclatantes, revenus, sacs et épices, tout est à vau-l'eau. Bourses plates, cordons serrés; l'avocat renvoie son laquais, sa femme renvoie sa gouvernante et sa femme de chambre. M. le procureur garde un seul clerc domestique, des dix qu'il avait; la procureuse ne porte plus que des bonnets d'un écu[4]. M. le procureur « ne donne plus de galas, et garde les restes précieux du Bourgogne, du Champagne, du Malaga, que les clients d'autrefois lui prodiguaient[5]. » — Et tous ceux-là qui vivaient de Versailles et par Versailles, que de fortunes taries! que de dépensiers à la portion congrue! Andouillé, le chirurgien du roi, qui, outre sa pension de 9,900 livres, en qualité de grand maître de

---

1. *Les Financiers réduits à la médiocrité.*
2. *Le trépas de la reine Chicane.*
3. *Le déménagement des Robinocrates.*
4. *Les Financiers réduits à la médiocrité.*
5. *Aux voleurs! aux voleurs!*

la barberie, prélevait 62,000 livres sur le produit des coups de rasoir donnés chaque an sur tous les mentons du royaume[1] ; — et le dentiste qui, à nettoyer les quinze bouches du château chaque semaine, se gagnait 30,000 livres et 104 serviettes de fine toile de Hollande toute neuve[2] ; — et le perruquier Léonard, qu'on avait vu crever six chevaux pour aller mettre des papillotes à Versailles, et perdre 50,000 livres sur la caution de son peigne[3] ! — et tous les autres !

La riche bourgeoisie, dont un contemporain dit : « Rien ne lui échappe, ni les fleurs d'Italie, ni les sapajoux d'Amérique, ni les figures chinoises, » la bourgeoisie qui *par les infiniment petits allait au grand*[4], la bourgeoisie qui payait dans la société son large écot de dépenses, est réduite à la misère et subsiste de son mobilier qu'elle vend.

Le commerce parisien est donc tué[5]. Ce commerce du superflu, de l'inutile, de la fantaisie, du rien, de la récréation de l'œil, de la distraction des sens fatigués, est brusquement arrêté par cette disposition de tous, volontaire ou forcée, *à conserver, à suppléer, mais à ne plus acquérir*[6]. D'ailleurs, quelques-uns ne veulent-ils pas que la nuit du 4 août ait aboli les priviléges d'invention ? Et l'industrie ne réclame-t-elle pas de l'Assemblée nationale, sans qu'on daigne lui répondre, une législation conforme à celle des patentes anglaises ? La fabrique ne renouvelle rien. Le petit commerce porte ses effets au mont-de-piété. Il y a déjà au mont-de-piété, le 10 octobre 1789, 3 millions d'objets

1. *L'Observateur.* Décembre 1789. - 2. *Id.* Janvier 1790.
3. *Discours de la Lanterne aux Parisiens.*
4. *Dissertation critique et philosophique sur la nature du peuple.*
5. *Je perds mon état, faites-moi vivre.*
6. *Correspondance de quelques gens du monde sur les affaires du temps.* 1790.

au-dessous d'un louis[1]. Il y aura en 1790 soixante mille contraintes par corps prononcées à l'audience des consuls depuis juillet 1789[2]. Et ouvriers tailleurs, tapissiers, selliers, éventaillistes, enlumineurs, bijoutiers, orfévres, joailliers, gaziers, peintres, doreurs, passementiers, batteurs d'or, galonniers, perruquiers, étuvistes, chapeliers, marchandes de modes, de soie, horlogers, plumassiers, médaillonistes, miroitiers, sculpteurs, ébénistes, papetiers[3], sont réduits à prendre une pioche et une pelle pour aller travailler sur les grands chemins, et y gagner 20 sols par jour[4]. Les orfévres se font ouvriers en sabres. Un patriote en prend son parti, se demandant si les mains qui travaillent le luxe, les mains aristocrates qui peignent un char voluptueux, qui montent un diamant avec goût, qui ajustent une mode nouvelle, « si les mains de ces artisans maniérés sont les mains du peuple[5]. » Et non-seulement le commerce du luxe, mais le commerce tout entier s'arrête court. L'atelier de charité ouvert à Montmartre monte de deux mille individus à dix-huit mille. La place Vendôme est tumultuairement occupée par des ouvriers qui demandent de l'ouvrage.

C'est que l'industrie française, cette industrie qui opposait victorieusement aux lainages et aux cotonnades de l'Angleterre ses produits manufacturés à Sedan, Louviers, Elbeuf, Marseille, Rouen, Amiens, Abbeville; cette industrie qui rivalisait avec les fers, les aciers, les cuivres, les métaux travaillés de toute l'Europe par la fabrication du

---

1. *Chronique de Paris.* Octobre 1789.
2. *L'Observateur.* Juillet 1790.
3. *Rendez-moi mes boucles.* — *Journal de la Cour.* Mars 1791.
4. *Eustache Ramponeau aux Français.*
5. *Dissertation critique sur la nature du peuple.*

faubourg Saint-Antoine, de la Charité, de Saint-Étienne ; cette industrie qui fournissait le monde des toiles peintes de Jouy, de l'Alsace, de Rouen ; cette industrie qui habillait, coiffait, parait, gantait la civilisation européenne des linons et des batistes de Valenciennes, de Saint-Quentin, des soieries de Lyon, des chamoiseries de Grenoble et de Chaumont, de la chapellerie et de la rubannerie de Paris ; cette industrie qui avait fait d'Orléans l'endroit de la terre où se raffinait le mieux le sucre, de Dunkerque l'endroit où se préparait le mieux le tabac ; cette industrie française, si proche voisine de l'art aux Gobelins et à Sèvres, qui royalement pourvoyait les cours étrangères de leurs tapis et de leurs porcelaines ; cette industrie entre en une longue saison morte. Contre les Gobelins il s'élève une voix qui se plaint que 100,000 écus soient donnés pour enrichir des fripons, des intrigants, et vingt-cinq ouvriers qui emploient douze livres de soie au travail d'une tapisserie qui reste quelquefois quinze ans sur le métier. La manufacture de Sèvres qui, à sa dernière exposition au Louvre, en 1789, avait envoyé cette admirable cheminée[1] qui pourrait bien être la cheminée payée 18,000 livres par Mirabeau et offerte à madame le Jay[2], la manufacture de Sèvres était accusée de coûter à la France 200,000 livres « pour quelques services de porcelaine que le roi offrait aux ambassadeurs. » Dans toute la Normandie, la fabrication des rouenneries interrompue, les métiers brisés lors du passage de Bordier : l'Angleterre, qui l'emporte déjà sur nous pour le blanc et le satiné du basin, poussant les ouvriers à cette dévastation pour tuer la concurrence de nos toiles et de nos cotonnades ; — à Lodève, la manufacture de draps de livrées qui employait à elle seule cinq mille ouvriers, fer-

1. *Feuille du jour.* Janvier 1791. — 2. *Mirabélique.*

mée, et les cinq mille ouvriers sur le pavé ; — les fabriques de batistes de Valenciennes et de Saint Quentin suspendant leurs travaux[1] ; — le déficit des assignats faisant perdre aux manufacturiers leur gain dans le prix du transport, toutes les manufactures chômant ; — un peuple d'ouvriers sans pain descend vers Paris. Mille avis s'ouvrent : on propose de leur faire dessécher et défricher les cinq cent mille arpents d'étangs dont le poisson nourrissait les monastères, les jours maigres.

Le carnaval défendu[2], cette folie qui animait et avivait le commerce, tous ceux qui avaient habitude de gagner leur pain chez Lambert et Renaudin, les fameux costumiers, ne savent où le trouver ; et la caricature représente l'artisan maigre au travers d'un vêtement transparent d'usure, avec cette légende : *Je suis libre*[3].

Vainement le patriotisme tentait de réveiller le commerce en proscrivant les objets d'importation anglaise ; vainement les femmes s'engageaient dans les journaux à ne plus se servir que d'objets de fabrique française, exhortant les hommes à les imiter ; vainement, pour combattre la vogue des papiers peints anglais, l'attention publique était appelée sur les papiers peints de Hubert, à défaut de ceux de Réveillon ; le commerce ne renaissait point. D'ailleurs, en dehors de la crise révolutionnaire, il avait reçu de l'abolition des maîtrises et des jurandes un trop complet ébranlement, pour si tôt se rasseoir. Ce subit bouleversement du mode de l'ancienne industrie, ce trouble dans la main-d'œuvre, un journaliste qui n'est pas suspect en cette question, Marat, le déplorait ; et voici comme il appréciait cette mesure, jugée par lui désastreuse : « Avec

---

1. *Dictionnaire néologique.* — 2. *Le général Lapique.*
3. *Journal de la Cour.* Février 1791.

cette dispense de tout noviciat, les ouvriers ne s'embarrassent plus du solide, du fini... les ouvrages courus, fouettés... je ne sais si je m'abuse, mais je ne serais pas étonné que dans vingt ans on ne trouvât pas un seul ouvrier à Paris qui sût faire un chapeau ou une paire de souliers[1]. »

Ce n'est d'abord qu'un susurrement timide, et un murmure à l'oreille : *Vous faut-il de l'argent, monsieur? venez par ici sur le coin de la borne.* — Et les écus comptés, six pour cent de retenue[2].

Dans les derniers mois de 1790, le murmure est une grande voix, et la question discrète un commerce au plein jour ; et la rue Vivienne est le coin de la borne. Le discrédit des assignats auquel poussent des mains mystérieuses, le besoin de numéraire de ceux qui partent, tout est fortune pour cette banque usuraire de la révolution. Et le *quartier des Arabes*, comme on appelle la rue Vivienne, est le plus vivant, le plus agité, le plus remuant quartier de Paris. Les filous se mêlent aux marchands d'argent ; et parmi tous ces habiles, des brutaux « vont par trop au devant des poches, » — ce qui donne à Collot d'Herbois l'idée de sa petite comédie des *Portefeuilles*, jouée au théâtre de Monsieur le 10 février 1791.

Au perron de la rue Vivienne, les marchands règnent[3] ; et malheur à qui dirait là : « L'argent haussera toujours jusqu'à ce qu'on ait pendu un marchand d'argent ! » — il serait assassiné comme ce bijoutier qu'ils ont poignardé[4].

1. *L'Ami du peuple.* Mars 1791.
2. *Les Vendeurs d'argent ou les deux portefeuilles*, comédie en deux actes. Théâtre de Monsieur, rue Feydeau. 10 février 1791.
3. *Aux voleurs! aux voleurs!*
4. *Révolutions de Paris.* Janvier 1791.

Ils règnent si bien que le pâtissier Gendron, faisant l'encoignure du Perron, qui, sur ses plaintes qu'ils obstruaient sa boutique, est menacé par eux, tremble et vend son fonds[1]. La panique, les menées font baisser l'assignat, monter l'argent. — Aux cabarets des villages, des hommes qu'on ne connaît pas et qui ne sont pas de l'endroit, racontent mille histoires de portefeuilles brûlés, et jettent l'alarme sur ces chiffons de papier qu'une étincelle peut dévorer[2]. Les gros fermiers sont conseillés d'avoir deux prix pour le bétail et le blé, l'un en argent, l'autre en assignats, avec 20 pour 100 de plus pour ce dernier mode de payement. Voilà des moqueurs qui distribuent le prospectus d'une *compagnie qui échangera les assignats en monnaie sans aucune perte,* sous le nom de *Compagnie d'allégeance,* le protectorat de Necker, la direction du cardinal de Rohan, du vicomte de Mirabeau, du duc de Chaulnes, et des demoiselles Bertin, Adeline, Contat et Gavaudan. Beaucoup de riches réalisent en argent leurs billets de caisse. Aux barrières, des gens apostés se présentent aux conducteurs de chariots, leur donnent du papier contre leur numéraire pour payer les entrées, et un écu de six livres en outre pour cet échange[3]. Les sieurs Mercier neveu et Chéret, fondeurs *au Chariot d'or,* rue Saint-Germain-l'Auxerrois, fondent nuit et jour, dit le public, de l'argent en lingot[4], et en septembre 1790, Marat fait monter à un milliard l'argent disparu depuis la révolution[5]. Dès les débuts de la crise, le louis se payait 30 sols; et les révélations des ouvriers de la Monnaie, disant que les nouvelles pièces de 15 et 30 sols ne valent pas plus de 6 à 12 sols, ne sont pas de nature à le faire moins valoir.

---

1. *Dictionnaire néologique.* — 2. *L'Ami du peuple.* Octobre 1790.
3. *Chronique de Paris.* Janvier 1790.
4. *L'Ami du peuple.* Novembre 1790. — 5. *Id.* Septembre 1790.

Chaque jour les espèces montent; et ce serait le meilleur des commerces que celui de vendeur d'argent, sans le peuple qui, s'en prenant à la rue Vivienne du peu de confiance aux assignats et de la rareté des espèces, assaille de temps à autre le club des louis et des écus. L'argent est à 12 pour 100. Les menaces de lanterne deviennent si vives, « les motions de corde » si énergiques, la milice nationale a tant de peine à arriver tout juste avant leur exécution, que, en 91, les vendeurs d'argent se sauvent rue des Vieux-Augustins. Là, tapis dans des allées noires, « ils vous offrent de l'argent avec le même mystère que les demoiselles en demandent[1]. » L'argent est à 17 pour 100[2]; et un officier général allemand dit assez plaisamment : « J'ai perdu 25 louis en or, j'en ai gagné 50 en assignats; je ne sais pas si j'ai gagné. » Alors les domestiques payent les fournisseurs avec du papier et vendent les écus donnés par le maître[3]. Beaucoup de marchands en détail livrent chaque soir le produit de leur vente aux vendeurs d'argent[4]. L'Observateur accuse un M. Dupuis, marchand de bas, vis-à-vis la rue Vivienne, d'avoir vendu 4 à 5 millions d'espèces à 12 livres le sac[5]. Tout cet argent qui fuit exaspère le peuple; et sitôt qu'un acheteur lui dénonce un vendeur qui porte l'argent plus haut que ses confrères, le peuple empoigne le malheureux, le porte à la grille des Petits-Pères, prépare le nœud coulant, et ne se dessaisit de sa victime qu'à l'arrivée d'un détachement d'uniformes bleus[6]. Il n'est pas mieux disposé pour ceux qui font baisser les papiers. « Le 8 avril 1791, le public présent à la

---

1. *Feuille du jour.* Février 1791. — 2. *Id.* Octobre 1791.
3. *Les Vendeurs d'argent.* — 4. *Feuille du jour.* Février 1791.
5. *L'Observateur.* Janvier 1790.
6. *Feuille du jour.* Mai 1791.

Bourse s'étant aperçu que les soixante agents de change privilégiés jouaient à la baisse les papiers ou effets nationaux, et qu'à chaque minute ils en diminuaient la valeur sans raison, a interrompu le jeu : — A la porte, ces brigands, ces coquins ! — Et alors, ils ont joué à la hausse. »

Le 10 août 1791, le théâtre de la rue de Feydeau, ci-devant de Monsieur, affichait : *Attendu la rareté de la monnaye et la difficulté de s'en procurer, le public est prévenu que le billet pris, on ne rendra pas l'argent*[1].

Louis d'or, gros et petits écus disparaissent : Firmin Didot est obligé de payer ses ouvriers avec des billets portant sa signature[2] : en vain l'assignat descend aux petites coupures; en vain des billets de caisse patriotique de 15, 10 et 5 livres sont émis, en même temps que des billets de section; les malveillants prêtent ce dialogue aux papiers rivaux : « *Les billets patriotiques.* Gueux que vous êtes, où est votre caution, à vous? Qui sont ceux qui vous signent? Ils n'ont pas quatre sols vaillants. — *Les billets de section.* Qu'est-ce qui connaît votre Vitalis? — Ne savons-nous pas qu'avec les assignats de 50 et 100 livres, les vôtres accaparent les suifs, les sucres, les cafés, pour y mettre ensuite le prix qu'ils voudront[3] ? »

Les faux assignats viennent encore augmenter le discrédit de l'assignat. L'étranger en jette en France une masse énorme, — l'Angleterre surtout qui bientôt les affichera : à 35 francs les mille livres. En France, il est mille fabriques actives : à Passy, il en est saisi pour quinze millions, prêts à être émis[4]; et les faussaires sont de tels artistes, que la planche de Guillot, de Verdun, le libraire

---

1. *Petites Affiches.* Août 1791.
2. *Chronique de Paris.* Mai 1791.
3. *A deux liards.* — 4. *Annales patriotiques.* Mars 1792.

exécuté, est employée et sert à la Monnaie[1]. Et les *Prophéties pour les huit derniers mois de l'année* 1792 trouvent presque crédit à prophétiser « que les assignats en mai perdront 60 pour 100, et continueront à perdre dès les derniers jours de juillet où, pour un écu, on en aura une tenture d'appartement. » — En janvier 1792, les marchands d'argent sont relégués sur la place des Victoires.

En août, l'argent est à 30 pour 100, et les marchands refusent de prendre un assignat quand il y a un appoint à rendre. Dès 1789, écoutez les doléances des négociants : « Il y a quinze jours, — écrit l'un qui déclare ne plus vouloir continuer son état, — j'ai été obligé de donner 30 livres pour avoir en argent comptant un billet de 1,000 livres, et pendant décembre mes comptes montent, pour échange de billets, à 336 livres[2]; » et figurez-vous les embarras, le malaise, la ruine du commerce dont on proteste la signature quand il n'offre que du papier pour payer, dans cette baisse et cette hausse contraire des deux signes représentatifs de la fortune publique !

Et tandis que la France courait à la banqueroute; tandis que tout allait en *s'envilainissant,* — disait une dame[3]; — que le présent alarmait, que l'avenir menaçait, voilà, — c'est une providence, — une gaieté qui est venue. Une muse arrive, muse leste, jupe courte, lutine personne, la muse à pied d'Horace, papiers de famille si mal en règle, que le nom de son père n'est pas bien net, et que les uns le lisent : Molière, et les autres : Turlupin. A sa venue, tous les yeux se lèvent des gazettes : elle fait presque ou-

---

1. *Mémoires de Fauche Borel.* 1829.
2. *Le Diable boiteux à Paris.*
3. *Mémoires de Lombard de Langres.* Vol. II.

blier la peur aux uns, la colère aux autres, la politique à
la France. Un joyeux fredon aux lèvres, une ironie dans
l'œil, la belle a le singe de la Comédie à ses pieds, et les
grelots de la Folie en main. C'est Piis, c'est Barré, les poëtes
légers des *Quatre Saisons*, qui l'amènent et la présentent
aux Parisiens, la petite muse puinée de Thalie : le Vaudeville[1] ! — La musique italienne, le drame, les pièces à
sentiments, ont usurpé toutes les scènes ; et nous, — disent
Piis et Barré, — la musique italienne a fait son temps, le
drame est dans la rue et le sentiment est un ci-devant, —
nous fondons le théâtre du Vaudeville ! Opéras, vaudevilles,
pièces à vaudevilles de la gaie confrérie, de Piron, de Panard, d'Anseaume, de Dorneval, de Vadé, triomphateurs
de la foire Saint-Laurent ! A nous, à nous, l'anecdote du
jour, la chanson jouée, le ridicule d'hier qu'on fustigera à
tour de marotte ! la nouvelle, l'épigramme dont nous ferons
un refrain ? le Vaudeville, comédie à fleur de rire, libre fantaisie, raillerie-impromptu soutenue de musique ! Quand
la France mourrait, égayons son lit de mort du dernier
couplet de la dernière chanson ! Aux drames noirs, tout
assaisonnés d'horreurs, aille qui veut ! Badinons le monde,
les inquiétudes, les anxiétés sociales ! Chantons dans l'orage ;
et peut-être après, petit vaudeville, seras-tu la consolation
et la vengeance ! — Le jeudi 12 janvier 1792, dans la salle
élevée rue de Chartres, par M. Lenoir, l'architecte de
l'Opéra de la Porte-Saint-Martin, dans la salle à quatre
rangs de loges, à fond bleu très-foncé, — les médaillons
des pilastres de l'avant-scène sourient au public accouru ;
ce sont les parrains du Vaudeville : Anacréon, Horace, les
Troubadours, maître Adam, et Marot[2]. Il n'est qu'Olivier

1. *Feuille du jour.* Avril 1791.
2. *Petites Affiches.* Janvier 1792.

Basselin d'oublié. — Tout un Olympe fripon descend dans la pièce d'ouverture *les Deux Panthéons*[1], à l'appel de Piis et Barré ; Momus y promet guerre ouverte à l'ennui ; et au mai enguirlandé du dénoûment, voici qu'il accroche le portrait de Piron, la mère Saumon le portrait de Vadé, et le Vaudeville le portrait d'Henri IV, — tous gais rimeurs, gais chanteurs, — rois ou poëtes !

La police, toute aux affaires politiques, toute aux rapports de conspirations aristocratiques, laisse grandir et régner la prostitution. La Vénus vénale, délivrée de la tyrannie des Quidor, prend la rue, elle prend le pavé, elle prend la promenade, elle prend l'entre-sol, elle prend la boutique, elle prend la maison, et l'Éros populaire aux servantes innombrables racole partout l'homme qui passe[2]. Le sang versé tous les jours, l'incertitude de vivre un lendemain fouettent dans les veines les fièvres lubriques, l'impatience des voluptés, jetant la fortune aux *castors* et aux *demi-castors*. Et dans Paris ensanglanté et hennissant, les jardins publics deviennent un salon de filles, les fenêtres une enseigne. On distribue des adresses d'ouvrières en linge ou en modes, qui mènent aux lieux de vice. De la rue Croix-des-Petits-Champs des invitations pour voir des tableaux de Hollande ou d'Italie sont données aux tout jeunes gens qui trouvent une Hollandaise ou une Italienne. Près de l'Opéra, un sérail de filles de douze, treize et quatorze ans, qu'on chasse quand elles en ont quinze. Sous les arcades, les charmes au vent, étalés ; aux entre-sols mal

---

1. *Les deux Panthéons ou l'inauguration du théâtre du Vaudeville*, par M. de Piis, fragments en 3 actes et en vers mêlés de couplets. Vaudeville de la rue de Chartres. Janvier 1792.
2. *Pétition des 2,100 filles du Palais-Royal à l'Assemblée nationale.*

fermés, des femmes demi-nues, dansant, et qu'on voit de l'allée ; les petits spectacles, « un repaire de petites prostituées gangrenées ; » des loges grillées, des boudoirs établis à tous les spectacles, « où l'on trouve des lits et des poêles ; » les actrices et baladines indécemment déshabillées en travestissement couleur de chair ; les acteurs, poussant à bout les traductions exactes du collant, traductions qui avaient fait fuir de leurs loges, au commencement de la révolution, les familles honnêtes abonnées[1] ; partout les estampes, les reliefs libidineux, la pâtisserie même, prêchant l'ordure ; les brochuriers des boulevards promenant dans leur petit coffre secret fermé à clef, les listes d'adresses, les almanachs de filles, dont l'un cause la mort d'une jeune fille près de se marier[2] ; et les alphabets de cynisme, auxquels s'abonnent les filles d'artisans du Marais, où vient puiser la courtisane, ou le coiffeur de la courtisane ; aux armées de la république comme à celles qui suivront, *Justine*, cette monstrueuse priapée, activant chez le soldat les brutalités de l'instinct, et le poussant aux réalisations de ses tableaux sans nom ; le violon Bellerose courant les rues de Paris, avec ses refrains obscènes[3] ; — les magasins de mode, et le premier de tous, le magasin *au Trait galant*, rue Saint-Honoré, véritables académies de prostitution ; rue Saint-Honoré, des filles se disant ex-religieuses, contant aux patriotes sensibles un beau roman de vœux forcés[4] ; — les Tuileries, le Luxembourg, les marchands de vin, les maisons des restaurateurs, les baigneurs, pleins de filles ; et les balcons meublés de filles « en jupons courts,

---

1. *Le Consolateur.* Janvier 1792.
2. *Dictionnaire néologique.*
3. *Chronique de Paris.* Février 1792.
4. *L'Horoscope.* — *Journal de la Cour.* Mars 1790.

les jambes croisées, retenant leur sein pour y attirer les regards ! »

Au cœur de Paris, le jardin Égalité, — où l'on voyait tout à l'heure l'accouplement de l'Illinois et de l'Algonquine, et le tarif affiché dans la salle immonde[1], — le jardin Égalité est le jardin-*lupanar*. Là se tient le grand marché de la chair; là, depuis neuf heures du soir jusqu'au milieu de la nuit, des centaines de filles de douze à quarante ans recrutent, l'œil effronté, l'éventail en jeu, et font étal de leurs appas, de leurs mines, de leurs toilettes. Elles rôdent dans les allées, en *sœurs promeneuses*; elles emplissent les galeries; elles font leur quartier général des fameux « promenoirs en bois, » qu'on appelait tout à l'heure le *Camp des Tartares*. Les deux allées des promenoirs, c'est une foire riante et continuelle; et le long des boutiques de fripiers, de libraires, de marchands de jouets d'enfants, de papetiers, de marchands de saucissons, de faïences, de lingères, de fruitiers, de marchandes de modes, le long de tous ces portiques ornés de draperies feintes, resplendissants de lumières, il se fait chaque soir un coudoiement énorme. Deux à deux et se donnant le bras, les libertins fendent, riant et folâtrant, la cohue des prostituées, dont les unes traînent à leurs côtés une vieille ou une servante, dont beaucoup se pavanent, et marchent seules, dans les insolences de leur jeunesse pourrie. Une rare et charmante gravure de 1787 représente ce bazar et montre la procession des impures « en beaux fourreaux, » en pelisses de satin bleu, bordées d'hermine. — La gravure n'a pas vieilli, et l'image est encore fidèle aux années dont nous parlons, hors en une chose : la révolution a découronné le front des

---

1. *Feuille du jour.* Avril 1791.

filles de ces chapeaux chargés de plumes et de fleurs; elles les a faites plus simples en leur mise; et au lieu de ces robes trainantes « vrais balais du Palais-Royal » dont elles s'enharnachaient naguère, les hétaïres en renom, la mulâtresse Dersi, l'Italienne, la Paysanne, Papillon, Georgette, Fanchon, Dupuis *la Chevalière, la Blonde élancée*, le chevalier Boulliote, les trois Téniers, qu'on nomme ainsi parce qu'elles ont trois Hollandais pour amants, Thévenin, la Colombe, la Chevalier, fille du bourreau de Dijon, portent des caracos simples, et leurs cheveux noués avec un ruban bleu[1]. — Mais toutes ces filles en troupeau n'étaient que la honte du jardin Égalité. Elles mettaient comme une loyauté impudique à se révéler, et à ne pas se cacher d'être une marchandise. Les courtisanes de second et de premier ordre, qui ne frayaient pas avec ces compagnes indignes ; cette douzaine de femmes, qui se faisaient courtiser pour se vendre, et qui se tenaient modestement assises dans le jardin, principalement aux environs du café Foy, étaient le véritable danger du jardin. Ces femmes, qu'on nommait par une antiphrase singulière *femmes du monde*, étaient l'écueil de la jeunesse. Elles usaient, pour qu'on s'y attachât davantage ou mieux pour qu'on les achetât plus, de tous les ragoûts de la prostitution ; elles jouaient le convenant du maintien et de la compagnie, et le décent de l'entretien ; et elles faisaient mentir tout leur corps et toute leur personne dans un paraître d'honnêteté, donnant à leur métier un vernis de tendresse, à la débauche un semblant d'intrigue. Une dizaine de ces courtisanes relevées était alors au jardin Égalité. Occupant d'ordinaire un petit ap-

---

1. *Almanach des adresses des demoiselles de Paris de tout genre et de toutes les classes, ou calendrier du plaisir.* A Paphos, etc., etc.

partement au second étage des galeries[1], elles menaient grand train, avaient bonne table, beaux meubles, domestiques, un négrillon pour les accompagner, et dépensaient environ 50,000 livres par an. Elles comptaient de vingt à trente ans, vivaient avec une amie moins jolie qu'elles, ou une matrone, se montraient rarement aux petits spectacles, mais fréquentaient l'Opéra, le Théâtre-Français où elles allaient, dont elles revenaient en remise. Les étrangers étaient la conquête qu'une femme de cette classe ambitionnait le plus, et à laquelle elle réussissait le mieux; elle était leur providence à tant par jour, ou par semaine, ou par mois, ou par quart d'année. Écoutez un Allemand : « Elle s'arrange avec un, deux, trois ou quatre étrangers pour une certaine somme, s'attache exclusivement à eux, elle visite avec eux les théâtres, les campagnes aux environs, les curiosités de la capitale, et devient une compagne de voyage amusante et expérimentée. Elle forme, comme en un collége, les jeunes gens, en les préservant des autres filles de son état, tient l'œil à leur garde-robe et à leurs achats, et les instruit du prix des choses : en un mot, elle lèche les jeunes ours d'Angleterre, bouchonne les rouges jouvenceaux de l'Allemagne, et donne du sang et de la souplesse aux animaux amphibies de la Hollande[2]. »

Ces reines publiques, c'étaient Latierce, la brune Saint-Maurice, *à la taille svelte, au pied pointu,* qu'on accusait d'être fidèle à un très-illustre marmiton de Huré, traiteur renommé; la Sultane et l'Orange. En ce petit groupe célèbre, en cette phalange des fées du vice, marchent au premier rang, dans le cortége des désirs, la Bacchante et

---

1. *Meine Flucht nach Paris im Winter* 1790, *von August von Kotzebue.*
2. *Ueber Paris und die Pariser*, *von Friedrich Schulz*, 1790.

la Vénus. La Bacchante a reçu son nom de la ressemblance
qu'on a voulu trouver entre elle et un tableau de bacchante exposé au Salon. Une charité a beaucoup servi à sa
fortune. Au Théâtre des Petits-Comédiens, un jeune acteur
s'étant blessé d'un coup de pistolet, la Bacchante s'élance
de sa loge sur le théâtre, prend l'enfant dans ses bras,
l'emmène chez elle, et le fait panser. Le lendemain, tout
Paris savait l'anecdote ; et les deux louis d'or que la Bacchante jeta dans un chapeau qui servait à faire une quête
au profit du blessé, « lui en rapportèrent mille autres. ».
La Bacchante « est une femme grande, brune, à taille élancée, avec des yeux d'amazone et une chevelure d'une
abondance que je n'avais encore jamais vue. Ses cheveux
noirs comme l'ébène frisent naturellement ; ils couvrent à
volonté son sein et ses épaules, et son chignon est si épais
qu'il laisse à peine voir son cou. Elle est plus grasse que
maigre, mais bien faite et régulièrement proportionnée,
avec de petites mains et des bras ronds et potelés, la figure
pâle, les dents blanches, la bouche petite, la toilette toujours nouvelle, toujours pleine de goût[1]. » — La rivale de
la Bacchante, la Vénus, avait fondé sa popularité sur un
nenni. Elle avait refusé, disait-on, le comte d'Artois. « La
Vénus n'est pas indigne de ce nom : c'est une brune
fraîche, délicate... Elle se montrait cet été dans un élégant
négligé de la plus fine mousseline, qui la couvrait légère-
ment, et permettait, à chacun de ses mouvements, d'admirer le jeu gracieux d'une taille déliée, des hanches et des
jambes. Son appartement compte parmi les plus élégants ;
ses adorateurs sont les plus riches et les plus beaux. Elle
chante et joue très-bien ; elle danse à ravir[2]. »

1. *Ueber Paris und die Pariser, von Friedrich Schulz*, 1790.
2. *Id.*

Cette prostitution, c'était la plaie du dix-huitième siècle, toute vive et agrandie par la licence des temps. Le dix-huitième siècle, avec son évangile de jouissance, et les facilités de sa morale passées de la petite maison du grand seigneur au plus bas peuple, avait semé le mal. En 1784, le père Élie Harel, dans *les Causes du désordre public*, comptait à Paris « soixante mille filles de prostitution, auxquelles on en ajoute dix mille privilégiées, ou qui font la contrebande en secret, » et il attribuait à cette immense population un revenu de 143,300,000 livres.

Les penseurs du dix-huitième siècle, effrayés des progrès du vice, en avaient cherché le remède. — De ceux-là qui crurent que, devant le service de l'humanité, je ne sais quelles pudeurs affectées doivent céder, que le réformateur est médecin, et que la *pornognomonie* est un rêve de raison, un code de lois essentiel à la vie des sociétés humaines, et la santé même physique et morale des sociétés, le premier fut Rétif de la Bretonne, cette tête, cette plume fécondes, ce Scudéry du ruisseau, cet impatient du bien public. Faisant la part de l'homme, le *Pornographe* n'abolit pas *le publicisme* des filles. Il l'accepte, mais il veut le régler. Il tente de faire naître de cette corruption même un bien « par un règlement pour les prostituées qui procurerait leur séquestration, sans les mettre hors de la portée de tous les états, en même temps qu'il rendrait leur commerce un peu trop agréable, mais sûr et moins outrageant pour la nature. » Il veut les filles publiques enfermées dans des maisons « commodes et sans trop d'apparence, » maisons placées sous la protection du gouvernement, et qu'il nomme *parthénion*; à chaque *parthénion*, un *conseil* composé de douze citoyens remplis de probité, qui auront été honorés de l'échevinage dans la ville de

Paris, du capitoulat ou de la qualité de maire, dans les autres grandes villes ; au-dessous des douze citoyens du conseil, des *gouvernantes,* qui recevront chaque jour de la superieure des sommes nécessaires à l'entretien des filles, et aux réparations intérieures ; toute fille reçue au parthénion, sans aucune information sur sa famille ; le parthénion, un asile inviolable : « les parents ne pourront en retirer leur fille malgré elle. » Ces prémisses posées, Rétif se perd en mille enfantillages de détail, en des conjectures d'un ingénieux raffiné et sans portée, en une énumération de minuties d'une risible puérilité. Ce sont à chaque parthénion une cour et deux jardins, « où il se trouvera différentes entrées masquées par des arbres, des bosquets et des treillages, afin qu'on puisse se glisser sans être remarqué aux endroits où se trouveront des bureaux semblables à ceux de nos spectacles, » et portant un tarif. Chaque article du *pornographe* est ainsi plein d'inventions romancières, plaisantes parfois ou bizarres, décrets d'imagination tout ridicules d'impraticable : ici les filles les plus belles occuperont le côté du corridor chiffré 1 ; là, toutes les filles devront être rassemblées huit heures par jour dans deux salles : « Elles y seront, — dit Rétif, — assises, tranquilles, occupées de la lecture ou du travail à leur choix : chaque place sera marquée par une fleur différente, qui donnera son nom à la fille qui l'occupera : ainsi celles dont les places seront désignées par une rose, une amaranthe, du muguet, des narcisses, etc… se nommeront Rose, Amaranthe, etc. » Le parthénion imaginé par Rétif ne déparerait pas l'utopique Salente de Fénelon. — Autre part, il est interdit aux filles « d'avoir jamais aucunes odeurs, de mettre du blanc ou du rouge, de se servir de pommades pour adoucir la peau, étant reconnu que tout cela ne donne qu'un éclat factice, et détruit la beauté naturelle. » Aatre part, ce sont des recommandations pour que les filles soient conduites aux théâtres de la capitale « en voitures exactement fermées, et les loges qu'elles occuperont, garnies d'une gaze. » — Revenant un moment au sérieux de sa thèse, aux filles auxquelles « les exercices de la maison » élèveraient l'âme, et qui formeraient le dessein de vivre désormais en filles d'honneur, Rétif les faisait encourager par le conseil dans cette bonne résolution. L'administration devait leur servir de parents, ou les réconcilier avec les leurs et leur rendre enfin tous les bons offices « que la raison et l'humanité prescriront. »

Mercier, dans *l'Observateur de Paris*, se payant moins d'illusion, cherchant plus à faire le vice inoffensif, qu'à le faire honnête, n'ayant pas, comme Rétif, la bonhomie de descendre à ces détails de danses, de concerts, de leçons de musique, qui feraient d'un Parthénion aux heures d'assemblée une abbaye de Thélème; Mercier, se berçant moins avec des rêveries d'occupations et de passe-temps galants pour *les tombeaux affreux qui dévorent des êtres vivants*, allumait un falot numéroté sur la fenêtre de ces trente mille filles publiques de Paris, « fléau des jeunes gens, perdant les hommes de tous les âges, de tous les états, appauvrissant leur esprit, épuisant leur fortune et leur santé. » Le numéro de chaque fille sera écrit en gros caractère à portée de la vue sur sa cheminée ou sa croisée. A toute dénonciation d'un particulier, indiquant le numéro de la fille, et jetée dans une des boites de la grande poste, la police enverra un chirurgien en visite, et jusqu'au certificat de guérison du chirurgien, le falot de la fille restera éteint.

En 1789, un *ami des mœurs*, contre les débordements

du scandale, à quelques mois du 14 juillet, réclame une législation sévère. Il demande d'abord, par une idée habituelle des utopistes, qui font résider la sauvegarde de la société dans l'uniforme ordonné à certaines de ces classes, il demande qu'on affecte aux demoiselles une couleur particulière, le noir avec un cordon vert liséré de rouge, les grandes plumes et le rouge. Citant, de ouï-dire, certaines chambres de la rue des Petits-Champs, qu'on ne souffre pas, — dit *l'ami des mœurs,* — que les salons de ces misérables entrepreneuses soient décorés de tout ce que Lampsaque pouvait imaginer de plus obscène aux mystères de Cotyto. Raser et renfermer toutes les dévergondées qui font montre de leurs seins nus; supprimer le salon des Beaujolais « qui n'est qu'un salon public de coureuses, » où le vice en cheveux blancs choisit et marchande; fermer Audinot, Nicolet, « qui ouvrent tous les soirs une école de mauvais goût et de lubricité qui déprave le peuple; » interdire aux filles les deuils de cour et les diamants; forcer toute demoiselle en chambre garnie ou dans ses meubles à avoir un métier, sous peine de six mois de Salpêtrière; leur interdire la livrée ou le manteau aux panneaux de leurs voitures, et frapper de 1,000 écus d'amende celles « qui oseraient se parer des armes de leurs amants; » fouetter à la Salpêtrière les malheureuses qui favorisent la prostitution des filles qui n'ont pas encore quinze ans; retenir à jamais celles qui se servent de breuvages et de fauteuils; enfermer pour la vie la mère qui vend sa fille; fermer les Tuileries et le Luxembourg, à la chute du jour, en toute saison; punir de prison ou de confiscation toute fille qui donnera à jouer; faire donner le fouet par la femme du bourreau *aux morveuses de dix à douze ans* qui s'introduisent au Palais-Royal; faire promener une sentinelle dans les corridors des spectacles, les portes des loges ouvertes, ainsi qu'il se fait à Marseille [1]; obliger le commissaire à lire tout haut aux filles un précis des maux de toute espèce qui les attendent au sein des plaisirs, sans oublier un tableau de la Salpêtrière, « à laquelle, — ajoute *l'ami des mœurs*, — je voudrais qu'elles fissent une visite de précaution; » établir un hospice des *Repenties*, où les filles lassées du vice trouveraient occupation, instruction, indulgence; interdire l'entrée des cafés, des restaurateurs et des tavernes, à toute personne du sexe; défendre les bals champêtres qui sont le rendez-vous de toutes les grisettes de la banlieue, où vont recruter les embaucheuses; enlever aux filles leurs enfants; enfin, assigner dans chaque faubourg un quartier aux filles, « afin que nos femmes et nos filles n'aient pas, en sortant de l'oratoire Saint-Eustache, » le spectacle de leurs manéges et de leurs agaceries [2]; — tel est l'ensemble du projet des mesures dont *l'ami des mœurs* réclame l'application, — projet draconien en quelques-unes de ses parties, mais pratique et réalisable.

« Fermez à l'instant les maisons de débauche! — crie un autre qui ne veut pas que la loi avoue l'homme. — Jetez dans les ateliers de basse justice les misérables créatures qui empoisonnent le crime et vendent le double venin des âmes et des corps... Balayez toute cette crapuleuse lie de vos villes infâmes! » — C'est l'abbé Fauchet qui parle ainsi dans sa *Religion nationale*.

Nul des *pornographes* n'est écouté; et la prostitution, sans frein, ronge le Paris de 1791, de 1792, de 1793, étalant son triomphe à toutes les vitres, se jouant de la pro-

---

1. *Petites Affiches*. Novembre 1790.
2. *De la Prostitution. Cahier et doléances d'un ami des mœurs.*

clamation de la municipalité du 21 janvier 1791 [1], montrant aux devantures des boutiques *la Marchande de pommes de terre* et mille autres crayonnages obscènes. La libre corruption de la grande cité devient si énorme et si apparente, que la révolution s'alarme des publics défis de l'impudeur. En 1792, pendant que Manuel fait ordonner à Audinot, par le commissaire de police, d'expurger ses pièces d'indécences, le conseil général rend les propriétaires responsables des délits commis par les filles dans la rue, et les frappe d'une amende de 25 livres. En juillet 1793, un moment on croit que le jardin Égalité va être vidé. Les grilles du jardin fermées, Henriot a rassemblé toutes les nymphes autour de lui. — « Citoyennes, — dit le général, — êtes-vous bonnes citoyennes? — Oui! oui! notre général! — Êtes-vous bonnes républicaines? — Oui! oui! — N'auriez-vous pas, par hasard, cachés dans vos cabinets, quelque prêtre réfractaire, quelque Autrichien, quelque Prussien? — Fi! fi! nous ne recevons que des sans-culottes[2]! » — Ces patriotiques réponses désarment quelques mois les sévérités toutes prêtes à sévir, et jusqu'à Chaumette, qui voulait déjà toutes les filles conduites à Pélagie et occupées à des travaux utiles[3]. Au *Club révolutionnaire des Arts*, Wicar dénonce les estampes qui représentent des sujets contraires aux mœurs, et demande qu'elles soient brûlées au pied de l'arbre de la liberté. Le citoyen Boilly, l'auteur des nudités dénoncées, comparaît et se justifie, disant qu'il n'a jamais dicté les titres qui sont au bas de ces estampes; que cela a été composé avant la révolution; qu'il a expié ses erreurs d'une composition un peu libre en exerçant

---

1. *Petites Affiches*. Janvier 1791.
2. *Courrier de l'Égalité*. Juillet 1792.
3. *Id*. Octobre 1793.

son pinceau d'une manière plus digne, et invite les artistes à venir vérifier dans son atelier [1]. Le club révolutionnaire des Arts avait dénoncé les images de la prostitution. C'est le procureur de la commune qui dénonce la prostitution elle-même, en octobre 1793, non point au nom de la moralité sociale, mais au nom de la liberté et de la révolution, qu'elle ébranle et compromet, non comme un mal grandi dans l'inattention de la municipalité et les bouleversements de l'État, mais comme un effort des corrupteurs du cœur humain, « les seuls et les plus fermes soutiens du royalisme et de l'aristocratie. » Ces progrès rapides et effrayants du libertinage, ce sont « ces monstres qui l'excitent sans cesse en offrant aux regards des républicains le vice couronné de fleurs, assassinant de ses mains immondes les mœurs des citoyens sur les autels du despotisme et de la royauté. » Sur l'avis du procureur de la commune, le conseil, considérant « que c'est sauver la patrie que de purifier l'atmosphère de la liberté du souffle contagieux du libertinage; » considérant « que s'il ne travaille pas sans relâche à consolider les mœurs, bases essentielles du système républicain, il se rend criminel aux yeux de la postérité, à qui la génération présente doit tous ses efforts pour anéantir les restes de la corruption monarchique et de l'avilissement de quatorze cents ans d'esclavage et d'immoralité; » le conseil de la commune nettoie à grands coups les écuries d'Augias. Il fait les rues, promenades, places publiques nettes de toute fille ou femme de mauvaise vie, qu'il menace d'arrestation et de traduction au tribunal de police centrale, comme corruptrice des mœurs et pertur-

---

[1]. *Journal de la Société populaire et républicaine des Arts*, par Detournelle. 9 floréal an II.

batrice de l'ordre public. Il défend à tous marchands de livres et tableaux, bas-reliefs, d'exposer au public des objets indécents, et qui choquent la pudeur, sous peine de saisie et d'anéantissement desdits objets; il prescrit aux commissaires de police une surveillance active dans les quartiers infectés de libertinage; il commande aux patrouilles d'arrêter toutes les filles et femmes de mauvaise vie qu'elles trouveront excitant au libertinage; et, instituant une police civile, où la réquisition de l'individu sera comme le zèle de la loi, le conseil appelle à son aide, pour l'exécution et le maintien de son arrêté, les républicains austères et amis des mœurs, les pères et mères de famille, toutes les autorités constituées, les instituteurs de la jeunesse, « *invite les vieillards,* comme ministres de la morale, à veiller à ce que les mœurs ne soient point choquées en leur présence et à requérir le commissaire de police et autres autorités constituées toutes les fois qu'ils le jugeront nécessaire, enjoint à la force armée de prêter main-forte pour le maintien du présent arrêté, lorsqu'elle en sera requise *même par un citoyen*[1]. »

Comme complément aux mesures rigoureuses de la commune, Nicolet, directeur du théâtre de la Gaîté, et un acteur sont arrêtés par ordre du comité de salut public, l'un comme coupable d'avoir fait jouer, l'autre comme coupable d'avoir joué une pièce obscène[2]. — Mais ce fut vainement que les bonnes mœurs furent décrétées, vainement que la Montagne mit *les vertus à l'ordre du jour,* l'immortelle prostitution survécut, et Rétif, qui avait fait son rêve de la réforme de l'infâme commerce, écrivait,

---

1. *Journal des spectacles.* Octobre 1793.
2. *Journal de Perlet.* Janvier 1794.

désespérant de la victoire : « ... Après avoir soigneusement examiné nos institutions, nos préjugés, nos mariages, après avoir vu l'essai de suppression absolue de la prostitution qu'ont fait deux hommes bien différents, Joseph II, en Allemagne, et Chaumette, procureur de la commune, lors de la terreur de 1793 et 1794, une conséquence fatale, déshonorante pour notre régime, s'est présentée. Malgré moi j'ai pensé : il faut des filles. O triste vérité ! me suis-je écrié avec douleur. Quoi ! il faut... ! J'ai recommencé mon examen : il faut... des filles ! Et je me suis rendu à l'évidence en gémissant[1]. »

Toutes les grandes immoralités triomphantes au plus haut échelon de la société, l'exemple de ces Gracques à l'enchère, de ces consciences vénales qui font monnaie du génie ou de la popularité, de ces gloires courtisanes, de ces hommes en vue dont si peu se font respecter par l'or de la cour ou les assignats de la révolution ; les conseils et le spectacle de l'assouvissement facilité des passions et des dépenses dépravées de la vie, dont de secrets et honteux marchés défrayent, avaient, dès le commencement de la révolution, encouragé le peuple au sans-pudeur de la dépravation ; et à cette école mauvaise des probités lâches devant la corruption et absoutes par la fortune, le cynisme des tribus était descendu dans les foules ; et la licence défie et moque la répression. Les crimes se multiplient. Il entre à la Conciergerie, en 1790, comme prévenus de crimes et de fraudes, quatre cent quatre-vingt-dix prisonniers ; il en entre, en 1791, onze cent quatre-vingt-dix-huit[2]. Le vol

---

1. *Catalogue d'autographes.* 13 mars 1843.
2. *Petites Affiches.* Janvier 1792.

grandit démesurément. La compagnie de Charlemagne des *brissoteurs* de portefeuilles étend ses opérations [1]. Des enfants deviennent les aides des voleurs; et, répandus par bandes de trente à quarante dans les galeries et le jardin du Palais-Royal, ils courent et bousculent les passants dont on dégarnit les poches [2]. Le vol dit *à l'américaine* prend naissance. Les voleurs deviennent impudents, et, pris sur le fait, ils crient: *à l'aristocrate* [3]! S'ils sont arrêtés, ils gouaillent les juges; marqués en place de Grève des lettres G L A, ils discutent d'un ton goguenard avec le bourreau leurs deux heures de séance au carcan, prétendant que l'horloge de la ville retarde, et quand l'heure sonne : « Bravo, camarade! finissons. » Puis marqués et rhabillés, le chapeau de liards placé à leurs pieds vitement ramassé, ils font signe à un fiacre et lui crient d'un ton allègre et railleur : « A Vaugirard! au *Cadran bleu* [4]! » — Il y eut même des femmes que la révolution jeta hors de leur sexe. La pudeur était déjà bien petite en celles qui, en 1791, remplirent la salle du Châtelet lors d'une cause de viol [5]. Elle était morte en ces malheureuses, à qui plus tard on fut obligé de lier les mains pendant leur exposition pour les empêcher de se trousser; morte en ces jeunes filles, condamnées pour assassinat, qui vont à la guillotine en chantant des chansons immondes [6]!

1. *Feuille du jour.* Août 1791.
2. *A deux liards.* — 3. *Le Nouveau Paris.* Vol. II.
4. *Feuille du jour.* Décembre 1791. — 5. *Id.* Juin 1791.
6. *Le Nouveau Paris.* Vol. II.

X.

Journaux. — Pamphlets. — Caricatures.

Il fait petit jour à peine. Ils sont déjà là, dans cette étroite rue Percée [1], à la porte du libraire Chevalier, serrés et frissonnants, les mendiants ambulants que la charité ne nourrit plus, les femmes et les filles sans condition, les laquais supprimés, les manœuvres sans ouvrage, les gagne-deniers sans occupation de Paris et des alentours. Ils sont là, attendant la grande distribution du journalisme. La boutique ouverte, les feuilles enlevées, chaque borne devient un comptoir où les gros accapareurs font une distribution ; et toute la grande famille des *proclamateurs* se lance dans la ville, l'emplissant de ses mille voix ; et un gros des siens, laissé sur le pont Neuf, à côté de l'âne chargé d'oranges [2], « la bête aux mille voix va beuglant, cornant, hurlant, » à toutes rues, ruelles, places, les triomphes quotidiens de la révolution [3].

1. *Le Contrepoison.* Février 1791. — 2. *Le Nouveau Paris*, vol. V.
3. *Lettres b.... patriotiques du père Duchêne*, n° 2.

Plus tard, Gattey ouvre au Palais-Royal sa boutique fameuse ; et de *l'antre infernal de l'aristocratie* s'envole une nuée ennemie que répand dans Paris une autre armée de colporteurs.

Le journalisme est sorti tout armé du cerveau de la révolution ; à peine né, il est l'arène des grandes batailles. Fils de 89, le journal n'a pas d'enfance ; comme ces fleuves grands dès leurs sources, il surgit régent de l'opinion. « Avec des plumes, — dit Lemaire, — on a fait f..... à bas les plumets des preux ; avec des plumes on a balayé des boulets, encloué des canons ; avec des plumes on a fait danser une gavotte à dame Bastille ; avec des plumes on a ébranlé les trônes des tyrans, remué le globe et piqué tous les peuples pour marcher à la liberté[1]. » Le journal ! c'est le cri de guerre, la provocation, l'attaque, la défense ; l'assemblée nationale où tout le monde parle et répond, et qui fournit le thème à l'autre assemblée nationale ; c'est la parole fixée et ailée ; tribune de papier, plus écoutée, plus tonnante, plus régnante, que la tribune où Mirabeau apostrophe, où Maury réplique ! C'est un drapeau qui parle, et toute cause arbore un journal. Chaque jour de ces années de tempête en jette un nouveau, le lendemain en jette un autre, le jour qui suit un autre encore ; — vagues sonores de chiffons noircis que font taire les vagues survenantes !

Le parti des résistances à la presse, brisé ; M. Maisemy menacé du fouet et de l'incendie de sa maison ; Mitouflet, un second Séguier, non réélu ; les types et les poinçons d'imprimerie, venus d'Angleterre, soustraits à la consignation du garde des sceaux[2], le privilège des trente-six im-

---

1. *Lettres b.... patriotiques du père Duchêne*, n° 199.
2. *L'Observateur*. Février 1790.

primeurs à bas, la révolution qui gagne, la contre-révolution qui perd, et se défend ; — toutes ces choses font du journalisme de ce temps, un journalisme immense, varié, assourdissant, héroïque, comme l'histoire des nations n'en a jamais montré, comme peut-être elle n'en montrera jamais. — Et remarquez que dans cette animosité et ce déchaînement bavard ou éloquent des haines, ce ne sont pas les grandes feuilles qui mènent la guerre ; ce sont ces petites feuilles qu'on appelle aujourd'hui la petite presse. Elles ont, ces petites feuilles, la colère, l'audace, l'initiative brave ; elles sont les premières au feu, les dernières à la retraite ; et le sérieux de la lutte est en elles. La presse aristocratique appelle à elle et gage la moquerie, l'ironie, les vraisemblances amères de la calomnie, les colères d'un salon qui ne se respecte plus, les personnalités qui valent pis qu'un soufflet sans doute, mais sur des joues du monde ; et elle rit et elle mord comme s'il lui suffisait d'attaquer la révolution à peu près comme un homme de lettres mal né et séditieux qu'on voudrait empêcher d'arriver à l'Académie. — Les intelligents du journal révolutionnaire prennent le contre-pied de cette polémique. Ils répondent par le style des halles, par une langue qu'ils ramassent dans le ruisseau, et qu'ils assouplissent sans l'alanguir, qu'ils font maniable et docile, sans lui ôter de sa coloration solide, de ses allures robustes et fortes. Ne vous laissez pas tromper à l'aspect premier de ces journaux, à ces b......, à ces f....., qui n'en sont, pour ainsi parler, qu'une manière de ponctuation : surmontez le dégoût, et vous trouverez, au delà de ce parler de la Râpée, une tactique habile, un adroit allèchement pour le populaire, une mise à sa portée des thèses gouvernementales, et des propositions abstraites de la politique. Vous trouverez par delà un idiome, poussé de ton, nourri, vigoureux, rabelaisien, aidé à tous moments de termes comiques ou grossiers venant à bien, un timbre juste, un esprit de saillies remarquable, une dialectique serrée, un gros bon sens carré et plébéien. Un jour viendra,—quand, pour juger les œuvres on ne se rappellera plus quelles mains ont tenu les plumes,—où l'on reconnaîtra esprit, originalité, éloquence même, peut-être la seule véritable éloquence de la révolution, aux Père Duchêne et surtout à Hébert. Dans toute cette presse, qui se baisse, comme dit Montaigne, *jusqu'à l'estime guenilleuse de l'extrême infériorité*, et qui, pour mieux tenir les passions, caresse les instincts, il est chanté un *hosannah* jordanesque à toutes les grosses et bruyantes joies du peuple, gaies litanies de la bouteille, du brindzingue, de l'ivresse, du petit verre, et du cabaret de Poirier, *au Petit Tambour* [1], et Jean Bart, à ce peuple qui commence à avoir la pipe en bouche, n'oublie jamais de faire quelque petite flatterie à l'endroit du tabac, et de chatouiller agréablement les goûts du maître. L'influence d'une presse prenant l'habit, les amours et la fleur de langage de la canaille, les royalistes l'avaient comprise; et ils avaient commencé avant les Duchêne à mettre aux polémiques le langage de la rue; mais l'arme avait bientôt été tournée contre eux : leur *Journal des Halles* n'avait eu que huit numéros, et le succès et la popularité étaient restés aux puissants Vadés de la révolution.

Dans la presse royaliste—qui est le refuge du courage civil pendant la révolution, — *la Chronique scandaleuse* ouvre la grande guerre par l'escarmouche. C'est un petit feu vif, nourri, serré; chaque mot court droit au but en

---

1. *Journal à deux liards.*

sifflant. Il y a dans ces trente-trois numéros une malice qui n'est jamais longue, une méchanceté alerte, une médisance impitoyable, mais exquise. Rivarol, Tilly, Champcenets dédaignent la colère comme une abdication de l'esprit, l'injure crue comme une arme de manant; et ils méprisent les gens à coups d'épigrammes, d'une grâce, d'un bon air et d'une verve dont nul n'a hérité. S'ils ont quelque inconvenance à dire, ils la font française par le tour, et de façon que les dames aient le droit de comprendre sans rougir. Ils badinent aussi loin, ils se vengent aussi cruellement que le permettent les usages de société; et ils traînent en souriant leurs ennemis dans la boue, sans salir leurs manchettes, ni éclabousser les salons qui les regardent parfois derrière l'éventail. Ce n'étaient guère là des journalistes de leurs temps; et la fin le prouva. Des galants tirailleurs, l'un se mit à être amoureux de celle-ci, l'autre de celle-là; Pierre demanda grâce pour l'un, Paul pour l'autre; et au trente-troisième numéro de *la Chronique scandaleuse*, les spirituels anonymes contèrent l'embarras au public, et lui firent excuse de se débander.

La Chronique, en mourant, livrait « les chers concitoyens au bras séculier du triste petit Gautier, dont les fades couleurs n'ont jamais barbouillé que de profil un vice ou un ridicule. » — Telle était déjà la confraternité des volontaires marchant sous le même drapeau, confraternité qui faisait dans son camp traiter le royaliste Parisau, le rédacteur de *la Feuille du Jour*, plus mal qu'un jacobin. — Le petit Gautier recueille la succession ainsi léguée, et le journal appelé *Journal général de la cour et de la ville*, rédigé par Gautier et Brune, auxquels s'adjoignent Jourgniac de Saint-Méard et tous les anecdotiers méchamment

indiscrets de la capitale, devient le rendez-vous de toutes
les personnalités sans merci. La provocation, l'insulte,
l'obscénité, l'exagération, la calomnie, tout lui est bon; et
il ne songe pas à châtier ses moyens de lutte. C'est l'esprit
de *la Chronique*, mais déboutonné, violent, injuriant. Le
petit Gautier ne respecte ni la vie privée, ni les femmes;
et il conte, sur les épouses patriotes, les méchancetés les
plus libres. Fort répandu, fort lu, le *Journal de la cour et
de la ville*, qui compte six mille abonnés parmi les vingt
mille abonnés des journaux royalistes[1], gagne encore
nombre de lecteurs avec ses numéros pour les colporteurs,
dont le programme est menteur comme l'annonce d'un
canard. A ce journal, la cour préfère *le Journal à deux
liards*, qu'elle trouve moins ordurier. A la suite du petit
Gautier, c'est *le Journal Pie*, tout piquant de détails d'alcôves et de coulisses.

A côté de ceux-là, voilà *les Actes des Apôtres*, *l'Apocalypse*, qui, par la plume de Lauraguais, de Rivarol, de
Régnier, de Langlois, de Bergasse, de Rulhières, d'Artaud,
d'Aubonne, de Berville, du comte de Langeron, de Mounier, de Lally-Tollendal, versent à flots le ridicule sur
l'Assemblée nationale, jettent le gros sel à pleines mains
dans leurs allégories grotesques et leurs allusions sans
voile, mais se moquent plus qu'ils ne diffament, et lancent leurs traits non tant contre les hommes que contre les
politiques. La façon de composition de ce journal est assez
singulière. Une fois par semaine, les apôtres font ce qu'ils
appellent leur *dîner évangélique* aux tables du restaurateur
Mafs, au Palais-Royal[2]. Maury, Montlausier, Mirabeau le

1. *Journal de la Cour*. Juillet 1791. — *Lettres du père Duchêne*,
n° 137. — 2. *L'Observateur*. Mars 1790.

jeune, qui dépense toute la verve qu'il n'a pas épuisée dans ses jounaux *les Déjeuners du mardi, les Quatre repas, le Coucher ou la Vérité toute nue, la Moutarde après dîner, la Tasse de café sans sucre,* sont du festin. Tous causent; les apôtres écrivent la conversation sur un coin de table, et, dit-on, le numéro ainsi fait est laissé sur la carte de Mafs, et de Mafs passe chez Gattey [1].

Tous ces journaux soutenus par la cour, tombent l'un après l'autre. Le petit Gautier survit jusqu'au 10 août 1792. Il lègue les dangers de sa polémique au *Journal Français,* qui meurt le 7 février 1793, et à cette *Feuille du matin* dont la publication et le ton jusqu'au 24 avril 1793, sont une égnime inexpliquée, inexplicable, et véritablement prodigieuse. En l'année 1793, *la Feuille du matin* chante :

> Allons, enfants de la Courtille,
> Le jour de boire est arrivé.
> C'est pour nous que le boudin grille...

Chaque jour, *la Feuille du matin* fait une épitaphe à son roi guillotiné. Le 6 février 1793, *la Feuille du matin* raconte que le traiteur de la rue Saint-Honoré qui avait pris pour enseigne au *Grand Marat*, a été obligé de fermer boutique parce que tout le monde était persuadé qu'on y mangeait de la chair humaine, depuis qu'on en avait vu sortir Marat ivre, accompagné des citoyens Tallien, Sergent, Panis. *La Feuille du matin* raconte qu'un homme vêtu en mendiant a dit à une dame, qui lui reprochait de ne pas travailler : « Hélas ! madame, je suis brigand, et depuis le 2 septembre nous sommes à ne rien faire. » *La Feuille du matin* trouve dans *Jacobin* l'anagramme *Job* et *Caïn*. Elle

---

1. *Le Rôdeur français,* n° 10. Décembre 1789.

appelle Condorcet « le plus doux des assassins, » Brissot « le plus instruit des filous. » Et elle rédige ainsi, en mars 1793, les commandements à l'ordre du jour :

« V. Tout bon Français égorgeras
   Ou le pendras pareillement...
X. Bien d'autrui tu n'enviras,
   Mais le prendras ouvertement. »

Cependant mille petites guêpes envenimées se sont mises à voleter dans les orages : *Les Sottises de la semaine, le Contre-poison, le Rôdeur ou Rambler, l'Agonie des trois bossus,* « journal ingénieux qui contait gaiement ce qu'il savait et ne savait pas; » des guêpes de tous camps, de toutes couleurs et de tous noms, dont quelques-unes durent ce que durent les éphémères, un soleil : — *le Pot pourri politique,* — *les Œufs de Pâques, Œufs frais de Besançon,* qui assurent que Théroigne va dénoncer le cheval blanc de La Fayette comme aristocrate, et demander qu'il soit peint aux trois couleurs, — *le Déclin du jour,* — *le Rogomiste national,* — *le Fouet national,* — *le Martyrologe national,* — *la Lanterne magique nationale,* qui fait dire à *l'Évêque Clochant,* l'évêque d'Autun, consolant un prince : « Rassurez-vous, monseigneur, je n'ai jamais marché droit; j'ai deux mauvaises jambes; j'ai fait bien des faux pas en ma vie; cela ne m'empêche pas d'attraper les autres; » — *le Dénonciateur national.* — *la Lanterne de Diogène,* — *le Tonneau de Diogène ou les Révolutions du clergé,* — *le Tailleur patriote ou les habits des Jean F.....,* — *le Nouveau Nostradamus ou les Tableaux prophétiques,* — *le Club des Halles,* avec l'épigraphe : « Sous le bon plaisir des piques et des baïonnettes, » dont les dialogueurs furibonds s'appellent Pangloss, le père Jean de Domfront,

Paquette, y Merlinos, y Chabotos, y Entortillos, y Brissoto di Barbillo ; — *l'Objet du jour*, par « un politique de la rue Popincourt; » — *le Journal de la savonnette républicaine, par Labenette*, — *le Diable boiteux ou Anecdotes secrètes de Paris et des provinces*, — *le Plumpudding ou Récréation des écuyers du roi*, qui, après le retour de Varennes, flagelle de ses vaudevilles les révolutionnaires ; — *la Rocambole des Journaux, ou Histoire aristo-capucino-comique de la Révolution*, rédigée par Don Régius; *Anti-Jacobinus et compagnie*, qui appelle Fauchet « l'évêque par la colère de Dieu ; » — *le Journal des amis*, où Fauchet, l'ancien écrivain de *la Bouche de fer*, fait le portrait suivant de Bernard de Saintes : « C'est un squelette animé, c'est la mort vivante ; une bile trois fois recuite entoure son cœur d'une espèce de silex. Quand le briquet de l'anarchie frappe sa fibre cordiale, il lance du feu; une de ses lèvres livides qui s'élève pour laisser échapper un souffle de mort, paraît souriante de cette sorte de rire qu'on peut imaginer dans un exécuteur des hautes œuvres qui voit faire la grimace à son pendu. » Et plus tard, *le Journal de l'autre monde ou Conversation vraiment fraternelle du diable avec saint Pierre*, dont le frontispice sera un trou de guillotine enguirlandé de têtes coupées, portant pour légende : « Tableau d'histoire naturelle du diable. Avis aux intrigants. »

Dans cette sollicitation de tous les goûts et de toutes les sortes de public, les femmes ne sont pas oubliées. Des journaux se fondent pour elles. *Le Véritable ami de la Reine, ou Journal des Dames par une société de citoyennes*, débute ainsi :

« Quand nos compagnes étaient les épouses d'élégants talons rouges, de jolis magistrats qui quittaient l'école pour vêtir la simarre, quand elles étaient l'âme des sociétés où figuraient de petits prélats qui étaient de vraies miniatures, quand elles avaient à briller dans des cercles où elles devaient parler sans rien dire, ou s'entretenir de la pluie et du beau temps, d'un histrion ou d'un wiski, elles ne lisaient alors que des chansonnettes ou de petits romans. *Le Journal des Dames*, qui ne contenait que de tendres idylles, que de jolis madrigaux, de charmants riens, était pour elles un ouvrage aussi précieux qu'indispensable. Mais depuis que les époux de nos campagnes sont des hommes, et que dans leurs enfants elles ont des hommes à élever, à former, la boîte à rouge et les pompons sont négligés, le tendre Dorat, le gentil Bernard, ne sont plus sur leur toilette, c'est *le Moniteur*, c'est quelque morceau de politique qu'on y trouve, et *le Journal des Dames* pour leur plaire doit être désormais un ouvrage sérieux. » — Et *le Journal des Dames* est bientôt suivi de *l'Observateur féminin*.

Derrière ces journaux, que l'histoire n'a pas encore traduits à sa barre, et dont les révélations curieuses ou piquantes dorment, sans être interrogées, marchent en ligne dans le parti monarchique : *l'Ami du Roi*, qui se double, se triple et devient l'*Ami du roi*, de Royou, de Montjoie, de Crapart, *la Gazette de France*, *la Gazette de Paris*, *les Annales monarchiques*, *le Journal de la noblesse*, *le Journal de France*, *le Vieux Mercure de France*, où la partie politique, rédigée par Mallet du Pan, contraste avec la partie littéraire, rédigée par La Harpe et Chamfort « d'une paresse si soutenue, — dit un plaisant, — que faire des riens lui semble un travail à citer; » et avec ces journaux, tous les journaux du clergé.

En face de ces journaux ce sont d'abord *le Moniteur*,

qui dit que « la révolution doit s'étendre jusqu'au madrigal; » *les Révolutions de France et de Brabant,* de ce polémiste républicain, de cet Athénien qui bégaye comme Démosthène, mais qui, la plume en main, a le style net, vivant, nourri d'images et de souvenirs antiques, Desmoulins, dont un autre journaliste entretient ainsi le public : « Il a de l'esprit, mais encore plus de hardiesse que d'esprit, avec une teinte de cynisme et d'originalité mordante; et puis des citations, des comparaisons, et toujours des frais énormes d'érudition qui vous réjouissent et forment la bonne page du journaliste... Des choses, des raisonnements, du patriotisme, du jugement, de l'énergie, et il y a de tout ça dans la page de notre Desmoulins. Connaissez-vous ce mets solide de ménage dans lequel on mêle force navets, pommes de terre et épices avec un peu de viande? On appelle ça, je crois, un *arricot;* tenez, voilà véritablement l'arricot littéraire de Camille Desmoulins appelé *Révolutions de France et de Brabant*[1]. » Ce sont *les Révolutions de Paris,* de Prud'homme, à qui Loustalot dit *avoir vendu sa tête;* le *Modérateur,* rédigé par le romancier Luchet, « qui fait chambrée avec *la Chronique de Paris,* » dont les rédacteurs sont Villette, l'abbé Noël et Millin de Grandmaison, « le plus grand furet de Paris. » *La Chronique de Paris* est la feuille des salons bourgeois et républicains. C'est elle qui annonce, d'un ton de contentement, le 13 janvier 1792, qu'au bagne de Brest le nommé Jean Gilbert, dit le Chevalier, a été condamné, pour propos aristocratiques, le bagne formé en comité délibérant, à cinquante coups de planche sur les reins[2]. C'est *l'Observateur,* qui a

---

1. *Au voleur! au voleur!*
2. *Chronique de Paris.* Janvier 1796.

pris à Bailly son épigraphe : *La publicité est la sauvegarde du peuple*, journal tout plein de faits, dirigé par le patriote Feydel ; *le Spectateur national*, que le rédacteur portait lui-même dans les cafés, à en croire *la Correspondance de quelques gens du monde*; *le Patriote français*, de Brissot de Warville, « qui met dans sa feuille ce qu'il a dit dans son district, et dit à son district ce qu'il a mis dans sa feuille ; » — *le Courrier de Madon*; — *le Courrier de Versailles et de Paris*, de Gorsas, ce Figaro trapu, rabougri, mais tout herculéen; *le Journal de Paris*, qu'un *aristogriffonneur* appelle « la philanthropie en démence[1]; » *le Logographe*, *le Journal de Perlet* et *le Point du Jour*, qui ne sont que des catalogues de décrets; *les Annales patriotiques*, de Mercier et de Carra ; *le Babillard*, curieuse feuille qui, parmi toutes ces feuilles envahies par la politique sèche et grave, relève jour à jour les cancans colportés et donne l'état moral de la bonne ville de Paris ; *le Courrier français*, que lira Charlotte Corday; *l'Orateur du Peuple*, de Martel-Fréron, qui ne prévoit guère que la révolution, dont il est une des voix les plus osées, guillotinera sa chère *Bouli-Boula*, la femme de Desmoulins, et qui, pour recette de salut public, indique deux coups de fusil par village, l'un sur le curé, l'autre sur le seigneur[2]; toute la dynastie des *Père Duchêne* : *le Duchêne* qui s'appelle Hébert, dont la marque est deux fourneaux, l'un renversé, l'autre debout, peut-être en mémoire du réchaud, couronne du roi des gueux, du grand Couart de France; *le Père Duchêne* qui signe ses *grandes colères*, ses *grandes indignations*, ses *grandes réjouissances* de deux croix de Malte ; le Duchêne

---

1. *Mes amis, voilà pourquoi tout va si mal.*
2. *Le Contre-poison.* Février 1791.

qui s'appelle Lemaire, qui commence en 1790, et bientôt, imité par Hébert, dit jalousement : « Cette concurrence n'effraye que mon goût[1]; » les Duchêne qui intitulent leur journal *Jean-Bart, ou je m'en f..., Journal de la Râpée;* et ce journal, qui seul balance la popularité des journaux forts en gueule : *l'Ami du Peuple,* par Marat, dont quelquefois le numéro de 1 sol se vend 18 livres[2].

Écoutez toutes ces voix : bruissement, murmure, fanfare, cri, chanson, colère, rire, discours, sermon, pensée, conseil, hurlement ; ces milliers, ces millions de voix soudain lâchées, déchaînées, grandissantes, tempêtueuses, montant de Paris à toute heure, ces millions de voix ennemies et heurtées, dont chacune est grêle, peut-être, mais dont le faisceau de vacarmes étourdit la France de discordes. Pamphlet ! arme courte, stylet français ! tu fais battre, tout naissant, les ironies contre les ironies, les injures contre les injures, les menaces contre les menaces ! Sitôt que ta patrie, la France, a délié sa langue, elle se jette à toi pour plus vite improviser haines, vengeances, opinions ! et alors une volée, un tourbillon épais et brouillé de mots et d'idées ! Chacun, dans l'avénement de la liberté, veut parler, raisonner, guider : et le bavardage a tant de prétextes et tant d'avenir à débattre ! Plaintes particulières, réclamations de princes et pairs, d'états provinciaux, de corps de municipalités, d'avocats, de médecins, de notaires, de bourgeois, de plébéiens, du clergé, de la noblesse, manies d'écrire, dépositions, témoignages, délations au tribunal de l'histoire, — tout se tourne en brochures[3]. Et

1. *Courrier de l'Égalité.* Avril 1793.
2. *L'Ami du peuple.* Mai 1792.
3. *Façon de voir d'une bonne vieille.*

d'ailleurs, un pamphlet qui réussit, n'est-ce pas une fortune ? « Quel mérite avez-vous à être patriote, — dira plus tard Saint-Just, — quand un pamphlet vous rapporte 30,000 livres de rente? » Et c'est à qui lancera à la foule un titre qui fasse tapage ou scandale. L'étrange, le familier, l'inouï, l'odieux, l'obscène, — tout est recherché qui accroche l'œil : *Si j'ai tort, qu'on me pende! — Prenez votre petit verre, — Ah! ça n'ira pas! — le Parchemin en culotte, — Bon Dieu! qu'ils sont bêtes ces Français! — la Botte de foin, ou mort tragique du sieur Foulon, — les Demoiselles du Palais-Royal aux états généraux*; et celui-là, *le Mélange*..., qu'on ne peut même nommer jusqu'au bout. Contre les couvents, c'est *la Chemise levée*; contre le clergé, *les Mouches cantharides nationales*; contre la justice, *le Trépas de Dame Chicane*; contre les assignats, *la Papillote*; contre Mirabeau, *la Mirabélique*; contre les parlements, *Agonie, mort et descente aux enfers des treize parlements*. Les haines rient d'abord. C'est *la Lettre de Rabelais* : « Vol-au-vent aux décrets de l'Assemblée, boudin à la Barnave, dindon à la Robespierre; » *Ordonnance de police de très-haut et très-puissant seigneur Sancho Pança, gouverneur de l'isle Barataria*; le patois est jugé de bonne comédie : *Dialogue entre deux charretiers* :

> Tu ne sé point que tous les corps,
> Jusqu'aux berneux et aux recors,
> Vont arrêter des remontranches
> Et faire leurs condoléanches ?

Le *Maréchal des logis des trois ordres* s'amuse à loger la noblesse rue du Puits qui parle, la chanoisse de Polignac rue des Quatre-Fils, et les fermiers généraux quai des Morfondus. Ceux-là font des *prophéties*: les États géné-

raux de 1999; ceux-ci, des chansons érotiques : *la Culotte.* D'autres prennent l'apologue, comme dans *le Dernier cri du monstre, conte indien;* d'autres adoptent le Dialogue; d'autres les *Pourquoi.* Les royalistes intitulent un pamphlet : *Domine, salvum fac regem,* un autre *Veni, creator Spiritus,* un autre *Apocalypse de saint Jean,* un autre *Sexte, Nones, Vêpres, Complies.* Les révolutionnaires appellent un précis de leur victoire de juillet : *l'Ouvrage de six jours,* et un autre : *la Passion, la mort et la résurrection du peuple.* Un ingénieux imagine une allégorie patriotique sous les *Travaux d'Hercule :* les deux serpents qu'il écrasa à son berceau, ce sont la noblesse et le clergé; et Calpé séparé par lui d'Abyla, signifie la nouvelle division de la France; et les pommes d'or des Hespérides, les coffres-forts des capitalistes qui doivent s'ouvrir pour aider la chose publique. Un gai vivant, sous le titre de *l'Autorité de Rabelais dans la révolution présente et dans la constitution civile du clergé,* écrit : « L'éducation des rois n'a pas beaucoup changé. Elle se fait à présent comme celle de Gargantua, qui apprit à boire, manger, dormir; à manger, dormir et boire; à dormir, boire et manger. » Les contradictions s'enveniment : les *Vies privées* deviennent des calomnies à la mode. Les dissensions se font brutales; le rire est oublié : *le Coup de grâce des aristocrates, Prière pour les agonisants, avec l'office des morts,* qui commence : « Que Belzébuth ratisse les aristocrates avec ses griffes; » *Adresse de remerciment de monseigneur Belzébuth sur l'envoi des traitres exterminés les* 14 *et* 22 *juillet; l'Audience aux enfers entre MM. de Launay, Flesselles, Sauvigny, Foulon.* Viennent les *Confessions,* les *Testaments* supposés. *La Confession générale des princes du sang royal* vautre la calomnie dans l'alcôve des frères du roi.

Un peu encore, et l'on arrive au fond terrible de la question. Tous, comprenant que la lutte est mortelle, dépouillent la pudeur du sang, et il s'éveille, dans les imaginations enfiévrées de cannibalisme, des rêves et des espoirs d'épouvantables supplices. Un royaliste annonce qu'à la contre-révolution « on décrétera que la potence sera permanente sur la place de Grève pendant un an : car chaque jour on y fera quelque petite exécution[1]. » *Le Jugement national* répond. Il veut « le prince de Lambesc conduit sur la place de Grève pour y avoir les bras, jambes et cuisses coupés de la largeur de trois pouces, de six en six minutes, son corps ouvert, le cœur arraché pour lui être mis dans sa bouche..., les sieurs de Guiche et d'Hénin conduits sur la place de Grève pour y avoir chacun le bras droit coupé au-dessus de la jointure du coude, et chacun le bras gauche brûlé avec une torche ardente jusqu'au-dessus du coude, et ensuite être pendus et étranglés. »

Le génie de la France n'est point caricatural. La France aime mieux sourire que rire, et elle est plus près de sentir le sel menu et délicat de Térence que les images fortement grotesques d'Aristophane. Le monstrueux, l'hyperbolique du comique lui répugne ; et elle s'arrête au plaisant, timide devant la farce grandiose. — Puis les méchancetés qu'elle crayonne d'ordinaire sont particulières et du moment ; elles ne sont point une grande satire, moquant un coin ou un temps de l'humanité ; elles sont simplement une raillerie petite et enjouée de l'actuel et du personnel ; et elles n'imaginent guère de mettre dans la caricature une grande et saisissante idée, une haute vengeance, un style original

---

1. *Sabbats jacobites.* 1792.

et surhumain, une invention d'ironies sans règle, où l'instinct du dessinateur même inhabile, et peu rompu aux procédés, jette sur un carré de papier le tableau vif et populaire de l'opinion, de l'événement, du gouvernant, du gouverné, des choses, des hommes, des catastrophes. La France, qui a le flair des ridicules, n'a point l'entente des charges; elle a le goût et l'esprit. Sa caricature n'est pas la caricature : elle est l'épigramme.

Feuilletez toutes ces caricatures de la révolution ; allez de celles de ses premiers jours à celles de ses derniers; de celle-là qui montre le clergé jouant du serpent, la noblesse en habit militaire, de la clarinette, le tiers en habit de Colin, du violon, — au Congrès des rois coalisés, où le bonnet de la liberté, rayonnant, posé sur la carte géographique de la république française, éblouit de son éclat, et surprend tous les *tyrans* rassemblés, vous ne trouverez, en ces images parlantes des victoires populaires, ni le jet puissant, ni le crayon étrange, ni la tournure magistrale, ni la hardiesse, ni la bizarrerie des inventions rieuses. — Ce sont presque toutes de plats refrains de vaudeville, des pointes ramassées dans les rues, mises en scène par des dessinateurs moutonniers, qui se calquent, se copient et retournent de tous les côtés une ironie misérable. — Plus la caricature française marche, plus elle s'avance dans la Terreur, plus vous la voyez rabaissée et pauvre, plus vous la voyez mesquine devant l'époque épouvantable dont elle essaye de flatter les rires. — Non-seulement l'agrément de la gravure, non-seulement le formulé convenable de la ligne disparaît alors; — non-seulement ce mode ravissant de gravure en couleur, doux et comme lavé des Debucourt de 1788, se change en un pointillé dur, sec et déplaisant: non-seulement ces estampes patriotiques vont aux *canards* et aux coloriages ignobles ; mais l'accent même et la vie se retire du dessin ; et la caricature n'est plus qu'une empreinte sans vigueur, sans couleur, éteinte et uniforme des grands crimes et des grandes luttes.

C'est au coin de la rue Saint-Jacques et de la rue des Mathurins que la révolution établit le musée de ses caricatures. Basset, le maître de cette boutique qui a pris pour enseigne un calembour : *Au Basset*, est celui dont un almanach de 1790 parle ainsi : « Basset, marchand d'estampes, a servi la patrie en faisant des caricatures contre les aristocrates ; d'abord maigre et blême comme un abbé d'aujourd'hui, il a trouvé le moyen de devenir gros et gras comme un abbé d'autrefois[1]. » Au coin de rue qu'occupe Basset, tout le jour le peuple stationne. La montre de Basset est une grande alliée de la révolution : c'est le journal des gens qui ne savent pas lire. C'est l'école du peuple.

Là, donnent leurs leçons gratuites, des professeurs *caricaturo-patriotiques*, éclairant les amateurs « de caricatures, estampes morales et spirituelles dans le sens de la révolution. » — « Voyez-vous cette femme, — dit l'un, — et ce loup qui la tient par la gorge ; voyez-vous comme elle se plaît à le nourrir, comme elle le tient attaché à son sein. La marâtre ! Et cet enfant qui périt à ses côtés faute d'aliment ; c'est son propre fils, messieurs et dames, c'est son fils qu'elle abandonne pour nourrir le loup emblème de la férocité de l'aristocratie, c'est clair ! — Tenez, savez-vous l'anglais ? lisez l'inscription : *Political affection*. *Affection*, préférence, passion, *Political*, de la Polignac... — La gueuse ! » — « Il a raison, — fait tout le monde, — c'est ma foi la Polignac, ha, ha, ha, hi, hi, hi ! »

---

1. *Petit Dictionnaire des grands hommes et des grandes choses.*

Mais que de caricatures nationales, et qui instruisent le peuple sans qu'il soit besoin de commentaires! — *La Nouvelle taille;* M. Necker, derrière un rideau, tient un niveau sous lequel il fait passer les trois ordres, et rabaisse le clergé et la noblesse à la hauteur du tiers état représenté par un écorché; à côté, deux membres du peuple dont l'un armé d'une scie, coupe l'excédant, et dont l'autre attend le produit dans sa hotte; — *Le temps présent veut que chacun supporte le grand fardeau;* les trois ordres supportent l'énorme fardeau sur lequel est écrit : *Impôt territorial, dette nationale;* — *A bas les impôts;* deux paysans en sabots enfoncent un coin dans l'hydre de l'impôt; — *Ah! ça ira, ça ira, ça ira;* le tiers état, cocardé, en main une épée sur laquelle est écrit : *Remplie de courage;* au bout de l'épée un lièvre pend; le tiers est à cheval fondu sur la noblesse, et se soutient sur le clergé; — *La nuit du 4 au 5 août ou le délire patriotique;* des hommes du peuple brisent avec un fléau tiares, mitres, croix, armures, écussons, chapeaux de cardinal; — une autre caricature sur la nuit du 4 août : des paons mitrés, des lièvres portant une épée; et au bas : « Mes chers collègues, le peuple souffre; que lui sacrifierons-nous? — Réponse : Tout, excepté n° 1, mes tourelles; 2, ma dîme; 3, mon orgueil; 4, mon gibier; 5, mon droit sur mes vassaux. » Et le fermier général représenté par un cochon dit : « Je veux garder mon lard. » — *Le Temps passé;* le tiers état est représenté en squelette tenant la bêche et l'épée à la main; — *Belphégor, recteur de l'Université;* un sapeur buvant de *l'antiaristocratie;* — tandis qu'on fait voir sur le quai Royal un esturgeon sous le nom de *veto royal,* tandis que l'on colporte le pamphlet : « *Arrêt rendu par le peuple qui condamne* Boniface, Basile, Ignace, Blaise, Lubin, Isaac, Gilles,

Innocent, Cyr, Ovide, Sérapion, Loup Veto à être rompu vif et jeté au feu, atteint et convaincu de vouloir régner sur un peuple qui veut être libre; » à toutes les vitrines des imagiers, Veto est montré en géant, des éclairs lui sortant de la bouche :

> Quel est donc le seigneur Véto
> Qui, plus bruyant que Figaro,
> Sans être du canton de Berne,
> Veut du peuple faire un zéro,
> Sans redouter ce numéro?
> Menez-le vite à la lanterne!

Voici Mounier, travesti en jockey, désertant l'assemblée nationale :

> La lanterne est en croupe et galope avec lui ;

Messieurs Delaunay, Flesselles, Berthier, Foulon, les deux gardes du corps décollés par le peuple, tenant leurs têtes au bout d'une pique ; sur les bords du Styx, Caron refuse de les laisser passer : il ne reçoit que le pendu Remy François ; Calas et d'autres viennent le recevoir sur l'autre bord.

Au lendemain du jour où les journaux de la révolution ont publié : « Vous êtes priés d'assister aux convoi, service et enterrement de très-haut, très-puissant et très-magnifique clergé, décédé en l'Assemblée nationale le jour des Morts de l'an 1789. Son corps sera porté au trésor royal, en caisse nationale, par le comte de Mirabeau, Chapelier, Thouret et Alexandre de Lameth [1] ; » — voici la pompe de très-haut et très-puissant et magnifique clergé de France qui défile devant Notre-Dame dans un grand char plein de

---

1. *Chronique de Paris*. Novembre 1789.

religieuses, mené par un squelette; — un perruquier rasant un abbé : *Vous êtes rasé, M. l'abbé*; — l'abbé commendataire déguisé en petit cadédis réduit à la portion congrue; — *l'abbé San-suré* — Maury — s'en retournant à Péronne; — *le grand mal de cœur de monseigneur*; le tiers tient la tête d'un prélat qui vomit un prieuré de 20,000 livres, un bénéfice de 30,000, une abbaye de 50,000, et une autre de 80,000 livres : « Courage, monseigneur, vous allez vous purger de choses bien utiles pour votre salut; » — *le Pressoir*; le tiers et le peuple serrant le clergé dans un énorme brodequin, lui font rendre une pluie d'or; le clergé arrive gras; on le lamine; il sort étique; — le tiers état mariant les religieuses avec les religieux; — *les Religieuses et l'Amour*; l'Amour, un mantelet noir jeté sur les ailes, frappe à la porte conduisant une religieuse, une lanterne sourde à la main; dans l'image qui fait pendant, et où rit une pensée d'Anacréon, l'Amour est le Ganymède d'un souper de religieuses; — religieux entrant chez les barbiers dont l'enseigne porte : *Ici on sécularise proprement*; et disant : « On me rase ce matin. Je me marie ce soir; » — *La Soirée du Palais-Royal, ou les Religieuses en bonnes fortunes*, écoutant les propos galants derrière l'éventail, — et *le Départ de la sainte famille*, et *le Déménagement des abbés*, et tant d'autres. Et si le pape envoie des bulles, — vite *les Bulles du pape*. Le pape s'amuse à souffler des bulles de savon; l'abbé Royou bat le savon apostolique avec un poignard et des plumes. Les femmes aristocrates soutiennent les globes volants sur leur éventail, et la France, appuyée sur la constitution, les crève d'une chiquenaude, tandis que l'abbé Maury ramasse les lunettes du pape qu'il lui rend cassées. — En une autre, *le Triomphe de l'abbé Royou*, l'abbé Royou est monté sur un âne. « On le reconnait à ses yeux hagards, à ses regards lascifs, à son teint bourgeonné, cramoisi, à sa face de satyre. Il a le chef couvert d'une mitre de papier rouge : sur le devant, crucifix et poignard en sautoir ; sur le derrière, flammes et diables armés de griffes. Le noble Montjoie marche à pied, face à face, la queue de l'âne entre ses mains, Pelletier, paré d'un bonnet vert, des lettres de change sortant de sa poche, Durosoy, habillé de la tête aux pieds du poëme des *Sens* et de *Richard III*, ornés d'une paire d'oreilles de Midas, tiennent à l'animal par une jolie petite chaîne d'or... Le cortége est suivi de dames de la Halle armées de bouleau. Suit une longue file de petits abbés en pleureuses, le chapeau rabattu [1]. »

Après le clergé, l'aristocratie a son tour : — *les Aristocrates à Lanternopolis* ; — *l'Assemblée des aristocrates, ou l'harmonie des aristocruches* ; derrière un rideau, un bras de femme étendant sa baguette sur l'assemblée ; au fauteuil, l'abbé Maury, qui préside avec une sonnette et une bourse ; tout autour des cruches noires, blanches, avec cordon bleu et crachat ; pour secrétaire, une cruche qui se renverse ; — *Consultation de la Faculté sur la maladie de la princesse de l'Aristocratie jugée incurable* ; — *le Géant Iscariote aristocrate* ; — un aristocrate maigre, et au bas : « Ah ! Dieu, le vent m'emporte ! » — la Liberté, ceinture tricolore, bonnet rouge, liée à mi-corps à la royauté en grand costume : *Ça ira, ça n'ira pas*.

C'est *le Départ des apothicaires patriotes du faubourg Saint-Antoine* « munis d'une provision de pilules pour purger les deux chambres de vacations du parlement de Rennes. » Les pilules sont quatre lanternes qu'on traîne dans un chariot.

1. *Chronique de Paris.* Janvier 1791.

Puis les centaines de caricatures contre ce *Riquetti-Cravatte*, à qui la pièce *le Vicomte de Barjoleau ou le Souper des noirs* prêtait ces sentiments :

> « Malgré les calembours, les brocards, les dictons,
> Je veux à mes repas vuider mes deux flacons.
> Le vin charme l'ennui, désopile la rate.
> Je trouve cela sain pour un aristocrate [1]. »

Mirabeau-Tonneau : une barrique est son corps, ses cuisses sont des tonnelets, ses jambes des bouteilles, ses bras des cruches [2]; — Mirabeau dans un tonneau de bière, *Aristocrate moussant de rage*; — *le vicomte de Mirabeau, gros-major de l'armée noire*, et des têtes de mort brodées sur la manche; — *la Maîtresse de Mirabeau-Tonneau*, vivandière de l'armée; — *Mirabeau, chef d'une légion de l'armée noire et jaune, en uniforme*, roulant une émigrette sur laquelle on lit *veto*, et au bas : « Se vend à Coblentz, hôtel de Mirabeau, et à Paris, chez le sieur Laqueille, chargé d'affaires pour les émigrants. »

La lettre de cette caricature paraît fort comique, et on la lit en grande cérémonie d'éclats de rires : *l'Onguent national*, pour détruire les cors. — « Prenez deux livres de graisse de rable de chanoine, trois onces de fiel de président, quatre onces de crâne de conseiller aux enquêtes, greffier, procureur, deux dragmes de cervelle de duc, comte, baron, marquis, quatre gigiers de financiers, etc. »

— Les entrées supprimées, voici *le doyen des fermiers généraux porté par quatre commis aux barrières*, conduit

---

1. *Le Vicomte de Barjoleau ou le Souper des noirs*, dédié au club des Jacobins, comédie en deux actes et en vers.
2. *Journal de la Mode et du Goût.* Neuvième cahier. Mai 1790. — *Vie privée du vicomte de Mirabeau.*

par les troupes de son corps, faisant route vers le néant; voici une maîtresse de maison qui harangue les *rats de cave* en ces vers civiques :

> « Halte-là! contrôleur, tu es pour moi un monstre infernal
> Je ne craindrons plus vos sondes, vos rouanes, ni vos bougies.
> Vive à jamais la constitution et au diable l'aristocratie. »

Mais c'est contre l'émigration que la révolution tourne toutes les foudres de ses moqueries. C'est contre l'émigration qu'elle dépense le plus d'esprit. La *Contre-révolution* représente toute l'armée des émigrés processionnant le long du Rhin, en face le rocher de la Constitution française [1]. Celui-là qui porte une mitre à plume, c'est son altesse contre-révolutionnaire, le petit Condé, « courant, — comme dit le patriote Dorfeuille, — la mascarade chez l'étranger; il a loué chez un fripier d'Italie l'habit de Coriolan ; il le porte comme un laquais porte l'habit de son maître [2]. » Antoine Séguier portant le réquisitoire contre la nation ; Calonne le coffret du trésor de l'armée ; le cardinal Collier, « tambour-major précédé de sa petite famille du grand chapitre ; » Mirabeau-Tonneau armé en guerre; deux capucins sauvages, sapeurs de l'avant-garde, « groupe de fuyards formant l'avant-garde, et le chevalier de *va-t'en voir s'ils viennent*, premier aide de camp du général. » — C'est encore *la Foire de Coblentz, où les grands fantoccini français* et le *mannequin* Condé en Mezzetin ; — *le Tolpach Lambesc, ou l'arracheur de dents; — les Aristocrates en Suisse;* « le comte de *** et le marquis de *** faisant danser des chiens pour subsister. » — *Le Gazetier de Coblentz*

---

1. *Feuille du jour.* Mars 1791.
2. *La Lanterne magique,* par Dorfeuille, acteur tragique.

vous donne à voir, un café de Coblentz, le député de la cour de Vienne annonçant la guerre, la petite demoiselle évanouie à cette nouvelle ; *la Calotte rouge* et *l'ex-Suisse et Grison* la soutiennent, et *Trompe-la-Mort* est prêt à boire de joie.

Une caricature un peu plus heureuse est celle intitulée *la Grande Armée du ci-devant prince de Condé*. « M. Condé dans son boudoir au château de Worms, passant en revue l'armée formidable qui lui a été envoyée de Strasbourg par la diligence. On le voit fumant sa pipe de laquelle s'exhalent en fumée les armes destinées à accomplir ses vastes projets. » A côté du prince de Condé est d'Autichamp, méditant l'attaque, un Don Quichotte à côté de lui. Des *heiduques* à physionomie terrible jouent du flageolet sur des barils de munition. Une caisse est sur le devant qui porte comme adresse : *A M. le prince de Condé*, et plus bas : 10,000 *hommes*. « Mademoiselle Condé, jadis abbesse de Remiremont, aide-major, » déballe les petits soldats de bois, et les passe au duc d'Enghien qui les dresse et les range en bataille ; et l'alignement serait fort beau, si le chien Buttord ne renversait un escadron en pissant.

En juin 91, vous verrez exposé : *Silène voyage monté sur Mirabeau-Tonneau qui meurt*. « Son poids énorme lui fait rendre le dernier soupir. La Folie conduit le char ayant sa marotte pour fouet. Les écrevisses, ses coursiers, le ramènent au point de départ. Le guide de la Folie, comme un écureuil enfermé dans sa cage, court à toute bride, et se trouve toujours au même point, et lui-même sonne le tocsin. » — et *le Promenoir royal ou la Fuite en Empire*, le roi dans un promenoir d'enfant, et tenant un petit moulin à vent, se laisse conduire par la reine. — L'année 1792 montre le *Cauchemar de l'aristocratie*. C'est un niveau surmonté d'un bonnet rouge ; petite gravure de Copia, le graveur de Prudhon, que l'on vend aussi montée en éventail ou sur tabatière ; — *Louis jouant avec un sans-culotte :* « J'ai écarté les cœurs, il a les piques, et je suis capot. » — Marat foulant aux pieds les serpents, défendu par un bouclier représentant la tête de Méduse, pare avec sa plume tous les boulets des armées royalistes ; la plume de Marat est *la mâchoire de Samson* ; — le médaillon du roi et de la reine, le médaillon de Frédéric-Guillaume, roi de Prusse, dans un réverbère : « *Si tu ne crains pas la déchéance, crains la suspension ;* » — *la Réception de Louis Capet* aux enfers : gardes du corps, femmes, journalistes, tenant leur tête à la main ou au bout d'une pique, saluent leur roi qui entre sa tête sous le bras ; — et *l'Électricité républicaine donnant aux despotes une commotion qui renverse leurs trônes ;* un républicain tourne une pile électrique, où est gravée la déclaration des droits, et de dessous un bonnet rouge sort le conducteur de l'électricité républicaine, noué de distance en distance avec de gros nœuds dont chacun porte : *Liberté, égalité, fraternité, unité, indivisibilité.* — Vers ce temps la guillotine parle si haut, que la caricature se tait.

A ces barbouillages, à cette imagerie, à ces caricatures, à ces allégories béotiennes de la révolution, un peuple répondit par de grands, de forts, de puissants dessins qui furent une flagellation superbe de la dictature du Massacre et du couronnement de la Mort : le peuple anglais.

La caricature est l'art de l'Angleterre, un art inimitable, primesautier, unique, qui a la fantaisie, l'étrangeté, le déréglement, la philosophie, le rire, l'éloquence, la majesté railleuse de Shakespeare. L'Angleterre, qui déjà avait fait lors d'Octobre, du roi, un cerf couronné de la couronne de la France, aux abois, haletant, poursuivi par une meute à têtes d'hommes hurlant et jappant;—qui lors de Varennes avait trouvé pour les physionomies des députés, au départ et au retour, de si divers et de si risibles masques; — qui, lorsque Louis XVI avait mis le bonnet rouge, l'avait coiffé d'un bonnet de coton;—l'Angleterre, dont le caricaturiste michelangélesque Girrlay moque la France en une suite admirable d'eaux-fortes d'une pointe tantôt moelleuse et estompée, tantôt sauvage et délibérée, l'Angleterre imagina, pour punir dans la mémoire des peuples les massacres de Septembre, une admirable caricature.

Dans un coin, une populace danse autour du piédestal de la statue du Meurtre, où des festons pendent à des têtes de morts. Sur le premier plan un bûcher flambe, où l'on jette outils, plumes, palettes, — les lettres, l'art, le commerce, l'agriculture! et des sans-culottes chassent à coups de pied ouvriers et artistes. — Là-bas, la mer toute chargée de vaisseaux emportant les transfuges de cette patrie sanglante. — Ici, une porte où les assassins guettent, poignards levés, la proie qui sort; une jeune fille, fermant les yeux, les bras croisés, prête à la mort; au-dessus de la porte, la liberté en arlequin voltigeant, tandis que des diablotins noirs lui font une auréole de bulles de savon qu'ils soufflent dans des pipes; et dans le fond, aux portes de l'Abbaye, une grande affiche de saltimbanque s'étale, portant : *Massacre de Paris;* et toute une foule se précipite au *boum boum* du spectacle pantelant.

Une autre caricature anglaise peint aussi magnifiquement, aussi terriblement le royaume de Fouquier-Tinville ; elle s'intitule : *le Zénith de la gloire française, le Pinacle de la liberté.* Une place fourmillante de bonnets rouges; des femmes aux fenêtres, l'incendie d'une église en flammes pour soleil; au milieu de la place, la guillotine; une couronne royale incrustée sur le couteau; un homme bouclé, couché dessous; le bourreau en bonnet rouge; à l'un des côtés de la place, un juge en robe rouge est pendu, le glaive de la loi, les balances pendues à ses côtés. Au bout de la branche d'un réverbère, un homme est assis, raillant et se moquant, sa chair passant à travers sa chemise déchirée, quelques tortillons de paille roulés autour des jambes; à une corde qui est sa ceinture, deux poignards passés en croix, dégouttent de sang; il a le bonnet rouge, une cocarde où est écrit : *Ça ira;* d'un pied il appuie sur la tête d'un prêtre, pendu en habits sacerdotaux à la branche du réverbère, avec un couple de moines; et l'homme râcle allègrement du violon, à côté d'une niche, où sur un Christ en croix on a collé une bande de papier portant: *Bonsoir, Monsieur.*

XI

Le 10 août. Massacre de Suleau. — Destruction des emblèmes royaux. Le calendrier. — Le roi et la reine au Temple. Ce qu'on imprime. — La séance du 17 janvier 1793. — Méot. — Les émigrés.

Le 10 août, à huit heures et demie du matin, un jeune homme de trente ans, en bonnet et en uniforme de garde national, est pris et mené par le peuple à la section des Feuillants. Il réclame contre son arrestation. Il exhibe un ordre ainsi conçu : « *Le garde national porteur du présent ordre, se rendra au château pour y vérifier l'état des choses et en faire son rapport à M. le procureur général syndic du département. Signé Boric et Leroulx, officiers municipaux*[1]. » Théroigne, qui présidait aux colères populaires, en son amazone écarlate[2], le sabre en bandoulière, entre dans la cour des Feuillants[3]. Elle monte au comité demander des têtes. Une plieuse des *Actes des Apôtres* désigne l'homme à Théroigne. Théroigne pousse à lui sabre au poing.

1. *Le Dernier tableau de Paris*, par Peltier. Londres, 1792.
2. *Actes des Apôtres*, vol. II. — 3. *Le Dernier tableau de Paris*.

L'homme arrache le sabre, se défend. On le massacre[1].

Cet homme dont le sang inaugurait la journée était un gazetier : c'était Suleau qui, dans les *Actes des Apôtres*, avait tant et si souvent ridiculisé les amours de Théroigne et du député Populus. — C'était ce Suleau, un esprit bien portant, toujours en dépense de saillies et de forts éclats de rires, une gaieté déréglée mais contagieuse, une verve bouillante de bon sens, un méridional du Nord, aimant le péril pour le péril, tordant sans peur les ironies âcres sur les têtes des Mirabeau, des Barnave, des Lafayette et des Robespierre, joyeux complice des causes perdues; de son indignation faisant de sanglants vaudevilles, gai comme sa plume, vivant vite, préférant « la ceinture des Grâces à l'écharpe de la mairie[2], » le cœur réjoui quand il avait piqué le *Minotaure* jusqu'au sang, tout plein de forfanteries braves, un polémiste de lazzis et de caricatures, ne triant guère ses drôleries, les jetant à belles poignées dans les jambes des colosses, bouffonnant sur une révolution! C'était ce Suleau dominant de sa moquerie énorme la Ménippée gauloise de *l'Apocalypse* et du Journal de *la Démocratie royale*.

Chose étrange! dans ce Marignan où la noblesse a tout perdu, la presse royaliste — le vieil esprit de la France, parlant à des Français — laisse les *pleureuses* à Durosoy et à Royou; pour vengeance et pour défense, elle secoue les grelots de la Folie; contre le canon de la Bastille, elle ne veut que l'arme blanche des plaisanteries; elle proteste contre la révolution par la parodie; et elle s'en va pleurant la monarchie mourante avec les quolibets et les joyeusetés enragées!

---

1. *Le Dernier tableau de Paris.* — 2. *Actes des Apôtres*, vol. III.

Les temps avaient beau se rembrunir, l'avenir se faire prévoir, « les Arlequins se faire anthropophages, le peuple prendre des lanternes pour des lois [1], » Suleau gardait sa libre gaieté. Des Jacobins brûlaient les *Actes des Apôtres*, saccageaient le libraire Gattey ; lui, il rossait les colporteurs de la *Correspondance de la reine*, et écrivait à un président de district « pour avoir l'honneur de lui apprendre qu'il venait de se donner le passe-temps d'un nouveau crime de *lèse-nation* [2]. » Et tout cela avec une grâce d'insolence, et une fleur de provocation toute plaisante. Arrêté, emprisonné cinq mois « en son hôtel du Châtelet, où il avait toujours son domicile de droit et souvent de fait, » il ne tarit pas de sarcasmes et d'imaginations insultantes. Jamais accusé ne railla l'accusation d'une façon plus osée. A ce Châtelet, qui laissait mettre dans la balance de la justice le poids des événements, il apportait, des cachots d'Amiens, ses sarcasmes picards, amusant toute la prison et le dehors de ses pantomimes et de ses bons mots. S'il venait à l'instruction, il demandait une carafe d'orgeat, mettait un quart d'heure à la prendre, sortait, rentrait, se promenait dans l'audience, riait, chantait, disait au magistrat : « Ah ! c'est bien dommage que le comité des Recherches ne vous ait pas envoyé telle ou telle autre brochure ! Elles sont bien meilleures que celles que vous me présentez. Elles vous auraient beaucoup plus amusé. » — Il saluait le public : « Bien des pardons, messieurs, si je ne vous divertis pas davantage [3]. » — A l'accusateur, quand on l'emmenait de l'audience : « Voulez-vous venir dans la carrière ? » — Au porte-clefs il demandait une

---

1. *Actes des Apôtres*, vol. II et V. — 2. *Id.*, vol. III.
3. *Chronique de Paris*. Février 1790.

contremarque pour sortir[1]. A un chevalier de Laisert, coupable d'une brochure incendiaire, et qui lui disait être cousin de M. de Lafayette : — « Ah! monsieur, que me dites-vous là? vous êtes perdu! Votre parent n'a plus besoin pour devenir connétable que d'un pendu dans sa famille ! » — Une autre fois, de la prison de l'Abbaye, il écrivait à ses abonnés qu'il transférait son bureau de souscription au Comité des Recherches, et son bureau de distribution dans la prison[2]. Ces brocards et ces extravagances de Suleau captif étaient la nouvelle de tout le Paris aristocrate qui soupait encore. Du salon de la marquise de Ranne, ses fredaines se colportaient chez toutes les petites-maîtresses d'opinion orthodoxe[3].

Pourtant, ne croyez pas que ce gazetier fût seulement un égayeur de soupers. Au moment où le bourreau avait pris Favras, la voix qui avait crié tout haut à Favras une promesse de vengeance, c'avait été la voix de Suleau. Les guerres d'épigrammes d'alors n'étaient point seulement une question d'encre : Suleau savait tout ce qu'il jouait à avoir de l'esprit, et cela ne lui en ôtait point. Chaque jour c'étaient des lettres anonymes qui le prévenaient d'un projet d'assassinat tramé contre lui ; et Suleau allait toujours son chemin tout droit. « Mon existence — écrivait-il en persiflant — est un miracle continuel de la fée tutélaire de l'aristocratie ; moi qu'un réverbère ne voit jamais sans un mouvement de convoitise[4]... » Et comme aiguillonné, il lançait d'une fronde plus raide le caillou de David. Il entendait rôder la bête autour de lui. Il raillait : « Mon sang? Eh! qu'en veulent-ils faire, bon Dieu! le veulent-ils

1. *Journal de la Cour*. Février 1790.
2. *Actes des Apôtres*, vol. III. — 3. *Journal de Suleau*. 1791.
4. *Actes des Apôtres*, vol. V.

boire[1]? » — « Quand il s'agira de me séparer de ma tête, je ferai comme saint Mirabeau, je la léguerai à mon valet de chambre[2]. » — Il souriait à la couronne prévue de ses audaces; et, comme un gladiateur qui salue sa mort, il s'écrie quelque part : — « Serai-je tumultuairement déchiré par la rage d'une multitude? Eh bien! c'est le sang des martyrs! il fera des prosélytes[3]! » — De cet homme, les adversaires mêmes reconnaissent la loyauté de controverse; à cet homme, Loustalot a dit, sans le faire réfléchir, en sortant un jour de chez le garde des sceaux : « M. Suleau, il n'y a pas de l'eau à boire avec tous ces gens-là. Si la cour ne vous a pas assuré 1,000 louis de pension, vous faites un métier de dupe. » Cet homme « fait son métier de dupe » sans aucune considération d'intérêt ni prochain ni indirect. Cet homme se vante de seize quartiers de roture[4], et il sacrifie gratuitement son repos, sa santé, sa vie à la cause des opprimés. Dans l'abdication des résistances, cet homme est seul debout.

Eh bien, ce noble cœur, ce vaillant rieur « qui n'a pour cortége que son courage, sa plume et son épée, » qui se risque à toutes les heures, l'aristocratie l'abandonne dans son courage! Oui, ceux-là qui lui doivent à tant de titres estime et reconnaissance, ne veulent de son héroïsme que sous bénéfice d'inventaire, tout prêts à l'oublier s'il vit, à ne pas se le rappeler s'il meurt! — « C'est une tête exaltée dont il est prudent de se garer[5]; » — et c'est dans l'aristocratie même qu'on l'appelle le *Marat de l'aristocratie!* C'est le bravache Meude-Monpas qui le baptise de *Suleau-Caméléon!*

---

1. *Actes des Apôtres*, vol. III. — 2. *Journal de Suleau*. 1791.
3. *Actes des Apôtres*, vol. III. — 4. *Journal de Suleau*, vol. II.
5. *Id.* 1791.

Alors Suleau, évadé de prison, passé en Allemagne, abreuvé de dégoûts, harcelé de reproches, demandant vainement au roi de la constitution le successeur d'Henri le Grand ; odieux aux lâches, comme un vivant reproche, aux indifférents comme un remords, désillusionné sur la contre-révolution par ce qu'il a vu à Coblentz des intrigues de madame de Balby et des querelles de MM. de Cardo et de Jaucourt, désespérant de voir « la Providence se justifier [1] ; » — élevant, dans le journal qui porte son nom, la vue de son esprit mûri par les chagrins aux plus hautes et aux plus amples considérations d'État, Suleau laisse tomber à côté d'une prophétie de désespoir, sur la France en dissolution, ces amères paroles : « J'ai mis ma conscience aux prises avec ma raison, et la réflexion m'a convaincu autant que l'expérience, que tout individu qui se sacrifie sans nécessité pour des intérêts vagues et collectifs, n'est qu'un animal d'un instinct dépravé qui tôt ou tard sera corrigé par la double épreuve de l'injustice et de l'ingratitude. »

Cela est son testament de Brutus. Il revient mourir à Paris, et de la poignée de sable que Suleau jette en l'air, dans la cour des Feuillants, le matin du 10 août, naissent et naîtront les plumes héroïques, qui croient, qui parlent quand on se tait, qui osent quand on tremble, et qui meurent quand on se vend !

Les Tuileries prises, un vainqueur jouant du violon sur les cadavres des Suisses [2], — la fureur populaire alla aux images et aux représentations de la royauté maudite. Elle

---

1. *Journal de Suleau*, vol. II.
2. *Le Nouveau Paris*, par Mercier. Vol. I.

tombe, la statue de Louis XIV; elle tombe, la statue de
Louis XV, brisée, et sa main de bronze est donnée par le
peuple au chevalier de Latude, le prisonnier de madame
de Pompadour. La statue de Henri IV, celle-là qu'on avait
pavoisée d'écharpes tricolores au 14 juillet 1790, est à bas.
« Nous nous sommes rappelé qu'il n'était pas roi constitutionnel, » — vient dire à la barre de l'Assemblée la section Henri IV, un moment arrêtée par l'historique popularité du roi de la poule-au-pot[1]. Toutes ces statues à bas,
voilà qu'on les trouve creuses! Adieu ces infinies émissions
de pièces de six liards tant rêvées[2]! Désappointé, on se
venge, et le populaire iconoclaste s'emporte au bris de
tout ce qui est roi ou insigne de royauté. Ordonne, la commune de Paris : les portes Saint-Denis et Saint-Martin seront abattues *comme monuments d'adulation et de bassesse*[3].
Oussault intercède pour les deux portes, et il obtient à
grand peine leur grâce, sous condition d'effacement de
tous les signes de la monarchie[4]. La sainte ampoule est
brisée à Reims sur le piédestal « du dernier des rois. »

Le mot *royal*, cet adjectif d'un épithétisme si large, qui
allait des monuments à la cuisine, des perruques aux académies, et qui descendait jusqu'aux décrotteurs, dans la
France toute *à la royale*[5]; le mot *royal* est poursuivi, tra-
qué, effacé, démoli, détruit, déchiré, lacéré, anéanti. En
tout ce qui tient à la famille ou à l'ascendance auguste
des Bourbons, *royal* est biffé. Bureaux de loteries, enseignes, tout est purifié du mot *royal;* jusqu'à l'enseigne du

---

1. *Annales patriotiques.* Août 1792.
2. *Le Nouveau Paris,* vol. I.
3. *Annales patriotiques.* Août 1792.
4. *Courrier de l'Égalité,* par Lemaire. Août 1792.
5. *Annales patriotiques.* Novembre 1792.

Bœuf couronné qu'on régénère. — L'innocente royauté du gâteau des rois est abolie. — Bourbon l'Archambault, ce n'est plus Bourbon-l'Archambault, c'est *Burges-les-Bains*; Port-Louis, *Port de la Liberté*; les places Dauphine, Henri IV, Louis XV, Royale, Louis-le-Grand, ce sont les places de *Thionville*, du *Parc d'Artillerie*, de *la Révolution*, des *Fédérés*, des *Piques*. La rue de Bourbon devient la rue de *Lille*; de la Comtesse d'Artois, *Montorgueil*; du Dauphin, de *la Convention*; des deux rues Saint-Louis, l'une devient la rue *Révolutionnaire*, l'autre la rue de *la Fraternité*; des trois rues Royales, l'une est faite rue de *la Révolution*, l'autre de *la République*, l'autre des *Moulins*; et la rue du Roi de Sicile, c'est maintenant la rue des *Droits de l'Homme*. Les citoyens appelés Leroi sont invités à changer de nom; beaucoup se rebaptisent Laloi. « Le citoyen Périer, artiste, demeurant rue des Poitevins, n° 5, prévient ses concitoyens qu'il remplace le mot de *roi* qui se trouve sur le cadran des pendules et horloges sans endommager l'émail et sans déranger les objets de place, par celui du *peuple* ou de la *nation*, à volonté [1]. » — Même les images agréables aux révolutionnaires, si elles sont entachées d'armoiries princières, ne trouvent pas grâce auprès d'eux : une gravure de la mort de Charles Ier est déchirée par les patriotes.

Elles-mêmes, les Monarchies de Gringoneur sont abolies! Les rois de carreau, de cœur, de pique, de trèfle, passent *pouvoirs exécutifs* de carreau, de cœur, de pique, de trèfle [2]; et l'on entend dans les tripots : « Je fais six fiches, brelan de *pouvoirs exécutifs*, » — ou : « J'ai le vingt-et-un, et le voici : as de cœur et *veto* de trèfle. » Puis Urbain

---

1. *Petites Affiches*. Brumaire an x. — 2. *Dictionnaire néologique.*
3. *Le Consolateur*. Juin 1792.

Jaume et Jean Démosthène Dugoure, déclarant dans *le Journal de Paris*, « qu'un républicain ne peut se servir, même en jouant, d'expressions qui rappellent sans cesse le despotisme et l'inégalité des conditions, » convertissent, en leur fabrique de la rue Saint-Nicaise, les rois en *génies*, *génie de cœur ou de la guerre*, *génie de trèfle ou de la paix*, *génie de pique ou des arts*, *génie de carreau ou du commerce*; les dames deviennent des *libertés* : *liberté de trèfle ou du mariage*, carte qui porte le simulacre de la Vénus pudique, et une enseigne sur laquelle est écrit le mot divorce, *liberté de carreau ou des professions*, *liberté de cœur ou des droits*, *liberté de pique ou des rangs*. Les valets passent des *égalités*, et les as des *lois*[1]. Enfin les naturalistes avaient nommé une certaine abeille la *reine*-abeille. Vite la révolution de rayer la qualification aristocrate. La reine-abeille est appelée par elle l'abeille *pondeuse*[2].

Le 21 septembre 1792, la convention nationale prononce l'abolition de la royauté; et le 22 au matin, à l'heure où le soleil arrivait à l'équinoxe vrai d'automne en entrant dans le signe de la Balance, la république était proclamée dans tout Paris. « L'égalité des jours et des nuits, dit *l'Éleuthérophile* Millin, — était marquée dans le ciel au moment même où l'égalité civile et morale était proclamée par les représentants français; » et l'ère vulgaire presque acceptée par les deux mondes, cette ère, entrée pour les usages politiques et civils dans les habitudes de la civilisation entière, on l'arrête au milieu du siècle qui marche, et le calendrier grégorien est remplacé par le calendrier républicain inauguré le 22 septembre 1792, à

---

1. *Journal de Paris*. Mars 1793.
2. *Décade philosophique*. An III.

neuf heures dix-huit minutes trente secondes du matin, mais qui ne date la révolution qu'au 22 septembre 1793 [1].

« Nous ne pouvions plus compter les années où les rois nous opprimaient, — écrivait Fabre d'Églantine, — comme un temps où nous avions vécu. Les préjugés du trône et de l'Église, les mensonges de l'un ou de l'autre souillaient chaque page du calendrier dont nous nous servions [2]. » Le calendrier grégorien était le calendrier de la catholicité. Là était le crime ; et les régénérateurs comprenaient que s'ils pouvaient appliquer le calcul décimal à la mesure du temps, introduire la décade, détruire le dimanche, la messe, cette consécration hebdomadaire des idées religieuses et monarchiques, n'ayant plus sa place dans le nouvel ordre des jours, disparaissait sans qu'il leur en coûtât le labeur d'un effort ou l'odieux d'une persécution. Aussi le rapport de Fabre d'Églantine, qui veut faire du nouveau calendrier un enseignement d'économie rurale, un thermomètre de la température, un chronomètre plus juste pour les sciences et l'histoire, n'est au fond qu'un long et illogique plaidoyer contre l'ère sacerdotale. Ici il accuse les prêtres d'avoir choisi pour la grande succession des fêtes de l'Église, et les frimas, et le ciel triste, et la nature en deuil « afin de nous inspirer le dégoût des jouissances terrestres et d'en jouir plus abondamment eux-mêmes ; » là il leur impute d'avoir choisi le *joli mois de mai*, et de se servir du prestige de la nature « pour traîner enchaînées et asservies à leur suite les peuplades villageoises pendant les fêtes des Rogations. » Cependant,

---

1. *Annuaire ou Calendrier pour la seconde année de la République française.*

2. *Annuaire du Républicain ou Légende physico-économique*, par l'Éleuthérophile Millin.

d'autres faisaient reproche à l'ancien calendrier de compter des mois sous invocations païennes, de placer les fêtes de saint Jacques et de Philippe en tête d'un mois consacré à Castor et à Pollux [1]; d'avoir des mois de septembre, d'octobre, de novembre, de décembre qui ne correspondaient ni au septième, ni au huitième, ni au neuvième, ni au dixième mois de l'année, — tous griefs chargés de faire nombre et de venir à l'appui du calcul décimal qui préparait déjà les jours, les pendules et les montres de vingt heures. Malheureusement il avait plu au soleil, depuis qu'il éclairait le monde, de parcourir en un an ce que nous appelons les douze signes du zodiaque; et le système décimal, qui pouvait à la rigueur s'appliquer aux jours, se trouvait infirmé dans sa base devant ces douze mois à accueillir. Les semaines de dix jours avaient bien aussi contre elles cette habitude de repos du septième jour, qui n'appartenait pas seulement à la religion romaine, mais à la religion musulmane et à la religion juive.

En dépit de ceci et d'autres choses encore, on passa outre, et l'on commença l'année en automne, ce qui ne parut guère raisonnable à quelques esprits; mais la réforme avait pour elle l'ère de Séleucus, qui avait aussi commencé à l'équinoxe d'automne, 312 ans avant l'ère vulgaire. Les mois, forcés d'être douze, eurent chacun trente jours, et s'appelèrent *vendémiaire, brumaire, frimaire* pour l'automne, *nivôse, pluviôse, ventôse* pour l'hiver, *germinal, floréal, prairial* pour le printemps, *messidor, thermidor, fructidor* pour l'été. En fructidor, l'hémisphère méridional au delà du Capricorne pouvait être couvert de neige; le nouveau calendrier oublia d'y songer.

1. *Le Nostradamus moderne.*

Les noms des nouveaux mois affectaient la mélopée :
« Nous avons cherché—continuait le rapport—à mettre à
profit l'harmonie imitative de la langue dans la composition et la prosodie de ses mots, de manière que les noms
des mois qui composent l'automne ont un son grave et
une mesure moyenne, ceux de l'hiver un son lourd et une
mesure longue, ceux du printemps un son gai et une
mesure brève, ceux de l'été un son sonore et une mesure
grave [1]. » Une autre idée sur le baptême des mois s'était
produite : Romme voulait un mois de *la Bastille*, un mois
du *jeu de paume*, un mois de *la montagne*, un mois de *la
régénération*, qui aurait été le mois de mai ; et penchait à
conserver juin qui lui rappelait Brutus chassant les Tarquins [2]. Ces mois de trente jours laissaient pour la fin de
l'année cinq jours : les prosodistes les appelèrent *sans-culottides*. Pourquoi les nomma-t-on *sans-culottides*? Le *syllabaire* du citoyen Piat, *instituteur*, répond par la bouche
des petits enfants : « C'est le nom le plus analogue au rassemblement des diverses portions du peuple français qui
viendront de toutes les parties de la république célébrer
à cette époque la liberté et l'égalité. »

Le premier de ces cinq jours devait être une *fête du
génie*, le second *la fête du travail*, le troisième *la fête des
actions*, le quatrième *la fête des récompenses*; le cinquième,
la fête de l'opinion, ressouvenir des saturnales, devait permettre — un jour — la caricature, la chanson, la liberté
française, et traduire le magistrat même à ce tribunal railleur, à ces dénonciations de l'épigramme. Si l'année était
bissextile, le sixième jour était une grande *fête à la révolution*. Et de l'autre côté de la Manche, *le Morning-Chronicle*

---

1. *Rapport* de Fabre d'Églantine. — 2. *Rapport* de Romme.

trouvait « que les *sans-culottides* avaient l'avantage de présenter à l'esprit de grandes idées [1]. Les jours de la décade baptisés *primidi, duodi, tridi, quartidi, quintidi, sextidi, septidi, octidi, nonidi, décadi*, le sénat français réalisa l'idée de faire état de la richesse nationale, de consacrer l'importance de l'agriculture, de grouper autour de la république les intérêts agricoles flattés et reconnaissants, et d'effacer avec le catalogue de la production française la commémoration des saints. Cette idée, tant raillée depuis, ne manquait ni de grandeur ni d'habileté; mais cette rationnelle imagination de mettre à chaque quintidi l'animal domestique d'utilité le jour, à chaque décadi, l'instrument aratoire de service le lendemain, d'énumérer tout le long de l'an les productions diverses du règne animal, du règne végétal, du règne minéral, allait se briser contre une habitude de dix-huit siècles et le rire d'un peuple catholique, trouvant à la place de ses canonisés *potiron, âne, topinambour, salsifis, cochon, pioche, fumier, chiendent, serpette, laitue, muguet, haricot, melon*.

Quelques Mathieu Laensberg du parti républicain, redoutant l'insuccès de cette tentative, se rappelant *l'Almanach des honnêtes gens*, publié en 1788, et alors condamné *comme scandaleux et tendant à nous replonger dans l'idolâtrie*, essayèrent, à l'exemple de Sylvain Maréchal, de peupler le calendrier de grands hommes, de bienfaiteurs de l'humanité, de martyrs de la liberté; et dans un almanach de Blain et de Bouchard, instituteurs à Franciade (ci-devant Saint-Denis), *Triptolème* et *Güttenberg* se partagent une décade, *Diogène* et *Confucius* une autre, *Washington* et *Jésus* une autre, *Marat* et *Guillaume Tell* une autre [2].

1. *Journal des Hommes libres*. Nivôse an II.
2. *Almanach d'Aristote ou du vertueux républicain*. An III.

— La Vendée eut aussi son almanach : *saint Louis de Bourbon* était le saint du 21 janvier, *sainte Élisabeth de France* était la sainte du 11 mars. Il y avait *la fête des martyrs de Paris*; et le mois de septembre s'appelait *le Mois des Crimes* [1].

La misère du linge, et la misère des vêtements, et la misère des aliments, et la misère des remèdes dans la maladie, étaient venues bien vite à la famille royale enfermée au Temple. Toutes les douleurs, toutes les souffrances, toutes les angoisses de la vie déshéritée, la révolution de ses deux larges mains ouvertes les laissa tomber sur ces têtes rabaissées, impitoyablement.

Puis ce n'est pas assez, ces misérables injures de la pauvreté, faites, avec dessein et intention, à ces malheureux qui avaient été le roi, la reine, Madame Élisabeth, les enfants de France. Ces femmes qui n'ont plus de larmes, ce résigné qui regarde indifféremment avec une lunette les travaux de maçonnerie qui scellent sa dernière prison [2], il faut qu'ils aient les crachats, la fange, les calomnies, leur chemin de la guillotine. Et de toute la France, tournée vers le Temple, il s'élève des voix confuses, des cris, des ricanements, une clameur quotidienne, obstinée, sans miséricorde et sans trêve. Il semble, à y prêter l'oreille, entendre un de ces chants de mort de Peaux-Rouges, insultant au vaincu avant de le martyriser et qui, avant de tuer le corps, crucifient le cœur.

Eh quoi ! n'était-ce pas hier que les feuilles patriotes, donnant l'assaut à la royauté, se découvraient devant le

---

1. *Dictionnaire néologique.*
2. *Courrier de l'Égalité*, par Lemaire. Août 1792.

roi? Hier, que *le Défenseur du peuple* disait à ce roi :
« Votre Majesté est tellement chérie de nous, que s'il fallait des bains de sang humain pour conserver votre santé, ce serait à qui le premier répandrait le sien pour sauver les jours de notre souverain? » Ils traînent maintenant sur les tables et sur les cheminées des cachots du Temple, apportés par fait exprès, mais jetés comme par mégarde, et oubliés aux endroits apparents pour tenter la curiosité des prisonniers, ces journaux, ces brochures aujourd'hui tout sales d'obscénités, aujourd'hui tout débordants des vociférations de la haine[1] !

Qui pourra dire, si jamais, depuis qu'il est des nations civilisées, le démon de la calomnie inventa, imprima des ordures plus énormes, des dires plus monstrueux, des barbaries plus odieuses, qu'en ces mille feuilles noircies dont la révolution soufflette les hôtes du Temple? Qui pourra dire les imaginations féroces, les fils de lupanar et de guillotine, les de Sade jacobins, « les garçons des échaudoirs des boucheries dégouttants de sang et de fange[2], » qui éclaboussèrent de leur plume, non une reine, — une femme! Épouvantée, un jour la bibliographie frémira devant le catalogue immonde de cette œuvre lâche, devant ces libelles cannibales, devant ce cynique théâtre destiné aux petits appartements de la révolution, devant cette longue liste d'anecdotes infâmes que semble, en une Caprée retrouvée, avoir écrites un Tibère, les pieds dans le sang, les lèvres en débauche !

C'est tout cela qui traîne sur les meubles du Temple,

1. *Journal de Cléry.*
2. *La vie et la mort de Louis Capet*, dit DE BOURBON, *seizième du nom et dernier roi de France, et celle d'Antoinette d'Autriche, sa femme*, par Pithoud. L'an II de la République.

qui traîne tout ouvert. — Louis XVI lit ces quelques pages dont la première représente la guillotine, le panier, le bourreau, les aides, et porte ces mots : *J'attends la tête de l'assassin Louis XVI sous mon tranchant*. Il lit encore ; il lit la réclamation d'un canonnier qui demande la tête du tyran Louis XVI, pour en charger sa pièce et l'envoyer à l'ennemi !

Et vous, Marie Antoinette, si vous lisez ce qu'on écrit de vous, qu'elles vous semblent aujourd'hui convenables presque, et bien élevées et de bonne compagnie, les vengeances de la Dubarry imprimées à Londres, et le scandale que la maîtresse de Louis XV essayait de faire autour de vous ! Pauvre mère ! qui avez cru devoir, pour respecter les droits de votre enfant, et vos droits de reine, rester la tête haute, au milieu même des soumissions, lisez ! Voilà *les Prophéties françaises :* « Sortez, paraissez, Agrippine, Cléopâtre, Messaline, venez courber votre front orgueilleux devant votre reine et la nôtre ! » et le misérable qui écrit ces choses vous fait malade du mal des courtisanes ! Lisez, Marie Antoinette : à côté de votre époux en Bacchus, vous voilà promenée en bacchante, la gorge, les bras, les cuisses et les jambes nues, et le dauphin, votre enfant, « ce bâtard adultérin légitimé par l'imposture, est Cupido [1]. » Lisez, — car il faut que vous buviez la lie même du calice — lisez cette liste, Marie Antoinette, cette longue liste de complices que la nation associe aux débauches qu'elle vous prête, qui commence à d'Artois, qui finit à Dugazon ! Cette liste, *la Liste civile*, elle court la France ! et la France l'a permis ! Lisez, Marie Antoinette, *les Soirées amoureuses du général Mottier, par le petit épagneul de l'Autrichienne !* Lis, ô mère douloureuse ! cette

---

1. *L'Ombre de Mardi gras ou les Mascarades de la Cour.*

biographie, publiée chez *la Montansier, hôtel des courtisanes*, où Hébert va bientôt ramasser ces accusations devant lesquelles toutes les flétrissures de l'histoire reculent insuffisantes... Lis qu'ils t'accusent d'avoir empoisonné ton premier enfant ; lis encore, fille de Marie Thérèse, *l'Orateur du peuple*, où Martel t'appelle : *Monstre dégobillé de la bouche d'Alecto*[1]...

Il faut à la révolution qu'ils meurent ; il faut aux révolutionnaires qu'ils souffrent. Et quand l'ennemi a été repoussé, quand la guillotine s'impatiente d'attendre, ne croyez pas que la satiété se soit faite dans le public ou que la pudeur vienne aux insulteurs : celui-là dit le ménage au Temple s'injuriant, se battant, se souffletant, et le roi traitant la reine de g.... et de p......[2] Oui, on les torture, on les promène sur la claie des pamphlets ignobles, aux veilles mêmes de ces jours que la mort promise fait sacrés ; et pendant que des geôliers dessinent sur les murs, pour les enfants de ce père et de cette mère : *M. Véto crachant dans le sac*, d'autres geôliers peut-être jettent dans la chambre du roi et de la reine cette notification populaire de l'arrêt de mort qu'ils attendent : « *Charles libre. Tes sujets vont à la guillotine. — Louis l'esclave. O ciel ! quoi ! Laporte, Durosoy, Royou... — Charles libre... Viennent de te servir de courriers ainsi qu'à Madame. — Louis l'esclave. O ciel ! voyez-vous, monsieur Charles, vous êtes cause que ma femme vient de s'évanouir ! — Charles libre. Eh bien ! f.....-lui une jatte d'eau par la figure, elle reviendra...*[3] »

---

1. *Petit Dictionnaire des grands hommes de la Révolution*, par un citoyen actif ci-devant rien.
2. *Le Ménage royal en déroute.*
3. *Grande entrevue dans la Tour du Temple entre Charles libre, patriote sans moustache, avec Louis Véto l'esclave et sa famille.*

Ce n'est plus cette salle de Versailles soutenue par vingt colonnes doriques où, dans les niches des voussures, des Renommées couronnent les globes fleurdelisés; ce n'est plus, à droite, le clergé en son plus riche costume, à gauche, les députés de la noblesse, chapeaux à plumes ondoyantes, manteaux noirs éclatants de dorures, tous l'épée au côté; là-bas, au fond de la salle, sur six rangs, une foule noire, — le tiers état, — en habit, manteau de laine, cravate blanche, chapeau rabattu, sans épée. Et dominant nobles, prêtres, tiers, l'estrade royale; dominant l'estrade, le trône sous un dais éblouissant; dominant le trône, le roi couvert, la reine une marche au-dessous de lui. Ce ne sont plus ces hérauts d'armes, debout devant le tiers, en leur manteau court à forme de tonnelet, appuyant sur la hanche leur bâton parsemé, comme leur manteau, de fleurs de lis[1]. — Où donc toutes ces femmes de la cour éclatantes de gaze, d'or, d'argent, de broderies? Où donc ce public des entre-colonnements poudré et coquet, ces curieuses en coiffure à *la liberté?* Où donc M. Necker, droit devant la table des ministres, en habit de ville, pluie d'argent sur fond cannelle[2]? — Ce n'est plus le 5 mai 1789.

C'est la salle du Manége aux Feuillants. Voilà les deux longues tribunes latérales, la grande tribune du fond, les banquettes vertes en amphithéâtre, et les poêles hydrauliques presque à ras de terre[3]; c'est bien la salle où les pamphlets royalistes de 1790[4] espéraient l'entrée subite d'un Louis XIV botté, éperonné, fouaillant tous les inso-

---

1. *Tableau historique de la Révolution*, par d'Escherny, vol. I.
2. *Mémoires de Ferrières*, vol. I.
3. *Lettre de Rabelais aux 94 rédacteurs des Actes des Apôtres.*
4. *Louis XIV au manége.*

lents et brisant la tribune du manche de son fouet de chasse. L'on reconnait encore toutes les places et tous les coins : le canton du clergé, *le Charnier des Innocents;* le quartier de la noblesse, *le Faubourg Saint-Germain;* entre la noblesse et le clergé, *le Trou d'enfer* et ses violences ; là, les tranquilles, *le Marais;* là *le Palais-Royal;* et autour de la tribune, *les Pénétrés*[1]. — Mais où donc est ce monde de l'Assemblée constituante ? — Où donc Barnave, son gilet écourté, sa longue lévite, son chapeau rond, ses cheveux roulés et retroussés sous son chapeau[2] ? Où donc les deux Lameth en fracs bien pincés, une badine à la main ? Où donc le foudroyant Mirabeau, costumé en petit-maître, coiffé en aile de pigeon[3] ? — Qui sont ces députés misérablement vêtus ? Que sont ces drapeaux troués, brûlés, cicatrisés, pendus à la voûte de cette assemblée nouvelle ?

Cette assemblée est la Convention ; — cette crinière noire, c'est Billaud Varennes[4] ; ce pantalon de coutil, c'est Granet ; ce bonnet rouge, c'est Armonville ; et cet habit neuf, c'est Marat[5] ; — ces drapeaux, ce sont les drapeaux de l'Autriche et de la Prusse ; — et ce jour, c'est le 17 janvier 1793 : *Louis Capet est coupable de conspiration contre la liberté de la nation et d'attentat à la sûreté générale.*

La Convention va ordonner de l'homme ; elle vote sa vie ou sa mort. Voilà soixante-douze heures qu'elle est en

1. *Chronique de Paris.* Octobre 1789.
2. *Veni creator spiritus,* par un citoyen passif.
3. *Grand tableau magique.*
4. *La Vérité tout entière sur les vrais acteurs de la journée du 2 septembre 1792.*
5. *Journal d'un voyage en France,* par Moore. Philadelphie, 1794.

séance. — Mille rumeurs, — des bouffées de bruit qui, par instants, entrent dans la salle du dehors et du café Payen; — les glapissements étouffés des colporteurs qui crient le *Procès de Charles I*^{er} à toutes les avenues de l'assemblée [1]; — une clef qui grince dans une serrure de tribune; — mille bruits que scande de moment en moment une voix grêle : *la mort!* — une voix forte : *la mort!* — une voix émue : *la mort!* — une voix ferme : *la mort!* — Il est nuit; les lueurs vagues promenées sur les coins de la salle rendent la scène étrange. Des hommes qui votent, on ne voit que le front, et les clartés pâles des flambeaux le font blanc. — Le sommeil pèse sur les yeux; la fatigue courbe les têtes. Voici un votant qui dort; on l'éveille. Il monte à la tribune : *la mort!* — il bâille et il descend. — La salle rit : c'est Duchastel qui, malade, vient en bonnet de nuit voter contre la mort. — Cependant, dans les tribunes réservées, ce ne sont que gaies cavalières, minces vertus, frais minois, tout entricolorés de rubans; elles caquettent, grignottant des oranges pendant le ballotage de la tête d'un roi. Un conventionnel vient, salue, les liqueurs arrivent, les demoiselles de humer; puis elles regardent, se rejettent au fond de la loge, font la moue et disent : — « Combien encore? » — se remettent, et écoutent tomber dans les demi-ténèbres : *la mort!*

Au-dessus d'elles, là-haut, dans les tribunes publiques, le peuple boit vin, eau-de-vie, et trinque chaque fois que vibre sourdement : *la mort!* — et les aboyeuses qui y ont, — révélera plus tard Fréron, — leurs places marquées, et la robuste mère Duchêne font de gros ha! ha! quand elles n'entendent pas bien : *la mort!*

---

[1]. *Journal d'un voyage en France*, par Moore. Philadelphie, 1794.

Et, tandis que la France décide si elle tuera, — des femmes avec des épingles piquent des cartes à chaque vote : elles ont parié le régicide ! La tribune dit : *la mort!* l'épingle pique ; la carte avance[1].

Mais dans le cœur de ce Paris lamentable, que sont donc ces cheminées toujours fumantes ? Qu'est cette forge toujours en haleine, qui veille toute la nuit, toutes les nuits ? — C'est Méot, le restaurateur Méot ; ce sont les fourneaux de Méot. O Paris, cerveau et cuisine du monde ! La mort vendange dans tes rues : Méot te reste, et tu oublies avec le ventre ! — Il semble qu'Isaïe ait écrit pour les Français de ce temps : « Vous ne penserez qu'à vous réjouir et à vous divertir, à tuer des veaux et à égorger des moutons, à manger de la chair et à boire du vin : Mangeons et buvons, direz-vous, nous mourrons demain. » — Méot ! dans cet angle de la rue des Bons-Enfants, paradis oublié dans la cité dolente ! Des cassolettes d'or, autour des tables où se versent les précieuses liqueurs, l'encens s'échappe et monte en nuages odorants[2]. Voici la chambre verte, bientôt historique, où va se rédiger une constitution, le contrat d'un peuple, la constitution de 1793, la constitution Méot, comme on dira[3]. — Salles d'Apollon, où Lucullus se reconnaîtrait chez lui ! Les crûs opimiens, surprises et recherches exquises, toutes les féeries gourmandes ! vaisselle plus précieuse que l'airain de Corinthe, et l'eau à la neige que les esclaves versaient sur les mains des convives antiques ! — Soudain, comme du sanglier fendu de Trimalcion, laissant s'envoler une volée de

---

1. *Le Nouveau Paris*, vol. VI. — 2. *Id.*, vol. III.
3. *L'Accusateur public.*

grives, — du plafond qui s'entr'ouvre descend, parée de myrthe, la Cypris de Cnide sur son char attelé de colombes, ou bien c'est la Chasseresse, fille de Jupiter et de Latone, portant la peau d'un tigre sur ses épaules nues, ou l'Aurore, semant les roses; déesses qui se font humaines une fois le pied sur le tapis des festins nocturnes! Plus loin, un salon abandonné : c'est là qu'autrefois des mains féminines vous massaient dans une cuve de vin [1]. — Chez ce Méot, au bout d'une de ces orgies de Bas-Empire, soûls de parfums, de fumets, de voluptés, Fouquier-Tinville, Dumas, Renaudin causeront : — « Ce Méot est plaisant à son fourneau, — dira Dumas, — il serait curieux de l'envoyer chercher un matin avec son tablier, de le faire monter sur les gradins, et de le faire guillotiner tout de suite. » — « Il faut le mettre dans une fournée le lendemain d'une décade, — ripostera Renaudin, se passant sa serviette sur les lèvres; — n'étant pas de ses juges, je viendrai dîner chez lui pour rire [2]. »

Pendant ce temps, voyez-vous dans ces tristes villes, Coblentz, Worms, Mayence, Ath, ces maigres et hâves étrangers? — Heureux quand un Électeur charitable leur fait l'aumône du logement dans un vieil hôpital en ruine! — En quelque basse auberge, — ici *à l'Aigle*, là *au Paon d'or*, — ils mangent à table d'hôte, ne faisant qu'un repas, dévorant une soupe, un bouilli, et du jardinage, arrosés d'une chopine de bière; le soir, si la faim revient, ils auront la tartine et la tasse de thé. — Les voyez-vous, par

---

1. *Le Nouveau Paris*, vol. III.
2. *Mémoires de Senart*. Beaudoin. 1824.

la nuit, par décembre, se promenant sur quelque petite place froide d'une petite ville allemande, soufflant dans leurs doigts, — parce que le bois est cher, — en sabots, capote brune, mouchoir noir au cou, sans poudre, — ces gentilshommes, officiers de l'armée de Condé[1] !

Lettres b... patriotiques du père Duchêne.

XII.

Le 21 janvier 1793. *La tête ou l'oreille de cochon.* — *Allons, ça va.* — Le théâtre complice de la terreur. *Buzot, roi du Calvados. Les Émigrés aux terres australes. Le Jugement dernier des rois. La Folie de Georges*, etc. L'Opéra sans-culottisé. Corneille, Racine, Molière, Piron révolutionnés. *La chaste Susanne. L'Ami des lois. Paméla.* — Les prisons. La Comédie française aux Madelonnettes.

Le 21 janvier 1793, à dix heures un quart du matin, Louis de Bourbon, XVIe du nom, né à Versailles le 23 août 1754, nommé Dauphin le 20 décembre 1765, roi de France et de Navarre le 10 mai 1774, sacré et couronné à Reims le 11 juin 1776, est guillotiné sur la place de la Révolution. — Un homme, du nom de Romeau, — dans une brochure aujourd'hui presque introuvable, — proposera bientôt « à tous les citoyens de célébrer dans leur famille la commémoration du 21 janvier, en y mangeant *une tête* ou *une oreille de cochon.* »

Le septième jour du deuxième mois de l'an second de la république, la toile se lève au théâtre de la rue Feydeau sur la pièce : *Allons, ça va.* Sur la scène, des femmes, des hommes à l'ouvrage ; les femmes cousant, filant ; les hommes hâtant les souliers, soufflant la forge, battant le fer ; et dans cette fièvre de travail et cet enthousiasme d'activité, les voix éclatent, l'orchestre jouant en ritournelle après chaque couplet les huit premières mesures du *Ça ira :*

> Cousons, filons, forgeons bien...
> Soldats de la république,
>   Vous n' manquerez de rien [1].

Entendez tout le public qui chante avec *Nicodème,* tout Paris qui fait écho à la rue Feydeau, toute la France qui coud, qui file, qui forge, qui fond, qui aiguise, toute la France qui rugit :

> Soldats de la république,
>   Vous n' manquerez de rien.

Et les cloches dégringolent dans le grand creuset national aux applaudissements du prêtre Junius, qui écrivait en septembre 1789 : « Les cloches élevées par toute la France, si elles sont volumineuses, semblables au tonnerre qui fait faonner les biches, font frémir les productions de la nature jusque dans le sein de leurs mères, d'où naissent des épileptiques, des enfants contrefaits et privés d'une partie de leurs sens ?... » Elles sont conduites aux fonderies, *les breloques monstrueuses du Père-Éternel* [3]. Une seule cloche est laissée à chaque commune, pour servir de timbre à son horloge. La Commune de Paris a agité la question de descendre et de fondre les deux bourdons de Notre-Dame, *l'Emmanuel-Louis,* de trente-deux mille livres, et *la Marie-Thérèse,* de

---

1. *Allons, ça va,* par le Cousin Jacques.
2. *L'Observateur.* Septembre 1789. — 3. *Lettres b... patriotiques.*

vingt-huit mille [1]. A la fonte, à la fonte, « le nanan des oreilles religieuses [2] ! » à la fonderie de la ci-devant église Saint-Éloi des Barnabites, dans la Cité ! La république n'a pas de bronze à laisser dormir ! « Je vous fais canons, » dit-elle aux cloches de France ; « je vous fais soldats, » dit-elle aux paysans ; et les cloches fondues d'être le tonnerre de la Terreur, les paysans de suivre par l'Europe l'airain de leur clocher ! — A Paris, quatre cents milliers de poudre ; — « trois cents chevaux ne seraient pas en état de traîner la mitraille ramassée en deux jours [3] ; » — la Bourse fermée ; — la plaine des Sablons, une *École de Mars* pour les jeunes gens de seize à dix-sept ans ; le théâtre de la Montansier fermé, tous ses acteurs à l'armée [4] ; les barrières fermées ; sur la Seine, des soldats sur les bateaux de blanchisseuses [5] ; le rappel qui bat, le tocsin qui roule ; tous les chevaux de luxe à l'armée ! carrosses, voitures, équipages, à l'armée ! tous les ouvriers à l'armée ! un atelier de canons dans le Luxembourg ; l'allée qui côtoie le mur des Chartreux, une forge à trente foyers ; la manufacture du citoyen Perrier livrant vingt canons par semaine [6] ; des fourneaux place Royale ; l'église des Filles-du-Calvaire une fabrique d'affûts de canons [7] ; le drapeau noir sur les tours de Notre-Dame [8] ; le drap en réquisition pour les uniformes ; — à leurs sections toutes les femmes faisant guêtres, habits, tentes, sacs [9] :

---

1. *Remarques historiques et critiques sur les abbayes*, par Jacquemart. 1792.
2. *Le Consolateur.* Janvier 1792.
3. *Courrier de l'Égalité.* Septembre 1792. — 4. *Id.*
5. *Almanach des honnêtes gens.* 1793.
6. *Courrier de l'Égalité.* Septembre 1793. — 7. *Id.* Octobre 1793.
8. *Id.* Mars 1793. — 9. *Id.* Septembre 1792.

Cousons, filons, cousons bien.
V'là des habits de not' fabrique
Pour l'hiver qui vient...
Soldats de la république,
Vous n' manquerez de rien [1].

Valenciennes est à l'Autrichien ; Toulon à l'Anglais; la Vendée, — quatre-vingt-dix lieues de pays, — aux Vendéens; Landau va être au roi de Prusse; Dumouriez a trahi ; et voilà que dans cette France, où l'étranger essaye déjà son camp, quelques centaines d'hommes, des médecins, des avocats, des clercs de procureurs, ont résolu que la France vivrait. Ils veulent; et soudain, comme si Dieu sanctionnait leurs vouloirs, ces généraux, compagnons de Frédéric, sont battus par des généraux conscrits, simples sergents tout à l'heure ! Ils veulent ; et la banqueroute, — dit Burke, — devient le capital avec lequel ils essayent de trafiquer le monde [2] ! Ils veulent; et soixante mille hommes s'enrôlent en vingt-quatre heures ! Ils veulent ; et dans ce sang et cette ruine, la France s'ouvre : il en jaillit quatorze armées !

« Terminons, — crie dans ce camp de vingt-six millions d'hommes l'un de ces prodigieux Titans, — terminons avant l'hiver toute querelle entre nous et les rois; que tout homme, depuis dix-huit ans jusqu'à cinquante, sorte armé de ses foyers ; qu'on fasse dix armées d'un million d'hommes chacune ; qu'on entre comme une mer débordée chez tous nos ennemis ! » Tout le plomb, en balles! *Les cercueils des anciens et très-hauts et très-puissants*, en balles [3] !

1. *Allons, ça va.*
2. *Actes des Apôtres*, par Barruel Beauvert.
3. *Courrier de l'Égalité.* Septembre 1792.

Le fer des églises, le fer des chapelles, le fer des mines de Champagne, en piques[1] !

« Forgeons, forgeons, forgeons bien.
V'là qu'on vous fait sabre et pique
 Pour aller grand train...
Soldats de la république,
 Vous n' manquerez de rien. »

La République est une manufacture de poudre, de salpêtre, de charpie, de canons : la Convention a décrété l'héroïsme. Et le savetier même, qui travaille à chausser nos victoires aux pieds nus, chante :

« Tirons, tirons la manique.
 Travaillons grand train...
Soldats de la république,
 Vous n'manquerez de rien. »

La Terreur fait du théâtre son complice. Par lui, elle injurie ceux qu'elle tue. Par lui, elle ridiculise les armées qu'elle bat. Entre ses mains, le théâtre devient une tribune sans pudeur comme sans dignité, qu'elle emplit toute, et où elle ensevelit dans la boue ses ennemis encore chauds, aux applaudissements des populaces vaudevillières. C'est le Panthéon où elle couronne ses grands hommes d'une décade; c'est l'égout des Gémonies où elle traîne un soir les girondins qu'elle fait fous, un autre les émigrés qu'elle fait lâches; c'est le royaume joyeux, bruyant, brutal, odieux du *væ victis !*

Les théâtres de Paris ont entendu l'article 2 du décret de la Convention du 2 août 1793 : « Tout théâtre sur lequel seraient représentées des pièces tendant à dépraver l'es-

---

1. *Courrier de l'Égalité.* Septembre 1793.

prit public et à réveiller la honteuse superstition de la royauté sera fermé, et les directeurs arrêtés et punis selon la rigueur des lois. »

Ce sont sur toutes les scènes des pièces de couvent, des atellanes qui font dire à un courageux : « Eh quoi ! le sauvage respecte son ennemi désarmé, et un Français ose s'amuser aux dépens de malheureux accablés sous le poids de l'infortune[1] ! » Un théâtre, un grand théâtre ne va-t-il pas jusqu'à jouer *le Tombeau des imposteurs*, et *l'Inauguration du temple de la Vérité*, où l'on chante en parodie une grand'messe avec autel, chandeliers, crucifix, calice, ornements sacerdotaux ; où l'acteur entonne ridiculement le *Pater noster*, où chœurs et accompagnements mettent tout en œuvre pour faire plus grotesque la comique musique du citoyen Grétry, ce ci-devant censeur de la musique de l'ancien régime[2] !

Pendant qu'un théâtre monte la pantomime *la Guillotine d'amour*[3], ce ne sont, sur tous les autres, que *faits historiques et patriotiques*, que *divertissements patriotiques*, que *comédies patriotiques*, qu'*impromptus républicains*, que *tableaux patriotiques, scènes patriotiques, sans-culottides,* — opéras, comédies, vaudevilles *patriotiques* : *la Veuve du Républicain* ; *Wenzel ou le Magistrat du peuple* ; *le Siège de Lille* ; *les Volontaires en route ou la Descente des cloches* ; *la Mort de Dampierre* ; *Mucius Scévola* ; *la Mort de Marat* ; *Marat dans le Souterrain des Cordeliers* ; *les Peuples et les Rois* ; *le Républicain à l'épreuve* ; *Lepelletier Saint-Fargeau* ; *la Prise de Toulon par les Français*, par Duval ; *la Prise de Toulon*, par Picard ; *la Royauté abolie* ; *Jean-Jacques Rous-*

---

1. *Journal des Spectacles*. Juillet 1793.
2. *Journal de Perlet*. Décembre 1793.
3. *Journal des Spectacles*. Juillet 1793.

sceau au Paraclet; *la Liberté des Nègres,* au théâtre du Lycée des Arts; *la Liberté des Nègres,* au théâtre des Variétés amusantes; *la Journée de Marathon; l'Intérieur d'un ménage républicain; Manlius Torquatus; Épicharis et Néron ou Conspiration pour la Liberté; la Famille patriotique; le Départ des volontaires pour l'armée; Encore un curé; l'Émigrante ou le Père jacobin; le District de village; le Campagnard révolutionnaire; le Congé des volontaires; l'Heureuse décade; les Crimes de la féodalité; le Cri de la Patrie,* par Moussard; *le Cri de la Patrie,* par Desfontaines; *le Véritable Ami des Lois; le Chêne patriotique ou la Matinée du 14 juillet; les Brigands de la Vendée; le Corps de garde patriotique; l'Alarmiste; l'Héroïne de Mithier; le Retour à Bruxelles; l'Apothéose du jeune Barra; la Fête civique,* — toutes pièces « dont le mérite répond à la chaleur du patriotisme, » toutes pièces dignes d'être jouées à ce *Théâtre du Peuple* que le comité de salut public, délibérant sur la pétition présentée par les sections de Marat, de Mucius Scévola, du Bonnet-Rouge et de l'Unité, va ouvrir gratuitement aux patriotes, trois fois par décade, dans le Théâtre ci-devant Français, uniquement consacré aux représentations populaires; toutes pièces dignes d'éclairer les provinces et de former le répertoire des spectacles civiques donnés au peuple gratuitement, chaque décade, dans les communes de France[1].

Ici, c'est un *hiérodrame pantomi-lyrique.* L'Égalité sort d'une trappe. Il descend sur sa tête deux grandes Renommées, tenant d'une main leurs trompettes, de l'autre chacune un coin d'un grand drapeau où est écrit en transparent: *Point de société sans égalité.* Quatre citoyens, un général

---

[1]. *Les spectacles de Paris et de toute la France.* 43ᵉ partie pour l'année 1794. Paris, Duchesne.

d'armée, un sans-culotte, un juge de district, un municipal, arrivent près de l'autel. La déesse pose son niveau sur la tête des quatre personnages qui le prennent de la main gauche « avec le plus grand respect ; » puis sur leurs épaules ils soulèvent la table, où debout l'Égalité se tient ; ils apportent sur ce pavois la divinité jusqu'au devant de la scène, et, aux furieuses acclamations du public, ils jettent leurs chapeaux en l'air : *Vive la liberté ! Vive l'Égalité*[1] ! Là, c'est *l'Apothéose du jeune Viala*, où « le jeune héros de la Durance » reçoit comme cadeau de noces d'Isidore, l'épouseur de sa cousine Pétronille, un bonnet rouge[2]. Partout, sur toutes les scènes, c'est la chanson :

> Dansons la carmagnole,
> Vive le son, vive le son,
> Dansons la carmagnole,
> Vive le son du canon[3] !

Voici *Buzot, roi du Calvados*, nommant Guadet son premier ministre, Gorsas son chancelier, Pétion son surintendant des finances, Wimpfen généralissime de ses armées ; voici le roi Buzot amoureux de Falaisinette, la nièce de l'aubergiste Rideveau, la promise de Gargotin, son cuisinier ; il est tout heureux, le roi Buzot : il vient de trouver chez Falaisinette de vieux parchemins qui la font héritière unique du dernier roi d'Yvetot. Falaisinette va être la reine Buzot ; Gargotin distribue à l'armée et au peuple des

---

1. *La Fête de l'Égalité*, hiéro-drame pantomi-lyrique en un acte en vers. Théâtre de la Cité. 24 brumaire an II.

2. *Agricol Viala, ou le Jeune héros de la Durance*, fait historique et patriotique. Théâtre des Amis de la patrie. 13 messidor an II.

3. *Les Brigands de la Vendée*, opéra-vaudeville en deux actes. Théâtre des Variétés amusantes, boulevard du Temple, ci-devant Élèves de l'Opéra. 3 octobre 1793, l'an II de la République.

exemplaires de la nouvelle Constitution ; tous les figurants crient : *Vive la Constitution! A bas le fédéralisme!* — et quelles joies de ce bas public à voir Buzot et Guadet se précipitant dans le trou du souffleur ! Quels rires à entendre Gorsas recommander ses fameuses chemises avant de disparaître[1] !

Voilà *les Émigrés aux terres australes*, du citoyen Gamas ; et c'est plaisir de voir huer le prince, le baron, le président, l'abbé, le financier, la présidente, la marquise, l'évêque, la religieuse, les moines, toute la ci-devant société. Comme il est le héros, comme il est l'intérêt de la pièce, le laboureur Mathurin, qui, apitoyé sur le sort des émigrés, a bien voulu les suivre avec sa charrue ! Quel atticisme de fines railleries en ces *Nuées* républicaines ! l'abbé, resté seul avec les deux femmes, leur proposant d'employer leurs charmes sur le cœur des colons pour le faire nommer roi, leur promettant à toutes deux d'être les dispensatrices de ses grâces et de ses faveurs ; puis Mathurin, que les sauvages veulent nommer chef des émigrés, refusant de changer son bonnet rouge contre la couronne de chêne, et pour terminer la pièce, étonnant les terres gelées de l'air des Marseillais[2] !

C'est encore *le Jugement dernier des rois*, par Sylvain Maréchal. Un citoyen, victime de la tyrannie, exilé dans une île déserte, a élevé les sauvages de *cette île déserte* dans la haine des rois, charmant ses loisirs en écrivant en très-gros caractères sur le plus dur rocher : *Il vaut mieux*

---

1. *Buzot, Roi du Calvados*, comédie-parade en prose et en vaudevilles. 9 août 1793. — *Journal des Spectacles*. Août 1793.

2. *Les Émigrés aux terres australes, ou le Dernier chapitre d'une grande révolution*, par Gamas. Théâtre des Amis de la patrie. 24 novembre 1792.

avoir pour voisin un voleur qu'un roi. Liberté, égalité. Soudain un vaisseau débarque, en cette île républicanisée, tous les souverains de l'Europe, depuis le pape jusqu'à l'impératrice de Russie ; et alors commencent les transports du public, qui éclatent à chaque scène « de ce sujet à l'unisson des désirs des spectateurs, glorieux pour les Français, et d'un intérêt général [1]. » A chaque tyran amené par un sans-culotte de sa nation, et montré comme en une foire, le roi d'Angleterre, le roi de Prusse, l'empereur François, le roi d'Espagne, le roi de Pologne, la salle bat des mains, ivre de joie. Pour un morceau de pain noir qu'on leur jette, Sylvain Maréchal peint tous les rois se battant comme des crocheteurs : le public rit homériquement de ses milliers de bouches. Il rit de toutes les impudeurs que Michaud ajoute au rôle de l'impératrice de Russie, « madame l'Enjambée. » Il rit quand de son sceptre elle donne par le nez du Pape-Dugazon, qui s'emporte plaisamment aux violences. Il applaudit avec les hurrahs de la rage forcenée au discours du sans-culotte qui les quitte : « Monstres couronnés ! vous auriez dû, sur des échafauds, mourir tous de mille morts ; mais où se serait-il trouvé des bourreaux qui eussent consenti à souiller leurs mains dans votre sang vil et corrompu ? » Et quand commence l'éruption du volcan, — éruption dont le sans-culotte s'est bien gardé d'avertir les rois ; quand elle les engloutit tous dans sa lave révolutionnaire, « le parterre et la salle, — dit une feuille du temps, — paraissent être composés d'une légion de tyrannicides prêts à s'élancer sur l'espèce honnie connue sous le nom de rois. » — Il y en eut un, le citoyen Desbarreaux, qui ne fut pas entièrement satisfait de la pièce

---

1. *Journal des Spectacles.* Octobre 1793.

« patriotique et prophétique » de Sylvain Maréchal, et qui, en en gardant l'intrigue et la conception première, en chargea les détails de coups de pied, et en enjoliva le style de propos de halle impossibles à citer, dans une sorte de paraphrase intitulée : *les Potentats foudroyés par la Montagne et la Raison.*

En tout ce fatras, à peine une pièce qui vaille un regard de la critique, à peine quelques vers heureux, vifs et francs d'allure, comme ceux-ci, de *la Veuve du Républicain*, de Lesur :

> Le jour luisait à peine, et nous sortions déjà.
> Il ne faisait pas chaud, mon cher, dans ce temps-là.
> On se range en bataille; on se met à l'ouvrage.
> Les canons sont braqués; pan, pan, pan, le tapage!
> Nous entonnons en chœur l'hymne des Marseillais,
> Et le bruit du canon fut étouffé trois fois[1]!

Dans *la Folie de Georges*, par Lebrun-Tossa, le peintre, l'élève de David, il passe par instants un souffle de Shakespeare; et Georges, en robe de chambre, un fouet à la main, criant : — « Taïaut! taïaut! forcez la bête! la voilà! la voilà!... Il était beau ce cerf!... Toulon pris et repris en douze heures... c'est incroyable... Ils nous ont tué beaucoup de monde, selon toute apparence... Lâchez la meute!... » — était, en ce drame, une figure nouvelle, et qu'on n'avait pas encore osée sur la scène française. Je ne sais quoi de tristement grand plane sur cet acte, où Georges IV, ce roi Léar, en plein parlement d'Angleterre assemblé, bégayait tout à coup au milieu de son discours appris, jetait un strident éclat de rire, foulait aux pieds

---

1. *La Veuve du Républicain*, trois actes, en vers, par le cit. Lesur. Théâtre Comique, 3 frimaire an II.

son manteau royal, et se débattait, emporté dans les bras de ses gardes, comme un enfant en colère. Mais la révolution reprend bien vite sa proie : les Anglais se rassemblent en communes. Lebrun-Tossa montre Grey, Shéridan en bonnets rouges, le peuple anglais criant : *Vive la nation !* Calonne portant écriteau devant et derrière : *faux monnayeur, voleur public*, conduisant par le licou un âne couvert du manteau royal. Fox engage le peuple à le renvoyer dans sa patrie « pour qu'il aille porter *son don patriotique* sur cette place où plusieurs de ses complices l'ont déjà précédé. » La Tour de Londres est prise comme une Bastille, l'Angleterre se déclare république une et indivisible, et la toile tombe sur ces mots de Fox : « Si le roi vient à recouvrer la raison, je serai le premier à demander qu'il meure. Apprenons à l'univers que la justice du peuple, immuable, éternelle, atteint tôt ou tard et frappe les tyrans. Jurons tous, mes amis, jurons qu'il périra [1] ! »

Tout ce théâtre est si bas, si pauvre, si inepte, que ceux mêmes qui l'emploient le méprisent, et que *le Moniteur* voit, « dans cette irruption barbare d'ouvrages pitoyables dont nos théâtres sont inondés depuis quelques mois, une conspiration payée par Pitt et Cobourg pour faire tomber dans l'avilissement le théâtre français [2]. »

Et dans ce théâtre, qui, tout de circonstance, ne mérite rien de l'Histoire, dans ce théâtre ravalé à flatter, sous peine de mort, les événements du jour, il est des à-propos dans l'à-propos même. Ainsi, dans *la Vraie Républicaine, ou la Voix de la Patrie*, quand l'acteur qui joue Dumont dit à l'aristocrate d'Apreville et au curé Doucin : « Adieu,

1. *La Folie de Georges*, comédie en trois actes, en prose, par Lebrun-Tossa. Théâtre de la Cité. 4 pluviôse an II.
2. *Le Moniteur.* 18 nivôse an II.

messieurs d'autrefois! je vous souhaite prospérité et
gaieté! » il ajoute d'ordinaire en ces termes, ou en des
termes approchants : « Il faut que je m'amuse un peu à
leurs dépens : Citoyens Doucin et d'Apreville, vous aimez
sans doute les nouvelles intéressantes pour la république;
je vais vous faire part de celles que je viens de recevoir, »
et il chante des couplets relatifs au fait de la journée [1]. —
Sur un autre théâtre, au milieu d'une pièce, un acteur
s'avance et annonce une grande nouvelle, une victoire,
une prise de Charleroi. — Quand le comédien est un
chaud patriote, d'un rien, d'un mot, d'un geste, il remémore au peuple férocisé la guillotinade du jour. Dans
Marat dans le Souterrain des Cordeliers, l'acteur Menier
apprenant au moment d'entrer en scène que Philippe-Égalité a vécu, change une phrase de son rôle, et la tourne
en un rappel du sang non encore étanché sur la place de
la Révolution.

Le théâtre ainsi sans-culottisé, les acteurs perdent le
respect et le soin de leur talent; ils sont patriotes avant
d'être artistes, et ils cherchent plus les gros applaudissements du parterre que la satisfaction d'eux-mêmes. Ils rejettent cette décence qui fait les Roscius; ils vont à l'exagéré, à l'outré. Ils tombent aux inconvenances et à la
farce; ils négligent jusqu'aux traditions des entrées et des
sorties. Au Théâtre de la République, dans *le Mercure
galant*, dans la décoration dite la *chambre de Molière*, les
acteurs entrent et sortent, tantôt à travers une glace, tantôt à travers le mur, et presque toujours par la fenêtre.
Dans *le Faux Savant*, un soir, le comique entre plusieurs

---

1. *La Vraie Républicaine, ou la Voix de la Patrie*, com. en un acte
et en prose avec des vaudevilles, par le cit. Louis. Théâtre du Lycée
des Arts. Messidor an II.

fois par la cheminée¹. Au reste, depuis l'avénement de la liberté, les détails et l'exactitude de la mise en scène n'étaient plus trop respectés. A la fin de 1790, Kotzebue n'affirme-t-il pas avoir vu au Théâtre de Monsieur, dans *le Procès de Socrate*, des pipes sur la cheminée de la prison de Socrate²? Le goût dans le jeu n'est plus gardé. Dugazon disant dans un rôle : « Quand je songe que trois années de peines et de soins ne m'auraient pas valu ce que je viens de gagner en un quart d'heure d'ambassade amoureuse, je ne m'étonne *piou* si tant d'honnêtes gens font ce métier; » il promène longuement, après ces mots, les yeux sur toutes les loges. « Il semble chercher à y reconnaître les honnêtes gens qui gagnent de l'argent aussi facilement que Timantoni³. » A ces inconvenances des acteurs parlants, joignez les libertés incongrues des acteurs muets⁴. Il y a des théâtres où les coryphées sur la scène tirent tranquillement une lunette d'opéra de leur poche, et se mettent à lorgner dans la salle. Plus de comédie ni de comique; la vogue est aux « nicaiseries, » aux *Amours de Cuir-Vieux et de la citoyenne Beurre-Fort*. Le royaume du Rire est devenu la république de la Farce. C'est le grotesque, le grossier Tiercelin qui désopile les rates plébéiennes, Tiercelin, pour qui un critique d'alors voulait qu'on ajoutât à notre langue une nouvelle façon de parler. « On a dit jusqu'à présent : Cet acteur charge, il fait des caricatures de tous ses rôles; il faudra dire désormais, s M. Tiercelin persiste : Cet artiste charge les caricatures, c'est-à-dire charge les charges. »

La Convention nationale sourit à ce théâtre régénéré.

---

1. *Journal des Spectacles*. Juillet 1793.
2. *Meine Flucht nach Paris im Winter* 1790.
3. *Journal des Spectacles*. Juillet 1793. — 4. *Id*. Août 1793.

Elle débarrasse les acteurs patriotes du Théâtre de la République du modéré Dorfeuille, l'associé de Gaillard, qui voulait faire du théâtre dont il avait la moitié de l'entreprise un tranquille gymnase aux portes duquel les passions politiques s'arrêteraient. Une lettre de Dorfeuille, adressée à l'intendant de la liste civile, est trouvée dans les papiers de Laporte; Dorfeuille, dénoncé aux recherches du comité de surveillance de la commune, s'enfuit, et, pour 100,000 livres, il cède sa part de propriété, dont il a refusé 500,000 livres, à ses anciens pensionnaires, Monvel, Grandménil, Dugazon, Talma, Michot, Baptiste, Vigny et Derosierres [1]. Dès lors, les acteurs-sociétaires-entrepreneurs du Théâtre de la République se montrent complétement dignes de leur nom. « Outre que chacun d'eux n'a jamais laissé douter de son patriotisme, chacun d'eux s'empresse de coopérer par ses talents à l'accroissement des lumières et à l'extension des principes de notre heureuse révolution [2]. » — La Convention nationale reçoit à sa barre ces acteurs, qui viennent, avec la section de 1792, lui notifier qu'ils acceptent l'acte constitutionnel; elle accueille le citoyen Chénard, acteur de l'Opéra-Comique, chantant à la montagne :

> « Montagne, montagne chérie,
> Du peuple les vrais défenseurs,
> Par vos travaux la république
> Reçoit la constitution;
> Notre libre acceptation
> Vous sert de couronne civique. »

Elle accueille le citoyen Vallière, acteur du théâtre de la rue Feydeau, qui chante ensuite :

---

1. *Journal des Spectacles.* Juillet 1793.
2. *Les Spectacles de Paris et de toute la France.* 43ᵉ partie. 1794.

« Sortez d'une nuit profonde,
Peuples, esclaves des rois,
La France aux deux bouts du monde
Vient de proclamer vos droits.
Brisez vos vieilles idoles
Et leur culte détesté,
En plantant sur les deux pôles
L'arbre de la liberté [1]! »

Comprenant quel aiguillon de patriotisme ce peut être que l'Opéra, « ce superbe monstre lyrique [2], » qui parle à tous les sens, la Convention ne se laisse pas effrayer par le déficit annuel de 362,977 livres, 10 sols, 17 deniers, que le citoyen Roux fait remonter à l'année 1778 [3]. Elle subventionne et fait protéger l'Opéra par le conseil général de la commune; les deux administrateurs Francœur et Cellerier arrêtés comme suspects, les acteurs de l'Opéra, sur l'engagement formel « de purger la scène lyrique de tous les ouvrages qui blesseraient les principes de la liberté et de l'égalité que la Constitution a consacrés, et de leur substituer des ouvrages patriotiques, » les acteurs de l'Opéra sont mis en possession des magasins et autres dépendances de l'Opéra; et l'administration des établissements publics reçoit l'ordre de leur fournir décorations, machines, habits, accessoires et ustensiles [4]. L'Opéra révolutionné le dispute en patriotisme au Théâtre de la République. *L'Apothéose de Beaurepaire, le Camp de Grand-Pré, Fabius, Horatius Coclès, la Journée du 10 août, ou l'Inau-*

1. *Journal des Spectacles.* Juillet 1793.
2. *Washington, ou la Liberté du Nouveau Monde,* tragédie en quatre actes. 13 juillet 1791. Théâtre de la Nation.
3. *Chronique de Paris.* Octobre 1791.
4. *Journal des Spectacles.* Septembre 1793.

guration de la République française, Miltiade à Marathon, le Siége de Thionville, Toute la Grèce, ou Ce que peut la liberté; — l'Opéra s'est fait bien vite un répertoire, poëmes de Quinault du Ça ira, mis en musique par des Lully de Carmagnole. C'est l'Opéra qui a fait entrer tout un tableau symbolique de la révolution dans un divertissement ajouté à Tarare, l'opéra de Beaumarchais. C'est à l'Opéra que Vestris fait applaudir dans le ballet du Jugement de Paris le fameux Corno, le bonnet phrygien, l'ancêtre du bonnet rouge. C'est l'Opéra qui joue le plus souvent au profit des volontaires partis pour les frontières, et des infortunés de la section de Bondy [1]. C'est l'Opéra qui électrise les âmes, à chacune de ses représentations, par la scène lyrique des citoyens Gardel et Gossec, l'Offrande à la liberté; c'est l'hymne des Marseillais mis en action, entouré de toutes les pompes de la mise en scène, agenouillant guerriers, enfants, jeunes filles chargées d'offrandes devant le temple de la Liberté, à cette strophe : Amour sacré de la patrie, faisant à la fin de cette autre : Que nos ennemis expirants voient ton triomphe et notre gloire, ronfler les canons et battre les tambours [2]. C'est l'Opéra qui, pour la fête fameuse de l'inauguration des bustes de Marat et de Lepelletier à la section de Bondy, change sa façade en une montagne où repose au sommet le temple des Arts et de la Liberté, et qui descend jusqu'au milieu du boulevard. Les cénotaphes, les bustes des deux martyrs, « les arbres analogues à cette fête, » ornent la montagne. Les deux déesses descendant de leur char, la Liberté, l'Égalité, montent jusqu'au temple, aux fanfares de l'orchestre qui

---

1. *Les Spectacles de Paris.* 1794.
2. *Fragments sur Paris,* par Meyer, vol. 1.

joue la marche des prêtresses de l'opéra d'*Alceste* : du temple, des cohortes de jeunes filles, vêtues de tuniques blanches, ceintes de rubans tricolores, sortent et attachent leurs guirlandes aux bustes et aux arbres pendant que les « enfants des Arts » chantent :

Marat, Marat n'est plus, ainsi que Saint-Fargeau[1].

C'est à l'Opéra que se jouent, la toile baissée, *les Bacchanales catilinaires*. C'est l'Opéra dont les coulisses sont le lupanar des Hébert et des Chaumette « qui quatre fois par semaine soupent avec les rois, popularisent les déesses, sans-culottisent les nymphes, et font souffler les fourneaux du Père Duchêne par les Jeux et les Plaisirs, tandis que les Amours de Psyché lui allument sa pipe. » C'est l'Opéra dont *Léopard* Bourdon courtise l'Olympe féminin, menaçant les Junon, les Minerve, si l'on ne s'empresse de jouer son chef-d'œuvre révolutionnaire, de faire dresser une guillotine sur l'avant-scène.

Adieu l'Opéra galant et cythéréen, et le public des petits-maîtres, et les tenants parfumés de Gluck et des Piccini ! — Le public sans-culotte est roi là ; il est roi au théâtre de la rue Richelieu, qu'il baptise Théâtre de la République ; il est roi même à ce débonnaire spectacle où l'année 1788 allait voir *le Général Jacquot* et les scènes divertissantes du *Tailleur anglais*, à ce cirque où Franconi lui offre aujourd'hui « le superbe tableau de *l'Offrande à la liberté* dont les écuyers et les chevaux exécuteront plusieurs attitudes au moindre signal[2]. »

C'est pour le public sans-culotte qu'on donne trois fois

---

1. *Les Spectacles de Paris.*
2. *Journal des Spectacles.* Juillet 1793.

par semaine sur les théâtres de Paris *Brutus, Guillaume Tell, Caïus Gracchus* « et autres pièces dramatiques qui retracent les glorieux événements de la révolution et les vertus des défenseurs de la république¹. » C'est pour lui qu'une de ces représentations est donnée chaque semaine aux frais de la république. C'est pour lui, pour les représentations *Pour et par le peuple,* que le ministre de l'intérieur, le quartidi, 4 pluviôse, l'an second de la République française, distribue aux théâtres une somme de 100,000 livres dont l'Opéra national touche 8,500, le théâtre National 7,000, le théâtre de la République 7,500, le théâtre de la rue Feydeau 7,000, le théâtre de la rue ci-devant Louvois 5,500, et ainsi en diminuant jusqu'au théâtre de la République de la foire Saint-Germain 2,100 livres. C'est pour lui que Dugazon ajoute des couplets patriotiques au *Marchand de Smyrne*². C'est pour lui que le citoyen la Harpe, après la représentation de sa *Virginie,* vient lire une ode sur la scène, « dont les expressions parurent plus patriotiques à certains que pindariques³. » C'est pour lui que les jeunes canonniers montent sur le théâtre et récitent le poëme de Dorat Cubières sur la mort de Marat.

C'est pour le public sans-culotte que les salles sont repeintes, que les amphithéâtres sont joints aux premières loges, que les loges de l'avant-scène sont supprimées et remplacées par deux statues de l'Égalité et de la Liberté ; c'est pour lui que les rideaux sont rayés de rayures tricolores où se détache une figure de la Nature peinte en bronze, pour lui que les pilastres représentent des faisceaux de piques liées de distance en distance par des rubans

---

1. *Les Spectacles de Paris.*
2. *Journal des Spectacles.* Août 1793. — 3. *Id.* Août 1793.

tricolores, pour lui que le fond des loges est peint en tricolore [1].

C'est le public sans-culotte qui reçoit les pièces. — C'est à lui que l'acteur du théâtre de l'Ambigu-Comique, Cammaille Saint-Aubin, écrit : « Marat est mort assassiné, et les traîtres qu'il a dénoncés existent!... J'ai fait un drame intitulé *l'Ami du Peuple, ou les Intrigants démasqués*. Ma pièce, faite il y a deux mois, est depuis huit jours entre les mains du citoyen Monvel. Si ma pièce eût été donnée plus tôt, peut-être n'aurions-nous pas à regretter un des plus courageux défenseurs de l'égalité politique [2]. » Le public sans-culotte fait jouer la pièce du citoyen Cammaille Saint-Aubin et y conspue Forcerame, la caricature de Roland, et Césaret, la moquerie de Dumouriez.

Le public sans-culotte devient un comité de lecture. Voici qu'un citoyen des quatrièmes loges demande l'agrément des spectateurs pour chanter une chanson civique. La chanson finie : « Citoyens, la chanson que je viens de vous chanter est extraite d'une pièce civique refusée sous de mauvais prétextes par les théâtres aristocrates des Variétés, du Palais et de Molière. » — « Elle sera jouée, » crie le public. C'est le public-roi envahissant les salles dès l'ouverture, à cinq heures et demie, qui hurle, avec le citoyen Albitte, aux applaudisseurs de l'hémistiche de *Caïus Cracchus* : Des lois et non du sang... « Cette maxime est le dernier retranchement du feuillantisme [3]! » C'est le public-roi qui est le comité de salut public des théâtres. C'est à lui qu'on dénonce l'*Adèle de Sacy* du théâtre du Lycée des Arts, « comme un tableau de la ci-devant cour, où l'on reconnaît visiblement les ci-

---

1. *Décade philosophique*. An II. Vol. I.
2. *Journal des Spectacles*. Juillet 1793. — 3. *Id.* Octobre 1793.

devant Monsieur et le comte d'Artois, et où l'on représente, sans employer de tournure bien emblématique, Antoinette et son fils dans une tour qui ressemble au Temple. » Le public-roi court vérifier, et il se trouve, heureusement pour le théâtre, que d'abord la pièce est une pantomime ; que la malheureuse Adèle est poursuivie par un tyran ; que le Temple est une ville fortifiée, et que le dauphin est une fille [1]. C'est au public-roi qu'on dénonce l'auteur de la comédie patriotique *le Modéré*, Dugazon, comme ayant été lui-même le Modérantin dont il se moque, lorsqu'il osa se permettre, « en soupant avec l'infâme Dumouriez, les singeries et les ironies les plus coupables contre Marat. » C'est au public-roi qu'on dénonce le *Fénelon, ou les Religieuses de Cambrai*, de Chénier, comme coupable de montrer « un riche prélat en rochet et en camail, ayant une cour dans son antichambre et des gardes à sa porte, et se laissant monseigneuriser, puis représenter comme le modèle de toutes les vertus. » C'est ce public-roi qui ne peut voir de sang-froid Timophane, dans *Timoléon*, recevoir la couronne sans que le peuple corinthien s'indigne. C'est au public-roi que Chénier immole sa tragédie et la brûle, ainsi qu'un poête brûle un manuscrit, en en gardant une copie.

C'est au public-roi que des zélés d'un républicanisme exigeant et méfiant dénoncent jusqu'à cet Opéra si bien *au pas*, et dont le patriote Laïs est le premier sujet. Ils accusent l'Opéra de blesser les oreilles des républicains par les noms fastueux des rois. « Comment souffre-t-on que l'on célèbre encore sur le Théâtre de la République les exécrables exploits de la famille des Atrides ; que les noms

---

1. *Journal des Spectacles*. Septembre 1793.

d'Agamemnon et d'Achille soient offerts aux acclamations publiques; que l'on joue cette *Iphigénie en Aulide*, monument honteux de l'antique adoration française, qui faisait agenouiller le peuple devant la veuve Capet?... Voici donc le résultat des promesses civiques que l'Opéra est venu faire à la commune! *Iphigénie* est la pièce patriote qu'ils ont tirée de leur magasin [1]! » Le public-roi fait du pouce le signe dont le Romain tuait le gladiateur : *Iphigénie* disparaît; et les rhabilleurs intelligents changent les rois en généraux républicains : dans *Admète*, on met la Thessalie en république, dont le tyran Admète n'est plus que le Santerre [2]!

C'était en 1792, par une plaisanterie royaliste, qu'on s'occupait à *désanoblir* les Contes de fées. Plus de roi, de reine, de belle princesse, de chevalier valeureux! *Serpentin vert* sera *Serpentin aux trois couleurs*, le vert étant la couleur des aristocrates; et *la Belle aux cheveux d'or* deviendra *la Belle aux cheveux en assignats*, l'or étant la monnaie de l'ancien régime [3]. — La raillerie est devenue une réalité. Et si l'on ne s'en est pris aux Perrault et aux livres qui causent tout bas, on a arrangé patriotiquement les auteurs dramatiques qui parlent tout haut. D'abord, les appellations, *marquis*, *baron*, à bas, le même jour que les plumets tombent sur la scène. Pour *marquis*, *Damis* est là; et pour *baron*, *Cléon*; deux remplaçants parfaits, de même nombre pour le vers, et de même désinence. Corneille est suspect depuis qu'un patriote a crié à une représentation de *Cinna* : « A la lanterne! l'auteur! » — Aussi, voyez comme on le régénère. Jadis Cliton disait dans *le Menteur* :

---

1. *Journal des Spectacles*. Septembre 1793.
2. *Dictionnaire néologique des hommes et des choses*.
3. *Le Consolateur*. Février 1792.

Elle loge à la place, et se nomme Lucrèce...
Quelle place?... Royale.

Aujourd'hui, au lieu de *Royale,* Cliton dit *à la place des Piques.* La prosodie est un tantinet violée, mais la république est sauve ! Racine n'a pas échappé, non plus que Corneille, à la fatale toilette :

Détestables flatteurs, présent le plus funeste,
Que puisse faire aux rois la colère céleste !

Aux rois! — L'imagination patriotique avait là carrière. Les esprits bornés mirent d'abord « que puisse faire *à l'homme.* » D'autres se sont compromis jusqu'à un « que puisse faire *au peuple.* » Le parti de la prudence a eu le dessus; et la version officielle est :

Que puisse faire, *hélas!*

Un journaliste avait mieux corrigé qu'eux tous:

Détestables flatteurs, présent le plus funeste,
Que... *mais lisez Racine, et vous saurez le reste!*

On a oublié l'éloge que *les Révolutions de Paris* faisaient tout à l'heure de Molière : « Obligé, forcé de se taire dans un temps de servitude horrible, la liberté lui sortait par tous les pores. Forcé de louer Louis XIV, il faisait ses prologues mauvais et détestables à plaisir. Il y brisait les règles mêmes de la versification. Les platitudes, les lieux communs les plus vulgaires, il les employait avec une intention marquée, comme pour avertir la postérité du dégoût et de l'horreur qu'il avait pour un travail que lui imposaient les circonstances, son état, et la soif de répandre ses talents et sa philosophie¹. » L'acteur Molé, qui a écrit à la porte de sa maison, rue du Sépulcre : *Ici demeure le républicain Molé*, corrige Molière, tout comme Corneille et Racine².

Dans *le Tartufe* :

Nous vivons sous un prince ennemi de la fraude...

il a ainsi retourné le vers contre-révolutionnaire :

Ils sont passés ces jours d'injustice et de fraude.

La guerre aux mots a été patiente, poussée au plus loin, sans merci. Dans *la Métromanie*, il y avait :

Et moi, je vous soutiens qu'un ouvrage d'éclat
Ennoblit tout autant que le *capitoulat*.

Les acteurs de la liberté disent :

Vaut cent mille fois mieux que le capitoulat.

Et tant pis pour *ennoblit !* — Et puis, marquis, barons, — je veux dire Cléons, Damis, — tout le monde ci-devant a arboré la large cocarde tricolore. Le petit-maître, habit doré, manchettes de point, en cocarde ! en cocarde, Tartufe ! en cocarde, les femmes ! en cocarde, les valets ! en cocarde, tout le monde ! jusqu'aux sauvages, en cocarde dans la pièce des *Illinois*³ ! — Il ne croyait pas si bien prédire, le *Petit Gautier*, le 16 août 1790 : « Les démons et les zéphyrs auront des cocardes, et les nymphes ne pourront porter des habits blancs qu'à la condition d'être noués

1. *Les Révolutions de Paris.* Du 13 au 20 novembre 1790.
2. *Mémoires* de Lombard de Langres. Vol. I.
3. *Le Journal à deux liards.*

avec les couleurs nationales. On en verra sur la robe d'Andromaque et sur le casque de Minerve. »

Qui croirait qu'en cette tyrannie poussée jusqu'aux détails, qu'en ce débordement de ce peuple qu'on appelait il y a deux ans *Sa Majesté Canaille*, deux théâtres osent appeler à de médiocres pièces, qui sont de courageuses protestations, ce qui reste à Paris de ci-devants encore vivants.

Deux semaines avant le 21 janvier, le Vaudeville donne cette *Chaste Suzanne* où beaucoup voient la reine, où Azarias dit aux Accarons : *Vous avez été ses dénonciateurs ; vous ne sauriez être ses juges.* — A cette imprudence si brave, toute la salle s'associe ; elle se lève toute, et applaudit. Le lendemain Azarias était bâillonné, la phrase défendue. Bientôt Léger, acteur et auteur du Vaudeville, était arrêté ; deux des trois *triumvirs du Vaudeville*, Radet et Desfontaines, étaient arrêtés: Lemonnier était arrêté ; et Barré, le directeur du théâtre, effrayé, faisait insérer dans les journaux : « Persuadé que le genre du Vaudeville peut servir autant que tout autre à propager les principes républicains et à maintenir l'esprit public, puisque le soldat sous la tente, l'artisan dans son atelier peut avoir continuellement à la bouche un refrain patriotique, j'avertis que tous les théâtres de Paris et de la république pourront représenter, sans aucune rétribution, les pièces purement patriotiques que je ferai soit seul, soit en société, à commencer par *l'Heureuse décade*, qui a eu le bonheur de réussir[1]. »

Le théâtre de la Nation, tout en jouant de loin en loin et sans goût quelque rapsodie patriotique pour ne pas défier la révolution trop en face, avait gardé ses ressenti-

1. *Le Journal des Spectacles.* Octobre 1793.

ments, ses haines, son bon ton *modéré*, son public *brissotin*
de bonne compagnie, et encore une queue d'une centaine
de voitures. *L'Ami des lois*, du citoyen Laya, avait déchaîné
sur lui les colères jacobines. En *Nomophage*, en *Duricrâne*,
Robespierre, Marat avaient vite été devinés ; et les vers

> On doit pour son grand bien bouleverser la France...
> Dans votre république un pauvre bêtement
> Demande au riche!... Abus! Dans la mienne il lui prend,
> Tout est commun ; le vol n'est plus vol, c'est justice.
> J'abolis la vertu pour mieux punir le vice!

avaient défilé dans les bravos ironiques. Ceux-ci :

> Guerre, guerre éternelle aux faiseurs d'anarchie!
> Royalistes tyrans, tyrans républicains,
> Tombez devant les lois, voilà vos souverains!
> Honteux d'avoir été, plus honteux encor d'être.
> Brigands, l'ombre a passé, songez à disparaître[1]!

avaient enflammé la salle entière, qui se vengea longuement, bruyamment, frénétiquement, toutes ses mains frappant de grandes minutes l'une contre l'autre, des maîtres de la guillotine. Aussitôt pétition de la section de la Réunion au conseil général de la commune pour suspendre *l'Ami des lois*, « pièce nouvelle qui excite des troubles. » Le conseil général de la commune suspend *l'Ami des lois*. Santerre, en uniforme, vient avec un détachement de réserve pour faire exécuter l'arrêté de la commune. Le parterre le hue : « La pièce ou la mort ! » crie-t-il d'une voix formidable. Une quarantaine de Feuillants, de marquis, le prince d'Hénin en tête, proposent de jeter Santerre dans la rue. « C'était le peuple de Coblentz qui était là, » dit Santerre le lendemain[2]. Quelques jours après, le tumulte recom-

---

1. *L'Ami des lois*. — 2. *Journal de Paris*. Janvier 1793.

mence, l'administrateur de police Vigner est injurié, traité de *gueux du 2 septembre*, et bousculé dans les corridors, tandis qu'un individu dans la salle fait tout haut la lecture de la pièce défendue. Le 12 janvier 1793, sur la réclamation énergique de Laya, la Convention, par un de ses rares décrets de liberté, rendait *l'Ami des lois* au Théâtre de la Nation [1].

Dès lors la mort du Théâtre de la Nation, de ce théâtre « qui s'éloignait tous les jours de la hauteur des principes révolutionnaires, » était devenue une question d'amour-propre pour les patriotes *brûlants et éclairés*. *Paméla*, de François de Neufchâteau, fut la dernière bataille de l'ancienne Comédie Française. — C'était une innocente pièce à l'anglaise, dont l'auteur, qui ne se croyait guère appelé à ébranler la république par son pauvre drame, avait envoyé le principal rôle à Élise Lange, avec de petits vers très-peu conspirateurs. L'exemple de Pygmalion l'encourageait, disait-il, à lui offrir sa *Paméla* :

« C'est ma statue, animez-la,
Vous ferez vivre mon ouvrage [2]. »

La *statue animée* avait été fort goûtée. Fleury avait jeté le nom de François de Neufchâteau aux applaudissements, lorsque, le 29 août 1793, tous ceux qui à cinq heures du soir étaient entrés dans la salle furent priés d'en sortir [3]. Un ordre du comité de salut public venait d'arrêter *Paméla*. « Jeudi, à cinq heures du soir, — écrit l'auteur, — la représentation de ma pièce de *Paméla* a été suspendue par un ordre du comité de salut public de la Convention nationale ; et il n'y a pas eu de spectacle ce soir au Théâtre-

---

1. *Les Spectacles de Paris*. 1794.
2. *Journal des Spectacles*. Août 1793. — 3. *Id.* Septembre 1793.

Français. Je changeai de suite ce qui, en 1793, avait paru prêter à des allusions que je n'avais pu prévoir lorsque je composai ma pièce en 1788, lue au Lycée en 1789. Le vendredi matin, le comité a vu et approuvé ma pièce. Je me suis rendu aux désirs de plusieurs patriotes qui paraissaient fâchés que *Paméla* se trouvât noble. Elle sera donc roturière et sans doute y gagnera... Ce changement détruit une seconde comédie en cinq actes et en vers que j'étais tout prêt à donner d'après celle de Goldoni (*Pamela maritata*)... La liberté est ombrageuse, un amant doit avoir égard aux scrupules de sa maîtresse ; et j'ai d'ailleurs fait aux principes de notre révolution tant d'autres sacrifices d'un genre plus sérieux que celui de deux mille vers n'est pas digne d'être compté[1]. » Cette lettre narquoise n'était guère faite pour calmer les irritations. Le lundi 2 septembre, on donnait *Paméla* avec les changements. A ces vers de lord Arthur :

« Ah! les persécuteurs sont les plus condamnables,
Et les plus tolérants sont les plus pardonnables! »

« — Point de tolérance politique! c'est un crime! » s'écrie un patriote en uniforme. — La salle entière se lève contre lui[2]. *La Feuille du Salut public* écrit le lendemain : « Un patriote vient d'être insulté dans une salle où les croassements prussiens et autrichiens ont toujours prédominé, où le défunt Véto trouva les adorateurs les plus vils, où le poignard qui a frappé Marat a été aiguisé lors du faux *Ami des lois*. Je demande en conséquence

Que ce sérail impur soit fermé pour jamais;

---

1. *Journal des Spectacles.* Septembre 1793.
2. *Les Spectacles de Paris.* 1794.

que pour le purifier on y substitue un club de sans-culottes des faubourgs ; que tous les histrions du Théâtre de la Nation qui ont voulu se donner les beaux airs de l'aristocratie, dignes par leur conduite d'être regardés comme des gens très-suspects, soient mis en état d'arrestation dans les maisons de force[1]. » Le patriote insulté à *Paméla* était allé faire sa dénonciation à la société des Jacobins, et le 3 septembre 1793, à dix heures du matin, on arrêtait François de Neufchâteau et tous les acteurs et actrices du Théâtre de la Nation, qui était fermé sur-le-champ[2]. — « La comédie de *Paméla*, comme celle de *l'Ami des lois*, — disait le rapporteur du comité de salut public à la Convention, — ne pouvait que troubler la tranquillité publique. On y a fait apparaître tous les signes de l'aristocratie ; on n'y voit que cordons rouges et autres distinctions proscrites par l'égalité. Le gouvernement anglais y est préconisé et honoré ; les plus belles maximes de morale y sont mises dans la bouche des lords : tout cela au moment où le duc d'York ravage le territoire de la république ! »

« *Les comédiens ordinaires du roi*, — criaient joyeusement les feuilles patriotes, — sont enfin mis en état d'arrestation et vont subir la peine tardive que provoquaient depuis si longtemps leurs crimes collectifs et individuels envers la révolution. » — « Trop longtemps, — disaient d'autres, la vengeance nationale est restée suspendue sur la tête des coupables, des comédiens. Ces messieurs, à force d'endosser le costume de Vendôme, de Bayard, ou l'habit brillant du Glorieux, et de chausser l'escarpin à talons rouges des petits marquis, se sont bêtement identifiés avec leurs rôles ; et comme ils avaient fort bien saisi les ridi-

1. *Journal des Spectacles*. Septembre 1793.
2. *Les Spectacles de Paris*. 1794.

cules de cour, les honnêtes gens couraient en foule voir singer les airs pitoyables des bas valets d'un roi, s'extasiaient à la vue d'un plumet, et se disaient en pleurant de tendresse : Vive *le bon vieux temps !* Que n'existe-t-il encore ? Oh ! il reviendra ! Et mes imbéciles de crier : *Bravo ! bravo !* »

Le 3 septembre, les citoyens Dazincourt, Fleury, Bellemont, Vanhove, Florence, Saint-Prix, Saint-Fal, Naudet, Dunant, La Rochelle, Champville, Dupont, Narsy, Gérard, Ernest Vanhove, Duval, Jules Fleury, couchaient aux Madelonnettes ; les citoyennes La Chassaigne, Suin, Raucourt, Contat, Perrin-Thénard, Joly, Devienne, Émilie Contat, Petit, Fleury, Lange, Mezeray, Montgautier et Ribou, à Sainte-Pélagie. Raucourt écrivait au prince d'Hénin que la Comédie s'était levée en masse pour aller en prison[1]. Larive, arrêté, était relâché au bout de quelques jours, quoique ses relations avec l'*assassin du Champ de Mars*, Bailly, à qui, dit-on, il avait donné asile, et son talent déployé à Bordeaux dans *l'Ami des lois*, lui fussent bien des titres à la persécution. Le 25 septembre, les citoyennes Élisabeth Lange et Joséphine Mezeray sortaient de Sainte-Pélagie ; la prison garda onze mois leurs camarades.

Les prisons ! — quel animé petit tableau ! quel coin intime ! quelle confession des instincts, des caractères, des courages ! Que de gens mêlés, — amitiés d'un jour ! que de cœurs hâtés de vivre ! que de femmes debout devant la mort ! Et que de sourires entre deux larmes, et que de gaieté nerveuse ! que de joies prises en courant ! — Du Luxembourg, de Port-Libre, des Carmes, des Bénédictins

---

1. *Journal des Spectacles.* Septembre 1793.

anglais, de Saint-Lazare, des Anglaises du faubourg Saint-Antoine, ne montent chaque soir que chansons, pots-pourris, *Voyages à Provins* ¹, fredonnés par des Nicolas Montjourdain, qui composent la moitié d'une romance avant leur condamnation, et l'autre moitié au sortir du tribunal, sur l'air : *C'est aujourd'hui mon jour de barbe !* — D'où s'échappe ce quatuor de Pleyel? des Madelonnettes, — cet air de viole? de Port-Libre. — Qui chante, aux répons de tous les verres :

> Trinquez, retrinquez encore,
> Et les verres bien unis,
> Chantez d'une voix sonore
> Le destin de vos amis!
> Nos reconnaissantes ombres,
> Planant au milieu de vous,
> Rempliront ces voûtes sombres
> De frémissements bien doux?

Un condamné. — Et des voix qui reprennent le refrain de chaque soir, qui *font l'office*, comme disent les prisonniers, aucune voix ne tremble; âmes troublées peut-être, mais lèvres chantantes! fronts joyeux! comme ces mornes cachots de la Conciergerie au-dessus desquels rient les Folies-boutiques, égayées de modes et de parures. Ils écrivent, ceux qui peuplent ces antichambres de la mort : « Nous vivons avec la mort. » — Chacun se montre. Lamourette dit : « Quest-ce que la guillotine? Une chiquenaude sur le cou! » Bailly, dont on a remis le supplice, répète, se frottant les mains : « Petit bonhomme vit encore. » Le hussard Gosnay allume sa pipe avec cet acte d'accusation que les plaisants baptisent ici d'*extrait mortuaire*, et là de *jour-*

---

1. *Almanach des bizarreries humaines*, par Bailleul. Paris. 1796.

nal du soir. Les curés récitent leurs bréviaires avant de se coucher. Les jeunes gens chantent avec goût l'ariette du jour, ou font une épigramme contre les bourreaux. Camille Desmoulins lit *les Nuits d'Young* et *les Méditations d'Hervey*. — « Est-ce que tu veux mourir d'avance? lui dit Réal; tiens, voilà mon livre, moi, c'est *la Pucelle d'Orléans* [1]! » Dussault, Hérault de Séchelles jouent à la galoche [2]; Grammont le fils, en courant aux barres, s'amuse à jeter par terre les vieillards ci-devant qui se promènent. Danton, dans ses quatre pieds carrés, à la Conciergerie, parle des arbres, de la campagne, de la nature. Fabre d'Églantine s'entretient de la comédie qu'il a laissée entre les mains du comité de salut public, et de ses craintes que Billaud-Varennes ne la lui vole [3]. Philippeaux lit Helvétius. Roucher donne des leçons à son fils Émile. Ducos fume, et danse comme Didelot. Hubert Robert, enfoui en ces catacombes de Paris, dans le creux des grossières assiettes de faïence de la prison, à dessous bruns, peint des paysages et des moulins entourés de verdure [4]. Vergniaud cite des vers plaisants. Girey-Dupré, rédacteur du *Patriote français*, relit un exemplaire de son journal, et biffe les quelques expressions démagogiques qu'il a laissé passer. André Chénier se tourne vers la postérité, et lui parle. Un Laval-Montmorency fait des bouts-rimés; et Osselin, qui a fait les rapports sur les émigrés, lit et relit les articles qui le concer-

1. *Almanach des prisons*, an III. — *Tableau des prisons de Paris sous le règne de Robespierre.* — *Second tableau des prisons.* — *Troisième tableau des prisons.*
2. *L'Agonie de dix mois, ou Historique des traitements essuyés par les députés détenus et les dangers qu'ils ont courus pendant leur captivité.*
3. *Mémoires sur les prisons*, vol. I.
4. *Collections* de MM. Marcille et Walferdin.

nent, et essaye de les commenter pour sauver sa tête[1].

Où trouver dans l'histoire des peuples de pareils et de si poignants contrastes, tant de douleurs, d'héroïsmes, d'insouciances, de désespoirs, un acheminement au supplice si varié, un régime de prisons si divers, des compagnonnages si étranges, des fortunes, des misères, des ironies, des fatalités, des agonies, tant de comédies dans une si grande, une si terrible, une si épouvantable tragédie ? Ceux-là écrivant pour en finir avec leur vie mortelle des lettres à Fouquier-Tinville, ainsi adressées : *A l'Exterminateur public;* — au collège du Plessis, devenu la prison de l'Égalité, dix-neuf cents personnes remplaçant les écoliers, « des septuagénaires à cheveux blancs en sixième, des sourds et muets, des enfants, des femmes et des jeunes filles en rhétorique; » — des geôliers qui ont fait l'apprentissage de leur métier à promener des ménageries africaines[2]; — là, les journaux payés jusqu'à 100 livres[3]; ici, un chef de bureau prisonnier, requis tous les matins pour faire un travail de liquidation, et rapportant tous les soirs *le Journal des Débats et décrets;* — des guichetiers qui ne permettent aux filles de voir leurs mères qu'à deux conditions : la première de manger du chat, la seconde de boire dans leur verre; — des adjudants de l'armée révolutionnaire pleurant comme des enfants[4]; — des millionnaires, un maître des comptes, un Ogié, avare encore si près de n'être plus, ramassant les restes de soupe[5]; — une déesse de la Raison sous les verrous : —

1. *Almanach des bizarreries.*
2. *Almanach des prisons.* — *Tableau des prisons.*
3. *Agonie de saint Lazare,* par Dusaulchoy.
4. *Almanach des prisons.* — *Tableau des prisons.*
5. *Almanach des bizarreries humaines.* An v.

un administrateur de police écrivant par moquerie sur les palissades d'un préau : *Rue de la Liberté ;* — ici un républicain, pris d'hallucination à voir au travers des barreaux de sa fenêtre le dôme du Panthéon, *le Temple de l'Immortalité,* voulant graver la déclaration des droits de l'homme sur une table de porphyre garnie de diamants qu'il s'en ira quérir à Golconde ; — dans les inquiétudes et le travail de l'imagination, les prisonniers se laissant aller à croire qu'on leur donne à manger de la viande de guillotine ; — le cynique, le hideux *rapiotage* qui met les femmes nues pour s'assurer qu'elles ne cachent ni bijoux, ni assignats ; — un barbier rasant tous les jours une prison : « le même bassin, le même savon, le même rasoir, servaient aux galeux, aux teigneux, aux dartreux ; » — le soir un fracas : les chariots dans la cour, *les bières roulantes,* disent les détenus ; trente, quarante, cinquante prisonniers appelés par l'huissier, qui partent et ne reviennent pas ; — le marquis Saint-Huruges, suspect ; — le marquis de Talaru, le premier maître d'hôtel de la reine, obligé de payer, jusqu'au jour de sa mort, une pauvre chambre 18 livres par jour, en son magnifique hôtel rue de Richelieu ; — à côté des farouches geôliers accompagnés de leurs chiens *Ravage,* le compatissant geôlier Schmidt, suivi d'un gros mouton qui ne le quitte pas « et qui le fait plutôt ressembler à saint Jean qu'à saint Roch ; » — quelquefois prisonniers des généraux républicains, en grand uniforme, le collet brodé, le chapeau galonné et orné de plumes ; — le chevalier de Florian en prison ; — le baron de Trenck encore en prison ; — les détenus cachant le journal qu'ils écrivent derrière la grosse bûche du fond de leur feu ; — des charades à côté de ce cachot qu'on appelle depuis les assommades de septembre *la Bûche nationale;* — « la femme de Philippe le guillotiné » logée entre Bazire et Chabot ; — des femmes qui sourient, de l'opium dans les boutons de leurs manches ; — quelques détenus, des briques ramassées dans le préau, des fleurs apportées du dehors, faisant un autel à la bonne déesse Nature ; — dans le greffe des condamnés à mort, des condamnés qui chantent ; — dans le cachot n° 13, à la Conciergerie, le jeu de la guillotine démontré aux nouveaux arrivants par une chaise qu'on bascule ; la répétition du jugement et de l'exécution ; — ici les cartes, les dames, le ballon, la médisance occupant ces jours qui attendent la mort, pendant que sous les fenêtres des misérables crient *la liste des gagnants à la loterie de sainte Guillotine;* — madame Roland écrivant ses mémoires, séparée par une cloison des gais propos, du choc des verres, du souper joyeux des actrices du Théâtre-Français avec un officier de paix ; — des princesses, qui sont mères, tirant de leur sein, remettant aux guichetiers, un paquet de leurs cheveux hachés avec un morceau de vitre cassée[1] !

Miracle français ! les prisons sont des salons. La grande porte a beau être ouverte sur la place de la Révolution, ce sont des lieux de compagnie plaisante. — A Port-Libre, c'est un petit monde républicain dont Vigée est le poëte, dont un M. Matras est le vice-poëte, dont Mlle Bétisy est la cantatrice, Mme Lachabeaussière la Sapho ; un petit monde qui a son café, trois promenades, celle des Palissades, qui est le préau des larmes et des tristesses, des affligés et des veuves, la promenade de la cour du Cloître, et la promenade de l'Acacia, qui est son arbre de Cracovie. S'il fait froid le soir, l'on se réunit en ce grand foyer, au

---

1. *Almanach des prisons.* — *Tableau des prisons.* — *Almanach des bizarreries.* — *Mémoires* de Mme Roland.

fond du corridor du premier, le *salon*. Chacun apporte sa lumière. Les hommes se mettent autour de la grande table, écrivent ou lisent ; les femmes, à la petite table, tricotent ou brodent. Puis chacun met le couvert ; et Vigée couronne le souper-ambigu d'une lecture de *l'Épître à Contat*, ou de *l'Ode à la Liberté*, à moins que le baron de Wittersback ne régale la société d'un peu de musique. Si c'est la fête de l'Être-Suprême, les dames entonnent les strophes d'une hymne de Vigée : on danse la carmagnole en grande ronde, à grands chœurs ; puis c'est l'air : *Si vous aimez la danse,* puis *la Marseillaise.*

A Pélagie, les patriotes détenus au secret forment entre eux une espèce de club qu'ils ouvrent à huit heures du soir. D'un bout du corridor à l'autre, ils correspondent en criant un peu haut. Tout nouveau détenu est candidat au club. Pour y être admis, il faut qu'il ne soit ni faux témoin ni fabricateur de faux assignats. Une fois qu'il a déclaré au président de la société son nom, sa qualité, sa demeure et un motif d'arrestation politique, le président lui envoie l'accolade fraternelle à travers le mur [1].

Enfermée aux Madelonnettes, à la maison d'arrêt de la rue de Sèvres, au Plessis, au Luxembourg, la vieille société de France n'abdique pas. Elle se maintient, elle se conserve ce qu'elle était. Elle demeure, toutes ses têtes vouées à la guillotine, la confrérie bien née des hautes politesses. La révolution, la prison, la ruine, Sanson qui attend, ne lui font oublier ni une grâce, ni un salut, ni le pas, ni la visite. Elle garde, elle gardera dans le pli de robe de la dernière marquise la tradition des courtoisies ; et quand un de ses membres est condamné au tribunal

---

1. *Tableau des prisons de Paris sous le règne de Robespierre.* — *Second tableau.* — *Troisième tableau.*

révolutionnaire, il envoie faire des compliments à ses amis. — Qui penserait que ce Luxembourg est marqué pour mourir à entendre en cette prison ces flatteuses causeries, ces titres qu'on se donne un peu plus haut qu'hier : Madame la comtesse, Monsieur le marquis [1] ? Aujourd'hui l'on reçoit chez M. le duc, demain chez Mme la marquise ; et si la vieille maréchale de Lévi est incommodée, chacun d'y porter un billet de visite [2], ainsi qu'aux beaux temps où le soleil de la France se levait à Versailles. Et ne vous semble-t-il pas que ce sont des voyageurs à la suite de la cour, une nuit de hasard méchamment logés, M. le président Nicolaï, M. de la Ferté, M. le duc de Lévi, M. le comte de Mirepoix, M. le marquis de Fleury ? — Le matin, de main en main passent les lunettes d'approche, et chacun regarde son hôtel de la rue de l'Université, de la rue de Grenelle, de la rue Saint-Dominique, qu'il ne verra plus le soir peut-être [3] !

Dans les prisons, les ci-devant nobles nourrissent les prisonniers besogneux, les *pailleux*; c'est leur dernier domestique; « et, — dit un républicain, — ils estiment leur fortune réciproque par le nombre de patriotes qu'ils nourrissent, comme ils faisaient jadis dans le monde par le nombre de leurs chevaux, de leurs maîtresses, de leurs chiens et de leurs laquais. » Si les patriotes détenus avec eux se réunissent pour fêter la nouvelle d'une victoire républicaine, les nobles s'enferment chez eux, se désignant eux-mêmes ainsi aux *moutons* des prisons, ne daignant pas mentir devant les dénonciations, ni jouer le mensonge d'une conversion subite en face de la mort [4].

---

1. *Almanach des prisons.* An III. — 2. *Almanach des bizarreries.*
3. *Amanach des prisons.* An III. — 4. *Almanach des prisons.*

Aux Madelonnettes, l'étiquette est aussi bien suivie qu'au Luxembourg : le ci-devant lieutenant de police, perruque bien poudrée, souliers bien cirés, chapeau sous le bras, se rend chez les ci-devant ministres, Latour du Pin, Saint-Priest, puis chez Boulainvilliers, puis chez les ci-devant conseillers au parlement. Quand il est rentré chez lui, Boulainvilliers, Latour du Pin et les ex-conseillers en grande cérémonie viennent lui rendre sa visite[1]. — Dans une autre prison, un malheureux épicier du nom de Cortey, accusé de complicité avec le ci-devant comte de Laval-Montmorency, l'ex-marquis de Pons, et le ci-devant gouverneur des Invalides Sombreuil, s'étant oublié à faire des signaux à travers la fenêtre du corridor à la ci-devant princesse de Monaco, et lui envoyant des baisers : « Il faut que vous soyez bien mal élevé, monsieur Cortey, — lui dit froidement le marquis de Pons, — pour vous familiariser avec une personne de ce rang-là ; il n'est pas étonnant qu'on veuille vous guillotiner avec nous, puisque vous nous traitez en égal. » — La belle grâce dans le respect de soi-même, en toutes ces femmes nobles qui se doivent à leur nom et n'auront pas les yeux rougis le jour suprême ! Que de charme en ce mot, en ce sourire de la princesse de Saint-Maurice priée par un guichetier de quitter le bras d'un ami : « Oh ! mon Dieu ! ceci ressemble au collège[2] ! »

En prison, la Comédie-Française ne dérogea pas non plus. Elle ne s'oublia ni ne s'attrista. Pendant les quelques jours que Larive passa à Port-Libre, il charma le salon en déclamant quelques tirades de *Guillaume Tell*, et un hymne de Chénier[3]. Aux Madelonnettes, les acteurs de la Comédie

---

1. *Tableau des prisons.* — 2. *Troisième tableau des prisons.*
3. *Tableau des prisons.*

apportent presque tous, dans leur petit paquet fait à la hâte, la gaieté de leurs beaux jours, la Plaisanterie et la Folie.

C'est une triste demeure pourtant, un laid séjour que cette ancienne maison de refuge des filles de mauvaise vie, que gouvernaient des Ursulines, les Madelonnettes de la rue des Fontaines, près du Temple. C'est un For-Lévêque bien sérieux pour des comédiens, que ce sévère bâtiment de briques à deux étages, aux fenêtres encadrées d'un cordon de pierre de taille. Une curieuse gravure du temps nous montre ses dix fenêtres à chaque façade, ses mansardes, et les tabatières qui sont au-dessus des mansardes, toutes garnies de barreaux de fer. Sur la crête du toit, une petite terrasse est établie où un factionnaire se promène, jusqu'à une petite guette en pierre d'où s'élève un paratonnerre terminé en pique, et surmonté d'un bonnet rouge. En bas, dans cette cour qui ne fut ouverte aux prisonniers que le 18 frimaire, quelques prisonniers emmaillottés dans de vieux habits s'appuient contre les arcades. Dans la cour, des prisonniers en manches de chemise s'amusent à courir ; des geôliers en carmagnole et en bonnet rouge se promènent ; des molosses, d'énormes chiens mouflards sont, çà et là, couchés, ou aboyant contre un prisonnier qui fume sa pipe sur un banc, devant une grande table, le dos à ce mur où, sous les ordonnances de police de la République, de vieilles affiches laissent voir à demi un : *Au nom du Roi.* — C'est en cette maussade demeure qu'ils sont et qu'ils restent les Frontins et les Agamemnons pêle-mêle avec des généraux, des grands seigneurs, d'anciens ministres, d'anciens lieutenants de police, avec les de Crosne et les Fleurieux. « Je vous enverrai un fermier général pour vous nourrir, » leur a dit narquoisement l'administrateur de police. — Une épidémie se déclare dans la prison ; d'après l'avis du médecin Dupontet, les détenus prennent la résolution de faire l'exercice deux fois par jour, et voyez le singulier régiment que commande l'acteur Saint-Prix ! Son meilleur soldat est l'octogénaire Angrand d'Alleray, qui ne manque pas une évolution et marche au pas, sa bougie en main, sans un tremblement[1]. Entre les exercices, Saint-Prix s'amuse à dessiner la maison du miséricordieux concierge Vaubertrand. Puis il balaye sa chambre, et il réfléchit plaisamment : « O malheureux empereur ! qui eût jamais pensé que tu dusses être réduit à balayer ! » Quand son camarade de chambre, Duchemin, ci-devant procureur au parlement, tombe dangereusement malade, Saint-Prix se fait son garde-malade. Il lui donne bouillon et médecine. Et après trois nuits de veille à son chevet, il arrive au Samaritain de la tragédie française de sortir d'auprès de Duchemin « les lèvres aussi noires que du charbon. » — A côté de Fleury, dont le cœur se brise à voir à sa fenêtre sa petite fille de quatre ans, lui disant bonjour de la rue, écartée par les gendarmes, La Rochelle éclate en drôleries. A côté de Saint-Fal qui songe à son vieux père, et se laisse aller parfois à pleurer, Vanhove le cadet s'emploie tout à distraire ses compagnons. Champville s'épanouit en facéties grasses et rabelaisiennes. Dazincourt passe son temps à amuser le *petit ange,* le petit Vaubertrand, et à lui faire, avec des cartes, de petits chats, des ânes, des chiens, des oiseaux. Puis il rit de ce rire qui lui valut tant d'applaudissements d'un public qui n'est plus. Il rit des autres, il rit de lui, et jovialement il philosophe : « Qu'on retienne ici des empereurs, des rois, des tyrans, des ducs et des marquis, cela se conçoit ; mais que

1. *Tableau des prisons de Paris sous le règne de Robespierre.*

je me voie en leur compagnie, moi qui ne suis qu'un pauvre valet sans culottes, oh! certes, il y a de l'injustice[1] ! »

[1] *Tableau des prisons de Paris sous le règne de Robespierre.*

XIII.

Suppression de l'Académie de peinture. L'art en 1793. David. — Retour social à la nature. — Les soupers fraternels. — Vandalisme.

Le bruit, l'émotion qui avaient eu lieu autour du Salon de 1789, la marche de l'opinion publique, la royale place que David s'était conquise dans cette opinion, l'importance de jour en jour accrue du parti de l'opposition dans le camp académique, les orages du dehors passant dans les séances de cette Académie si calme autrefois, le chemin gagné dans les esprits par la liberté et l'émancipation de l'art, la jeunesse qui se déclare, la presse qui se déchaîne contre le privilége des expositions : tout menace l'Académie.

Le premier coup porté à l'Académie est un mémoire revêtu de la signature de treize académiciens et agréés.

Écrit sous l'influence des événements du mois de juillet 1789, ce mémoire, hostile aux privilégiés, va jusqu'à la menace, et demande « s'il sera toléré plus longtemps qu'un tribunal autocratique et permanent reçoive, place, juge des hommes, des artistes éminents, et si l'on consacrera cette subordination sans exemple d'hommes de trente à cinquante ans ¹. » Ce parti de treize rebelles, qui avait David à sa tête, ne tarde pas à se fractionner; les plus violents cherchent en dehors de l'Académie leurs soutiens, et forment la *Commune des Arts*, qui demande purement et simplement la suppression de l'Académie; les autres, qui ne veulent qu'une Académie modifiée, rajeunie, mise à l'ordre des besoins nouveaux, rallient autour d'eux les opposants timides, profitent des mécontentements des agréés qui n'ont pas voix délibérante, et, assemblés plusieurs mois dans les salles de l'Académie, rédigent : *Adresse et projet de statuts et règlements pour l'Académie centrale de peinture, sculpture, gravure, architecture*, et portent à l'Assemblée nationale ce plan de réforme de l'ancienne Académie.

Le *Projet de statuts* appelait à l'Académie de peinture et de sculpture la gravure et l'architecture. Il augmentait le nombre des professeurs, des concours, des encouragements de l'Académie; supprimait les jetons; ouvrait une nouvelle école pour l'étude de l'antique, ouvrait un cours de l'histoire des mœurs, des usages, du costume, et établissait des prix d'anatomie, des prix de perspective, des prix de gravure. Pour fermer la bouche aux calomnies, les dissidents, qui voulaient tout autant au fond la conservation de l'Académie que les *entêtés* ², publiaient le livre rouge de l'Académie, la justifiant en faisant le jour sur son budget. Le revenu de l'Académie, composé de 11,330 livres prises sur les bâtiments du roi, plus 17,100 livres produit des différents objets accordés successivement par le roi, plus 1,399 livres provenant des fondations particulières dont l'emploi était prescrit par les fondateurs, plus 1,000 livres

---

1. *Lettre d'un artiste à M***, député à l'Assemblée nationale.*
2. *Considérations sur l'art du dessin*, par Quatremère. 1791.

environ provenant de la vente des estampes dont les planches appartenaient à l'Académie, montait avant la Révolution à 30,829 livres. Il était établi que ce revenu était devenu presque nul depuis, par la perte successive d'une partie des rentes de l'Académie et le retard du payement de la somme annuelle de 11,330 livres sur le trésor royal; il était établi qu'il était inférieur présentement à la somme des dépenses de l'Académie; et que ce n'était qu'en prenant sur ses anciennes économies que l'Académie suffisait aux frais d'enseignement, de bois, de lumière, à l'acquittement des deux pensions de la demoiselle Leprince et de la demoiselle Flipart. Cet exposé financier était suivi d'une demande de crédit.

L'Académie, — la véritable majorité de l'Académie, les trente-six officiers, les seize amateurs, les soixante-quatorze académiciens, à quelques-uns près, — avait gardé le silence sur le premier mémoire : elle s'était contentée de consigner l'envoi sur ses registres, à la date du 5 septembre 1789, avec mention que ledit écrit était *un libelle plutôt qu'un mémoire*. En même temps, elle rejetait la proposition d'accueillir les agréés dans les assemblées académiques avec voix délibérative, et consentait tout au plus à nommer une commission composée mi-partie de professeurs, mi-partie d'académiciens chargés d'examiner ce que ses statuts pouvaient avoir de contraire à la liberté des arts. — Quand l'Académie vit une seconde levée de boucliers dans son sein, la désertion grossir les rangs du parti réformateur qui avait à sa tête Pajou, Le Barbier l'aîné, Vincent; quand elle vit ce parti ennemi se faire l'avocat de ses propres intérêts auprès de l'Assemblée nationale, elle emprunta la plume de Renou et publia : *Esprit des statuts et règlements de l'Académie royale de peinture et de sculpture, pour servir* de réponse aux détracteurs de son régime. C'était une revendication hardie de tout ce qui était, un maintien insolent du corps dominant et administrateur, unique et permanent, soutenu par l'influence immédiate du directeur général des bâtiments. L'Académie entendait continuer à se réserver la nomination exclusive des membres qui composeront l'Académie, à donner seule les places, à jouir seule des prérogatives honorifiques. Elle posait audacieusement que les artistes les plus habiles depuis l'entrée dans l'Académie devaient être tenus comme des écoliers *dans un collège perpétuellement en exercice*, ou comme des soldats dans un corps militaire sous des régents parés du titre d'officiers. Les agréés, auxquels on ne pardonnait pas l'appui qu'ils donnaient à la révolution de l'art, et que *l'Esprit des statuts* qualifiait de « classe somnifère, » étaient menacés d'être expulsés s'ils n'avaient mérité d'ici à trois ans le titre d'académiciens. C'est ainsi que l'Académie répondait au décret de l'Assemblée nationale qui ordonnait à toutes les sociétés savantes d'apporter un plan de réforme. Le plan de réforme des académiciens était pour eux tout entier contenu dans un alinéa qui consentait « à délier la langue des académiciens. » Et pour la grande question à l'ordre du jour, l'entrée libre du salon du Louvre, entrée que Pajou, Vincent, Le Barbier eux-mêmes n'avaient pas accueillie dans leur projet, soucieux de ne pas rompre tout à fait avec leurs confrères, l'on pense bien qu'il ne pouvait en être fait mention dans le manifeste académique.

L'Esprit des statuts de l'Académie fut suivi d'un *Précis motivé*, critique spéciale du plan des dissidents. L'Académie estimait ridicule que la gravure, que l'architecture qui aime *les lignes parallèles, l'aplomb, le compas, la règle, la symétrie*, fussent accouplées à la peinture, à la sculpture, où *des caprices heureux produisent des beautés*; et tout en soutenant le principe de l'inamovibilité dans les places administratives et les dignités, accusait le plan de la nouvelle Académie d'établir *une aristocratie dans l'art,* quand elle étendait le système d'amovibilité. — En cet état des hostilités, un nouveau champion de la réforme académique rentrait dans l'arène. Quatremère de Quincy, tout en laissant debout le pouvoir ministériel, tout en respectant l'inamovibilité, disait au public : « Il existe encore une souveraineté d'artistes connue sous le nom d'Académie royale de peinture et de sculpture; son régime intérieur semble démocratique, mais il l'est comme celui de l'aristocratie de Venise. Dispensateur unique de toutes les gloires, propriétaire exclusif de tous les priviléges d'honneur, de tous les moyens de réputation, de tous les encouragements publics, il force tous les talents à briguer sa faveur, il tyrannise tous les goûts, maîtrise toutes les dispositions et dirige impérieusement vers lui toutes les inclinations...... Séminaire éternel d'incurables préjugés, il proscrit toute espèce de lutte d'opinions; il frappe d'interdiction tout esprit novateur[1]. »

Quand ces lignes s'écrivaient, le procès de l'Académie était déjà perdu pour tous les esprits; et la voix impuissante de Desenne, faisant de l'ancienne Académie et de la déclaration du 15 mars 1777 le palladium de l'art, allait se perdre dans le tumulte des voix accusatrices. Ce n'est plus seulement d'avoir accaparé places et honneurs qu'on accuse les pauvres académiciens; on les accuse encore d'avoir, dans les tableaux de sainteté et de martyres,

---

[1]. *Seconde suite aux considérations sur les arts du dessin,* par Quatremère. 1791.

épuisé les roues, les croix, les chevalets en d'ignobles représentations; d'avoir prostitué leurs talents à des portraits flattés des puissants du jour, « à des monuments d'orgueil et de bassesse; » d'être « les esclaves de la superstition; » d'être coupables du style de commande du dix-huitième siècle, et d'avoir aminci les jambes en fuseaux, et d'avoir allongé invraisemblablement les tailles[1]. On les accuse encore d'avoir laissé dépérir dans l'oubli et les greniers ces magnifiques morceaux de peinture appelés par eux *tableaux noirs*[2], et quand l'Académie porte son Projet à l'Assemblée nationale, la caricature représente les Arts sortant du temple du Goût, traînés par des ânes aux croupes masquées par de vieilles peaux de lions. Le dieu de la musique est le multicolore Arlequin, qui porte la lyre des divines mélodies, et le dieu de la peinture, c'est Polichinelle, palette en main, cortégés de grotesques chargés de figurer l'abâtardissement de l'art par la Frivolité et la Mode[3]. Partout éclate, s'imprime, se crie la demande d'une exposition publique annuelle libre et générale des arts, où la faculté d'exposer ne soit pas le privilége d'une compagnie, mais « le droit de tous les artistes, celui du public, » pendant que David fait déposer par la *Commune des Arts* une pétition qui déclare « que toutes les Académies ayant un régime déterminé par des statuts pleinement aristocratiques, et étant entièrement opposées à tous

---

1. *La Décade philosophique et politique*, par une société de républicains, an II, vol. I.

2. *Rapport et projet de décret relatif à la restauration des tableaux et autres monuments des arts formant la collection du Muséum*, par Bouquier.

3. *Bibliothèque impériale.* Cabinet des Estampes. Histoire de France.

les principes constitutionnels, ne peuvent subsister avec la liberté [1]. »

La jeunesse était allée dès le principe aux ennemis de l'Académie. Des élèves que l'Académie avait en Italie, presque tous étaient pris de l'esprit nouveau, et faisaient un accueil incivil à la visite de madame de Polignac à leur école à Rome. L'Académie d'architecture recevait une pétition de ses élèves, où ils exprimaient le désir de renoncer à leurs priviléges, pour partager avec tous leurs concitoyens le droit d'obtenir le prix du concours. Les architectes effrayés s'effaçaient timidement derrière le refus de M. d'Angivilliers : *Monseigneur ne veut pas* [2]. Pour prévenir jusqu'à la réception de semblables pétitions, et le renouvellement des conspirations de Pajou, Vincent, Le Barbier, l'Académie de peinture et de sculpture ordonnait la fermeture de ses salles, et faisait défense aux Académiciens de s'assembler. — Cependant de ces discordes de l'art, du chômage croissant des industries du superflu, l'art souffrait. Les peintres, réduits à tracer pour les tapissiers les dessins grecs du mobilier régénéré, les sculpteurs à menuiser des bois de fusil, et le magasin du sieur Constantin, marchand de tableaux en face le Pont-Neuf, prêt à fermer, une loterie à 50 livres le billet s'organise, qui promet, à chaque souscripteur, quatre estampes dont les planches seront brisées après un tirage de 1,200 et la chance, sur dix billets, de gagner un tableau d'histoire, une statue en bronze, un bas-relief, une terre cuite, le tout exécuté par les meilleurs artistes de la capitale, et devant être exposé salle du Louvre, Cour des Pairs [3]. Organisée sans le concours de l'Académie, la loterie réussit en

1. *Pétition motivée de la Commune des arts* à l'Assemblée nationale. — 2. *Chronique de Paris.* Mai 1790. — 3. *Id.* Août 1790.

dehors d'elle ; et l'Académie, qui, par des mesures de sage et bienveillante protection, aurait pu encore rallier des partisans autour d'elle, se venge au lieu de ménager ce qui lui reste de crédit, et pousse M. d'Angivilliers à dire tout haut que le roi n'accordait pas, pour l'année 1791, les 60,000 livres d'usage pour l'achat de dix tableaux nouveaux, attendu que la liste civile ne suffisait pas pour nourrir les animaux de la ménagerie de Sa Majesté, et qu'il n'y aurait pas, cette année, d'exposition, pour punir tous les artistes qui s'avisaient de devenir patriotes [1].

Tandis que l'Académie mêle aux protestations de la colère de petites intrigues, et aux petites intrigues des soumissions intermittentes, plus impuissante, plus discréditée, plus annihilée chaque jour, et que déjà, en mai 1791, l'opinion publique est si détachée d'elle qu'elle s'entretient de sa suppression ; tandis qu'un mois après, saisie est faite des biens meubles et immeubles du protecteur de l'Académie, M. d'Angivilliers, émigré,—arrive l'exposition de 1791. Longtemps débattu, le principe de l'exposition libre et universelle est reconnu et adopté par l'Assemblée législative, qui décide « que pour l'exposition de cette année, qui commencera le 8 septembre, tous les artistes français ou étrangers, membres ou non de l'Académie de peinture et de sculpture, seront également admis à exposer leurs ouvrages dans la partie du Louvre destinée à cet objet. » Talleyrand-Périgord, membre du directoire du département de Paris, est chargé de la direction et surveillance générale de l'exposition. Pajou, Legrand, Berwick, David, Vincent, Quatremère de Quincy, sont les six commissaires [2]. C'était là toute une révolution, et comme la déposition de l'Aca-

1. *Annales patriotiques et littéraires.* Avril 1791.
2. *Chronique de Paris.* Août 1791.

démie. Jusqu'à ce jour, les artistes qui n'étaient pas académiciens ne pouvaient exposer qu'un jour, le jour de l'octave de la Fête-Dieu, deux heures seulement de ce jour, le matin ; et encore exposer en plein air, en plein vent, place Dauphine, qu'il plût ou qu'il fit beau. Ce ne fut qu'en 1789 que M. Lebrun, rue de Cléry, recueillit dans sa salle, et dans un local fermé, cette exposition pendant deux jours ; l'année suivante, comme il n'y eut pas de grande exposition au Louvre, la salle Lebrun montra huit jours l'exposition non officielle [1]. — L'Académie ne s'abusa pas sur la portée de ce coup terrible ; elle lut son arrêt dans le nouveau mode d'exposition, et elle vit venir sa mort avec les lucidités de l'agonie. Un moment elle avait voulu tenter une résistance désespérée. On lit, dans *la Chronique* du 28 août, que les commissaires nommés pour l'exposition trouvèrent aux salles du Louvre un cadenas, posé, leur dit-on, par M. Laporte. Cette protestation puérile n'a pas de suite. On passe outre ; le Salon ouvre, et montre le portrait de M. de Robespierre, avec des vers, au bas de son cadre, sur un morceau de papier qu'on est bientôt obligé d'allonger, les poëtes faisant queue [2]. David qui, à propos d'une pétition adressée par des artistes non privilégiés, pour exposer au salon du Louvre à côté des artistes privilégiés, avait écrit le 16 août 91 : « Comme je ne doute pas
« que l'Assemblée nationale favorise leur pétition déjà
« décrétée par un des articles de la constitution qui sup-
« prime toutes les corporations et tous les priviléges, et
« comme je veux satisfaire en même temps au désir de
« ceux des membres de l'Assemblée nationale qui vou-

---

1. *Chronique de Paris.* Juillet 1791.
2. *Feuille du jour.* Octobre 1791.

« draient revoir les anciens ouvrages, je crois devoir décla-
« rer que je ne me prêterai à cette exposition qu'autant
« qu'elle ne préjudiciera pas au droit qu'ont tous les
« artistes de concourir à une exposition générale et com-
« mune, dans le palais qu'un décret de l'Assemblée a déjà
« rendu national. En conséquence, à moins que la pétition
« des artistes ne reçoive de l'Assemblée nationale un refus
« formel, je n'exposerai mes anciens ouvrages que dans
« un lieu qu'on assignera à tous ceux dont les tableaux
« ont été déjà vus du public, pour qu'il ne soit pas dit que
« je me sois prêté à l'accaparement d'exposition que
« médite la société privilégiée de *l'Académie de peinture*[1]. »
David triomphe. A côté de *Brutus*, il expose *le Serment des
Horaces* déjà exposé en 1784, et le *Socrate prêt à boire la
ciguë* déjà exposé en 1787 ; et de cette exposition libre et
républicaine, il fait une grande conquête sur le privilége,
une grande excitation du patriotisme, presque une victoire
de la révolution.

David, le citoyen David, qui a fait sa popularité par
l'opinion de sa peinture, n'épargne ni un mépris ni une
humiliation à l'Académie à terre ; et quand l'Académie,
vaincue, éperdue, essayera de se raccrocher à son grand
nom, et le sollicitera de venir professer au milieu d'elle,
David lui écrira : « Je fus autrefois de l'Académie, —
David, membre de la Convention[2]. » David est une Académie à lui tout seul, l'Académie qui se lève en face de
l'Académie qui se couche. C'est vers lui que font route
tous les vœux, tous les projets révolutionnaires. Son atelier ne désemplit pas de la foule qui vient admirer son
beau dessin au bistre du Serment du jeu de paume[3]. On

1. *Chronique de Paris.* Août 1791.
2. *Archives de l'art français.* — 3. *Feuille du jour.* Juin 1791.

se presse, on veut voir l'homme du peuple pour lequel a posé le charbonnier Rousseau ; ce charbonnier patriote, qui, lorsque David a voulu le payer de sa peine, lui a fait cette fière réponse : « Fi donc ! Monsieur. Ce tableau est pour la nation ; vous lui faites cadeau de votre ouvrage ; je ne veux pas de votre argent ; mettez seulement ma médaille et son numéro... je serai content qu'on sache dans cent ans que Rousseau, charbonnier, était bon patriote [1]. » En une heure de concession aux dieux du jour, Louis XVI songe-t-il à se faire peindre transmettant la constitution au jeune héritier du trône ? C'est aux pinceaux ennemis du patriote David qu'il est forcé de s'adresser. Les journaux royalistes hésitent à toucher à ce talent acclamé, ils demandent respectueusement à David si un aussi grand peintre que lui peut être un jacobin. Le *Rambler* est presque le seul à dire : « Quel talent ! il pille tous ses sujets dans Poussin et Lesueur ! » et à lui faire procès en règle, sur le ton de brique du *Serment des Horaces*[2], et de cette *Mort de Socrate*, dont le Socrate n'est que le portrait du modèle Lacouture, cet ancêtre des bohémiens de l'art du xixe siècle, qui leur lègue la tradition de déménager par les fenêtres[3]. Il l'incrimine de contre-sens perpétuels : « En un mot, il faudrait avoir de l'imagination, du goût, de la composition, du dessin, de la couleur, l'entente de la perspective : et tout cela manque ici[4]. » Il faut que David se permette des propos bien républicains contre le roi pour que *le Journal à deux liards* s'emporte jusqu'à l'injure, et que le peintre ne lui fasse pas respecter l'homme : « J'ai vu ce David si bête, si méchant et si véritablement marqué du sceau de

1. *Lettres b..... patriotiques.* — 2. *Journal de la Cour.* Juillet 1792.
3. *Mémoires et souvenirs de Ch. Pougens,* vol. I.
4. *Journal de la Cour.* Juillet 1792.

la réprobation. On n'est pas plus hideux et plus diaboliquement laid. S'il n'est pas pendu, il ne faut pas croire aux physionomies[1]. »

L'ordonnateur de la fête des soldats de Châteauvieux est membre de la Convention. Son influence est pouvoir; son crédit, initiative des lois. Le 18 août 1792, il remercie la Convention de son logement conservé au Louvre, du logement conservé à ses amis Lagrenée, Duvivier, Campmas. Le 11 novembre, il appuie et fait renvoyer au comité d'instruction publique la pétition des artistes dessinateurs demandant la suppression de l'Académie. La tribune retentit par sa voix des plaintes de Topino Lebrun sur les persécutions exercées par la cour de Rome contre Chinard et Nater. Quand Romme vient demander à la Convention la suppression de la place de directeur de l'Académie française de peinture, de sculpture, d'architecture, établie à Rome, il n'est que l'écho et le porte-rancune de David, à qui Roland vient d'apprendre la nomination de Suvée, en remplacement de Ménageot, « de l'horrible aristocrate Suvée, de l'ignare Suvée, » — comme écrit David; et David est derrière le décret qui ordonne que l'école, refaite d'après les principes de liberté et d'égalité qui dirigent la République française, sera mise sous la surveillance de l'agent de France. Non content de ce trône brisé dans le palais de l'école par les élèves de l'Académie[2], David demande la destruction des bustes de Louis XV et de Louis XVI qu'on a respectés. Basseville assassiné à Rome, c'est David qui fait fixer un traitement pour les élèves chassés de l'école.

Ce meurtre de Basseville précipita la ruine de l'Aca-

1. *Le Journal à deux liards*, vol. II.
2. *Courrier de l'Égalité*. Janvier 1793.

démie. Dans le démissionnaire Ménageot qui avait illuminé lors de la fuite de Varennes, les esprits exaltés prêtaient un complice à l'Académie; un complice dans madame Lebrun, en relation à Naples avec Mesdames; des complices dans ce Corneille, ce Gouffier, ce Tierce père, ce Tierce fils, qui arboraient la cocarde blanche à Livourne; des complices dans les artistes français qui, à Florence, prêtaient serment à Louis XVII, entre les mains de lord Hervey, ambassadeur d'Angleterre [1]; un complice dans Doyen, qui abandonnait sa petite maison de campagne pour émigrer en Russie. — Au mois de février, une multitude d'artistes envahit le local de la vieille Académie; ils crient : « La voilà donc renversée cette bastille académique ! »

Le 8 août 1793, le député du département de Paris monte à la tribune de la Convention, apportant son réquisitoire contre toutes les Académies, « dernier refuge de toutes les aristocraties. » Le tort réel que les Académies font à l'art même par la jalousie de leurs membres, la tyrannie de leur esprit de corps, généralement exposés, David pousse à l'Académie de peinture et sculpture. Il attaque son mode d'éducation, ces douze professeurs par année, c'est-à-dire un pour chaque mois, qui « apprennent douze fois l'art » à l'élève. Il peint de couleurs vives cette politique des Académies de maintenir l'équilibre des talents, et de tâcher d'étouffer « l'artiste téméraire qui dépasse le cercle de Popilius; » il raille ces vieillards « dont la léthargique assiduité a usé tous les sièges de l'Académie, depuis le tabouret jusqu'au grand fauteuil. » Il pleure ces

---

1. *Journal de la Société populaire et républicaine des Arts, séante au Louvre, salle du Lezoon*, par Détournelle. Du 1ᵉʳ ventôse au 1ᵉʳ prairial an II.

promesses de talent auxquelles l'Académie a barré le chemin ; mânes dédaignées, parce que l'Académie s'est mise devant leur gloire. Il s'indigne de ces amours-propres qui ne voient rien qu'eux dans l'État ; qui, lorsque lui, le patriote David, est tout sérieux et attristé de la guerre de Vendée, n'ont dans la tête et dans le cœur que l'avenir et la question de leur Académie ; et qui montrent « enfin, dans toute sa turpitude, l'esprit de l'animal qu'on nomme *académicien.* » Mais David l'a dit : il veut décider le jugement de la Convention, *en intéressant sa sensibilité,* et il conte, pour que l'attendrissement emporte les votes de la raison, la légende déplorable du jeune Sénéchal, sculpteur, premier prix de l'Académie. Sénéchal, de retour de Rome, devait obtenir la main de la fille d'un particulier aisé, s'il était agréé de l'Académie sur le morceau qu'il présentait. « L'amour dirige sa main. Il fait un chef-d'œuvre. » Son maître, Falconnet, est des trois commissaires nommés par l'Académie pour l'examen du chef-d'œuvre. « Ce Falconnet, — dit David, — est celui qui a fait six gros volumes pour prouver que le cheval de Marc-Aurèle, à Rome (chef-d'œuvre reconnu de l'antiquité), ne vaut pas celui qu'il a fait en Russie. » — « Jeune homme, — dit Falconnet à son élève, — votre ouvrage n'a pas le sens commun. » La fiancée, qui était présente, s'attriste. Sénéchal disparaît. « Mais l'amour qui veille toujours, l'amour qui cherche partout, la jeune fille le trouva enfin ; mais où le trouva-t-elle ? Noyé dans le puits de la maison de son père ! » La Convention se hâte de venger l'ombre du jeune Sénéchal : et David à peine descendu de la tribune, il est décrété que toutes les Académies sont supprimées.

L'Académie de peinture et sculpture supprimée, la *Commune des arts* est ouverte à tous les artistes ; les vieux académiciens s'y réfugient, puis y passent bientôt majorité, et y restaurent comme un semblant d'Académie. Alors les ardents se déclarent *Société populaire et républicaine des Arts*[1]. La proposition d'une épuration met en fuite les membres tièdes, et presque tous les académiciens[2]. La Société appelle à elle, à raison de 3 livres par trimestre, les professeurs des quatre arts libéraux qui ont pour base la peinture, la sculpture, la gravure, l'architecture, et les citoyens qui, sans professer, ont des connaissances théoriques, ce qui était appeler à peu près tout le monde. La Société arrête que les citoyens au-dessous de dix-huit ans n'auront que voix consultative. Elle organise son comité d'épuration, qu'elle compose de huit membres chargés de demander aux candidats leur carte de citoyen, la justification de l'exercice de la garde nationale et des contributions patriotiques. Le président les interpelle ainsi : « As-tu signé quelque pétition ou fait quelques écrits anticiviques? As-tu été membre d'aucun club proscrit par l'opinion publique? As-tu accepté la Constitution décrétée par l'Assemblée nationale? » Constituée, la société envoie une adresse aux sociétés populaires ; et dans cette adresse, qui ne reconnaîtrait l'inspiration de David? « La Société populaire et républicaine des Arts vient vous demander votre affiliation... Si des artistes ont avili leurs pinceaux, nous devons beaucoup à celui qui, lorsqu'un roi asservissait encore la France, traça d'une main hardie le généreux Brutus immolant ses fils à sa patrie après avoir renversé le trône des Tarquins[3]. » La Société a sa salle de séance au

1. *Décade philosophique*, an II, vol. I.
2. *Journal de la Société populaire et républicaine des Arts.* Du 1ᵉʳ ventôse au 1ᵉʳ prairial an II. — 3. *Id.*

Louvre, salle du Laocoon, et elle a son journal : *le Journal de la Société républicaine des Arts*. La Société s'occupe beaucoup du goût du peuple; elle voudrait le guérir et le purifier des images aristocratiques; elle le désirerait garé des atteintes de la boutique de Curtius, de ces figurations affreusement méconnaissables de Voltaire, de Rousseau, de Franklin, de ces Brutus affublés, en guise de draperie consulaire, d'un fichu de satin moucheté et rayé [1]. Pendant que le Club révolutionnaire des Arts appelle, lui aussi, l'art dans les chaumières, par la voix d'Hassenfratz, et exhorte l'imagination humaine aux découvertes populaires, en lui proposant l'exemple d'Eustache Dubois, l'immortel auteur du couteau qui a pris son nom, et que Prudhon y développe les idées de Jean-Jacques Rousseau sur les arts, la Société républicaine des Arts rêve et agite création d'exèdres, construction d'un théâtre de patriotes assez vaste pour représenter le serment du jeu de paume, la prise de la Bastille [2], et émet l'idée de ne *plus faire désormais servir les arts que d'aliment à la vertu*. Toutes ces tendances ont pour écho *le Journal des Hommes libres*, qui veut diriger tout ce qui est art vers les habitations rurales : « Voyez l'égalité applaudir au spectacle de la ferme rajeunie, étalant un luxe utile, une beauté modeste, et vengée enfin de l'ardoise orgueilleuse des châteaux... Toute la maison offrirait la morale en action par les dispositions des inscriptions [3]. »

Plus sérieusement, plus utilement parfois, le procès était fait aux restaurateurs de tableaux, qui, au rapport de David, avaient profané d'une main lourde et barbare un

---

1. *Journal de la Société populaire et républicaine des Arts.*
2. Séance du club révolutionnaire des Arts. 14 germinal an II.
3. *Journal des hommes libres*. Nivôse an II.

Raphaël : « Vous ne reconnaîtrez plus l'Antiope, — disait-il ; — les glacis, les demi-teintes, tout ce qui caractérise plus particulièrement le Corrège et le met si fort au-dessus des plus grands peintres, tout a disparu. La Vierge du Guide, vulgairement appelée *la Couseuse*, n'a point été nettoyée, mais usée. Vous chercherez le *Moïse foulant aux pieds la couronne de Pharaon*, très-beau tableau du peintre philosophe, du Poussin, et vous ne trouverez plus qu'une toile abîmée de rouge et de noir, perdue de restauration. Le *Port de Messine*, ce chef-d'œuvre d'harmonie où le soleil de Claude Lorrain éblouissait les regards, n'offre plus qu'une couleur terne de brique et perdue. Je vous parlerai de Vernet : les barbares ! ils l'ont déjà cru assez ancien pour le gâter ; tous ses ports sont déjà rentoilés, brûlés, couverts par la crasse d'un vernis qui dérobe aux yeux le mérite que ses amateurs cherchent en lui. »

Mais où l'influence de David se montre plus nette et prend un caractère plus tranché, c'est dans la formation de ce jury chargé de juger le concours des prix de sculpture, peinture, architecture de l'année 1793. C'est lui qui propose ce jury à la Convention, dans un rapport qui est l'oraison funèbre de l'Académie. David y dit : «... Trop longtemps les tyrans, qui redoutent jusqu'aux images des vertus, avaient, en enchaînant jusqu'à la pensée, encouragé la licence des mœurs. Les arts ne servaient plus qu'à satisfaire l'orgueil et le caprice de quelques sybarites gorgés d'or ; et des corporations circonscrivaient le génie dans le cercle étroit de leurs pensées, proscrivaient quiconque se présentait avec les idées pures de la morale et de la philosophie... Votre comité a pensé qu'à cette époque où les arts doivent se régénérer comme les mœurs, abandonner aux artistes seuls le jugement des productions du génie, ce serait les laisser dans l'ornière de la routine où ils se sont traînés devant le despotisme qu'ils encensaient. » Suivait la liste des jurés proposés par David, étrange mêlée de quelques peintres, de quelques sculpteurs, comme Fragonard, Prudhon, Chaudet, Naigeon, Gérard, avec des mathématiciens, des acteurs, des hommes de lettres et des architectes, des commissaires de l'armée révolutionnaire et des substituts de l'accusateur public, des cultivateurs, des jardiniers, et jusqu'à des cordonniers ! — Cette singulière liste est adoptée. Ce singulier jury entre en fonctions [1].

Le programme du prix de sculpture était *le Maître d'école des Falisques renvoyé dans la ville par Camille, à qui ce traître avait voulu livrer ses disciples*. « Le moment est celui où les pères et mères des jeunes Falisques viennent au-devant des enfants qui ramènent leur maître d'école en le fustigeant. » La discussion s'ouvre. Caraffe demande d'abord que les artistes concurrents mettent à côté de leurs talents ce qu'ils auront fait pour la révolution. « Les bas-reliefs, — dit le substitut de l'accusateur public Fleuriot, — ne sont pas imprégnés du génie que fomentent les grands principes de la révolution. Eh ! d'ailleurs, — fait-il en s'animant, — qu'est-ce que des hommes qui s'occupent de sculpture pendant que leurs frères versent leur sang pour la patrie ? Mon opinion est qu'il n'y ait pas de prix. » — « La mienne aussi, » — clame Hébert. — « Je vais parler franchement, — c'est Hassenfratz qui saisit la parole, — tout le talent de l'artiste est dans son cœur ; ce qu'on acquiert par la main est petit. » — A cette hérésie

[1]. *Journal de la Société populaire et républicaine des Arts.*

artistique du mathématicien, le groupe des quelques artistes du jury ose un chuchotement. — Neveu s'enhardit presque jusqu'à l'objection : « Je dois dire à Hassenfratz qu'il faut avoir égard au faire et à l'expression. » — Hassenfratz : « Citoyen Neveu, le faire de la main n'est rien. On ne doit pas juger sur le faire de la main. » — « Et Jouvenet ! — crie Dufourny, le vice-président, ralliant l'opinion osée de Hassenfratz, — et Jouvenet, n'a-t-il pas perdu un bras sans perdre son génie ? Il a peint du bras gauche, voilà tout ! Nous ne donnons pas de prix à l'habitude, nous en donnons au mérite. » Sur cet emportement de logique et d'éloquence, la discussion ferme, et sur quarante-et-un votants, quarante décident qu'il n'y aura pas de prix de sculpture [1].

Le sujet de peinture était : *Brutus tué dans un combat. Les élèves retraceront le moment où les chevaliers romains transportent son corps à Rome, et où les consuls vont au-devant pour le recevoir.*

A la seconde séance du jury national des arts, Pache, président, pose la question : *Y a-t-il lieu à accorder des prix de peinture ?* On ne répond que par un long silence. Chacun se regarde. Les artistes, voyant bien que l'art n'est pas l'affaire du jury, et que le talent n'est guère ce que cherchent les couronnes de la Convention, se taisent. Les autres jurés attendent. Fatigué de cette persistance de mutisme, le bouillant Hassenfratz se jette à la tribune. « Puisque personne n'ose parler, j'estime que l'on peut donner des prix. » — « Les sujets me semblent traités d'une manière républicaine, » hasarde Dorat Cubières, qui se hâte d'avoir un avis après un autre. Fleuriot reprend son dithy-

---

1. *Journal de la Société populaire et républicaine des Arts.*

rambe sur les citoyens artistes qui se battent, et opine pour qu'il n'y ait qu'un second prix. La discussion va et vient, buttant de ci de là. Au bout de quoi une voix crie « que les concurrents sont aux frontières. » — « Mais, — riposte une autre voix, — sont-ils réquisitionnaires ou enrôlés? » — « Oui, — ajoute une autre, — supportent-ils les fatigues de la guerre depuis six mois ou depuis dix-huit mois? » Là-dessus, l'avis de Fleuriot adopté, la discussion commence sur les n°s 1, 2 et 3. Hassenfratz reprend d'assaut la tribune : « Je suis peut-être un sot, — commence-t-il modestement, — cependant, j'ai senti une plus forte impression à l'aspect du n° 2 qu'à l'aspect des deux autres. Il n'existe dans les tableaux aucune obéissance aux lois de la perspective, si ce n'est dans le n° 2. J'ai l'habitude de la règle et du compas, et j'ai une intime conviction que tous les objets de peinture peuvent être faits avec la règle et le compas. » A cet aperçu original, le côté des hommes spéciaux de l'assemblée part d'un éclat de rire. — « Oui, — reprend le Winckelman de la géométrie avec plus de chaleur, — les peintres ne mériteront ce nom que quand ils rendront l'expression avec le compas, que l'idée seule ne peut rendre avec autant de justesse. » Les rires recommencent, et, après une grande appréciation des n°s 2 et 3 faite par Fleuriot, qui commence par confesser : « Mon âme n'éprouve rien quand je vois un tableau, » — le n° 3 obtient quarante-quatre voix sur quarante-sept votants. L'auteur était un nommé Harriette, élève de David. Comme il était à l'armée, Michot crie d'une façon assez romaine : « A-t-il un père? » Harriette père monte au bureau, et reçoit l'accolade pour son fils.

A la séance pour le prix d'architecture, — le sujet du concours était *une caserne devant contenir six cents hommes de cavalerie;* — Dufourny émet cette vue républicaine : « Il faut que les monuments soient simples comme la vertu. L'architecture doit se régénérer par la géométrie. » Talma, qui quoique suppléant prend part à toutes les séances, demande à ses collègues d'accorder seulement un second prix, un encouragement, et le jeune canonnier Protin est l'architecte couronné. — Le sextidi 26 pluviôse, le jury se rend à la Convention nationale, accompagnant Harriette et Protin. Chacun des membres porte le tableau, le plan, la coupe ou l'élévation. Le défilé a lieu dans la salle. Monvel, orateur de la députation, s'avance à la barre et lit une adresse où le jury exprime ses regrets de n'avoir pas eu de grands prix à distribuer : « Quelle récompense plus flatteuse pour ces jeunes artistes, — s'écrie Bourdon du Loiret, — que l'accolade du président ? Cette marque d'estime les honorera et nous honorera [1]. »

David alors est le Mécène du budget des arts de la République, le commémorateur de tous les dévouements républicains, le maître de cérémonies des Panathénées de l'anarchie, le Gardel populaire des ballets énormes marchés par la foule. Des débris tronqués des rois de France, arrachés de Notre-Dame, il veut former sur le Pont-Neuf le piédestal d'une statue géante du peuple parisien. David, comme un patricien de l'ancienne Rome, marche au milieu de sa *gens,* les jeunes clients de l'art, auxquels le peintre des Horaces a fait adopter — écoutez l'Américain Moore — une veste et des brodequins bleus, un petit manteau flottant sur l'épaule, un chapeau à plumes, deux pistolets à la ceinture et un grand sabre pendu au dos [2]. La politique active usurpe tout son temps. Même avant d'être législateur,

---

1. *Journal de la Société populaire et républicaine des Arts.*
2. *Journal d'un voyage en France,* par Moore. Philadelphie, 1794.

n'avait-il pas répondu à deux jeunes personnes qui venaient un matin lui montrer des dessins et lui demander des conseils : « Je n'ai pas le temps ; les Jacobins m'entraînent, je ne puis me résoudre à manquer des séances d'un si grand intérêt[1]. » Il n'y a plus que la mort d'un républicain qui remette les pinceaux aux mains du conventionnel : le tableau des derniers moments de Lepelletier Saint-Fargeau fini, Charlotte Corday peut seule le faire revenir à son chevalet. Il peint à la hâte Marat ensanglanté, jette au bas de la toile : *A Marat, David;* dit à la Convention, en lui présentant sa toile : « Humanité, tu diras à ceux qui l'appelaient buveur de sang, que jamais ton enfant chéri, que jamais Marat n'a fait verser de larmes ; » et il revient à la politique, aux luttes, aux victoires de comité, aux satisfactions de tribune. Il dénonce la commission du Muséum : il ébranle les colonnes de cette petite Académie réformée. « Quels sont les six membres ? — s'écrie-t-il : — c'est Jollain, ancien garde des tableaux du roi ; Cossard, peintre, mais qui n'en a que le nom ; Pasquier, ami de Roland ; Renard, Vincent, qui ont du talent, mais un patriotisme sans couleur ; l'abbé Bossut, géomètre. L'intention de la Convention n'a pas été que ces hommes fussent dispensés de cet amour brûlant de la liberté sans lequel il est impossible de servir utilement ni les arts ni la patrie. » Et David leur fait reproche à tous de ne pas encore communiquer ces portefeuilles de dessins des grands maîtres, jadis cachés, enfouis dans les cabinets de d'Angivilliers, d'être complices des déplorables restaurations de tableaux, de grossir le catalogue des Poussin, des Dominiquin, des Raphaël d'une quantité de productions qui ne

---

1. *Les grands sabbats jacobites.* 1792.

méritent pas de voir le jour, et de continuer enfin les abus de l'ancien régime. Il opine pour la suppression de la commission du Muséum, et propose pour la remplacer des artistes « la plupart victimes de l'ancien orgueil académique : Dardel, Julien, Delaunoy, Leroi, Wicar, Varon, » qui forment bientôt le conservatoire du Muséum, sous la main et sous la tutelle de David.

Ainsi le tribun de l'art mène la surintendance de l'art républicain jusqu'au 9 thermidor. Alors Louis David, qui avait brigué tout haut la mort avec Marat, la ciguë avec Robespierre; Louis David, qui le 3 septembre 1792, un crayon en main, dans les cours de la Force, disait : « Je saisis les derniers moments de la nature dans ces scélérats[1]; » Louis David, qu'un esprit faible et ouvert aux surexcitations extrêmes avait fait l'ami souple des rois sanguinaires, Louis David renie les siens vaincus. Il écrit de prison : « .... On ne peut que me reprocher une exaltation d'idées qui m'a fait illusion sur le caractère d'un homme que beaucoup de mes collègues plus éclairés que moi regardaient comme la *boussole du patriotisme*..... Mes intentions ont toujours été droites, je n'ai jamais coopéré ni directement ni indirectement aux trames criminelles que les conspirateurs ourdissaient dans le silence et bien à mon insu.

Le jour n'est *pas plus pur que le fond de mon cœur*[2]. »

Le repentir de David vient trop tard. « C'est un monstre, il faut qu'il périsse! » crie Chénier[3]; et David va mourir, quand ses fils, *Brutus*, le *Serment des Horaces* l'amnistient

1. *Histoire secrète de la Révolution française*, par Fr. Pagès. 1790.
2. Catalogue d'autographes. 4 novembre 1844.
3. *Mémoires et souvenirs* de Ch. Pougens.

avec leur gloire... Il fallait aux ironies des circonstances
que le peintre de Marat vécût, pour qu'il se laissât faire le
peintre ordinaire des couronnements futurs, et le fournis-
seur des dessins du fauteuil d'un empereur.

D'un effort acharné, continu, incessant, quotidien, la
république de l'an II travaille à l'anéantissement de la civilisation. Il semble que toutes les enseignes apparentes de
la prospérité des empires, que les miracles de l'industrie,
les splendeurs du luxe, la montre des richesses, l'agrément
de la vie; ces progrès, ces perfectionnements, ces découvertes qui enchantent et parent les siècles vieux, opulents
et délicats, il semble que toutes ces conquêtes de la vieille
France soient crimes et délits aux yeux des gouvernants.
Il semble que ces économistes tout neufs, dans les mille
répartitions de la main-d'œuvre des objets raffinés, ne voient
que « le canal des larmes et du sang de la famille des travailleurs. » Il semble que ces républicains jugent mortels
à leur république les plaisirs, les satisfactions, les jouissances, les courtoisies qui étaient tout à l'heure l'orgueil
du morceau de terre où ils règnent; il semble qu'ils veuillent renier toutes les victoires de l'homme depuis le jour
où Dieu l'a jeté nu, désarmé, dans le désert du monde;
qu'ils veuillent ramener vingt-cinq millions de Français à
je ne sais quelle démocratie inculte et primitive, ombrageuse et misérable, défendant à chacun de ses membres le
bel usage de l'aisance et la dépense des nobles goûts, abdi-
quant, en sa masse, l'éclat, l'ornement, la magnificence et
toutes les gloires sociales. Il semble qu'ils aient voulu léguer la barbarie à l'avenir; et à voir cette génération s'ef-
forçant à détruire, quoi qu'il coûte, les héritages admirés
des générations précédentes, l'esprit va de suite à ce Pan-

théon, où une armée de maçons pique laborieusement la nuit, le jour, les merveilleux bas-reliefs, et dépense un travail de 1,500,000 livres à faire — du *fruste*[1] !

Oui, — dit alors la grande voix du peuple, tonnant dans les protestations du silence, — les boutiques des marchandes de modes se transformeront en ateliers; les cafés, le rendez-vous des fainéants, seront occupés par de bons travailleurs. Les marchands de carrosses deviendront de bons charrons; les orfévres se feront serruriers[2]. Mort à tout ce qui n'est pas de première utilité, de première nécessité ! mort aux mains blanches ! « Nous ne nous servons pas de pâte d'amande, le travail est écrit sur nos mains couvertes de poreaux et de durillons[3]. » Mort à tout ce qui fait la vie intelligente, sensuelle ! mort à tout ce qui l'adoucit, l'ennoblit, l'embellit, la polit ! mort à toutes ces choses qui sont l'expérience et la résultante de six mille années de recherches, de tâtonnements, de rencontres, d'imaginations et de leçons ! Il prend aux archontes de la République française, comme à Voltaire lisant Rousseau, envie d'aller à quatre pattes ; et l'utopie où ils marchent à reculons, c'est le retour à l'état de nature. Saint-Just ne fait pas mystère de ces aspirations : « Nous vous offrimes, — dit-il dans un rapport, — le bonheur de la vertu, celui de l'aisance et de la médiocrité ; nous vous offrimes le bonheur qui nait de la jouissance sans le superflu; nous vous offrimes pour bonheur, la haine de la tyrannie, la volupté d'une cabane et d'un champ fertile cultivé par vos mains; nous offrimes au peuple le bonheur d'être libre et tranquille, et de jouir en paix des fruits et des mœurs de la Révolution, celui de retourner à la na-

1. *Histoire du clergé pendant la Révolution française*, par l'abbé Carruel. 1797. — 2. *Lettres du père Duchêne.* — 3. *Id.*

ture[1]. » Déjà dans les habits il y a une simplicité, et de préférence une misère qu'ont victorieusement prêchée les habits noirs râpés de Roland. Un bijou ? une étoffe de soie ? certificat d'aristocratie ! La garde-robe à 50 livres du vertueux Caton est d'ordonnance. Et les patriciennes ont des robes d'étamine. Ne vous rappelez-vous point cette accusation de la révolution contre Péthion, qui était, disait-elle, *reliché et retapé comme tous les farauds de l'ancien régime*[2] ?

Le jour où une voix crie à la Commune qu'on doit rougir d'avoir deux habits quand les soldats sont nus[3], tous les possesseurs de deux habits tremblent du plus sérieux ; et il n'est pas jusqu'aux proconsuls qui ne portent, en leur toute-puissance, la terreur de ce qui est beau, séant, convenable. Lisez les craintes comiques du sanguinaire Lebon à propos d'un habit commandé par sa mère : « Voilà près de huit jours que je n'ai été à Arras ; je crains bien qu'à ma première apparition je n'aie quelques difficultés avec ma mère. Tu sais qu'elle devait m'acheter un habit de très-fin drap, une veste de soie et une culotte de même étoffe. Dans le premier moment, quoique tout interdit, je n'ai pas cru devoir la brusquer sur une emplette faite ; j'ai consenti à ce qu'on me prit mesure. Mais, tu me croiras si tu veux, voilà dix nuits que je ne dors presque pas à cause de ce malheureux habillement. Moi, philosophe, ami de l'humanité, me couvrir si richement, tandis que des milliers de mes semblables meurent de faim sous de tristes haillons ! Comment, avec tout cet éclat, me transporter à l'avenir dans leur chaumière pour les consoler de leurs infortunes ?

1. Notice des pièces authentiques relatives aux principaux agents de la faction de l'étranger, par Saint-Just. An II de l'ère républicaine.
2. *Lettres du père Duchêne.*
3. *Courrier de l'Égalité.* Février 1793.

Comment plaider encore la cause du pauvre? Comment m'élever contre les vols des riches, en imitant leur luxe et leur somptuosité? Comment, etc., etc.? Toutes ces idées me poursuivent sans cesse, et je pense avec raison que mon âme serait un jour dévorée de mille remords si je passais outre et si j'avais la faiblesse de condescendre à la bonté peu éclairée de ma mère [1]. » A bas depuis longtemps culottes étroites et bottines de muscadins; par ces temps sans-culottes, les jambes élégantes sont entrées en de larges pantalons, et les vestes courtes et rondes ont chassé tout habit. Les quelques talons rouges que garde encore Paris affichent l'air terrible pour sauver leurs têtes, marchent en fiers-à-bras sur leurs talons éculés, moustachus au possible, balayant leur ombre d'un grand sabre sonnant, aux lèvres le brûle-gueule patriotique à demeure, et le bonnet rouge en tête [2].

Une société bourgeoise avait tenté, la société du dix-huitième siècle morte, non de lui succéder, mais de vivre après elle. C'était une société de parti, fort affairée, fort grave, presque toute girondine, et qui semblait un complot d'honnêtes gens. Des avocats parlementaires et des femmes politiques y faisaient les grâces masculines, l'esprit sérieux et le plaisir solennel. Cette société espérait faire dire à l'Europe qu'il était encore des salons à Paris, ou du moins lui permettre de croire que les choses de la mode et du goût avaient encore quelques lieux choisis dans la grande ville.où ils étaient la nouvelle et l'entretien.

Mme Roland avait groupé la Gironde autour d'elle ; et le boudoir « de la femme du roi *Coco* » était une petite Athènes où les conjurés d'une liberté timide et d'une ré-

---

[1]. Catalogue d'autographes. 8 avril 1844.
[2]. *Lettres du père Duchêne.*

publique d'imagination échangeaient leurs discours qu'ils croyaient des plans, et leurs rêves qu'ils estimaient des mesures. — Les dîners de Mme Panckoucke avaient continué et duraient, gardant à la table, chaque jour resserrée, les deux seuls ambassadeurs restés à Paris après la mort du roi.

Le salon jaune de la rue Neuve-des-Mathurins était encore quelquefois frotté de craie par le vieux Sillery, en dépit de sa goutte, et offrait un parquet sûr aux danseuses brissotines. Mme Brulart y chantait sur la harpe un panégyrique de l'inconstance, et Mlles Paméla et Sercey exécutaient des danses russes, voluptueuses et charmeresses[1]. — Chez Lucile Desmoulins, entourée de ses deux jolies sœurs et de la belle Mme Kéralio, l'enjouement, l'abandon, le sans-façon de l'esprit, s'attablaient, — petits dieux fêtés, sans asile dans Paris, — à la table de thé[2] ; et comme l'Amour était en cette maison, il y faisait respecter le Plaisir, dernier patron de la France!

Mme Talma, rue Chantereine, persistait en ses fêtes d'un autre temps, conviant les artistes du Conservatoire, faisant tenir le piano à Julie Candeille[3], rassemblant les célébrités épargnées, souriant, en ces heures suprêmes, aux arts et aux lettres ; et même après la subite irruption de la menaçante carmagnole de Marat à un joyeux souper[4], l'audacieuse maîtresse de maison écrivait à Dumouriez, à l'époque du procès du roi : « Lorsqu'on a conspiré avec les gens, il

---

1. *Histoire des Brissotins*, ou fragments de l'histoire secrète de la Révolution, par Camille Desmoulins. 1793.
2. *Anecdotes relatives à la Révolution*, par Harmand de la Meuse. 1820.
3. *Mémoires d'une actrice*, par Louise Fusil, vol. I.
4. *L'Ami du peuple*. Octobre 1792.

me semble qu'on devrait leur donner au moins une marque de souvenir. Si l'on savait que je n'ai point encore eu la douceur de vous voir, que dirait-on, que dirait Marat?... Voulez-vous venir souper chez Mme Condorcet vendredi, ou chez moi? elle s'y trouvera [1]. »

Et au-dessous du salon Roland, du salon Desmoulins, du salon Genlis, du salon Panckoucke, du salon Talma, tous les thés, — les thés faisaient déjà fureur, — tâchaient d'appeler autour de leur bouilloire une gaieté, un amusement, une causerie, quelque oubli du jour, quelque relâchement des noires prévisions.

Ces distractions de la compagnie, de la table, de la musique, la révolution les suspecte de jour en jour davantage. Tout repas d'amis est dénoncé comme une assemblée de conspirateurs. Un salon ouvert et peuplé est une menace, un danger pour la République [2]. Cette réunion toute bouffonne et tout innocente de Laujon, de Philippon de la Madeleine, de Vial père, de Cailly, ce *raout* de calembours qui se tenait de midi à quatre heures, *le club de Midi à Quatorze heures*, se disperse, craignant d'être dissous avec des mandats d'arrêt, et ses rieurs ne se hasardent plus qu'à rire tout seuls.

La presse de la révolution pousse à la proscription de la société, des dépenses, des emplois agréables de l'argent. Elle crie que les hommes qui ont des liqueurs fines dans leurs caves, que les hommes qui soupent avec des muscadines, ne sont pas de vrais républicains [3]. Dans l'Arcadie qu'elle a imaginée, et qu'elle voit au bout de la guil-

---

1. Catalogue d'autographes Martin.
2. *Courrier de l'Égalité.* Février 1793.
3. *Lettres du père Duchêne.*

lotine, elle veut des mariages qui ne soient plus des enrichissements ; elle songe que dans le mariage la dot est une institution aristocratique et antinaturelle ; elle se rappelle la brochure de 1789 : *Avis intéressant concernant les jolies filles à marier, ou de l'Abus des dots dans le mariage*, et elle dit encore que ceux-là ne sont pas républicains qui épousent des héritières de deux ou trois cent mille livres de dot. — Entre tous les journalistes, Hébert se distingue par l'ardeur et la vivacité de ses attaques à la civilisation ; et c'est contre les girondins, ces révolutionnaires du monde, voulant que la France reste France et ne devienne point Gothie, que se déchaînent ses plus grandes colères : « Que vont-ils faire, ces girondins, ces piqueurs d'assiettes qui devenaient si gras et si dodus à la cuisine du b..... d'Intérieur? Ce n'est pas ta faute, honnête Barbaroux, si la marmite est renversée. Pauvre Louvet, que vas-tu devenir? lèche tes babines maintenant, tu n'auras plus de nanan, pleure les crèmes, les glaces que tu savourais avec tant de plaisir à la table de ton vertueux maître. » Et encore contre *les allumeurs* de marmites, contre le charlatan Condorcet, Péthion, Vergniaud, Gensonné, le futur sénateur Barbaroux, qui ont transporté leur sabbat de chez *la reine Coco* chez Garat : « Le cuisinier du ministre Garat a remplacé celui de son confrère Roland, et f....., toute la séquelle s'en félicite, car la bouffaille est encore plus abondante, à l'exception du friand Louvet, qui regrette toujours les crèmes et les frangipanes de la vertueuse épouse du vertueux Coco[1]. »

Les girondins guillotinés, c'est Saint-Just, qui accuse « l'étranger de pousser à la voracité des repas, depuis que

---

1. *Lettres du père Duchêne.* N° 211.

la simplicité des habits est établie. » Il donne en exemple aux Grimod de la Reynière de l'an II, le Puy-de-Dôme, où le peuple ne vit que de pain et de légumes. Barrère cite le cri de ce nègre de Saint-Domingue venu en France : « La liberté et des patates[1] ! » et les journaux enregistrent avec fracas les lois somptuaires portées en Suède, qui, outre les étoffes de soie, les broderies en argent, les gazes, le linon, défendent l'importation du café et des vins de qualité supérieure[2]. Un cours de vertus républicaines s'élabore dans le sein de l'édilité parisienne ; et tout autour du palais de justice le rappel aux bonnes mœurs sera inscrit sur les écriteaux tout neufs des vieilles rues, qu'on baptisera : rue de la *Tempérance*, de la *Frugalité*, etc. N'est-ce pas avec des bruits de repas à 100 livres par tête qu'on tue Danton avant de le guillotiner[3] ? « Il serait nécessaire, — dit Couthon aux jacobins, — de faire des visites chez les traiteurs, les restaurateurs, aubergistes, et de savoir quels sont ceux qui ont fait des repas à 100 livres par tête. Ceux qui font de pareils repas et ceux qui les donnent sont également suspects[4]. » Et Robespierre déclame : « Tout ce qui regrettait l'ancien régime s'est appliqué dès le commencement de la révo'ution à arrêter les progrès de la morale publique[5]. » — Alors toute la société est dénoncée ; et ce sont les convives d'hier qui se font dénonciateurs aujourd'hui. Desmoulins dénonce le salon de Mme Roland et de Mme de Genlis[6] ;

---

1. Rapport fait au Comité de salut public par Barrère sur les tableaux du maximum. — 2. *Journal de Perlet*. Février 1794.
3. *Bulletin du tribunal criminel révolutionnaire.*
4. *Journal de Perlet*. Mars 1794.
5. Rapport de Maximilien Robespierre sur les rapports des idées religieuses et morales avec les principes républicains.
6. *Histoire des Brissotins*, par Camille Desmoulins. 1793.

le salon de Lucile Desmoulins est dénoncé par les espions de Robespierre, que Robespierre y faisait inviter ; et bientôt le dénonciateur général des fortunes, des sociétés, des plaisirs, le père Duchêne lui-même est incriminé de dépenses et de luxe.

Alors la richesse est crime ; la pauvreté, devoir ; la misère, prudence. La sans-culotterie règne sans partage ; un peu de paille dans ses sabots, de l'eau-de-vie dans sa cruche, un trognon de pain pour se repaître ; et pour blasphémer le souper de l'ancien régime, sacré par l'esprit de la vieille société française, elle assied dans les boues des rues les *soupers fraternels!*

Des tables, des tables par toute la ville. Rien ne les gêne : plus les laquais, plus les coureurs, plus les Danois ; plus le mouvement, plus le bruit, plus le tintamarre, plus les voitures ; rien que les charrettes qui passent entre les rangées de tables reprenant, aussitôt les charrettes passées, la chanson et les ris commencés ! — Flammes tricolores à toutes les maisons ; à toutes les maisons un écriteau bariolé de rouge, de blanc, de bleu, de coqs, de bonnets rouges, contenant les âges, les noms des locataires[1] : hommes, femmes, et les marmots ; à toute porte la devise peinturlurée en rouge : *Unité, indivisibilité de la République, liberté, égalité, fraternité, ou la mort*[2] ; cette devise qui s'étale partout, et jusque sur les loges de la ménagerie du Jardin des Plantes[3] ! Bout à bout, le couvert de six cent mille hommes est mis sous le ciel, les pieds dans le ruisseau. Devant chaque maison, une table où toute la maisonnée, l'époux, l'épouse,

1. *Bibliothèque impériale.* Estampes. Histoire de France.
2. *Courrier de l'Egalité.* Août 1793.
3. *Actes des Apôtres,* par Barruel Beauvert, vol. III.

la courtisane et l'amant, l'ouvrier, la grisette, la richesse balbutiant d'épouvante, la misère « insolentifiée » par le coudoiement, ou toute la maisonnée *sans-culottise*. Aux lumières rougeâtres des chandelles vacillantes sur les tables boiteuses, les bouteilles de l'aristocrate qu'on menace circulent à la ronde, arrosant les toasts jacobins qui se heurtent, qui se répondent, qui se croisent d'une rue à l'autre. Agapes de famille en ce pays de guillotine ! La Terreur verse le vin dans le même verre au Paris qui tue, au Paris qui tremble. Le plus déguenillé, qui n'a apporté au piquenique que son eustache, est roi du festin. De temps à autre, une bande de buveurs aux yeux allumés, à l'éloquence épaisse, allant de table en table tout le long de trente rues, s'accoudant à chacune pour le doigt de vin offert, passe, boit, jette aux soupeurs son cri : *Vive la République !* s'accoude et boit plus loin[1] ; plus loin, à une porte de café entr'ouverte, toast aux bustes de Marat et de Lepelletier, qui ornent les murs côte à côte avec des écriteaux en l'honneur de Jean Debry ; plus loin, à un coin de rue, toast aux niches où la figure de *l'Ami du peuple* a remplacé l'image de la Vierge, et plus loin encore, titubante, s'injurie et se bat, et montre, aux lueurs des flambeaux remués au vent, des poings d'hommes tombant sur des faces de poissardes : — bacchanales de la Sparte sanglante !

Puis, le pauvre se plaint que le riche l'humilie, quelque pauvre que le riche ait fait sa table ; l'orgie gagne et grandit, et voilà soudain les *soupers fraternels* proclamés suspects, et une machination de Pitt et Cobourg.

Le mobilier immense de la France, ce mobilier que Ri-

[1] *Dictionnaire néologique des hommes et des choses.*

cher-Sérisy fait monter à quatorze cents millions en 1788[1] ; ces bois, ces marbres, cet or qui paraient le Marais et le faubourg Saint-Germain ; ce milieu sans prix, d'un soin, d'un charme, d'une élégance inimités, que le xviiie siècle avait fait amoureusement à sa vie civile ; ces bibliothèques merveilleuses, patiemment amassées depuis des siècles par les congrégations religieuses ; ces bibliothèques royales de particuliers, ces bibliothèques des Lamoignon, où trois générations successives avaient accumulé les richesses, chargeant les ambassadeurs de la France à l'étranger des commissions de leur goût ; ces collections d'antiquités, de chinoiseries, de tableaux, de dessins, de gravures, de porcelaines, par lesquelles le beau Paris de Louis XV et de Louis XVI était le musée sans pareil de la *curiosité;* ces cabinets d'antiquités, tout riches des marbres les plus rares, et des bronzes opulents, cabinets du duc de Chaulnes et de l'abbé Capmartin de Chaupy ; ces cabinets de tableaux et de dessins, Louvres privés, cabinets du prince de Condé, du duc de Chabot, de Calonne, du comte de Vaudreuil, du duc de Luynes, du duc de Montmorency, du maréchal de Ségur, du duc de Brissac, du baron de Besenval, de Lenoir de Breteuil, de Dufresnoi, de Dutartre, de Pelletier de Morfontaine, de Courmont, de Chalut de Verin, de Saint-Moris, de la Reynière, de Coupry Dupré, de Mme Sorin [2] ; ces cabinets, montrant les magnificences des arts, transmis par les grands-pères, gardés par les enfants, enrichis par les petits-fils, et auxquels certains possesseurs ont pris tant d'attache qu'ils n'émigrent pas, et qu'ils jouent, comme Champcenets, leur tête pour rester à vivre avec eux [3] ; ces hôtels si

---

1. *L'Accusateur public.* — 2. *Paris tel qu'il était avant la Révolution,* par Thierry. — 3. *Mémoires de Tilly,* 1828, vol. I.

riches en leurs intérieurs, que les possesseurs risquent la monarchie pour les garder, comme M. Delaunay qui ne veut pas faire tirer le canon sur le peuple, du côté de l'Arsenal, de peur d'endommager une petite maison qu'il avait fait bâtir de ce côté; comme M. de Besenval, général des Suisses, qui, dit Rivarol, laisse prendre les Invalides, de peur qu'on ne pille sa maison rue de Grenelle, « où il avait fait peindre depuis peu un appartement entier et construire des bains charmants[1] ; » le mobilier de la couronne, réunion de ce que l'artiste avait réussi dans l'or, l'argent, les pierres précieuses, — choix dans les merveilles mêmes, emplissant le Garde-Meuble, décorant les résidences royales; ces églises, ces basiliques, ces cathédrales, où l'art des premiers siècles s'était tout dépensé sur la pierre, le verre, l'or, l'argent, les bijoux, et en qui tout était œuvre admirable, des dentelles du portail aux niellures du reliquaire ; — tous ces trésors de la France royale, noble, catholique, féodale, les décrets qui proscrivent tout signe royal, féodal, et plus tard tout emblème religieux, les condamnent et les vouent, ceux-ci à l'enchère banale et à la dispersion, ceux-ci à la fonte, ceux-ci au bûcher, ceux-là au marteau.

Les églises sont mutilées ; comme une ciselure de Benvenuto Cellini, où le poing d'un manant se serait égayé, elles demeurent honteuses, déparées, leurs façades écornées et déshonorées, leurs saints guillotinés à coups de maillet, leur argenterie fondue.

Le Garde-Meuble, appauvri par la prise de ses armures, appauvri par la mise au feu des tapisseries de la couronne pour en recueillir les paillons d'argent, appauvri par la vente de la collection inappréciable des perles de la cou-

[1]. *Mémoires de Rivarol.*

ronne sous l'administration de Pomeri et de Thierry, ainsi appauvri déjà de près de 1,300,000 francs[1], dépouillé par les journées de septembre de pièces irretrouvables, le Garde-Meuble pleure, ruiné, ses splendeurs perdues.

Dans les châteaux royaux, le feu brûle, la brute saccage, le larron pille. Les hôtels de Paris, vides d'hôtes, on les vide de ce qui les ornait. Du mobilier privé des émigrés, des guillotinés, des confisqués, les patriotes font leur fortune ou leur feu. Les fédérés arrachent, où ils campent, les délicates boiseries pour se chauffer; pendant que d'autres détachent des croisées en verre de Bohême les châssis de bois[2]. Le plomb qu'on prend où il se trouve, le salpêtre qu'on recherche partout, font le toit ouvert, les murs nus; et ce qui échappe de ces mobiliers sans maîtres, l'hôtel Bullion le livre pour bien peu à quelque ferrailleur de rencontre. C'est ainsi qu'est vendue à vil prix la pendule en malachite de Breteuil, la seule qu'on connût dans le monde; c'est ainsi que les fameuses tables en bois pétrifié de Marie-Antoinette, valant plus de 120,000 livres, sont livrées pour 8,000; ainsi que l'horloge de 10,000 livres de la Sorbonne est vendue 1,500 livres; ainsi que le tableau des Minimes de Chaillot est livré pour 200 livres à un acheteur qui en trouve 1,000 écus tout de suite[3]; ainsi que le bouclier de Scipion, en argent, est vendu 1,500 livres, et manque de devenir la proie d'un orfèvre; ainsi qu'un forté-piano de 6,000 livres est vendu 100 écus[4]; ainsi que

---

1. *Chronique de Paris.* Avril et mai 1790.
2. *Feuille du matin.* Janvier 1793.
3. *Remarques historiques et critiques sur les abbayes*, par Jacquemart. 1792. — 4. *Rapports sur les destructions opérées par le vandalisme et sur les moyens de le réprimer.* Premier, deuxième et troisième rapport, par Grégoire.

la précieuse musique de Boccherini, venant de Chantilly, n'est pas vendue, mais donnée[1]. Dans les ventes des biens nationaux, le mobilier des châteaux n'est pas mis en compte d'estimation.

Dans les ventes mobilières, les experts, pour la plupart fripiers, dépareillent les objets de concert avec les marchands et vendent les livres en les décomplétant, ou un télescope séparé de son objectif. A côté de ces frauduleuses parodies de ventes, mettez tout ce qui n'est pas défendu contre la rapacité par ces scellés dérisoires posés avec un sou ou un bouton. D'où viennent, par exemple, ces meubles tout étonnés de meubler les hôtels garnis d'*Europe* et de *Provence*, tenus par Lefebvre? Du château de Chantilly[2]. Où passent tous ces bijoux que gardaient les deux grandes armoires des dépouilles des prisonniers tués en septembre[3]? Ne les retrouverait-on pas à des mains toutes sanglantes, comme cette agate qui fit un sobriquet à son possesseur d'occasion, à Sergent-Agate[4]?

A cet encan de la France, à ce *rapiotage* d'un siècle, les hommes de proie accourent. Les marchands juifs, qui, il n'y a guère, ne pouvaient passer d'un village d'Alsace en un autre sans payer un *kopstick*, maintenant affranchis et librement circulant, affluent, les mains tendues[5], et font d'un café de la rue Saint-Martin, bientôt appelé *café des Juifs*, la bourse des dépouilles de la France[6]. C'est de là que partent pour Neufchâtel ces ballots de tableaux, de sculptures, de vases, d'ornements d'autel, de missels, col-

1 *Annales patriotiques*. Décembre 1792.
2. *Mémoires de Sénart*. 1824.
3. *Le Nouveau Paris*, par Mercier. — 4. *Mémoires de Sénart*.
5. *Correspondance de quelques gens du monde sur les affaires du temps*. 1790. — 6. *L'Observateur*. Octobre 1789.

portés en Suisse et dans toute l'Allemagne. Dans ces juifs, l'Angleterre, qui vient de nous enlever les galeries de tableaux du duc d'Orléans et de Laborde, a des commissionnaires. Ce sont eux qui embarquent pour l'Angleterre la galerie de Choiseul-Gouffier, qui n'est sauvée pour la France que par un embargo sur le vaisseau prêt à faire voile; ce sont eux qui allaient lui envoyer les deux Lorrain et le Van Dyck qu'elle attendait de Paris, heureusement arrêtés par une saisie.

Mais pendant qu'on sauve ces quelques chefs-d'œuvre, à Nancy, en quelques heures, il est brûlé pour 100,000 écus de tableaux! à Verdun, la populace danse en rond devant le feu de joie qui fait des cendres de tous les objets d'art que possédait la ville! En pleine démence d'ignorance, ici une plèbe iconoclaste brise le buste de Linnée, qu'elle prend pour Charles IX! là, à Passy, elle casse des bas-reliefs païens, qui lui avaient semblé des bas-reliefs chrétiens! et à Paris, la pendule du beau-père de Desmoulins Duplessis est confisquée, parce que ses aiguilles sont terminées en trèfles, et que les trèfles imitent les fleurs de lis[1]!

Ce sont les Barbares débordés dans la France éternelle : ils veulent briser un cerf en bronze au château d'Anet, parce qu'ils l'imaginent une représentation du droit de chasse! ils veulent détruire chez le conventionnel Bouquier des tableaux de Carrache, parce que des objets du culte y sont représentés! Ils veulent livrer aux gargousses le curieux missel de la chapelle de Versailles! Ils demandent la fonte des deux boucliers votifs d'argent de la Monnaie! Ils demandent la fonte des médailles des rois de France, des cercles de Coronelli, de toute chose d'art

---

1. *Le vieux Cordelier*. Nivôse an II.

ayant valeur monétaire, quand elle serait signée l'Égaré, — ces Vandales qui enlèvent la patine du bronze, la croyant une tache !

Mais dans cette liste des choses persécutées ou détruites par la révolution, c'est le livre qui doit avoir la première place. Dès la suppression des communautés, les commerçants de livres ont flairé les bibliothèques monacales, ont tourné autour, les ont circonvenues; et, malgré les décrets, les bibliothèques de Saint-Jean de Laon, de Saint-Faron de Meaux, sont vendues, d'après le catalogue d'un abbé supposé, à l'hôtel Bullion; la bibliothèque des Bénédictins de l'ordre de Cluny, place Sorbonne, a le même sort[1]. Peu après, à ce même hôtel Bullion, toute la bibliothèque de Saint-Maur, achetée 10,000 livres par le libraire Gueffier, le nom de l'abbaye effacé avec de l'eau seconde, passe aux enchères; et l'étranger l'enlève presque tout entière. Dans les bâtiments du couvent des Cordeliers, les livres sont vendus par lots de vingt, trente et quarante milliers pesant. Aux ventes de livres, il est déjà des gardes nationaux qui, non contents d'enlever à coups de sabre les reliures armoriées aux étals des bouquinistes, lardent de coups de baïonnette les volumes jetés sur la table par l'expert, dont le maroquin rouge est aux armes ! En province, en dépit du décret du 23 octobre 1790, qui ordonnait d'apposer les scellés et d'inventorier les livres, on les jetait aux vieux papiers, on les entassait dans de vieux tonneaux, comme à Arnay, ou bien on les laissait disparaître par dix mille, comme à la bibliothèque Méjanes à Aix. Alors, pour les livres, en dehors des signes aristocratiques du dos ou des plats, une dédicace, une mention du

---

1. *L'Observateur.* Novembre 1789.

privilége, une vignette, un frontispice, un cul-de-lampe,
un fleuron, — cela vaut le feu et y va. D'aucuns proposent
d'arracher aux livres de l'ancien régime leur couverture,
d'en arracher la dédicace, d'en arracher les priviléges
d'imprimeur, et de les garder ainsi. C'est le temps où
Ameilhon préside au brûlement de six cent cinquante-deux
boîtes de parchemins venant de la bibliothèque Royale.
C'est le temps où Chabot dit « qu'il n'aime pas les savants; »
où l'on refuse des certificats de civisme aux *faiseurs de
livres*; où Dumas répond à Lavoisier « que la République
n'a pas besoin de chimistes. » L'intelligence est proscrite,
la science est suspecte. Que de livres brûlés! Et si la Commune de Paris ne lance pas l'invitation de les brûler tous,
c'est qu'on vient lui dire une fois qu'on peut en faire de
la colle, une autre que la citoyenne Simon a promis d'en
faire du papier blanc[1].

Bientôt le vol se mêle tellement au patriotisme dans la
guerre aux choses du passé; tant de fripons, — comme dit
spirituellement Grégoire dans un de ses rapports sur le
vandalisme, — se disent : Nous sommes la nation! tant de
menaces sont faites à tout ce qui est la vie noble d'un
peuple, sa tradition écrite ou représentée, le monument,
la figuration, le récit de son histoire, que dans la Convention quelques hommes éclairés s'émeuvent et font prendre
l'arrêté suivant, le troisième jour du second mois de
l'an II;

« I. Il est défendu d'enlever, de détruire, mutiler ni
altérer en aucune manière, sous prétexte de faire disparaître les signes de féodalité ou de royauté, dans les bibliothèques, les collections, cabinets, musées publics ou par-

---

1. *Journal de Perlet*. Frimaire an II.

ticuliers, non plus que chez les artistes, ouvriers, libraires ou marchands, les livres imprimés ou manuscrits, les gravures, les dessins, les tableaux, bas-reliefs, statues, médailles, vases, antiquités, cartes géographiques, plans, reliefs, modèles, instruments et autres objets qui intéressent les arts, l'histoire et l'instruction.

. . . .

« III. Les propriétaires de meubles ou ustensiles d'un usage journalier sont tenus d'en faire disparaître tous les signes proscrits sous peine de confiscation.

« Les objets de ce genre qui sont en vente sont exceptés, sans que la vente en puisse être retardée.

« IV. Les objets indiqués dans les articles 1 et 3 qui auraient été enlevés chez quelques citoyens, par une fausse application de la loi du 18 du premier mois de l'an II, seront restitués dans le plus court délai, sauf à poursuivre ensuite les propriétaires, s'ils ne se conforment pas sur-le-champ au présent décret.

« V. Les meubles, ustensiles et pièces d'orfévrerie déposés dans les monts-de-piété ou lombards, chez les notaires, mis en séquestre ou sous le scellé, ne seront soumis à la recherche ordonnée par le présent décret que lorsqu'ils seront remis dans les mains du propriétaire.

« VI. Dans le cas de réimpression des livres, gravures, cartes géographiques, des bibliothèques publiques et particulières, il est défendu aux imprimeurs et éditeurs de réimprimer les priviléges du roi ou des dédicaces à des princes, seigneurs et altesses, non plus que les vignettes, culs-de-lampe, frontispices, fleurons ou ornements qui rappelleraient les signes proscrits.

« VII. Les fabricants de papier ne pourront se servir désormais de formes fleurdelisées ou armoriées ; les imprimeurs, relieurs, graveurs, sculpteurs, peintres, dessinateurs, ne pourront employer comme ornement aucun de ces mêmes signes.

« VIII. Dans les bibliothèques nationales, les livres reliés porteront R. F. et les emblèmes de la liberté et de l'égalité.

« IX. Le comité d'instruction publique et le comité des monnaies nommeront chacun un membre pour examiner les médailles des rois de France déposées dans la bibliothèque Nationale et dans les autres dépôts publics de Paris, afin de séparer et de conserver celles qui intéressent les arts et l'histoire, et livrer toutes les autres au creuset[1]. »

Cet arrêté, tout en suspendant la dévastation et le pillage dans les archives publiques, ne réprime pas les destructions de la peur. Les possesseurs tremblants, les marchands eux-mêmes, deviennent les premiers dévastateurs et les premiers brûleurs des objets compromettants. Les souvenirs qui demandent grâce, les portraits où revivaient les ancêtres et la famille qui n'est plus, douces figures qui souriaient gravement à la génération présente, ces livres qui étaient tout vôtres par le blason apposé, ces gravures où Gravelot, Eisen, Moreau faisaient chanter les grâces d'un âge d'or de boudoir, ces lettres qui auraient raconté à l'anecdote l'histoire du dix-huitième siècle, — au feu! vite au feu! Et n'a-t-on pas fait un motif d'accusation contre la Dubarry d'avoir complété une collection de gravures contre-révolutionnaires[2]? La destruction est si générale, et tant de gens anéantissent ces ornements d'intérieur, qui

---

1. *Journal de la Société populaire des Arts*, par Détournelle.
2. *Journal de Perlet*. An II.

peuvent être mortels, que Meyer venant à Paris en 1797 se plaint que les quais, autrefois si peuplés d'estampes, ont leurs étalages nus[1].

1. *Fragments sur Paris*, par Meyer, vol. I.

XIV.

L'amour et la révolution. — La femme. — Les femmes de la Halle.

Les femmes de la révolution manquent d'une grâce et de ce quelque chose de leur sexe qui est le charme même des actrices de l'histoire : elles ne sont pas femmes ; elles sont de cette *mascula proles* dont parle le poëte.

Elles donnent à croire qu'elles ont un rôle ou une mission plutôt qu'un sentiment, en ce bouleversement de la France ; et elles portent en elles une résolution grande et tendue, une pensée fixée ou une action délibérée qui prend toute l'âme, l'apaise, l'emplit, et n'y laisse place aucune au tumulte des passions et des enivrements. Elles dédaignent d'être Françaises, et, comme des statues de marbre, elles portent sur leur front serein les vertus de la vieille Rome ; si bien que, comme elles ont marché sans pâlir ni faiblir jusqu'au bout, leur mort même intéresse plus qu'elle n'attendrit, et que ces têtes cueillies jeunes et fraîches par les bourreaux hâtés, ont plutôt la couronne que l'auréole et attirent mieux l'étude qu'elles n'attachent le souvenir.

Celle-ci s'est apprfois à elle-même la raison, avant d'écouter les rêves d'adolescence ; et c'est Plutarque qui lui a été son catéchisme. Madame Roland est un parti. — Charlotte Corday est Brutus ; et elle a dépouillé si complétement son caractère de jeune fille, qu'en sa dernière lettre à Barbaroux elle tourne en une ironie presque rieuse l'effarouchement de sa pudeur. — Olympe de Gouges, qui a voulu défendre **Louis XVI**, est un fou héroïque comme un Malesherbes.

Toutes, elles défendent l'apitoiement à la postérité : elles veulent être pleurées en hommes. Femmes, elles abdiquent leur sourire, leur enchantement, leur faiblesse : elles ont vécu sans aimer.

Derrière eux, les hommes qui ont paru sur la scène de la révolution n'ont pas laissé de ces grandes amours que l'histoire recueille et pour lesquelles elle semble adoucir son burin d'airain. A leur vie, comme à leur mort, ils n'ont pas associé la femme. S'ils n'apparaissent pas vierges, ils marchent célibataires. Les voix du gynécée ne parlent pas en ces voix du forum ; et ils agissent, et ils passent, ces hommes puissants, seuls.

A peine Desmoulins a-t-il Lucile à côté de lui, pauvre grisette, égarée et perdue en cette épopée sanglante, figure petite, mais aimable, qui sourit, pleure et meurt, Lucile, qui est un peu une Manon de Rétif, un peu la Juliette de Shakespeare. — Danton, à la constitution duquel le plaisir allait mieux que les amourettes, et pour qui le plaisir devait être une orgie, Danton marié n'entretient point la postérité de la femme qui le pleure, silencieuse. — Cet autre a pris femme devant le soleil, comme Jean-Jacques, pour avoir ménagère : Marie Évrard balaye, ne dérange pas la copie pour le journal et se couche. Il est des hommes auxquels Dieu ne donne de l'amour que l'accouplement. — Barrère est le galantin de la Terreur[1]. Il dit des riens aux suppliantes, aux quémandeuses qui emplissent son antichambre, sourit, promet, badine avec les larmes ou les œillades, et joue avec l'amour comme un chat avec un livre. — Robespierre était « chaste par tempérament, libertin par imagination[2]. » Les regards des femmes étaient un des chatouillements de sa tyrannie. Il se défiait de leur influence mystérieuse, et il essayait de la capter. Il se plaisait à les attirer ; avec elles il adoucissait sa voix naturellement aigre et criarde, et il gracieusait son accent artésien. Il n'allait pas aux libertés, il jouait aux coquetteries ; la froideur de sa constitution garait son ambition des dangers de ce jeu. Et cet homme au profil sec, au teint bilieux[3], les mains crispées par une contraction de nerfs, aux yeux clignants et garnis de conserves[4], cet homme sans charme jetait dans l'âme de certaines femmes et de certaines illuminées une impression, un sentiment qui était une dévotion plutôt qu'un amour[5].

Ce n'est point à dire que tout ce temps soit déshérité. Si les grands personnages du drame se gardent tout entiers et ne donnent ou ne laissent prendre rien d'eux-mêmes, bien des cœurs, — en ces mauvais jours, — marchent deux à deux, appuyés, et ainsi mieux affermis dans « ces orages de crimes. » — La révolution a fait les cœurs sérieux ; l'amour n'est plus badinage. Les Cupidons roses de Boucher lisent à présent *les Tristes* d'Ovide. Le romanesque

---

1. *Causes secrètes de la révolution du 9 thermidor*, par Vilate. 1795.
2. *Décade philosophique*, vol. II.
3. *Merlin de Thionville, représentant du peuple, à ses collègues.*
4. *Mémoires de Barrère*, vol. I.
5. *Décade philosophique.* An II, vol. II.

succède au libertin, le roman anglais au papillotage français. Cela commence à être « une passion » qu'une attache, et un dévouement qu'une intrigue. L'amour quitte le dix-huitième siècle et se tourne vers le dix-neuvième : c'était une comédie libre, et c'est presque déjà un drame noir! et le passe-temps est devenu une grande affaire dans la vie. La Terreur mûrit et fait graves toutes les affections de l'homme ; et l'amour qui passait joyeux désapprend le rire et se fait prêt aux regrets, voyant passer à côté de lui un amour vêtu de deuil et les lèvres sur une mèche de cheveux.

L'amour, c'est alors une entière oblation du *moi* pour l'être aimé; c'est une tête chère qu'une femme sauve avec l'enjeu de la sienne. L'amour, c'est la veuve le Jay cachant un an le comte Doulcet de Pontécoulant, c'est la marchande de livres qui recèle Gorsas[1]. L'amour, c'est la fille du Palais-Égalité se retrouvant à elle quelque chose qu'elle croyait avoir vendu : un élan, une surprise de sentiment, une folie de sacrifice; la fille qui pousse l'émigré, pour lequel elle tremble, dans l'alcôve, hier vénal, aujourd'hui ennobli par le tendre courage d'une courtisane et le salut d'un homme[2]. L'amour, c'est la maîtresse de ce beau prisonnier de vingt-cinq ans, pris d'une fièvre ardente, — Sombreuil le fils, — qui dépouille les habits de son sexe, prend ceux de son amant et passe trois nuits au chevet de son lit; pauvre infortunée! qui ne savait pas le soigner pour Sanson ! L'amour, c'est le portrait qui efface l'absence, où s'arrêtent les yeux mouillés du détenu. « Ces messieurs, — disait l'administrateur Pergot, des hôtes de Saint-La-

1. *Journal de Perlet.* Octobre 1793.
2. *Nouvelle police dévoilée.* An v.

zare, — se consolent avec des portraits d'être privés des originaux, et ne s'aperçoivent plus qu'ils sont en prison[1]. »
L'amour, c'est le médaillon d'or de Baussancourt passant au tribunal révolutionnaire, l'image de la princesse Laubaumiska pendue au cou.

Entendez là-bas, passé la Manche, à l'hôpital Saint-Luc la pauvre folle d'octobre qui chantonne tristement et doucement les paroles d'une romance française :

> Il a vu couler le sang
> De cette garde fidèle...

Elle est touchante, la pauvre Louise, en longue robe noire serrée à la taille d'un large ruban bleu. Elle porte autour de son bras une bandoulière, la bandoulière d'un garde du corps du roi de France. Sur la carte d'Europe, qu'elle a dans sa cellule, la France est toute barbouillée de rouge. Et Louise répète aux visiteurs, de sa voix égarée et tremblante : « La France du bon Louis XVI était toute blanche, aujourd'hui elle est toute rouge... Le sang ! le sang ! ah oui, le sang ! Tiens, voilà sa bandoulière, regarde son sang, son beau sang ! » — Et elle pleure, et elle rit. Puis, tout bas, la Nina ajoute : « Lorsque les tigres et les ours se seront détruits, ils ne feront jamais de petits, n'est-ce pas, mon ami ?... Ah ! je m'échapperai d'ici, je sais mon chemin, et pendant la nuit... Oh ! je sais bien où il est, mon ami ; oui, à la porte de notre bonne reine ; oui, oui, mon ami, tout son sang y est encore[2] ! »

Les morts, les victimes, l'amour de la révolution les suit parfois jusque dans la mort. Il est des jeunes filles du

---

1. *Agonie de saint Lazare*, par Dusaulchoy.
2. *Mes amis, voilà pourquoi tout va si mal.*

peuple, des coiffeuses, des marchandes de modes, des
Marie-Madeleine Virolle, des Mélanie Hénouf qui, serrant
dans leur cœur le souvenir et le regret dont elles meurent,
déclarent sans pâlir, sans faiblir, à l'accusateur public
« avoir fait le sacrifice d'une existence odieuse et bénir
d'avance la main qui les en délivrera. » La passion en de
telles âmes semble un Adam Lux allant à la guillotine
les yeux hauts comme au rendez-vous suprême des éter-
nelles amours [1].

Et s'il n'est toujours accroupi sur une tombe, l'amour
de la révolution, pleurant sur quelque relique ensanglantée, il est bien souvent assis aux portes des prisons. Il supplie les geôliers avec ses larmes et de l'or. Il passe de
longs jours assis contre cette corde tendue autour du
Luxembourg, limite fatale que ne peuvent franchir les
baisers [2]! Il court les hommes en place, les dictateurs de
la guillotine, qui d'un G rouge marquent leurs victimes
sur la liste des accusés. Il embrasse leurs genoux, il s'humilie, il implore. « Écréme mon pot, » — lui dit un
Diogène de la Commune; il obéit et il supplie encore. Il
assiège les quelques miséricordieux, les Manuel, assez
braves pour arracher ce qu'ils peuvent de têtes à Fouquier
ou au peuple. Il est des femmes qui de leurs robes tirent
un pistolet dont elles menacent de se tuer, si, à mi-che-
min du dévouement, le protecteur apitoyé recule devant
la délivrance entreprise. Arrêtés, les amants font jurer à
leurs maîtresses de leur dire si elles apprennent qu'ils
doivent mourir. Les maîtresses écrivent alors de ces lettres

---

1. *Bulletin du Tribunal criminel révolutionnaire*, 4ᵉ partie, nᵒˢ 71
et 72.

2. *Almanach des bizarreries humaines*, par Bailleul. An v.

héroïques : « Mon ami, préparez-vous à la mort. Vous êtes condamné, et demain... Je m'arrache l'âme. Mais vous savez ce que je vous ai promis[1]. »

Quel chroniqueur attendri dirait dignement, avec une émotion douloureuse et charmée, avec la modestie du respect et la compassion décente, ces *repas libres* de l'amour, ces derniers festins des tendresses, les amours des prisons? — Jeunes captives accordant, d'un regard qu'elles laissent tomber, la lyre et le cœur des poëtes! O délires! ô bonheurs, qui n'ont pas de lendemain! toute la vie qu'on se promet à deux heures du tribunal! La coupe des joies humaines qu'on se hâte de finir avant que ne sonne l'heure funèbre! Roses du matin des jours, dont on presse le parfum en ces instants comptés! Baiser suspendu par l'appel des bourreaux! Bouches qui se cherchent encore dans le rouge panier! — Dans le préau de la Conciergerie, dans le guichet de la Conciergerie, ce ne sont que femmes et maris, amants et maîtresses, qui se dépêchent d'aimer ; ce ne sont que gaies caresses, que mots à l'oreille, que mains pressées! A travers les grilles[2], ce ne sont que douces causeries, charmants épanchements, lèvres qui se tendent et qui se confessent à d'autres lèvres tendues[3]! — Dans les prisons qu'on appelle *muscadines*, aux prisons joyeuses et tout enverdurées de jardins, de vergers, de berceaux, l'amour fait son nid, et les cœurs s'enlacent. — Au Luxembourg, les Anglaises enfermées se laissent si bien distraire, qu'un beau jour Marino, l'administrateur de la police, jette au cercle assemblé de cyniques paroles sur les heureux passe-temps que Paris prête à la prison.

---

1. *Mon Agonie de trente-huit heures*, par Journiac de Saint-Méard.
2. *Almanach des bizarreries.* — 3. *Almanach des prisons.* An III.

— Ici, que de rêves, que de désirs formés par les prisonniers pour ces reines de la prison, Nathalie de La Borde, Sophie de Magni aux yeux si doux, la jeune et langoureuse Barbantane, la lutine Aglaé de Bail, la paresseuse Saint-Haon, la brune et belle Desmarest de Beaurains, la dernière veuve du dernier Buffon qui songe aux plaisirs passés[1]. — Hélas! pauvre marquise de Charri, où est le temps où le député de Paris, Osselin, vous chantait sa romance, dont Plantade avait fait la musique?

« Te bien aimer, ô ma chère Zélie... »

Vous pleurez, et lui tremble[2]. — Séchez vos larmes, madame de Charri; chantez encore, Osselin! laissez-vous persuader aux exemples d'amour. A l'hospice de l'Évêché, écoutez ces doux serments: c'est un charmant cavalier, un victorieux célèbre, un galant abbé, l'abbé de La Trimouille, qu'une princesse polonaise aime, et dont elle est aimée. Les voilà surpris, condamnés tous deux[3]; et tous deux se sourient l'un à l'autre, et se disent en leur dernier regard ce que Philippeaux écrivait à sa femme en sa dernière lettre: « Il est un autre séjour où les âmes aimantes doivent se rencontrer[4]. »

La Femme, la Bastille prise, avait senti en elle une émotion et une fébrilité. Elle s'était engouée de la liberté, comme on s'engoue d'une espérance, et elle s'était mise à aimer cette fée naissante, pour l'avenir qu'elle lui promettait, pour les grâces et les sourires futurs qu'elle lui

---

1. *Troisième tableau des prisons sous le règne de Robespierre.*
2. *Almanach des bizarreries humaines,* par Bailleul. An v.
3. *Almanach des bizarreries.* — 4. *Almanach des prisons.* An III.

rêvait. Dans la liberté, la femme caressait, enivrée et charmée, ses illusions en éveil. Quand la liberté fut grandie et se formula, la femme revint à elle-même, humiliée qu'un mot l'eût jouée. On eut beau lui dire : « Quand le patriotisme est enchâssé dans une belle créature, elle en retire un nouvel éclat; elle en est, morbleu! plus aimable, plus tendre, plus parfaite, plus divine. Enfin, une laide devient belle lorsqu'elle est patriote[1], » la femme n'écoutait pas; elle cherchait sa cour : les *madrigaliers* étaient tous aux assemblées primaires, à la section, au club; elle redemanda sa royauté : on lui répondit de la rue que la galanterie n'était plus française. — La femme protesta en boudant; « et tout en assortissant les couleurs de la cocarde nationale, elle soupira après les nœuds ou le filet qu'elle tressait jadis, en minaudant, sur son sofa[2]. » — Les têtes sanglantes promenées « jusque dans les jardins des plaisirs » n'étaient pas un spectacle propre à rallier la femme. Elle s'évanouit; et quand elle reprit connaissance, la femme, — à qui Dieu a donné un cœur privilégié, partial pour les vaincus, toujours penché du côté des faibles, et revendiquant la cause des opprimés, comme la sienne propre — la femme était conquise au parti des victimes. — L'uniforme galant des miliciens nationaux manqua la distraire; les revues aux Champs-Élysées, les fêtes au Champ de Mars lui donnèrent cet étourdissement qui lui est un plaisir; mais ce fut sur la cassette de sa parure que le mari prit les dépenses de son équipement, et ses belles épaulettes[3]. — Son salon désert, elle se jeta au spectacle; mais elle n'y trouva que spectateurs populaciers, indignes

---

1. *Lettres b... patriotiques.* — 2. *Révolutions de Paris,* n° 83.
3. *Révolutions de Paris,* n° 83.

d'être le public de sa nouvelle robe ou de son dernier bonnet.

La République vint : allait-elle, la femme, être une partie dans l'État? Allait-elle, comme dans les républiques antiques, toucher aux fonctions publiques? Allait-elle être comptée dans l'organisation de cette société où elle n'a pas d'existence politique, et que pourtant elle mène et conduit par la domination du foyer? Allait-elle avoir droit au développement de ses facultés, « non-seulement dans l'enceinte de la maison particulière, mais encore dans le cercle agrandi de la société générale? » Allait-elle être mise enfin en possession de ce legs, comme dit Théremin, qui ne lui a point été remis dans l'héritage commun de la liberté[1]? — La République ne prit nul souci de tout cela; la femme avait le divorce : sa part était faite ; elle fut faite citoyenne : ses droits étaient satisfaits. — La femme jugea le lot petit : elle se trouvait d'ailleurs trop au dépourvu de vertus lacédémoniennes pour n'être pas l'ennemie de ce gouvernement masculin, ou mieux sauvage, qui retournait droit aux navets de Fabius. — La guillotine assise, la femme se vengea : elle proclama son droit à y monter; et, comme dit Maria Williams, elle se *permit de mourir*[2].

Mais la femme du peuple, — qui est l'homme du ménage dans le peuple, — la femme du peuple se jeta à la révolution, ardente, furieuse. Occasion leur était venue de se venger, à toutes ces femelles besoigneuses « trimant la galère, tirant le diable par la queue, ayant ben de la

---

1. *De la condition des femmes dans une république*, par C. Théremin, 1799.
2. *Souvenirs de la Révolution*.

peine ; et maugré tout ça, regardées moins que des zéros en chiffres[1]. » Les poissardes, à qui la monarchie permettait le franc-parler, et qui étaient la députation du peuple aux fêtes de la royauté ; les poissardes qui avaient le coin de la reine aux représentations gratuites du dix-huitième siècle, qui souhaitaient la bonne année au roi, qui apportaient leur bouquet aux naissances royales, les poissardes furent ingrates comme la popularité. Elles passèrent à la révolution armes et langues. Elles furent de la révolution, les vestales terribles, les bacchantes saoûles du nouveau dieu Liber. Elles précipitèrent les émeutes, elles entraînèrent les hommes, elles firent marcher les milices nationales, elles se mirent entre les troupes royales et les hordes patriotiques, elles lancèrent l'attaque, elles paralysèrent la défense. Les hommes tuaient ; elles massacrèrent. Et le lendemain d'octobre, les furies des halles, les *reines de Hongrie*, les Audu, les Agnès Lefèvre, les Geneviève Dogan, les Denise Lefèvre, les Petit, les Marie-Louise Bouju, couraient les rues de Paris avec un tambour de la garde soldée ; elles faisaient halte à chaque carrefour ; le tambour battait l'appel, « et l'une de ces citoyennes annonçait au public à très-haute voix, qu'elles venaient d'apporter à Paris les têtes de deux gardes du corps, et qu'on pouvait les aller voir au Palais-Royal[2]. »

Les poissardes, la révolution les honorait comme ses amazones ; elle leur donnait la médaille patriotique ; elle les faisait placer à sa droite dans toutes ses fêtes. Les poissardes devenaient un ordre révolutionnaire : la Halle primait le Tiers. Aux prestations du serment civique, elles

1. *Cahier des plaintes et doléances des dames de a Halle et des marchés de Paris*, rédigé au grand salon des Porcherons. Août 1789.
2. *Journal de la Cour.* Octobre 1789.

occupaient les premières loges des théâtres; et entre les deux pièces, elles descendaient sur la scène danser une danse nationale, dans le tumulte et le brouhaha des applaudissements. — Alors il ne suffit plus aux femmes du peuple d'être bourreaux, d'être héroïnes, médaillées et flagelleuses; elles veulent aussi un rôle les jours où les piques se reposent; et comme cette Téroigne, l'Hérodiade impitoyable, qui se révèle éloquente et législatrice au club des Jacobins, elles veulent conseiller l'État, gourmander les ralentissements du civisme, pousser à coups de motions le char de la révolution. Elles emplissent les rues, elles inondent le jardin des Tuileries; « elles rugissent comme des lionnes privées de leur progéniture, » et sur la terrasse des Feuillants, le café Hottot devient un repaire de mégères et de ménades, toutes puantes d'eau-de-vie, vomissant des philippiques cyniques. Une matrone de Paris, la femme Lallemant, préside à ce troupeau hurlant, et elle glapit plus haut que toutes les autres, et elle jette aux députés modérés de plus grosses et de plus odieuses injures.

Villette avait demandé, en 1790, que toute fille ou femme majeure fût admise aux assemblées primaires. — Les femmes révolutionnaires ne tardent pas à former des clubs, *la Société des Femmes républicaines et révolutionnaires, la Société des Amies de la Constitution*, et elles composent la moitié du club Fraternel, qui se tient au-dessus du club des Amis de la Constitution. Elles jurent de ne jamais prendre un aristocrate pour mari. Elles veulent dépasser les hommes en ardeur civique; et, « considérant qu'ils sont assez lâches pour n'avoir point fait sanctionner le décret sur la constitution civile du clergé, » elles arrêtent solennellement que, si le décret n'est pas sanctionné sous huit jours, « quatre légions de femmes de cœur se mettront en marche pour différentes expéditions. » Elles s'assureront des ministres, elles feront défense à Bailly d'employer la garde nationale, elles forceront les Tuileries à une sanction immédiate. « Si un seul des mouchards sabreurs et coupe-jarrets du général osait montrer son nez, on lui couperait le sifflet à coups de coutelas, et leur héros serait lanterné à côté de son cuistre municipal[1]. »

L'apôtre des exécutions populaires, Marat, prit sous sa protection ce club féminin, d'un patriotisme si logique, si affranchi de préjugés, et si droit marchant au sang. Il félicita ces milliers de Jeanne Hachette, les exhortant à faire du ministre Guigniard un Abeilard[2]. Marat avait d'ailleurs une prédilection marquée pour l'arme des femmes, le poignard; et un député girondin raconte qu'un armurier nommé Gémard, chez qui Marat venait souvent dîner, fabriqua un millier de poignards, destinés aux clubistes femelles, au public féminin de la Convention. — Huit mille femmes devaient s'enrôler chevalières du Poignard ; mais en s'exerçant, elles se blessèrent, Marat lui-même tomba sous le poignard d'une femme, et le projet en resta là[3].

Quand la Terreur se mit à régulariser sa tyrannie, que les alliés lui devinrent inutiles, partant dangereux, elle prit en suspicion ces auxiliaires mobiles, plutôt étourdies par la passion que menées par l'opinion, et chez qui le cœur emporte la tête. N'étaient-elles pas, ces amazones, vulnérables à l'amour, et n'était-il pas à prévoir et à redouter que, comme leur présidente jacobine, la Rose Lacombe,

1. *L'Ami du peuple*, par Marat. Décembre 1790.
2. *L'Ami du peuple*. Décembre 1790.
3. *Bergoenig, député de la Gironde et membre de la commission des Douze, à ses commettants.*

elles ne s'intéressassent à quelque beau contre-révolutionnaire emprisonné, et que le parti de l'amant ne devînt le parti de la maitresse ? — Elles avaient beau avoir été les porte-drapeaux de la révolution, elles avaient beau être les *tricoteuses* inexorables, et les *lécheuses de guillotine;* où était la garantie que demain elles ne reviendraient pas à leur sexe, que demain elles ne faibliraient pas jusqu'à la pitié ?

D'ailleurs, ces femmes groupées et réunies, ces associations en jupons, n'était-ce point un pouvoir organisé, indisciplinable, capable d'un coup de résolution dans un moment de crise ? n'allaient-elles pas jusqu'à demander, non une émancipation vague et banale, mais le viril exercice de la justice ? Elles pétitionnaient au comité de sûreté générale pour qu'il leur fût permis d'aller dans les prisons, de faire comparaître les détenus, de les interroger et de les faire relâcher sous vingt-quatre heures s'ils étaient innocents. Camille Desmoulins avait-il été plus coupable en demandant son tribunal de clémence ? — La Terreur se hâta de désavouer ces complices de la révolution, devenues suspectes. La Convention nationale les avait exclues de ses tribunes le 21 mai 1793. Aux Jacobins, Chabot et Bazire dénoncèrent la société des Femmes révolutionnaires comme une influence usurpatrice. De toutes ses voix, la Terreur rappela aux femmes qu'elles étaient faites pour l'ombre du ménage et non pour le soleil du forum ; qu'il n'y avait point à motionner contre ce décret de la nature; que le foyer devait être tout leur théâtre, et que leurs seules vertus devaient être *leurs vertus de tous les jours.* Vainement Rose Lacombe protesta, menaça même d'exposer au grand jour les mystères des jacobins et de la Montagne. Le 26 mai, la Convention nationale défendait aux femmes d'assister à aucune assemblée politique ; et Chaumette renvoyait assez brusquement celles qui se présentaient en bonnets rouges à la Commune, leur disant qu'on « n'avait besoin de Jeanne d'Arc que sous Charles VII. »

XV.

Instruction. Catéchismes révolutionnaires. — Les *tu* et les *vous*. La civilité républicaine. — Baptême. Mariage. Enterrement.

Aux bruits du dehors, l'enfance, la jeunesse s'émurent. Au travers des murs des colléges et des pensions, la révolution passa. L'écolier s'exerça aux licences pour apprendre la liberté ; il fit des insurrections et des 10 août contre ses maîtres. Il motionna. Il lut *la Pucelle* [1]. Il prit les permissions refusées, sortit sans autorisation et rentra après le spectacle, traitant la discipline de l'école en tyrannie, le respect du professeur en préjugé, bravant les férules, répression chancelante et menacée, que Chaumette fera supprimer « comme un reste de barbarie, » au temps où la guillotine sera en permanence.

A Sainte-Barbe, six cents élèves, sur un refus de congé, décrochent une lanterne, préparent un grand *désespoir de filasse*, et proposent au principal de le suspendre [2]. La

1. *Le Consolateur.* Février 1792.
2. *Sottises de la semaine*, par Séguier frères. 1790.

mutinerie, la révolte prennent bientôt un caractère politique et révolutionnaire ; et pour un jeune disciple du collége d'Harcourt qui écrit à l'abbé Royou, et dont la lettre est imprimée dans *l'Ami du Roi*[1], pour un collège qui reste attaché et tenant pour le passé, presque toute la puberté des colléges applaudit et s'associe aux niches indécentes que se permettent quelques petits audacieux du collège Mazarin, sur le dos de l'abbé Maury en visite chez un professeur[2].

Si les écoliers ne portent pas encore le bonnet rouge dont Bourdon coiffera ses *Enfants de la Patrie*, ils emmènent, après avoir fait leur première communion à Notre-Dame, leur instituteur au club des Jacobins, et prêtent le serment civique. Quand ils reviendront, dans deux ans, dans cette salle des Amis de la Liberté et de l'Égalité séant aux Jacobins, cette salle sera le sanctuaire où se distribueront les prix de l'Université, le Temple de Mémoire où retentiront leurs noms couronnés, proclamés le soir au Théâtre de la République. — Les maîtres de pension suivent les événements. M. Rolin, qui tenait depuis trente ans la maison d'éducation de la rue de Sèvres, jaloux de se conformer aux intentions de l'Assemblée nationale, prend un nouveau professeur, « à l'effet d'enseigner à MM. ses élèves la nouvelle constitution, qui doit être le principal objet de leur instruction, les droits de l'homme et le droit public. » De nouvelles pensions s'établissent, annonçant pour but principal l'enseignement et l'étude de la nouvelle constitution. « Tous les décrets, — disent les entrepreneurs, — émanés de cet auguste sénat, et d'abord la déclaration des droits de l'homme et du citoyen, seront

---

1. *Chronique de Paris*. Janvier 1791.
2. *Faites beau cul, vous n'aurez qu'une claque.*

analysés, motivés, expliqués et mis à la portée des élèves. » — « M. Donon, qui succède à son père dans la maison d'éducation de la rue du Chaume au Marais, comme il ne respecte rien tant que les sages et sublimes opérations de l'Assemblée nationale, consacrera la majeure partie de son temps à en expliquer les décrets à ses élèves et à leur faire comprendre l'utilité de se conformer à la saine raison démontrée par ces décrets [1]. »

Les idées nouvelles prennent alors tous les jeunes cerveaux ; reconnaissants d'ailleurs à la révolution du temps d'arrêt que les émotions civiles apportent d'ordinaire aux études et du relâchement qu'elles amènent dans le labeur des classes, les patriotes imberbes jouent de jour en jour plus sérieusement aux protestations et aux émeutes ; ils s'y enhardissent, et les professeurs désertent, pendant que s'élaborent les projets d'éducation nationale.

Les hommes d'État de la révolution, les hommes aux vues grandes, dont le présent n'accaparait pas le coup d'œil, et qui pensaient par delà le moment et l'à-propos du jour, avaient parcouru vite, et avec la promptitude d'une réflexion haute, ce vaste domaine de l'instruction que les événements leur mettaient aux mains. Ils entrevoyaient quelles superbes moissons d'avenir il y avait à semer sur le terrain renouvelé de l'enseignement. Ils comprenaient la puissance de cette institution de l'homme, de cette doctrine qui le prend à peine pensant pour le rendre apte et actif. Ils savaient que si la Force peut bien être le gouvernement du jour, l'Instruction est la puissance sourde, mais invincible, qui prédestine les générations grandissantes au mode de lois que plus tard elles choisissent. Aussi cher-

---

[1]. *Petites Affiches.* Novembre 1790.

chèrent-ils à mériter de l'enseignement, pour s'attacher les intelligences, et à recréer l'éducation française pour donner à la République la gratitude, les sympathies, la tête, et par la tête les bras de ces enfants qui allaient être le dix-neuvième siècle. — Le dix-huitième siècle avait été le règne de l'éducation privée. La danse, les saluts, le bel air, quelque latin, un peu de musique, un rien de français, voilà quel était le bagage des jeunes esprits. — Dans les colléges, où n'allaient presque que des enfants du tiers, les Bénédictins, les Oratoriens et les Génovéfains donnaient une éducation plus propre à former des Santeuils qu'à fournir à la mère patrie des capacités originales[1]. Le latin, en honneur, y faisait tort à toutes les autres connaissances, même au grec. La langue française, la géographie, les mathématiques n'y étaient point enseignées. La philosophie était reléguée dans les séminaires avec la théologie. Et pour l'histoire, un abrégé, composé par l'abbé le Ragois, en apprenait tout juste ce qu'il était bon qu'on en sût.

Quel champ en friche ouvert à la révolution! Là, en faisant œuvre de destruction, elle fera œuvre de providence. Elle a vu le but, elle y tend. Elle s'élève d'abord contre l'exclusivité du latin : quoi qu'elle lui doive, quoi qu'elle doive à l'étude de cette langue morte qui faisait arriver le Français au rôle de sujet, tout nourri de l'exemple des Décius, des Fabius, des Scipion, elle veut, en son plan d'éducation, que cet outil d'érudition et de loisir ne soit pas mis seul et sans d'autres outils plus usuels aux mains de la jeunesse. Elle veut que l'enfant pense avant de croire : elle débarrasse l'éducation de toute monasticité, comme le voulait La Chalotais : « le célibataire ne doit

---

1. *Aux Français*, par un citoyen.

élever que des esclaves, » disait la brochure *Aux Français, par un citoyen*, et elle place au seuil de ses pensées naissantes la raison au lieu de la religion. Le dix-huitième siècle avait formé l'homme pour la société, la révolution le forme pour l'État. Elle trace une large part aux langues vivantes, une large part aux sciences appropriées au commerce, à l'agriculture et aux arts. Elle n'oublie ni l'éducation morale, que Chénier appelait l'*éducation du cœur*[1], ni les sciences philosophiques, dont elle fait la tutelle de la raison, ni cette éducation du corps, ces exercices physiques, que les républiques anciennes ont tenus en si grande estime ; et elle base l'éducation nouvelle sur ces éléments pratiques préconisés par l'*Émile*. Elle va vouloir que l'éducation fasse de l'enfant : « 1° l'homme ; 2° le citoyen ; 3° l'apte à tel ou tel emploi de sa vie dans la société : — faire l'homme par une sociabilité généralisée ; — le citoyen par des sentiments et des procédés patriotiques ; — enfin l'apte par une capacité relative aux besoins généraux de la société, comme aux individuels ou particuliers de chacun de ses membres[2]. »

Les États généraux de l'an 1999 font le rêve suivant : « Nos enfants commencent à lire dans des livres de leur pays et des choses de leur pays. Nous ne faisons plus consumer à nos enfants dix années d'un temps précieux pour apprendre des langues mortes, que la plupart ne savaient jamais qu'imparfaitement ; nous préférons d'enseigner à nos enfants leur langue, celle des peuples avec lesquels ils doivent avoir des rapports d'instruction, de commerce, d'intérêt général ou particulier. Nous apprenons l'histoire

1. *Journal de l'Instruction publique*, vol. IV.
2. *Le Vétéran en civisme*

à nos enfants. Nous ne nous dissimulons point qu'ils ne sont pas en état de connaître la véritable cause des événements, de leurs effets, d'apercevoir les rapports moraux de l'histoire, que les faits historiques ne sont pour les enfants que des mots; mais ces mots forment un répertoire bien précieux et deviennent aisément des choses, lorsque les jeunes gens ont atteint l'âge de la réflexion. »

Ces idées, ces désirs, Condorcet les formula dans un plan remarquable. Voulant « offrir à tous les individus de l'espèce humaine les moyens de pourvoir à leurs besoins, d'assurer leur bien-être, de connaître et d'exercer leurs droits, d'entendre et de remplir leurs devoirs; » voulant, pour ce grand résultat, l'éducation universelle, Condorcet demande, pour toute collection de maisons renfermant quatre cents habitants, une école primaire et un instituteur qui expliquera tous les dimanches la constitution, la déclaration des droits, « non comme des tables descendues du ciel, qu'il faut adorer, » mais comme les produits de la raison humaine. Dans les villes de quatre mille âmes, l'institution grandit et se complète; l'école secondaire donnera quelques notions de mathématiques, d'histoire naturelle, de chimie appliquée aux arts, des développements plus étendus de la morale et de la science sociale. Au-dessus de l'école secondaire, Condorcet projette cent quatorze instituts établis dans les départements, considérés comme partie de l'éducation générale et où l'instruction sera absolument complète. Pour peupler toutes ces écoles primaires, secondaires, tertiaires, neuf lycées formeront une pépinière de professeurs, — c'était l'école normale entrevue; et au sommet de l'instruction publique, une société nationale des Arts surveillera, dirigera, perfectionnera, encouragera les découvertes utiles [1].

Quelques détails du projet de Condorcet soulevèrent des objections et des critiques; le projet même, en son idée mère, applaudi comme le dessin heureux et simple de l'éducation civique, allait aider la Convention à l'organiser. Des écoles primaires sont distribuées sur toute la surface de la France; les disciples, promenés au milieu des travaux de la campagne et des champs, reçoivent l'éducation physique, morale, intellectuelle. Ils apprennent les traits de la révolution les plus propres à les rendre dignes de la liberté et de l'égalité, les rudiments et les notions premières des sciences exactes, l'usage des nombres, du compas, du niveau, des poids et mesures, du levier, de la poulie, et la mesure du temps [2]. Cette instruction, ainsi universalisée, manque de se briser contre le patois, cette dernière barrière et garde des provinces. La Convention décrète l'abolition du patois. Dans la France, non plus morcelée et divisée en provinces dans l'ordre politique, en gouvernements dans l'ordre militaire, en généralités ou intendances dans l'ordre administratif, en diocèses dans l'ordre ecclésiastique, et dans l'ordre judiciaire en bailliages ou sénéchaussées et en ressorts de parlements, dans la France une et indivisible, débarrassée des coutumes particulières, ayant mêmes poids, mêmes mesures, même justice, même gouvernement, même loi, uniformisée et reliée à elle-même d'un bout à l'autre, il ne faut pas que le patois reste debout et vivace comme une survivance de la délimitation féodale. Il faut que la France, qui n'a plus qu'une voix, n'ait plus qu'une langue. Tout le long du

---

1. *Rapport et projet de décret*, par M. Condorcet. Avril 1792.
2. *Journal de l'Instruction publique*, vol. II.

Rhin, de l'Océan, des Pyrénées, au midi, au nord, à l'ouest, à l'est, des instituteurs sont jetés pour tirer une seule langue de cette mêlée d'idiomes que Grégoire appelle une Tour de Babel; et cela fut une belle espérance et une belle illusion de la révolution, de vouloir le bas-breton, le normand, le picard, le rouchi, le flamand, le champenois, le messin, le lorrain, le franc-comtois, le bourguignon, le bressan, le lyonnais, le dauphinois, l'auvergnat, le poitevin, le limousin, le provençal, le languedocien, le vilayen, le catalan, l'italien, l'allemand, le béarnais, le basque, le rouergat, et le gascon parlé sur une surface de soixante lieues en tous sens, toutes langues diverses et contraires, abimées et disparaissant dans la langue de l'Isle de France, victorieuse aux quatre coins de la République.

L'éducation était décrétée obligatoire, la révolution faisait de l'intelligence de ses nourrissons le patrimoine du siècle à venir qu'elle portait en elle. Nul n'était admis à dérober son enfant aux leçons républicaines. La Convention ne reconnaissait pas l'éducation privée : elle exigeait pour tous l'application des principes de l'éducation publique, proclamés par Helvétius. Charlier a demandé que les enfants soient conduits à l'école dès l'âge de six ans; et la proposition de Charlier a été adoptée. Danton s'écrie : « Tout se rétrécit dans l'éducation domestique; tout s'agrandit dans l'éducation commune. On nous parle des affections paternelles. Certes, je suis père aussi; mais mon fils n'est pas à moi, il est à la République[1]. » A la famille, l'enfant qui bégaye; à la patrie, l'enfant qui épelle; et le décret du 30 frimaire de l'an II frappe d'une amende égale au quart de leur contribution les père,

---

1. *Journal de Perlet.* Août 1793.

mère, tuteur et curateur qui n'enverront pas leur enfant ou leur pupille aux écoles; défère le délit aux tribunaux de police correctionnelle, punit de l'interdiction des droits civiques pendant dix ans les père, tuteur, curateur des jeunes gens de vingt ans qui, au sortir du premier degré d'instruction, ne se seront pas occupés de l'étude de l'agriculture, d'une science, d'un art, et étend la même peine aux jeunes gens coupables d'oisiveté. « Savez-vous — disait Saint-Just — quel est le dernier appui de la monarchie? C'est la classe qui ne fait rien, qui ne peut se passer de luxe et de folie, qui, ne pensant à rien, pense mal, qui promène l'ennui, la fureur des jouissances et le dégoût de la vie commune. »

Mais pour mieux populariser l'enseignement, pour le descendre à la portée du peuple, ne manque-t-il pas ces livres élémentaires, ces traités sans ambition qui s'abaissent aux intelligences peu actives ou dormantes, et leur donnent de précises notions, courtes et commodes à la mémoire? — Diderot avait réclamé de ces livrets d'éducation, de ces paroissiens de campagne de la raison, humbles et précieux instructeurs [1]. Le comité d'instruction publique de la Convention appelait de ses vœux l'établissement d'une commission d'éducation nationale pour les livres élémentaires, semblable à celle déjà établie en Pologne. Appel était fait à toutes les bonnes volontés républicaines pour la rédaction de ces A B C patriotiques, de ces catéchismes de civisme dont l'exorde était invariablement la déclaration des droits, l'acte constitutionnel, et bientôt la prière à l'Être Suprême. Mille petits livres d'éducation nationale se mirent

---

1. *Journal de l'Instruction publique*, par Thiébault et Borelly, vol. I.

alors à courir le monde des enfants, sollicitant ces pensées vierges, ambitieux de s'emparer des premières impressions et des premiers sentiments, et de jeter en ces cervelles toutes tendres, et qu'un ancien disait de cire, les premières attaches aux nouvelles institutions. Les petits livres ne dédaignent pas l'enfant, si petit qu'il soit; ils parlent à des marmots de trois ou quatre ans, comme s'ils voulaient faire précéder de l'initiation patriotique la venue de l'intelligence. A peine l'enfant sait-il ses lettres, à peine assemble-t-il des syllabes de trois lettres, qu'il trouve au verso de la page des lettres et des syllabes de l'Alphabet républicain : LE PEU-PLE FRAN-ÇAIS CON-VAIN-CU..., et ainsi tous les Droits de l'homme. L'enfant sait-il à peu près lire? on lui met entre les mains *le Catéchisme de la constitution française, nécessaire à l'éducation des enfants de l'un et de l'autre sexe,* par le citoyen Richer, dont la première ligne est : « Qu'entend-on par le mot citoyen? » — « Cher enfant, — commençait un autre, — vous connaissez vos lettres, vous pouvez les assembler pour en faire des syllabes et des mots; vous avez lu et appris la déclaration des droits de l'homme et du citoyen... » Dans cet épellement du grand pacte social, à si peu d'années du berceau, l'instituteur ne se rappelle pas bien parfois à quel interlocuteur il a affaire. Il lui fait répondre parfois des maximes de tragédie. Ainsi *le Catéchisme républicain,* par le citoyen Lachabeaussière, demande à l'enfant : « Qui es-tu? » et il veut que l'enfant réponde :

> « Homme libre et pensant, né pour haïr les rois,
> N'aimer que mes égaux, et servir ma patrie,
> Vivre de mon travail, ou de mon industrie,
> Abhorrer l'esclavage, et me soumettre aux lois. »

Souvent l'instituteur de l'enfance, dans le zèle de sa haine pour les institutions du passé, noie son petit auditeur en pleine métaphysique et abstraite philosophie. Ainsi, dans *le Livre indispensable aux enfants de la liberté,* une mère dit au jeune *Fanfan :* « Il faut que tu saches que l'homme étant le plus bel ouvrage sorti des mains de l'Être Suprême, il doit acquérir dès ses premiers ans la connaissance de lui-même. » Et l'apprenti citoyen en béguin ouvre de grands yeux. « La raison, — continue la mère, — est pour l'âme ce que le soleil est pour le corps; elle le vivifie; elle éclaire, elle dirige, elle nous guide dans les sentiers de la vertu. » Le *Catéchisme élémentaire de morale propre à l'éducation de l'un et de l'autre sexe* veut faire de l'enfant qui va encore culotte fendue un homme d'expérience et de bon conseil. — « Jeune citoyen, — lui dit-il, — qui connais les droits de l'homme et du citoyen et l'acte constitutionnel dis-moi quelles sont les précautions qu'une femme doit prendre lorsqu'elle s'aperçoit qu'elle est enceinte ? » et de la conception jusqu'au tombeau, en ce précieux livre, le petit citoyen trouve de quoi faire réponse à tous les événements et accidents de ce bas monde, s'il n'aime mieux lire toute l'histoire de France en la dizaine de pages qui suit, et apprendre que Louis XVI, aussi imbécile que Claudius, mené par une Messaline, Marie-Antoinette d'Autriche, laissa passer la plus grande partie de l'argent de la France dans les pays étrangers. Les *Éléments d'instruction républicaine par la citoyenne Desmarets,* de Corbeil, font à l'enfant ces demandes et lui prescrivent ces réponses: « D. Qui es-tu? — R. Je suis un enfant de la patrie. — D. Quelles sont tes richesses? — R. La liberté et l'égalité. — D. Qu'apportes-tu dans la société? — R. Un cœur pour aimer mon pays et des bras pour le défendre. » Dans l'*Éducation nationale ou Principes de morale,* c'est un Voltaire jacobin qui prêche, et à la demande qu'il fait à l'écolier « d'entrer dans quelques détails des maux qu'a produits la religion catholique, » il dicte cette réponse émue : « L'abrégé de ces déplorables détails va faire frémir... » C'est le même langage dans la *Philosophie des sans-culottes ou Essai d'un livre élémentaire pour servir à l'éducation des enfants.* Ce ne sont que pamphlets et déclamations contre le catholicisme, commentés au club des *Enfants rouges*, présidé par Tallien. Dans *l'Intérieur d'un ménage républicain*, opéra-comique joué sur le théâtre de l'Opéra National de la rue Favart, l'on voit clairement la révolution de l'éducation sous ce côté ; une mère y dit à la gouvernante de ses enfants : « Tu trouveras un peu de changement dans l'éducation de mes enfants ; mon mari et moi, nous avons résolu de laisser reposer quelque temps les livres de religion. » La gouvernante intercède pour quelques-uns. « Justement, — reprend la mère, une mère qui a lu sans doute ce que Mercier a dit avant d'autres : *Le Catéchisme abêtit l'enfance*, — justement, ce sont ces sortes de livres que je ne me soucie plus que mon fils lise à présent...

> Les livres saints remplis d'obscurités
> Troublent la raison de l'enfance
> En lui disant qu'il est des vérités
> Au-dessus de l'intelligence [1]. »

Mais parmi tous ces petits livres, un petit livre montre mieux que tous les autres le mode de sollicitations tentées sur l'intelligence de l'enfance, en même temps qu'il retrace avec des traits frappants l'ébranlement et la fièvre ardente

---

1. *L'Intérieur d'un ménage républicain*, opéra-comique en un acte et en vaudevilles. Théâtre comique de l'Opéra National de la rue Favart. 15 nivôse an II.

que les leçons incessantes des parents et de la révolution jettent en ces esprits à peine éveillés, les lançant aux passions viriles avant qu'ils en aient l'âge et la capacité. Ce petit livre est un morceau de Plutarque destiné à être l'exemple des petits républicains ; il s'appelle : *la Vie et la mort républicaines du petit Émilien,* par le citoyen Fréville. A dix-huit mois, l'esprit de charité républicaine parle déjà si fort chez le jeune Émilien, qu'il veut donner à manger aux figures chinoises peintes sur le paravent qui entoure son lit, disant : *Manze nanan.* Conduit à Versailles, le petit Émilien voit le dauphin jouant avec Moufflet, son petit chien. Il veut faire sa partie dans le jeu du dauphin, lorsque « un vil esclave du troupeau royal » le fait retirer avec sa mère. Le jeune Émilien, chez qui cette humiliation prépare les sentiments civiques, demande alors à sa mère si le roi « *fait tatu?* » Éclairé sur ce détail, il profite de l'égalité de tous les hommes devant la garde-robe pour ne plus appeler le roi que *M. Capet;* et dès lors il ne parcourt plus les médaillons des rois de France qu'en donnant de grands coups de son petit poing sur Clovis, Clotaire, Childebert, Charles IX, que sa mère lui a dit avoir été tyrans, criant à chacun : *Messan, messan.* Le petit Émilien est attaqué de la poitrine ; il est bien souffrant déjà quand arrive le 20 brumaire, jour de la première fête de la Raison. Il se lève mourant, et soutenu et porté à demi par « son petit camarade Chéri, » il se mêle au cortège et chante : « Allons, enfants de la patrie. » Il rentre, la fièvre le prend, la médecine le condamne ; ses parents pleurent au pied de son lit; lui, il s'informe des affaires publiques, des nouvelles de nos armées, et surtout du procès de Bailly qu'on vient de condamner. — « Ne vient-il pas d'aller à la guillotine? » demande à sa mère le petit agonisant. — « Oui, mon ami. » — « Oh! il l'a bien mérité! » — Et le

petit Émilien meurt quelques minutes après avoir dit :
« Ce qui me fait le plus de peine, c'est de quitter maman
et de ne pouvoir être utile à la République. » — Alors, les
petits Émiliens qui ne mouraient pas prononçaient à la
Commune de pareils discours : « Au lieu d'aller collectivement à la messe, nous irons à l'exercice ; au lieu
d'apprendre l'Évangile, nous apprendrons les Droits de
l'homme. Notre catéchisme sera la constitution, nos con-
fessionnaux seront des guérites ; et au lieu d'y accuser nos
fautes, nous y veillerons sur celles des autres[1]. »

« Toute notre étiquette si machinale, toute notre civilité si suspecte et si minutieuse, toute notre galanterie si
lourde et si fausse, toutes nos protestations de respect,
d'humilité, d'obéissance et de servitude, doivent être effa-
cées de notre langue, » — avait dit, dès les débuts de la
liberté, la *Chronique de Paris*[2]. « Les pratiques et les formules de politesse furent imaginées par la crainte et par la
servitude ; c'est une superstition qui doit être emportée
par le vent de la liberté et de l'égalité, » opinaient les
Annales patriotiques[3]. Le *philosophe patriote* Sanial, de
Tournon en Vivarais, est d'avis, en 1790, « que nous
n'ôtions jamais le chapeau que quand nous aurons trop
chaud à la tête, ou que nous voudrons parler à une assemblée, ce qui annoncera que nous aurons une motion à
faire ; que nous perdions l'habitude des inclinations, qui
ne sont autre chose que des plis de l'esclavage restés dans
les reins des Français ; que ces phrases : *J'ai, j'aurai, j'ai*

---

1. *Journal de Perlet*. Frimaire an II.
2. *Chronique de Paris*. Janvier 1790.
3. *Annales patriotiques*. Janvier 1792.

eu *l'honneur, vous me ferez l'honneur,* soient bannies du style épistolaire ou de conversation, et que la finale des lettres ainsi que des adieux vocaux, qui se termine ordinairement par la très-plate et très-insignifiante parole : *Votre très-humble et très-obéissant serviteur,* se termine simplement par un bonjour, un bonsoir, ou bien par les mots : Je suis *votre concitoyen, votre frère, votre ami, votre camarade, votre égal*[1]. » Vers ce temps, le sapeur Audouin, rédacteur du *Journal universel ou Révolutions des royaumes,* émet cette opinion, « qu'il ne faut pas qu'on baise la main d'une femme, et qu'en se baissant on perd cette attitude fière et mâle que doit avoir tout bon patriote[2]. » En 1791, la société des *Nomiphiles* demande la suppression du titre de *Monsieur* et de *Madame*[3].

La République venue, une civilité républicaine est en honneur qui donne des principes tout neufs de politesse et d'élégance. Le citoyen Chalier, dans son traité présenté à la Convention, pose ces prémisses : « Autrefois la politesse et la fausseté semblaient n'être qu'une même chose. La politesse du républicain est celle de la nature. » Suit une théorie de la démarche civique où il est dit qu'une « démarche ferme, bien prononcée, est l'image de la liberté. » Venant à parler des soins du corps : « Une propreté affectée, — dit Chalier, — devient ridicule. C'est ce que les sans-culottes ont appelé ingénieusement la *propreté muscadine.* » Il désire que les jeunes citoyens ne recherchent pas une parure affectée, « cette espèce de magie dont se servaient nos tyrans pour nous en imposer et nous éblouir, » et il déclare que le superflu des vêtements chez des répu-

---

1. *Annales patriotiques.* Juillet 1790.
2. *Sabbats jacobites.* 1791. — 3. *La Feuille du jour.* Mars 1791.

blicains est un vol fait à l'État[1]. — Du code de la nouvelle civilité prêchée par Chalier et par tous les républicains, le tutoiement est le premier article. Il couronne « la ruine de la routine de l'orgueil de la vieille et rude méthode de l'impertinence et de la tyrannie. » Le 8 novembre 1793, le tutoiement est ordonné à toutes les administrations ; et bientôt un poëte vient faire hommage à la Convention d'un poëme sur l'impropriété du mot *vous*, quand on parle à une seule personne. Le tutoiement n'est-il pas « une mode à la romaine qui vaut bien nos minauderies françaises[2] ? » C'est une manière et un ton qui semble être à la République celui du cœur ; et cela « assure davantage les bases de la parfaite égalité qui doit régner entre des républicains, des frères. » — « N'est-ce pas par un orgueil ridicule que l'homme riche et puissant, se regardant comme équivalent à lui seul à plusieurs moindres que lui en moyens, a imaginé d'engager ses prétendus inférieurs à lui donner cette dénomination de *vous?* » — La France est tombée en tutoiement. Le domestique tutoie le maître, l'ouvrier le patron ; et le fils tutoie le père, — irrespect gardé par notre siècle. — « Il n'y a pas de *vous* dans la République et tous les citoyens sont des *toi*[3], » voilà le succinct catéchisme d'urbanité prêché au peuple dans la comédie de Dorvigny, *La Parfaite égalité ou les Tu et les toi.*

La naissance, le mariage, la mort de l'individu soumis à la toute-puissante consécration de la religion d'État de

---

1. *Véritable civilité républicaine à l'usage des jeunes citoyens des deux sexes.*
2. Lettres b..... patriotiques, n° 17.
3. *La Parfaite égalité ou les Tu et les Toi*, com. en trois actes en prose, par le cit. Dorvigny. Théâtre national. 3 nivôse, an II.

la France, entourés de son cérémonial, allèrent peu à peu s'écartant de l'Église. Sous la République, le catholique fait citoyen, la naissance, le mariage, la mort, affranchis du sacrement, devinrent des événements purement statistiques, constatés plutôt que consacrés par le pouvoir municipal. — Avant de disparaître, le baptême était entré en conciliation avec la révolution; et sur les fonts baptismaux, le parrain sur la tête de l'enfant ondoyé qui naissait à la vie catholique, et en son nom, prononçait le serment civique qui l'engageait à la nation, à la loi et au roi [1], serment par provision qui fut bientôt exigé, et sans l'annexion duquel au dossier d'une affaire, un procureur au Châtelet, M. Gagneux de La Lande, refusait de plaider [2].

Bientôt les saints sont déchus de leurs droits de patronage. — « Les saints? » dit un petit poëte de beaucoup d'esprit, Armand Charlemagne :

« Qu'étaient-ils après tout? oh! rien,
Tout uniment des gens de bien ;
Et chacun d'eux dans sa manie
Poussait même la bonhomie
Jusqu'à daigner être chrétien [3] ! »

Cubières se rebaptise-t-il de Michel en Dorat [4]? Le malin de continuer :

« Chénier s'appellera Voltaire,
Fauchet l'évêque Massillon,
D'Églantine sera Molière,
Et Robespierre Cicéron [5]. »

1. *Almanach littéraire.* 1791. — 2. *L'Observateur.* Juin 1790.
3. *Petites Affiches.* Juillet 1792.
4. *Les États généraux du Parnasse.*
5. *Petites Affiches.* Juillet 1792.

Bientôt les appellations civiques sont à la mode. Une femme, qui se nommait Reine, s'intitule *Fraternité-Bonne-Nouvelle*. Un nommé Leturc, municipal à Montmorency, fait baptiser son fils *Libre-Péthion Leturc*[1]; et la section du Pont-Neuf dénonce un vicaire de la paroisse Notre-Dame qui a refusé d'enregistrer un enfant sous la dénomination d'*Alexandre-Pont-Neuf*[2]. — Sous la Terreur, le calendrier des saints patriotes changeant parfois d'une semaine à l'autre de par la guillotine, il eût été trop dangereux de prendre un patron contemporain; on dépeupla l'histoire romaine et l'histoire grecque pour se baptiser en famille et sans prêtres; et chacun s'affubla, chacun écrasa ses enfants de quelque énorme nom qui, après avoir eu le monde pour écho, pesait étonné sur quelque rustre obscur.

Le mariage, devenu contrat civil, et affiché en ces termes à la municipalité, en septembre 1792 : *Mariage entre M... et mademoiselle..., lesquels entendent vivre en légitime mariage et se présentent aujourd'hui à la municipalité de Paris, pour y réitérer la présente promesse, et y être autorisés sous les lois de l'État*[3]; ce mariage trouva bientôt la porte de l'église fermée. C'est alors dans la grande salle de l'Hôtel de Ville, sous l'estrade, où une statue de l'Hymen tient en ses mains de plâtre des couronnes de fleurs d'Italie décolorées, que le mariage est expédié. Un officier municipal, en carmagnole et en bonnet rouge, lit la loi, et, la loi lue, reçoit à la hâte le *oui* sacré de trente couples assis, qui le lui jettent d'une même voix. Dans les propos obscènes et les gestes cyniques de la foule

---

1. *Le Consolateur*. Juin 1792. — *Les Sabbats jacobites*. 1792.
2. *Le Journal de Perlet*. Décembre 1792.
3. *Annales patriotiques*. Septembre 1792.

qui rit, les trente couples vont signer aux registres¹, et s'en retournent, mariés en un quart d'heure, par cette place de Grève, où les heurtent les processions féminines dont les bannières disent : *Citoyennes, donnez des enfants à la patrie, leur bonheur est assuré.*

Quelquefois Chaumette, pour ce mariage que la loi du 20 septembre 1792 n'assujettit plus qu'à une publication un dimanche avec affiches pendant huit jours, et dont le divorce fait un bail résiliable, Chaumette prend la parole et dit à des divorcés : — « Jeunes époux, qu'un tendre engagement a déjà unis, c'est sur les autels de la liberté que se rallument pour vous les flambeaux de l'hymen; le mariage n'est plus un joug, une chaîne; il n'est plus que ce qu'il doit être : l'accomplissement des grands desseins de la nature, l'acquit d'une dette agréable que doit tout citoyen à la patrie². »

Le mariage en province, la pièce du *Mariage civique* et *la Vraie républicaine* nous le montrent célébré sur la place, au pied de l'autel de la patrie enguirlandé; et sous la statue de la liberté, le contrat de fidélité est passé³.

Avec cette simplification des formalités, cette abolition des sacrements, cette conclusion expéditive des actes de la vie, les funérailles prirent le caractère de célérité d'un débarras de voirie. Les parents, tout enhaillonnés par prudence et par peur⁴, hurlant la carmagnole, pour

---

1. *Réflexions sur le culte, les cérémonies civiles et les fêtes nationales*, par L. M. Réveillère-Lepaux. An VI.

2. *Journal de Perlet.* Octobre 1792.

3. *Le Mariage civique, ou la Fête de la liberté*, divertissement en un acte. 1796.

4. *Essai sur la propagation de la musique en France, sa conservation et ses rapports avec le gouvernement*, par Leclerc, 1796.

faire leur douleur patriote, escortent le long de la route du Champ du repos bordée de jalons tricolores, à demi courant, débandés, se hâtant, le cercueil drapé d'un drap mortuaire tricolore[1], qu'on va enfouir grand train, — tous le bonnet rouge sur la tête, précédés d'un commissaire en bonnet rouge, menant le cortége bizarre au pas rapide.

1. *Journal de Perlet.* Frimaire an II.

XVI.

La pompe funèbre de Marat. — Marat. — Le bon Dieu et la révolution. Fêtes de la Raison. Fête à l'Être Suprême.

Dans la nuit du 16 juillet 1793 processionne et s'allonge la grande funéraille sortie des Cordeliers; elle emplit, elle bat les deux murs de la rue Thionville. Les Halles mènent le deuil, et leurs femelles vont agitant les piques, secouant les torches fumantes.

Sur les têtes nues l'orage gronde, roule, et de leurs clartés rapides, les éclairs fouettent l'ordonnance funèbre du peintre David. Le canon tonne : Marat a touché le Pont-Neuf.

Marat est couché sur un lit que portent douze hommes. Il est nu jusqu'à la ceinture; le trou du coup de couteau a refermé ses lèvres, et sur le cadavre verdissant du César, un enfant se penche qui tient d'une main un flambeau, de l'autre une couronne civique. Autour du putréfié, l'encens fume. Et ainsi marchent dans les colères de la nuit tempétueuse, dans les décharges du canon, tout le long de la Seine noire, rougie de place en place par les reflets des torches balayées au vent, ainsi marchent la pompe de Marat, le mort, la baignoire de Marat, le billot où posait l'encrier de Marat. Il est promené, l'assassiné populaire, par le Pont-Neuf, le quai de la Ferraille, le pont au Change, la Maison commune; puis, de là, il revient par les rues au Théâtre-Français.

Il s'arrête aux reposoirs patriotiques; il stationne, il fait halte aux musiques de mort. Il remarque, et il fait halte encore; l'encens manque, et pour le remplacer, on est allé acheter de la poix-résine chez un épicier.

Il retourne, il est revenu au banc de gazon des Cordeliers qui l'attend. « *O cor Jesu! ô cor Marat!* Sacré cœur de Jésus! sacré cœur de Marat! » va venir dire un orateur; et pour l'enchâsser, le cœur de Marat, le garde-meuble sera requis de fournir ses joyaux les plus précieux. Sur la porte de la maison qu'habitait Marat, une main grave :

> Peuple, Marat est mort; l'amant de la patrie,
> Ton ami, ton soutien, l'espoir de l'affligé,
> Est tombé sous les coups d'une horde flétrie;
> Pleure, mais souviens-toi qu'il doit être vengé [1]...

pendant que l'imprimeur de la *Gazette Nationale* compose : « Cette femme, — Charlotte Corday, — qu'on a dite fort jolie, ne l'était pas. C'était une virago plus charnue que fraîche, avec un maintien hommasse et une stature garçonnière, sans grâce, malpropre, comme le sont presque tous les philosophes et les beaux esprits femelles... Sa figure était dure, insolente, érysipélateuse. »

Le silence des passions ne s'est point encore fait autour des hommes de la révolution. Ces hommes revivent tout

---

[1]. *Courrier de l'Egalité*. Juillet 1793. — *Département de Paris. Extrait du procès-verbal de la séance tenue en la salle des électeurs, du dimanche 21 juillet 1793.* Imprimerie de Ballard.

chauds en nous, ils sont les drapeaux des idées qui se disputent le siècle, et soixante années tombées dans le temps n'ont pas valu à ces bustes non refroidis, à ces ancêtres contemporains, les impartialités de l'histoire.

Ces hommes apparus dans la majesté des catastrophes empruntent à la scène de la Terreur je ne sais quoi de surhumain qui les sauve d'être mesurés. Ils bénéficient de la guillotine, et ils passent géants dans les souvenirs émus, comme ces dieux que les peuples enfants faisaient de leurs peurs. Pourtant ouvrez ces tombes, qu'un Alexandre semble avoir bâties de sept pieds de long, pour faire croire à des colosses enfouis; vous y trouverez des hôtes moyens et ordinaires. Du milieu de ces poussières célébrées, ôtez Danton, qui fait les destinées de la patrie désespérées pour les faire victorieuses, et jette au monde le défi de septembre, ces hommes sont petits. La révolution ne leur attribue point sa force, ne les arme pas de sa vaillance, et elle les laisse être ses hérauts médiocres, comme si elle voulait montrer que les hommes lui sont peu, comme si elle dédaignait de mettre ces esclaves et ces instruments, qu'elle brise à son heure, dans la confidence de ses desseins et la complicité de ses héroïsmes. Ces intelligences superbes semées par Dieu à grands intervalles, ces architectes qui de leurs mains puissantes étreignent et remanient les mondes qui vont mourir; ces précurseurs des faits; ces créateurs qui, de leur cervelle féconde, font jaillir les programmes des sociétés qui vont renaître, où sont-ils? qui sont-ils? Est-ce Robespierre? ce rhéteur, ce phrasier, ce tacticien de parlement, cet homme d'État qui prend la queue des événements, ce valet de Rousseau, copiant ses discours dans les livres de son maître, y plagiant ses utopies de vertu, longuement débitées à cette société régénérée qui pille sur les derrières de l'armée et fonde les fortunes modernes dans des dilapidations de goujats! Robespierre! cette vanité qui, dans ses infatuations puériles, se plait à ses images partout répétées, à l'entourage de ses portraits, dessinés, gravés, sculptés[1]! Robespierre! ce fanatique misérable : un fanatique personnel! Robespierre qui n'a que ce piédestal jusqu'ici respecté : l'incorruptibilité ! — Et cependant, qui pourra dire si ce contempteur de l'argent, ce contempteur de la corruption des antichambres, n'a pas été un jour accessible à la vénalité des honneurs? Qui pourra dire si la conscience révolutionnaire de Robespierre n'a pas failli un jour? Ce journal, *le Défenseur de la Constitution*, venu au monde le 1ᵉʳ juin 1792, précédant de vingt jours l'invasion des Tuileries, de deux mois l'avénement prévu et visible pour tous de la république ; ce journal, qu'un autre journaliste annonçait ainsi le 1ᵉʳ mai : « On sait que Robespierre va faire un journal intitulé *le Défenseur de la Constitution*. Le libraire chargé de cette entreprise lui donne 10,000 livres. On est étonné de cette libéralité quand on connaît le libraire. Il se pourrait bien faire que la liste civile fît les frais de l'entreprise ; et il serait réjouissant pour le comité autrichien de compter au nombre de ses stipendiés celui que le peuple avait appelé *l'incorruptible*, sans que *l'incorruptible* s'en doutât[2] ; » ce journal, qui est une diversion habile contre la révolution, en même temps qu'une tentative non dissimulée d'enrayer les hommes et les choses, — qui pourra dire si ce journal n'est pas une trahison convenue et la condition mise par les Tuileries à la place de gouverneur du dau-

---

1. *Mémoires de Barbaroux.* Beaudouin, 1822.
2. *Journal de Perlet.* Mai 1792.

phin, dans le marchandage de Robespierre? — Que Perlet ait été trompé, que l'autorité d'Harmand de la Meuse soit suspecte et ne puisse peser dans la balance où l'on pèse l'honneur d'un homme, je le veux ; — mais il reste debout et sans réponse, ce témoin à charge, ce témoin irrécusable, ce premier numéro qui, se cantonnant dans les demi-victoires, contre la république du 10 août qui approche et se hâte, fatale, au sacre de la révolution, signe le préventif réquisitoire du royalisme.

Au premier abord, Marat est un profil qui se dessine plus grand que celui de Robespierre ; au premier abord, Marat conquiert le regard de l'historien. Il vous vient à croire que ce pétitionneur de têtes, que ce chiffreur dans le grand, est un de ces dépopulateurs qui se montrent debout dans l'effroi des peuples, figures gigantesques et monstrueuses qui méritent d'usurper l'attention de la postérité. Il faut que la pensée ait eu le temps d'écarter le prestige ordinaire aux bourreaux pour voir juste et vrai dans Marat, ne pas l'honorer d'insultes, mais le prendre dans sa main, le peser, le trouver léger, et, pour ainsi dire, le restituer à l'humanité. Allez de page en page dans le journal de cet homme : il ne palpite dans ces feuilles que la rancune médiocre du médecin sans pratiques, de l'écrivain sifflé, de l'inventeur méconnu. Cet homme, pour conquérir la France, l'Europe, l'avenir, à la révolution, n'invente, ne dit, ne veut, qu'une idée, un moyen, une mesure : — des *bravi* giboyant aux passants dans des allées de carrefour[1] ! Un niais! dont l'étroit cerveau ne comprend pas qu'un peuple ne se laisse massacrer que trois jours, mais qu'il se laisse décimer deux ans avec le

1. *Mémoires de Barbaroux.*

couteau d'une guillotine et les bouchers d'un tribunal !
Impuissant qui s'agite et se démène, aveugle, tournant sur
sa petite envie ! un chien d'Érostrate, toujours aboyant
contre tout ce qui fait des triomphes à la révolution ! Cet
homme, ce rien, quelque chose à la révolution ! cet
homme dont la pensée lâche ne voulait pas la guerre et
tremblait que le canon ne tuât sa république¹ ! Ce bouffon
qui, lorsque la Convention décrète un lendemain à la
France, dont le monde joue déjà le manteau ; lorsque quatorze Frances se lèvent à nos frontières, — n'imagine
contre l'Europe que son bataillon de gens armés de manchons d'une certaine façon et de poignards d'une certaine
forme² ! Sans une idée, sans un plan, ce rabâcheur de
dénonciations, ce scribaillon des *cancans* de Javard³, ce
Marat, c'est à peine l'agent de police de la Terreur. —
Marat maître de la révolution au 10 août, — laissez-lui sa
main, sa tête, sa plume, — la révolution n'aurait pas vécu
trois semaines !

Le bon Dieu eut, aux premiers jours de la révolution,
la popularité d'un Louis XVI. C'était, après Louis XVI, le
restaurateur de la liberté française. C'était l'ennemi des
bastilles, le complice des peuples ; et il eut, ce roi du ciel,
l'encens, les bénédictions, les vivats comme le roi de
France. La révolution lui rendit ses devoirs. Elle le ménageait, elle l'honorait, elle le remerciait ; elle réprimandait
les impatients qui voulaient déjà *boucaner jusqu'au Père
Éternel*⁴. Ainsi donc le bon Dieu se vit quelque temps

---

1. *L'Ami du peuple.* Avril 1792. — 2. *Id.* Novembre 1791.
3. *Anecdotes inédites de la fin du dix-huitième siècle*, par Scrieys. Paris, 1801.
4. *Lettre du véritable père Duchêne à tous les soldats de l'armée.*

aussi patriotiquement famé en France que quiconque. — « Dites-moi, — s'exclamait un journal dévoué au bon Dieu, — si le père des humains peut être aristocrate? L'arc-en-ciel qui couronne sa tête majestueuse n'est-il pas une assez belle cocarde patriotique et directement aux couleurs de la nation[1]? » Et s'il fût alors descendu sur la terre, le bon Dieu, il eût été mis aux fêtes du Champ de Mars en une fort belle place, peut-être même tout de suite après les vainqueurs de la Bastille[2]. On entoure le saint-sacrement d'un ruban tricolore, « et comme tout le monde est libre aujourd'hui en France, — disent les paysans du Périgord, — il ne faut pas que notre bon Dieu soit renfermé ; nous voulons par conséquent que les portes du tabernacle restent toujours ouvertes. »

Puis voilà que le bon Dieu passe *modéré*; il est resté le patriote de 1789, et les événements ont si vite couru qu'il n'est plus *au pas*. La révolution lui « fait garder la chambre » aux Fêtes-Dieu. Le bon Dieu était tout à l'heure le bon Dieu de la France ; il a été baptisé le bon Dieu des Français ; il est maintenant le bon Dieu suspect. On a fait Octobre contre Versailles; on fait la constitution civile du clergé contre l'Église. — Camille Desmoulins, à la table du parfumeur Mailhe, l'hôtelier de la littérature, à cette table où il s'asseyait entre Mercier et Rétif de la Bretonne, balbutiait : « Est..:-ce donc que je ne puis faire un dieu national, l'ab... l'abbé, bé... bé Sieyès fait... fait bien une religion nationale? » Et dans un opuscule inédit, *Entretien de deux philosophes*, n'écrit-il pas, en une prose embarrassée et pénible qui ne promettait guère le journaliste

---

1. *Lettres b..... patriotiques*, n° 33.
2. *Journal de la Cour.* Juin 1790.

vif, le cordelier alerte, cette demi-apologie de la philosophie de Sylvain Maréchal : « ... On admire cette pensée de Labruyère : *Si ma religion est fausse, voilà le piège le mieux dressé qu'il soit possible d'imaginer.* Ne serait-ce pas à nous à nous écrier avec plus de fondement : Si ma religion est vraie, son Dieu est bien cruel, lui qui, lorsque je trouvais déjà dans mon esprit et dans mon cœur également révoltés des dogmes de cette religion tant de raisons de la rejeter, au lieu de me mettre du moins dans l'impossibilité de n'être pas convaincu de la vérité des miracles dont l'évidence pouvait seule rendre raisonnable la soumission aveugle de ma foi, m'a laissé au contraire tant de raisons de révoquer en doute ces faits-là mêmes et a voulu que je me trainasse au tombeau dans l'incertitude désolante, si ma main essuierait dans une autre vie les larmes que j'aurais versées dans celle-ci[1]. » — Manuel dit chez Péthion : « Le moment est venu de déclouer Jésus-Christ; si nous le laissons échapper, ses clous se riveront pour longtemps encore[2]. » Les esprits s'ébranlent peu à peu vers le grand néant de l'athéisme.

Le bon Dieu est surveillé; la révolution se demande s'il est de bonne foi un bon Dieu constitutionnel, s'il ne trahit pas, s'il n'a pas de correspondance avec les émigrés, s'il ne conspire pas.

Les massacres de l'Abbaye sont le 10 août contre la Providence. Louis XVI en prison, la révolution proclame la déchéance de Dieu, casse la religion, dépose la foi, traque le clergé insermenté comme une Vendée, et fait déclarer à l'autre clergé : « Je suis prêtre; je suis curé, c'est-à-dire charlatan, jusqu'ici charlatan de bonne foi; je

---

1. *Catalogue d'autographes.* 13 mars 1843.
2. *Les Grands Sabbats jacobites.* 1792.

n'ai trompé que parce que moi-même j'ai été trompé ; maintenant que je suis décrassé[1]... » Jésus-Christ est alors le *sans-culotte Jésus*, ou *le ci-devant soi-disant roi de Nazareth*, ou *défunt Jésus-Christ, mort à l'époque des révolutions de Judée pour avoir tenté une contre-révolution contradictoire à l'autorité de l'empereur*[2] ; — et bientôt la révolution appelle la Raison non au trône, mais au fauteuil civique et à la présidence du culte national.

La révolution fait des fêtes le complément de l'éducation civique. Par les fêtes elle s'essaye, d'une main toute légère, à délier la servitude des idées. Par les fêtes, du plaisir et de la surprise des sens, elle tente d'aider la régénération humaine. Les fêtes, dans les calculs et les intentions de la révolution, ne sont pas seulement la récréation de l'instruction nouvelle ; elles sont une animation, une matérialisation, une vivification de l'institution républicaine. Les fêtes alors, par le triomphe sur les cœurs émus, sur les yeux ravis, cherchent le triomphe sur la raison même des populations, et elles veulent surprendre et conquérir une grande masse d'intelligences par les jeux et les leçons aimables, visibles, palpables. La révolution traite le peuple comme les femmes « disposées à ne céder qu'à ceux qui les émeuvent et qui leur plaisent ; » et elle rassemble les séductions dans ces décors de la liberté, où si souvent le peuple est appelé comme acteur.

Dès les commencements de la révolution, c'est une imagination, un travail, un effort à détourner au profit des choses présentes et des choses à venir, les vieilles adorations, à évoquer le touchant, l'émouvant, le pathétique, l'idée et l'aspect des cérémonies civiles des premières

---

1. *Journal de l'Instruction publique*, vol. IV.
2. *Lettre du diable au pape*.

républiques, les grandes *parabases* des foules ; et dans les fêtes de son berceau, la révolution ne néglige rien, n'oublie rien, ambitieuse du prestige des théories antiques, habile à profiter de la nouveauté du spectacle, de la complicité de la nature, des émotions fébriles de la musique, du contact électrique des multitudes, du mélange des sexes, de la magie des souvenirs, de l'enthousiasme autour des commémorations héroïques, du dramatique, de la mise en scène, du contraste de l'enfance et la vieillesse, des enivrements physiques, des sensations morales. Doucement ainsi, la révolution mène le culte de Dieu et du roi au culte de la chose publique : la République.

A la Fédération de 1790 succède bien vite la fête en l'honneur des frères d'armes morts à Nancy, où tambours drapés de noirs, trompettes étouffées par les sourdines, drapeaux et étendards garnis de crêpes, où le bataillon dauphin, où le corps des vétérans, où enfants et vieillards conduisent le grand deuil. — L'année 1791 a la Translation des cendres de Voltaire, dont le coût de 18,000 livres apprend qu'il était plus dépensé, aux fêtes de ce temps, d'imagination que d'argent [1], sa Fédération, et le 18 septembre, la fête de la Constitution, toutes fêtes qui, sous le crayon de Roland, Moitte, David [2], sont comme les pompes d'une république grecque que guidait le son du *trigone*. Le 15 avril 1792, la fête en l'honneur des soldats de Châteauvieux, — « ces pauvres Chapeaux-vieux ! » disait le populaire [3], — se forme, marche, s'aligne sous l'épi de blé vert que tiennent en main les ordonnateurs. La fête en l'honneur de Simonneau, maire d'Étampes, a pour

---

1. *Lettres b..... patriotiques.* — 2. *Petites Affiches.* Juin 1792.
3. *Sabbats jacobites.* 1792.

ordonnatrice une femme, Olympe de Gouges. Puis c'est la fédération du 14 juillet 1792, où les foules ont écrit à la craie sur leurs bonnets : *Vive Péthion !* — puis la cérémonie funèbre des Tuileries en l'honneur de la journée du 10 août. Le 24 janvier 1793, ce sont les obsèques de Michel Lepelletier autour du piédestal de la statue abattue de Louis XIV, obsèques où la société des Jacobins a pour flamme et pour bannière la chemise, la veste, la culotte de Lepelletier, toutes rouges et raidies de sang ; — et bientôt ce sont les fêtes du salpêtre, dont on portait les pains dans des peaux de lion [1]. — Toutes ces fêtes, lugubres ou riantes, par une consécration allégorique des faits, par une canonisation historique des hommes, font les esprits mûrs pour une idolâtrie nouvelle.

Le 10 août 1793 inaugure la religion de la Nature. — Au milieu des ruines de la Bastille, sur lesquelles les sculpteurs de Palloi ont gravé, ici : *La vertu conduisait ici;* là : *Le corrupteur de ma femme m'a plongé dans ce cachot;* plus loin : *Je ne dors plus,* se dressait droite, sortant des décombres, une colossale statue, de ses doigts de pierre pressant ses mamelles, d'où tombaient, en un bassin, deux filets d'eau. La Convention, entourée d'un ruban tricolore et tenant à la main des bouquets de fleurs et de fruits, les membres des assemblées primaires portant une pique et une branche d'olivier, les ouvriers, les héroïnes d'octobre montées sur des canons, les élèves de l'institution des Aveugles sur un plateau roulant, les enfants trouvés dans de blanches berceloennettes [2], s'unissent tous à la voix du président de la Convention, tête nue devant la statue,

---

1. *Journal de la Société républicaine des Arts.*
2. *Mémoires de Barbaroux.*

disant : « Nature, reçois l'expression de l'attachement éternel des Français pour tes lois... » Son hymne à la statue terminée, le président saisit une coupe, fait une libation, passe la coupe à un envoyé de département, qui à son tour la vide et la repasse dans l'hosannah de la foule. Le culte de la Raison, l'agenouillement de l'esprit humain devant une créature, attendaient, pour oser être, l'essai de cette déification de la Nature ; et le 20 brumaire de l'an II, Paris célébrait les Lupercales. — Hébert et Chaumette apportaient à la France une religion sans base, une religion qui, n'étant fille d'aucune foi, ne procédant d'aucune révélation, était la négation absolue de toutes les religions : la religion de la Raison. Hébert, Chaumette voyaient en leur invention le coup de grâce de la religion catholique ; ils y voyaient aussi le germe et le moyen d'une théocratie au profit des dominateurs révolutionnaires, engageant le peuple à ce serment : « Je jure de n'avoir d'autre religion que celle de la Nature, d'autre temple que celui de la Raison, d'autres autels que ceux de la Patrie, d'autres prêtres que nos législateurs, d'autre culte que celui de la Liberté, de l'Égalité, de la Fraternité [1]. »

Alors, dans Notre-Dame, la grande basilique, sur le tabernacle du maître-autel est hissée « non une statue morte, mais une image vivante de la Divinité, un chef-d'œuvre de la nature, » comme l'a dit le compère Chaumette [2]. — Dieu est la Maillard, l'ex-danseuse du théâtre des comédiens du bois de Boulogne, l'humaine créature des soupers du duc de Soubise à Pantin.. Elle est là, en bonnet rouge, draperies écourtées, pique en main, « entourée de toutes les jolies damnées de l'Opéra, qui à

1. *Le Père Duchêne*, par Hébert. — 2. *Id.*

leur tour excommunient la calotte en chantant mieux que des anges des hymnes patriotiques [1]. » Dans la cathédrale, l'orgue mugissant, les tambours roulant, les fanfares sonnant, le clair éclat des trompettes, les cris, les refrains obscènes, les vociférations s'éteignent et meurent dans la mesure énorme de l'énorme carmagnole, claquant de ses sabots les tombes épiscopales! C'est le sabbat qui s'est oublié au soleil : l'eau-de-vie emplit les ciboires courant les lèvres enflammées, et avec les fumées des brûle-gueules, montent vers la voûte étonnée les empuantissements des maquereaux grillés sur les patènes! — Et quand tout est bu, quand le vin et l'eau-de-vie manquent, il se rue hors la cathédrale, par la place et les ruelles, une plébée mitrée, crossée, caparaçonnée, promenant, Fête des fous de la fin d'un monde, le blasphème de ses déguisements de marchand de vin en marchand de vin, et sur les comptoirs faisant emplir les calices bosselés; puis, aux carrefours, entourant de sa ronde chancelante le feu de joie des reliques [2]!

Elles sont Dieu, la femme du libraire Momoro et l'actrice Candeille, — Momoro, peut-être à Saint-Eustache où la Pâque est préparée sur l'autel, tout chargé d'andouilles, de jambons; où les attablés ont pour *entremets* le décor sylvain et champêtre du fond de l'église, et les praticables craquant sous le pas des satyres ivres, poursuivant les femmes! — Candeille, peut-être à Saint-Gervais, transformé en marché aux poissons, où la Halle descendue, éventaire au ventre, poing aux hanches, célèbre les joies poissardes! — A Notre-Dame, les hommes de la Halle ont enlevé Maillard, et l'ont triomphalement portée à la Con-

---

1: *Le Père Duchêne*. — 2. *Le Nouveau Paris*, vol. IV.

vention. Le président l'a fait asseoir à ses côtés « et lui a donné l'accolade au nom de tout le peuple français. La Convention a décrété que le peuple de Paris et ses autorités avaient bien mérité de la patrie en donnant ce grand exemple à l'univers. » Et la déesse a été reconduite à son temple par la Convention pour la fête du soir, où les chapelles masquées de tapisseries laissent entrevoir un coin des tableaux de Téniers.

Quelques jours après, le 25 brumaire, était présentée à la Convention nationale, qui l'honorait de l'insertion au Bulletin et de la mention honorable, une pétition qui disait : « L'homme s'éclaire, et détruisant d'une main les frivoles jouets d'une religion fausse, il élève de l'autre un autel à la plus chère divinité de son cœur... Ce n'est plus auprès du temple de la Raison que nous pouvons révérer encore des Sulpice ou des Paul, des Madeleine ou des Catherine. Que l'emblème d'une vertu morale soit placé dans chaque église sur le même autel, où des vœux inutiles s'adressaient à des fantômes, que la Piété filiale, la Grandeur d'âme, le Courage, l'Égalité, la Bonne foi, l'Amour conjugal, la Bienfaisance, que toutes ces vertus, dis-je, érigées chacune dans un de nos anciens temples, deviennent maintenant les seuls objets de nos hommages... Alors la prospérité générale, résultat certain du bonheur de l'individu, s'étendra aux régions les plus éloignées de l'univers, et partout l'hydre épouvantable de la superstition ultramontaine, poursuivie par les flambeaux réunis de la Raison et de la Vertu, n'ayant plus d'autres asiles que les repaires dégoûtants de l'aristocratie expirante, ira périr près d'elle du désespoir de sentir enfin triompher la Philosophie sur la terre. » — Cette pétition était signée : Sade [1].

---

1. *Petites Affiches*. Brumaire an II.

Malgré l'adhésion de l'auteur de *Justine* aux fêtes de la Raison, ces fêtes scandalisèrent. Elles firent comme les persécutions : elles ranimèrent la foi catholique ; et ce résultat fut si général et si saisissable, que la Convention désavoua, avec la guillotine, Hébert et Chaumette, qui n'avaient été que ses instruments, et comme ses ambassadeurs près des pensées du peuple. L'Opéra survécut à la religion qu'il avait représentée ; seulement, de dieu, il passa comparse ; et il continua, au second rang, à être mêlé à toutes les fêtes, et à y représenter le Plaisir, la Danse et le Chant, sans un bien grand sentiment de pudeur. — A la fête de Barra et de Viala, le 23 messidor an II, au milieu des mères des citoyens morts pour la patrie qui portent l'urne de Barra, au milieu de ces enfants de onze à treize ans qui reçoivent l'urne de Viala, l'Opéra figure : « les danseuses d'un pas joyeux répandent des fleurs sur les urnes et en font disparaître les cyprès ; les danseurs, par des attitudes martiales qu'accompagne la musique, célèbrent la gloire des deux héros. » — L'Opéra se glisse même à la fête de la translation des cendres de Rousseau au Panthéon. Il se glisse entre ces groupes de botanistes, de mères vêtues à l'antique ; entre ces groupes d'habitants de Franciade, de Groslay, de Montmorency, d'Ermenonville ; entre ces groupes de Genevois, l'Opéra se glisse à côté du *Contrat social*, « ce phare des législateurs. »

La Convention avait retiré son aveu au culte de la Raison. Un de ses membres avait reconnu « que le fanatisme est une maladie chronique qui ne doit se traiter qu'avec beaucoup d'intelligence et de douceur ; que les remèdes violents ne peuvent qu'irriter cette maladie, et peuvent occasionner des convulsions terribles. » — La révolution comprenait qu'une nation n'est pas assise qui pose sur la négation de toute foi, sur l'apostolat du néant; elle comprenait encore qu'il lui fallait une complicité plus haute et plus vénérable que celle de l'humanité; et que ses fils et ses représentants ne pouvaient mener les peuples qu'en les disciplinant à un semblant de croyance, et qu'en compromettant une espèce de Dieu.

Ce fut Robespierre qui se chargea de venger le Tout-Puissant d'Hébert, et de restituer l'immortalité de l'âme à l'humanité. Il logea au ciel désert l'Être Suprême, vague Jéhovah, sans attributions, sans foudre, sans forme, un Hermès roulant au-dessus des mondes, un dégagement de philosophie, une abstraction, quelqu'un à demi désigné, et dont le nom même n'est que la collective appellation des dieux sauvages : *le Grand Être*, disent les forêts de l'Amérique. — La Religion — qui remplaçait la Raison — c'était le culte des idées morales, divinités inférieures, métaphysiques vassales de l'*Être Suprême*. La nouvelle religion comptait trente-six fêtes: la fête à l'Être Suprême; au Genre humain; au Peuple français; aux Bienfaiteurs de l'humanité; aux Martyrs de la liberté; à la Liberté et à l'Égalité; à la République; à la Liberté du monde; à l'Amour de la patrie; à la Haine des tyrans et des traîtres; à la Vérité; à la Justice; à la Pudeur; à la Gloire et à l'Immortalité; à l'Amitié; à la Frugalité; au Courage; à la Bonne Foi; à l'Héroïsme; au Désintéressement; au Stoïcisme; à l'Amour; à la Foi conjugale; à l'Amour paternel; à la Tendresse maternelle; à la Piété filiale; à l'Enfance; à la Jeunesse; à l'Age viril; à la Vieillesse; au Malheur; à l'Agriculture; à l'Industrie; à nos Aïeux; à la Postérité; au Bonheur.

Toutes les têtes et toutes les plumes travaillent à la

liturgie de ces fêtes décadaires. Merlin de Thionville s'occupe du grand rôle que doit y jouer la musique. Mathieu de l'Oise songe aux honneurs qui doivent y entourer le mariage, et se rappelant le principe qui avait, lors de la fête de Châteauvieux, fait inscrire sur une tribune : *Respect aux femmes enceintes, l'espoir de la patrie,* il propose de ne donner la parole dans les fêtes nationales qu'aux mariés ou aux veufs. Le représentant Opoix fait imprimer, par ordre de la Convention, le programme de la fête à la Pudeur, où il s'exprime ainsi dans le préambule : « Sous nos tyrans couronnés on voyait ces roses, — *ces roses,* ce sont les jeunes filles, — qui auraient été l'honneur du parterre, et que le zéphyr aurait longtemps caressées sans les ternir, être décolorées en naissant et moissonnées sans retour par les mains avides, dévorantes, et dévastatrices des satyres. Ces satyres étaient les satrapes. » La fête du métaphorique Opoix est une idylle de Florian, qui se joue entre des jeunes filles vêtues de blanc, le front demi-voilé, avec une couronne de roses sur la tête, mêlées à des miliciens nationaux.

Robespierre, de son côté, rédige le programme de la fête à l'Être Suprême.

Le tambour bat, appelant à leurs sections hommes, femmes, jeunes filles vêtues de blanc, des couronnes de pampres sur la tête, des roses à la main. Aux fenêtres, aux portes, dans les rues où le défilé passe, des guirlandes de fleurs, des rameaux de chêne [1]. Les sections, arrivées au Jardin National, dansent sous les arbres antiques, témoins « des tristes réjouissances ordonnées par les despotes, lorsqu'il naissait un petit monstre de leur race. » Les

1. *Décade philosophique.* an II, vol. I.

trompettes sonnent : sur la vaste estrade au-devant du palais, la Convention monte et paraît [1]. « Français républicains — dit au peuple le président de la Convention, Maximilien Robespierre — n'est-ce pas l'Être Suprême qui, dès le commencement des temps, décréta la république? » — Au discours, l'hymne de Gossec succède. Les artistes de l'Institut national entonnent les strophes de Désorgues :

> Ton temple est sur les monts, dans les airs, sur les ondes ;
> Tu n'as point de passé, tu n'as point d'avenir,
> Et sans les occuper, tu remplis tous les mondes,
>   Qui ne peuvent te contenir !

Robespierre met, d'une torche, le feu au monstre de l'athéisme : la Sagesse apparaît, d'une main montrant le ciel, de l'autre tenant une couronne d'étoiles. Les fanfares de Bruni retentissent. La Convention s'ébranle ; le peuple l'accompagne, rangé sur deux lignes, les hommes à droite, les femmes à gauche ; et le député d'Arras l'entraîne à sa suite, marchant dans les vivats populaires, comme un victorieux précédant les rois vaincus.

Il va ; et pendant que roulent, dans la poussière de son pas, la Convention domptée, le char qui porte la Liberté à l'ombre d'un arbre, les taureaux aux cornes d'or, et le peuple, Maximilien voit déjà élevé aux lieux où il passe le majestueux décor d'une dictature en marche. Il voit, comme s'ils étaient déjà réalisés, ces embellissements des Tuileries qu'il a fait décréter le 25 floréal à son Comité de salut public pour les pompes futures. Sur cette terrasse des Feuillants que la fête longe, Robespierre voit déjà la

---

[1]. *Détail de la véritable marche à observer pour la fête de l'Être Suprême.*

palestre qu'on établira pour les jeux de corps de la jeunesse, et les portiques ornés de tableaux inspirateurs des généreuses passions; au bas de la terrasse du bord de l'eau, un bassin où la Seine montera pour rafraîchir les jeunes athlètes. Dans les carrés entre les arbres, il voit déjà des exèdres, jardins d'Académus où les péripatéticiens de l'égalité s'entretiendront de la patrie à sauver. Au milieu des orangers apportés de Versailles, de Meudon, de Saint-Cloud, ce ne seront que groupes, bas-reliefs, racontant la révolution. A ce nouveau jardin, un palais régénéré ! L'architecte Hubert le promet à Robespierre fermé par un stylobate circulaire. La déclaration des droits et la constitution y seront écrites en lettres d'or. La nuit, elles seront éclairées par les étoiles flamboyantes attachées aux socles des Vertus républicaines. Sur le dôme du Capitole français, une statue de bronze, la Liberté, debout, tiendra le drapeau tricolore d'une main, la déclaration des droits de l'autre. Sur la place de la Révolution, le président de la Convention ralentit sa marche obéie. Il songe à l'arc triomphal qui réunira les deux colonnades du Garde-Meuble, laissant voir là-bas la ci-devant église de la Madeleine, temple de la Révolution; — à l'arc triomphal qui lui fera face, en tête du pont; — aux deux fontaines qui lanceront, aux côtés de la statue de la Liberté, leurs eaux jaillissantes; — aux Champs-Élysées agrandis, aux chevaux de Marly qui se dresseront à l'entrée, cabrés, mais bridés [1] !

Jusqu'au Champ de la Réunion, Maximilien Robespierre emporte en sa tête l'image et la vue rêvées de ces arcs magnifiques, où les ovations passeront sans se courber. —

---

1. *Arrêté du Comité de Salut public du 25 floréal an* II, *relatif à l'embellissement du Jardin National et de ses environs.*

Au sommet de la montagne dressée au Champ de la Réunion, les représentants sont montés; les citoyens, les citoyennes de tout âge l'envahissent et la couvrent. Ils lèvent tous les bras, acclament l'Être Suprême [1].

Le ciel est bleu, sans un nuage. Quand ce beau soleil reviendra, ce sera le soleil de thermidor.

1. *Décade philosophique*, vol. I.

XVII.

La guillotine. Sanson. — La justice révolutionaire. — Les fournées.
Le préjugé vaincu.

Air : *Paris est au roi.*

Monsieur Guillotin
Ce grand médecin,
Que l'amour du prochain
Occupe sans fin,
Un papier en main,
S'avance soudain,
Prend la parole enfin,
Et d'un air bénin :

. . . .

Air de *l'Amoureux de quinze ans.*

En rêvant à la sourdine
J'ai fait une machine,
Tralalala, lalala, lala, lalala, lala, lalala,
Qui met les têtes à bas.

Air : *Quand la mer rouge apparut.*

C'est un coup que l'on reçoit,
    Avant qu'on s'en doute,
A peine on s'en aperçoit,
    Car on n'y voit goutte.
Un certain ressort caché,
Tout à coup étant lâché,
    Fait tomber, ber, ber,
    Fait sauter, ter, ter,
        Fait tomber,
        Fait sauter,
    Fait voler la tête,
C'est bien plus honnête [1].

Ainsi la chanson parodiait ce mot du discours du député Guillotin à l'Assemblée nationale, le 1ᵉʳ décembre 1789 : « Avec ma machine, je vous fais sauter la tête d'un coup d'œil, et vous ne souffrez point. » — Un roman satirique travestissait en ces termes la proposition « de punir par le même genre de peine les délits du même genre, » et de substituer à la main du bourreau une *pièce mécanique*, qui tranchât rapidement, sûrement, la tête du coupable : « Mes chers frères en patrie — c'est Guillotin qui parle, — il m'est tant mort de patients entre les mains, que je puis me vanter d'être un des hommes les plus experts sur les moyens de partir de ce monde... Je suis parvenu à inventer, avec mon machiniste, la ravissante machine que vous voyez... Sous l'estrade est un jeu de serinette monté pour des airs fort joyeux, comme celui-ci : *Ma commère, quand je danse;* ou cet autre : *Adieu donc, dame française;* ou bien celui-là : *Bonsoir la compagnie, bonsoir, bonsoir la*

---

1. Prospectus d'un nouveau journal.

compagnie. Arrivé ici, l'acteur se placera entre les deux colonnes, on le priera d'appuyer l'oreille sur ce stylobate sous le prétexte qu'il entendra beaucoup mieux les sons ravissants que rendra le jeu de serinette ; et la tête sera si subtilement tranchée, qu'elle-même, encore longtemps après avoir été séparée, doutera qu'elle le soit. Il faudra pour l'en convaincre les applaudissements dont retentira nécessairement la place publique [1]. »

Les *Actes des Apôtres* n'avaient manqué si belle occasion de plaisanter la *Mirabelle*, comme ils baptisaient parfois, du nom de Mirabeau, le nouveau tranche-tête [2]. Ils avaient chanté aussi en des couplets sur l'air du *Menuet d'Exaudet* « l'inimitable machine du médecin Guillotin, dite de son nom Guillotine [3], » et ils se gardaient d'oublier dans leurs caricatures du Manége, au milieu de la salle, M. Guillotin expliquant sa machine nationale dont le modèle est sur le poêle, et M. Barnave lui faisant des observations, « et lui avouant qu'il craint que le sang ne coule pas assez abondamment. »

Pendant que la mode passait en Angleterre de couper le cou aux poulets avec de petites guillotines [4], un salon girondin de Paris, riant, et se moquant, jouait à la guillotine avec un écran levé et tombant. Dans l'extrêmement bonne compagnie, le souper finissant, au dessert, une petite guillotine en bois d'acajou était apportée sur la table. De jolies mains installaient sous le couteau de petites poupées, dont la tête figurait quelque ennemi, un des Lameth, ou M. de Robespierre, ou Bailly, ou Lafayette. La

---

1. Annquin Bredouille.
2. *Actes des Apôtres*, n° X. — 3. *Id.*
4. *Journal de la Cour.* Août 1790.

poupée décapitée, il en sortait quelque chose de rouge où toutes les dames trempaient leurs mouchoirs : la poupée était un flacon, et le sang une liqueur ambrée [1]. — C'était le temps où Louis XVI et sa cour faisaient des gorges chaudes de M. Marat s'évadant par une cheminée [2] : dans son insouciance, la société riait de ce qui allait être son épouvante.

Le 21 janvier 1790, l'Assemblée nationale décrète : Dans tous les cas où la loi prononcera la peine de mort contre un accusé, le supplice sera le même : le criminel sera décapité. L'exécuteur Sanson adresse aux administrateurs du département de Paris un *Mémoire sur la nature des différents inconvénients que présente l'exécution de la tête tranchée avec l'épée*, mémoire terminé ainsi : « Il est indispensable de trouver un moyen qui puisse fixer le condamné au point que l'exécution ne puisse devenir douteuse, et par ces moyens éviter les longueurs et en fixer la certitude. » Une gravure de juin 1791 représente la *machine proposée à l'Assemblée nationale pour le supplice des criminels, par M. Guillotin*. Dans cette représentation de la guillotine, le patient est à genoux. Elle porte au bas : « Les exécutions se feront hors la ville, dans un endroit destiné à cet effet. La machine sera environnée de barrières pour empêcher le peuple d'approcher. L'intérieur de ces barrières sera gardé par des soldats portant les armes basses, et le signal de la mort sera donné au bourreau par le confesseur dans l'instant de l'absolution. Le bourreau détournera les yeux, coupera, d'un coup de sabre, la corde, après laquelle sera suspendu un mouton

---

1. *Annales patriotiques.* Septembre 1792.
2. *Journal de la Cour.* Janvier 1790.

armé d'une hache. — *Nota. Une semblable machine a servi au supplice de Titus Manlius, Romain* [1]. »

Duport Dutertre, ministre de la justice, écrit au président de l'Assemblée législative, le 3 mars 1792 : « Il résulte des observations qui m'ont été faites par les exécuteurs, que, sans des précautions du genre de celles qui ont fixé l'attention de l'Assemblée constituante, le supplice de la décollation sera horrible pour les spectateurs : ou il démontrera que ceux-ci sont atroces s'ils en supportent le spectacle ; ou l'exécuteur, effrayé lui-même, sera exposé à toutes les suites de la colère du peuple devenu cruel et injuste à son égard par humanité, » et l'Assemblée adopte le *mécanisme* indiqué par le docteur Louis. Le 5 avril 1792, le procureur général syndic Rœderer écrit au ministre des contributions publiques, en lui envoyant le devis dressé par le sieur Guidon, charpentier, chargé de la fourniture des bois de justice, pour la construction de la machine destinée à l'exécution du supplice de la décapitation, devis montant au prix exorbitant de 5,660 livres : « Un des motifs sur lesquels le sieur Guidon fonde ses demandes est la difficulté de trouver des ouvriers pour des travaux dont le préjugé les éloigne. Ce préjugé existe en effet, mais il s'est présenté des ouvriers qui ont offert d'exécuter la machine à un prix bien inférieur au sien, en demandant seulement qu'on les dispensât de signer un devis, et témoignant le désir de n'être pas connus du public. » — On s'adressa alors à un certain Schmidt, fabricant de clavecins, que le commissaire du roi près le tribunal criminel du Bas-Rhin, Laquiante, avait chargé, dès le mois de février, de faire le modèle d'un nouveau mode de décollation ; le

---

1. *Cabinet des Estampes.* Histoire de France.

prix de la machine à décapiter, exécutée par Schmidt, fut de 960 livres. L'estimation qu'en fit faire Rœderer par un architecte montait seulement à 305 livres 7 sous 4 deniers sans y comprendre le sac de peau, et à 329 livres 7 sous 4 deniers en l'y comprenant. Le 17 avril, l'expérience de la machine à décollation était faite sur cinq cadavres à Bicêtre. « Le poids seul de la hache — dit un des témoins de l'essai, Cabanis, — sans le secours du mouton de 30 livres qui s'y adapte, tranchait les têtes avec la vitesse du regard; et les os étaient coupés net. » Le 25 avril 1792, la guillotine débutait en public : un coupable de viol, nommé Pelletier, l'inaugura. — Vinrent les améliorations : la hache, d'abord façonnée en croissant, reçut une disposition oblique, et les rainures de bois où elle glissait, se renflant par le sang, furent garnies de cuivre[1].

L'Allemagne du seizième siècle avait eu son *tranchoir*, figuré dans trois gravures, l'une de Pentz, l'autre d'Aldegrever, l'autre de Lucas de Cranach; l'Italie avait eu sa *mannaia*; l'Écosse, son *maiden* : la révolution française avait sa guillotine.

L'homme qui allait, cinquante, soixante fois en un jour, lâcher le bouton de la nouvelle machine, s'appelait Charles-Henri Sanson. Il était l'aîné des dix enfants de Charles-Jean-Baptiste Sanson, nommé, en 1726, exécuteur des arrêts et sentences criminelles de la ville, prévôté et vicomté de Paris; le petit-fils de Charles Sanson, exécuteur, l'arrière petit-fils de Charles Sanson, exécuteur, successeur de Carlier, vers 1685. C'était quasiment une noblesse, qu'une succession, en la même charge, de trois générations. Charles-Henri Sanson se plaisait à la société; il

---

1. *Revue rétrospective*, vol. VI.

étalait une fort belle argenterie à ces fameux soupers « où tant d'honorables chevaliers de Saint-Louis assistaient philosophiquement [1]. » La qualification de *bourreau* lui semblait injurieuse, et ses susceptibilités s'en offensaient. Il rappelait « qu'il avait l'honneur d'être au rang des officiers de Sa Majesté, et qu'il faisait tous ses efforts pour en mériter le titre. » — « Tout le monde — ajoutait-il — n'est pas destiné à être du même état. Le hasard m'a procuré celui-ci, je tâche de l'honorer, et crois par ce moyen être à l'abri d'un pareil sobriquet qui ne devient plus pour moi qu'une insulte [2]. » Charles-Henri Sanson, l'abbé Maury ayant contesté, le 23 décembre 1789, les droits de citoyen actif aux exécuteurs, les réclamait auprès de l'assemblée nationale. *Le Procureur général de la Lanterne*, et Gorsas, ayant imprimé qu'il prêtait sa maison de la rue Saint-Jean à des presses d'où sortaient des libelles incendiaires, et à des conventicules aristocratiques, Charles-Henri Sanson répondait qu'au contraire les presses de sa maison imprimaient *le Furet Parisien* et autres productions civiques [3], et, sur les plaidoiries de M⁰ Mathon de la Varenne, le déclarant un *citoyen connu par son patriotisme*, il faisait condamner par le tribunal de police de la ville de Paris Desmoulins à 100 livres d'amende applicables aux pauvres du district Saint-Laurent [4], et le rédacteur du *Courrier de Paris* à 20 livres de dommages-intérêts, et à l'affiche du jugement à 200 exemplaires. Et Gorsas, condamné, jetait l'ironie à la face de l'exécuteur : « *Je me rétracte*, ô Charles-Henri Sanson, bourreau de Paris, mon conci-

---

1. *Dictionnaire national et anecdotique*, par M. de l'Épithète, à Politicopolis.
2. *L'Observateur.* Novembre 1789. — 3. *Le Furet parisien.*
4. *L'Observateur.* Février 1790.

toyen!!! Viens, Charles-Henri Sanson; viens, parais dans une de nos assemblées primaires, *tu es éligible!* » Desmoulins, Gorsas, raillez! vos têtes lui sont promises! *Les dieux vont avoir soif*[1]; et déjà le 6 août 1792, Sanson écrit au procureur général du département, lui demandant le payement de ses mémoires de dépenses et frais : « Le service et le nombre des tribunaux criminels me forcent d'avoir un nombre de personnes en état de remplir les ordres que je reçois. Moi, personnellement, ne pouvant être partout. Il me faut du monde sûre. Car le public veut encore de la décense. C'est moi qui paye cela. Pour avoir du monde comme il le faut pour cette ouvrage, ils veulent des gages doubles des autres années entérieures. Encore viennent-ils de me prévenir, samdi dernier, que sy je ne les augmentais pas d'un cart au moin, ils ne pouvaient plus faire ce service. Les circonstances actuelles mon forcés de promettre... J'ai quatorze personnes tous les jours à nourrire, dont huits sont à gages, trois chevaux, trois chartiers, les accessoirs... »[2]

Collenot d'Angremont inaugure, le 26 août 1792, la guillotine révolutionnaire, établie au ci-devant Carrousel, en expiation du 10 août. — Encore quelques mois, et voilà la guillotine premier ministre de la république! Ni repos ni chômage : voilà qu'elle est la colère de la loi, l'épée de la révolution, un Jourdain coupe-tête infatigable et toujours travaillant! Elle voyage de la place de la Révolution au champ de Mars, du champ de Mars à la barrière Renversée, ci-devant barrière du Trône, de la barrière Renversée à la place Antoine, en face l'emplacement de la Bastille, de la place Antoine à la place de Grève. — Voilà qu'un

1. *Le vieux Cordelier.* Pluviose an II.
2. *Revue rétrospective.* Vol. II.

général de l'armée révolutionnaire fait graver la guillotine sur son cachet. Voilà que les femmes de Tours accrochent de petites guillotines d'or à leurs oreilles. Voilà que le bourreau n'est plus le bourreau, voilà qu'il est le *vengeur du peuple*. Voilà que dans les provinces les représentants en mission le font asseoir à leur droite, aux festins de leurs proconsulats. Voilà qu'ils lui font ouvrir le bal, en ces fêtes que les villes épouvantées leur donnent, où la peur requiert à la danse les vierges pâles. Voilà que la guillotine se fait fameuse, que son nom fatigue les échos du monde, et que tout au loin, aux rives du Bosphore, dans les Échelles, à Constantinople, un républicain français, l'ex-marquis Descorches, chante, avec ses amis :

> « La guillotine là-bas
> Fait toujours merveille,
> Le tranchant ne mollit pas.
> La loi frappe et veille ;
> Mais quand viendra-t-elle ici
> Travailler en raccourci,
> Cette guillotine, ô gué,
> Cette guillotine[1] ? »

Il y avait eu, dès le principe, des adversaires de la guillotine. L'abbé Maury se montra opposé à la décapitation. Il craignait « que ce genre de supplice n'accoutumât le peuple à l'effusion du sang[2]. » Verninac de Saint-Maur écrivit aux rédacteurs du *Modérateur* une lettre dont les appréhensions semblent un pressentiment. Il reprochait à la décollation de ne point porter assez de honte avec elle : « Cette peine, réservée chez nous à la haute noblesse, a

1. Catalogue de lettres autographes. Novembre 1844.
2. *Du gouvernement et des mœurs*, par Sénac de Meilhan. Londres, 1788.

pris un certain air de qualité et un dehors de bonne compagnie qui la rend presque honorable. Au lieu d'élever la roture à l'orgueil du billot, il faut faire descendre la noblesse à la modestie de la potence. — Une autre raison doit faire préférer ce dernier supplice, c'est qu'il n'en résulte pas d'effusion du sang. L'habitude de voir du sang rend l'œil féroce et le cœur dur. — Mon troisième motif naît du moyen d'exécution lui-même. La nouveauté de cette machine savamment homicide, son admirable jeu, ne manqueraient pas d'attirer sur la place publique l'horrible curiosité du peuple : distrait de la leçon sanglante qui se donnerait sous ses yeux, le peuple battrait des mains au coup de théâtre ; que dis-je ? il en viendrait peut-être à ce point d'immoralité qu'il désirerait la fréquence de ces terribles représentations [1]. »

Après la terreur, lorsque la guillotine lasse se reposa, il s'éleva entre quelques médecins physiologistes une grande querelle scientifique. Ceux-ci voulaient que la décollation par la guillotine fût un atroce supplice, prolongé par une sorte de survie et par une sensation demeurant dans la tête après sa séparation du corps : ils s'appelaient Sœmmering et J.-J. Süe ; — ceux-là soutenaient que la guillotine était le plus doux des moyens mortifères, que la douleur pouvait être dite nulle, par la brièveté de sa durée, que la vie était brusquement, complétement tranchée, et que nul sentiment n'était vraisemblable ni possible après la décollation : ils s'appelaient Georges Wedekind, Le Pelletier, Sédillot le jeune, Gastellier.

Süe disait la décollation « un des plus affreux supplices par la durée. » L'homme guillotiné, il attribuait « un reste

---

[1]. *Le Modérateur.* Décembre 1789.

d'excitement à son cerveau qui, par le pouvoir extrême de l'habitude, croit toujours être en corrélation avec les membres sur lesquels il agissait, ou qui agissaient sur lui. » Il rapportait de curieuses expériences faites par lui : la tête d'un coq décollé en une seconde, conservant ses mouvements une minute, son corps trois, son cœur battant quatre; un lapin décollé, son corps conservant ses mouvements une minute et demie, son cœur battant quatre; un vieux coq décollé, agitant ses ailes après la décollation, ses mouvements ayant le cachet d'une douleur très-prononcée dans les diverses parties de son corps, sa faculté vitale durant trois minutes; la tête d'un papillon séparée de son corps, prolongeant son mouvement quatre minutes. le papillon amputé continuant à butiner vingt minutes, et marquant des mouvements paraissant volontaires encore plus de quinze minutes; les têtes de vipères coupées faisant des blessures mortelles; et la tête du *cerf-volant*, après quarante-huit heures de séparation du corps, se ranimant en quelques secondes, exposée au soleil, entrant ses cornes d'une demi-ligne dans l'épiderme d'un doigt offert. « Enfin, — disait Süe, — d'après les expériences faites sur des membres d'hommes vivants et sur lesquels on a employé divers moyens d'irritation de Galvani, il paraît prouvé que la sensibilité peut durer un quart d'heure, et un peu plus dans les différentes parties de la tête, vu que la tête, à cause de son épaisseur et de sa forme, ne perd pas sitôt de sa chaleur. » Selon Süe, l'asphyxie apporte un état de collapsus ou d'affaissement ôtant tout sentiment de douleur. Il attribuait un effet tout contraire aux moyens meurtriers qui contondent, coupent ou brisent. « Plus l'action, disait-il, a de célérité et de précision, plus ceux qui y sont exposés conservent longtemps la conscience de l'affreux tourment qu'ils éprouvent : la douleur locale à la vérité est moins longue, mais le jugement du supplice a plus de durée, puisque alors l'impression de la douleur avertit avec la rapidité de l'éclair le centre de la pensée de ce qui se passe. L'action meurtrière prolongée partage l'affection de l'âme entre la douleur qu'elle éprouve et le jugement qu'elle en doit porter. » Arguant des différents mouvements des paupières, des yeux, des lèvres, des convulsions même dans les mâchoires remarquées dans les têtes, quand les bourreaux les tenaient suspendues, Süe avançait qu'*après la décollation la pensée, bien loin d'être éteinte, vit tout entière.* « Je suis presque sûr, — disait-il en terminant, — qu'à travers tous ces désordres nerveux, vasculeux et musculaires, la puissance pensante entend, voit, sent et juge la séparation de tout son être, en un mot, la personnalité, le *moi* vivant. »

Sédillot repoussa toute idée d'arrière-douleur. Il répondit aux expériences de Süe en objectant la différence de la structure de l'homme et de celle des animaux, reconnue par Sœmmering lui-même en ces termes : « Je ne citerai pas les expériences sur les animaux, parce que dans les animaux les rapports du cerveau et de la tête diffèrent trop du rapport qu'on a observé dans l'homme entre ces mêmes parties. » — « Comment soutenir, disait Sédillot, que l'homme physique et l'homme moral ne sont pas anéantis en même temps? Comment attribuer la faculté de penser comme celle de sentir au cerveau, après cette section du col qui entraîne celle des carotides, des jugulaires et des vertébrales, tous vaisseaux qui portent et rapportent le sang du cœur à la tête, et de la tête au cœur? » Comment penser que cette conscience des sentiments qui cesse dans le simple sommeil, dans le simple évanouissement, que cette perception de la douleur qui est invariablement le résultat des fonctions vitales dans leur état d'intégrité parfaite survivent à l'anéantissement de toutes les fonctions vitales : action du cerveau et des nerfs, circulation du sang, respiration? — Et Gastellier venait appuyer les arguments logiques de Sédillot, et reprochait à Süe de confondre la sensibilité morale et la douleur avec l'irritabilité automatique des fibres.

Dans la guillotine, la science vit *un plan horizontal à quelques pieds du sol sur lequel on a élevé deux perpendiculaires séparées par un triangle rectangle tombant à travers un cercle sur une sphère restée plus tard isolée par une sécante.*

Une salle vaste, éclairée d'une grande fenêtre sur chaque côté; au fond, sur un papier moucheté, trois bustes au mur : Brutus, Marat, Lepelletier; deux quinquets à hauteur d'appui; au-dessous du Brutus, le président devant une table, l'accusateur public à sa gauche, trois juges à sa droite, tous cinq en chapeaux à plumes; au-dessous du président, le greffier; du côté de l'accusateur public, deux grandes tables parallèles, soutenues par des sphinx ailés portant des carafes et des verres; aux deux tables, les jurés; en face, une autre table pareille où se tient le défenseur; derrière le défenseur, des gradins à six échelons pour les accusés; et en haut, un fauteuil pour l'accusé principal; dans l'hémicycle, de deux degrés plus bas que la salle, les huissiers assis sur des bancs; et faisant face au président, le public : c'est le tribunal criminel révolutionnaire établi au Palais, à Paris, par la loi du 10 mars 1793, pour juger sans appel les conspirateurs, et séant *salle de la Liberté* ou de *l'Égalité.*

O manteau de la justice dont ils cachent à moitié leurs carmagnoles de septembre! Ces hommes légalisent l'assassinat; ils tuent avec des textes. Ils jouent le tribunal, et ils sont les entremetteurs de la guillotine! Ils permettent la défense, et ils ont pris d'avance la mesure des têtes! Ils se disent la hache de la société, et ils sont les proscripteurs de la France! — Ci-devant girondins, hébertistes, dantonistes, vous parlez encore à ces juges, que ces juges ont déjà fait signe aux charrettes! De soixante, de quatre-vingts lieues amenées en chariots découverts, des victimes sont versées, toutes mouillées de pluie, toutes gelées de froid, dans ces antichambres de la mort. — L'escalier qui descend à cette justice se nomme *l'escalier des Parques.* — Cette justice distribue à l'accusé un acte d'accusation dont la marge porte : *Tête à guillotiner sans rémission.* Cette justice, quand elle craint des désespoirs d'éloquence, fait lever quelque Antonelle du banc des jurés : « Je déclare que la conscience des jurés est suffisamment éclairée. » Cette justice, quand l'accusé se débat et ne veut pas mourir, lui dit : « Vous insultez le tribunal. Hors des débats! » — Cette justice, Danton la persifle d'un ricanement de lion. « Allons! point de délibération! nous avons assez vécu pour nous endormir dans le sein de la gloire! » Cette justice, qui est la toilette de la mort, Girey-Dupré la soufflette : il monte au tribunal chemise ouverte, col nu, prêt au couteau[1]. De cette justice, le vieux Magon tire en un mot des vengeances immortelles; il dit : « Je suis riche, » — et dédaigne d'ajouter un mot[2]. Ces hommes ont bouleversé la conscience humaine : le crime c'est vertu! la vertu c'est crime! le mot c'est acte, l'intention

---

1. *Mémoires sur les prisons.* Vol. I.
2. *Mémoires de Marmontel.* Vol. II.

complot, la suspicion preuve, l'apitoiement forfait, l'asile forfait, le rang forfait, la naissance forfait! — L'âge? — Qu'importe! — Le sexe? — Le sang qui coule n'a pas de sexe! — Point de grâce : au fond de la salle, ces hommes regardent souvent, et toujours ils voient un spectateur qui prend des notes. Ce spectateur, que ces hommes regardent pour se roidir impitoyables, ce spectateur, c'est l'œil du Comité de salut public ouvert sur eux ; ce qu'il écrit, c'est le rapport chaque jour adressé au Comité sur les séances, la salle, le tribunal, le président, l'accusateur, les juges, les jurés [1]. Ces hommes se sentent dans la droite terrible de la révolution, et ils tuent; ils tuent, pour qu'à eux du moins la Terreur pardonne de vivre.

Pour leurs parodies épouvantables, ces hommes ont créé un parler. — La tribune politique est tombée en une monotone rhétorique, langue misérable et petite, sentant l'huile, où rien de la révolution n'éclate en élans inattendus, où rien ne vit du monstrueux et du désordonné de ces temps, parole morte de ces jours de feu : ces hommes de la voix de la justice font une déclamation. Ils drapent leurs massacres journaliers sous une pompe d'injures, une amplification pédante, sous les périodes redondantes, les épithètes outrées, le fracas des métaphores enflées et des vulgarités cicéroniennes. — « Encore, — disait M. de Malesherbes de ces réquisitoires d'assassins, — si cela du moins avait le sens commun [2] ! »

En ce temps-là, les jurés *feu de file* régalés à la buvette de la Conciergerie, Antoine Fouquier-Tinville écrivait dans la nuit à l'exécuteur des jugements criminels l'ordre du lendemain, le nombre des charrettes du lendemain.

1. *Mémoires de Sénart.* 1824. Beaudouin.
2. *Mémoires de Riouffe.*

Le lendemain Sanson arrivait à quatre heures, les charrettes roulaient dans la cour de la prison, les huissiers du tribunal appelaient, les appelés étaient comptés, les charrettes étaient pleines, les chevaux étaient fouettés.

Et les charrettes tombaient lourdes dans l'ornière d'hier, et la faisaient plus creuse pour l'ornière du jour suivant; et lentement, charroyant ces agonies prolongées, elles gagnaient le Pont-Neuf, et lentement la rue de la Monnaie, et lentement la rue Honoré; et là, où le pavé de la rue montait, au coin de la rue Honoré et de la rue Florentin, la promenade se ralentissait encore; et longtemps, des salons d'Héron, les rires et les insultes tombaient sur les charrettes embourbées [1].

A l'heure où le soleil allait laisser la ville aux ténèbres, à l'heure des firmaments rouges, dans le cliquetis de la ferraille et le galop des chevaux, débouchait sur la place de la Révolution la grande hécatombe.

Sur cette place, autour de la guillotine debout, autour de la Liberté de plâtre, déjà bronzée par la vapeur du sang, des milliers de têtes coiffées de rouge ondulaient comme un champ de coquelicots. Toutes ces têtes regardaient; des grappes d'hommes accrochés au socle de la statue de Louis XV regardaient; des Tuileries et des Champs-Élysées le Plaisir regardait; toutes grandes ouvertes, les fenêtres du Garde-Meuble regardaient.

Les charrettes se vidaient, et ceux qui en descendaient gravissaient l'escalier; ils étaient sanglés, bouclés, basculés... Le couteau tombait; et chaque fois que le couteau tombait, le balayeur Jacot mettait en branle ses grandes jambes, et grimaçant sur son piédestal humide, la bouche

---

[1]. *Dénonciation de quelques scélérats*, par Santerre.

fendue, de son balai rougi jetait à la foule des gouttelettes d'un sang tout chaud. La foule, clamante, agitait en l'air cannes et chapeaux.

Sous la guillotine, les petits gâteaux étaient criés [1], les clochettes des marchands de tisane tintaient, le vol travaillait [2], dans *les chemises rouges* la mode se taillait des châles.

La noblesse passait, et elle ne daignait pas entendre qu'on l'injuriait.

Les parlements passaient, portant la statue brisée de la Loi.

Le poëte passait, désespéré que la Postérité lui vînt au milieu de son œuvre, et jetant à la foule ses manuscrits ébauchés, et criant qu'on lui volait l'avenir.

La science passait, pleurant de ne pas léguer les découvertes entrevues.

L'éloquence passait, emportant, en son gosier sonore, les foudres muettes.

Il y avait des hommes qui passaient, et qui étaient pensifs ; d'autres hommes qui répondaient aux engueulements de la foule ; d'autres hommes qui causaient entre eux et riaient.

Il y avait des hommes qui semblaient « friands d'une si belle mort, » et qui regardaient le ciel, comme s'ils y étaient attendus par la Liberté, et qui chantaient au pied de l'échafaud [3].

Il y avait des hommes qui saluaient à droite et à gauche avant de mourir.

1. *Le Nouveau Paris*, par Mercier. Vol. III.
2. *Coup d'œil sur Paris*, suivi de *La nuit du 2 au 3 septembre*. An III de la République.
3. *Mémoires de Riou...*

Il y avait d'autres hommes qui demandaient à mourir les derniers, pour mourir mieux convaincus que l'homme n'est que matière; d'autres encore qui s'agenouillaient sur la première marche de l'échafaud.

Et quelquefois une charrette suivait où rien ne remuait, où un mort était jeté qui avait fait banqueroute au bourreau.

Il y avait des femmes qui mouraient mieux que des hommes. Il y avait des femmes qui égayaient leurs compagnons pendant la route [1]. Il y avait des femmes qui leur cédaient leur tour à l'arrivée [2].

Il y en avait qui étaient toutes belles, toutes glorieuses de jeunesse, qui tournaient en leur bouche un bouton de rose, et le jetaient à une larme mal essuyée.

Il y en avait qui se serraient contre leurs vieux pères, pour s'abriter de leur vieillesse et de leurs longues vertus [3].

Il y avait des femmes qui avaient quatre-vingts ans. Et il y en avait de paralytiques que les aides étaient forcés d'aider à mourir, et qu'on portait à bras sur la plate-forme de l'échafaud [4].

Il y avait, dans ces femmes, toutes sortes de femmes, séparées par leur vie, rapprochées et voisines par leur mort : des femmes dont le nom était né avec la France, des brelandières anonymes, d'autres qui avaient tué, d'autres qui avaient aimé; des comédiennes qui avaient conspiré, des prostituées qui avaient crié : *Vive le roi!*

Et les hommes qui avaient promis d'approvisionner la

---

1. *Bulletin du Tribunal criminel révolutionnaire*, 2ᵉ partie, n° 76.
2. *Histoire secrète de la Révolution française*, par François Pagès. 1797. — 3. *Mémoires de Riouffe.*
4. *Agonie de saint Lazare*, par Dusaulchoy.

guillotine envoyaient vers les villes qui sont dans les plaines, vers les villes qui sont sur les montagnes, vers les villes du nord, vers les villes du midi, chercher de quoi lui mettre sous son couteau. Et ils envoyaient dans la ci-devant Bretagne, et ils envoyaient à Coulommiers, et ils envoyaient à Troyes en Champagne, et ils envoyaient à Clamecy, et ils envoyaient à Dijon, et ils envoyaient à Verdun, et ils envoyaient dans la Moselle, et ils envoyaient à Angers, et ils envoyaient à Sedan, et ils envoyaient trois fois à Toulouse, et partout là ils demandaient des têtes, et de partout là on leur en envoyait [1].

Tous les jours un peu de la France était mené sur la place pour saluer la statue.

Tous les jours l'amour de la vie allait s'éteignant dans les hommes [2].

Et Dieu promenait par la place fumante les âmes de ceux qui ont dit : *L'homme est bon.* Et il lassait la vue de ces âmes, de ces foules applaudissant chaque fois que le sang les éclaboussait, chaque fois qu'un homme avait vécu, chaque fois qu'une femme était morte, chaque fois que le bourreau n'avait pas écouté l'enfance qui le suppliait : « Monsieur le bourreau, je ne vous ai rien fait ; ne me tuez pas ! »

Et Dieu montrait longuement à ces âmes les contentements de ces foules ; et comme elles mettaient la joie de leur cœur à regarder ; et comme elles trouvaient longues les deux minutes qui séparaient chacune des trente, quarante, cinquante tombées de couteau ; et comme les mères y menaient leurs petits, et comme elles leur disaient :

---

1. *Bulletin du Tribunal criminel révolutionnaire.* Passim.
2. *Mémoires de Riouffe.*

« Vois-tu bien? » et comme les pères les prenaient sur leurs épaules pour qu'ils fussent mieux; et comme les meilleures de ceux qui étaient là étaient ceux qui n'étaient que lâches.

La terre ne pouvait boire tout le sang de la guillotine. Ceux qui revenaient de la place de la Révolution traînaient par la ville deux semelles sanglantes [1]. Un architecte dessinait au compas le plan d'un aqueduc qui devait mener le sang à la rivière [2]. Le procureur général syndic écrivait au citoyen Guidon : « Je vous fais passer, citoyen, copie d'une lettre du citoyen Chaumette, procureur de la commune, par laquelle vous verrez que l'on s'y plaint qu'après les exécutions publiques des jugements criminels le sang des suppliciés demeure sur la place où il a été versé, que des chiens viennent s'en abreuver... [3] »

Et la nuit venue, quelques-uns de ceux qui avaient vu ces choses, de ceux qui par mégarde avaient heurté des yeux les charrettes, retrouvaient et revoyaient dans les troubles du sommeil ce qui s'était fait. En leur rêve, poursuivi de souvenir, il leur semblait, comme à Fouquier-Tinville au sortir du tribunal, voir la Seine couler du sang. De rouges visions les assaillaient, toutes réelles et toutes pleines d'épouvantement; et ils en étaient venus, ces hommes, à mettre entre eux et le cauchemar des nuits une corde qui les protégeât du somnambulisme de leur terreur [4].

Un de ces hommes qui dormait ainsi, gardé par une corde tendue d'un chevet de son lit à l'autre, par une de

---

1. *Almanach des gens de bien.* 1795.
2. *Mémoires de Riouffe.* — *Le Nouveau Paris.* Vol. II.
3. *Revue rétrospective.* Vol. VI.
4. *Mémoires de Morellet.* Vol. II.

ces nuits de silence, où ne montaient de la ville morte que le bruit des crosses de fusil contre les portes, et les derniers baisers des pères aux enfants endormis embrassés, éveillés orphelins ; au temps de messidor de l'an II, un de ces hommes, éperdu de fièvre, se jeta de son lit à sa table de travail. Une nuit, et l'autre, et l'autre encore, il laissa sa lampe aller jusqu'au matin. C'était un abbé dont la plume écrivait ainsi fiévreuse. Et quoi ? — Ce philologue, ce délicat, cette intelligence toute nourrie de goût, cet esprit de bonne famille, il écrivait *le Préjugé vaincu, ou Nouveau moyen de subsistance pour la nation, proposé au comité de salut public*. Il proposait — cet homme qui tenait là dans sa mansarde au faubourg Saint-Honoré, dans son secrétaire fermé à triple tour, et qui gardait comme reliques, risquant sa tête pour les garder, les papiers, les archives, l'acte de naissance de l'Académie française[1] ; il proposait, ce malicieux de tradition et de routine distinguée, ce moqueur dont Voltaire avait bien voulu prendre en parrainage deux ou trois moqueries ; ce vieillard bouleversé par le spectacle des temps, et allant au plus extrême d'une ironie à la Swift, il proposait aux patriotes qui font une boucherie de leurs semblables de manger la chair de leurs victimes. Pour railler en l'an II, il avait trouvé « tous les mots sans énergie, toutes les expressions ternes, tous les moyens de style sans effet ; » et il apportait tout cru et saignant le festin de Thyeste, cet ami de l'abbé Delille et de l'abbé Barthélemy, cet académicien ! Et suivant et divisant par chapitres son épigramme anthropophage, poussant à bout cette imagination monstrueuse qui semble bercée en un cabanon de Bicêtre, il proposait

---

1. *Mélanges de Morellet.* Vol. I.

l'établissement d'une « boucherie nationale sur les plans du grand artiste et du grand patriote David. » Il réclamait « une loi qui obligeât les citoyens à s'y pourvoir au moins une fois chaque semaine sous peine d'être emprisonnés, déportés, égorgés comme suspects. » Il demandait, l'abbé Morellet, que « dans toute fête patriotique il y eût un plat de ce genre qui serait la vraie communion des patriotes, l'eucharistie des Jacobins[1] ! »

1. *Mémoires de Morellet.* Vol. II.

FIN.

TABLE

                                                        Pages.

I. La conversation en 1789. Les salons. — La rue. — Le jeu.   1

II. La maison du roi. — La Bastille. — Mort de Bordier. — Le Salon de peinture. — *Charles IX ou l'École des Rois*. — La tragédie nationale.   28

III. Le pain. — La lanterne. — La milice nationale. — Les dons patriotiques. — Les toilettes patriotiques. — Les armoiries. — La livrée. — Les paysans.   53

IV. Madame et monsieur Bailly. — La fédération. — Le mobilier. — Les coulisses du Théâtre-Français   82

V. Les duels. — L'émigration. L'*Émigrette*. Une scène inédite du *Mariage de Figaro*. — Petite guerre de la jeunesse. — Le commerce des comestibles.   103

VI. Maury. Grégoire. L'évêque d'Autun. L'abbé Fauchet. — Sortie des couvents. — La résistance. Le mysticisme. — Le serment. — La *Journée du Vatican ou le Mariage du Pape*. — Mariage des prêtres   122

VII. Mort de Mirabeau, et justification de la danseuse Coulon. — Décret sur la liberté des théâtres. Décret sur la propriété des auteurs vivants. Le Théâtre Français de la rue de Richelieu. Trente-cinq théâtres à Paris. Le public aristocrate et le public jacobin   149

VIII. *Pariséide, Ann' Quin Bredouille*, etc. — Chamfort et l'Académie. — *M. Gros-Louis* et la fuite à Varennes. — Les cafés. — La patrie en danger.   175

IX. Suppression des entrées. — Ruine du commerce. — Disette d'argent. — Le Vaudeville. — Prostitution. Les *Pornographes*. Arrêtés de la Commune. — Immoralité 204

X. Journaux. — Pamphlets. — Caricatures 237

XI. Le 10 août. Massacre de Suleau.—Destruction des emblèmes royaux. — Le calendrier. — Le roi et la reine au Temple. —Ce qu'on imprime. — La séance du 17 janvier 1793. — Méot. — Les émigrés. 265

XII. Le 21 janvier 1793. *La tête ou l'oreille de cochon*. — *Allons, ça va*. — *Le théâtre complice de la terreur*. *Buzot, roi du Calvados*. *Les Émigrés aux terres australes*. *Le jugement dernier des rois*. *La folie de George*, etc. L'Opéra sansculottisé. Corneille, Racine, Molière, Piron révolutionnés. *La chaste Suzanne*. *L'Ami des lois*. *Paméla*.—Les prisons. La Comédie-Française aux Madelonettes 288

XIII. Suppression de l'Académie de peinture. L'art en 1793. David. — Retour social à la nature. — Les soupers fraternels. — Vandalisme. 329

XIV. L'amour et la révolution. — La femme. — Les femmes de la Halle 372

XV. Instruction. Catéchismes révolutionnaires. — Les *tu* et les *vous*. La civilité républicaine.—Baptême. Mariage. Enterrement. 387

XVI. La pompe funèbre de Marat. — Marat. — Le bon Dieu et la révolution. Fêtes de la Raison. Fête de l'Être suprême. 407

XVII. La guillotine. Sanson. — La justice révolutionnaire. — Les fournées. — *Le préjugé vaincu*. 427

FIN DE LA TABLE.

1271-95. — CORBEIL. Imprimerie CRÉTÉ.

G. CHARPENTIER et E. FASQUELLE, Éditeurs
11, Rue de Grenelle, Paris
Extrait du Catalogue de la BIBLIOTHÈQUE-CHARPENTIER
à 3 fr. 50 le volume

GONCOURT (Edmond de)

LA FILLE ÉLISA	1 vol.
LES FRÈRES ZEMGANNO	1 vol.
LA FAUSTIN	1 vol.
CHÉRIE	1 vol.
LA MAISON D'UN ARTISTE AU XIXᵉ SIÈCLE	2 vol.
LES ACTRICES DU XVIIIᵉ SIÈCLE { Madame Saint-Huberty.	1 vol.
Mademoiselle Clairon.	1 vol.
La Guimard.	1 vol.
OUTAMARO (Le Peintre des Maisons vertes)	1 vol.

GONCOURT (Jules de)

LETTRES, précédées d'une préface de H. Céard	1 vol.

GONCOURT (Edmond et Jules de)

EN 18***	1 vol.
GERMINIE LACERTEUX	1 vol.
MADAME GERVAISAIS	1 vol.
RENÉE MAUPERIN	1 vol.
MANETTE SALOMON	1 vol.
CHARLES DEMAILLY	1 vol.
SŒUR PHILOMÈNE	1 vol.
QUELQUES CRÉATURES DE CE TEMPS	1 vol.
PAGES RETROUVÉES, précédées d'une préface par Gustave Geffroy	1 vol.
IDÉES ET SENSATIONS	1 vol.
THÉATRE (Henriette Maréchal. — La Patrie en danger)	1 vol.
PORTRAITS INTIMES DU XVIIIᵉ SIÈCLE	1 vol.
LES ACTRICES DU XVIIIᵉ SIÈCLE (Sophie Arnould)	1 vol.
LA FEMME AU XVIIIᵉ SIÈCLE	1 vol.
LA DUCHESSE DE CHATEAUROUX ET SES SŒURS	1 vol.
MADAME DE POMPADOUR	1 vol.
LA DU BARRY	1 vol.
HISTOIRE DE MARIE-ANTOINETTE	1 vol.
HISTOIRE DE LA SOCIÉTÉ FRANÇAISE PENDANT LA RÉVOLUTION	1 vol.
HISTOIRE DE LA SOCIÉTÉ FRANÇAISE PENDANT LE DIRECTOIRE	1 vol.
L'ART DU XVIIIᵉ SIÈCLE. *Trois séries :* Watteau; Chardin; Boucher; Latour; Greuze; Les Saint-Aubin; Gravelot; Cochin; Eisen; Moreau-Debucourt; Fragonard; Prud'hon	3 vol.
GAVARNI. — L'Homme et l'Œuvre	1 vol.
JOURNAL DES GONCOURT. — Mémoires de la Vie littéraire	8 vol.